AF173180

Talentmanagement mit System

Peter Wollsching-Strobel · Birgit Prinz
Herausgeber

Talentmanagement mit System

Von Top-Performern lernen –
Leistungsträger im Unternehmen
wirksam unterstützen
Der PWS-Ansatz

 Springer Gabler

Herausgeber

Peter Wollsching-Strobel
PWS Wollsching-Strobel Managementberatung
GmbH und PWS-Institut für
Performance-Psychologie, Frankfurt am Main,
Deutschland

Birgit Prinz
PWS Wollsching-Strobel Managementberatung
GmbH und PWS-Institut für
Performance-Psychologie, Frankfurt am Main,
Deutschland

ISBN 978-3-8349-3280-8   ISBN 978-3-8349-3780-3 (eBook)
DOI 10.1007/978-3-8349-3780-3

Die Deutsche Nationalbibliothek verzeichnet diese Publikation in der Deutschen Nationalbibliografie; detaillierte bibliografische Daten sind im Internet über http://dnb.d-nb.de abrufbar.

Springer Gabler
© Springer Fachmedien Wiesbaden 2012
Dieses Werk einschließlich aller seiner Teile ist urheberrechtlich geschützt. Jede Verwertung, die nicht ausdrücklich vom Urheberrechtsgesetz zugelassen ist, bedarf der vorherigen Zustimmung des Verlags. Das gilt insbesondere für Vervielfältigungen, Bearbeitungen, Übersetzungen, Mikroverfilmungen und die Einspeicherung und Verarbeitung in elektronischen Systemen.

Die Wiedergabe von Gebrauchsnamen, Handelsnamen, Warenbezeichnungen usw. in diesem Werk berechtigt auch ohne besondere Kennzeichnung nicht zu der Annahme, dass solche Namen im Sinne der Warenzeichen- und Markenschutz-Gesetzgebung als frei zu betrachten wären und daher von jedermann benutzt werden dürften.

Lektorat: Ulrike M. Vetter, Sabine Bernatz

Gedruckt auf säurefreiem und chlorfrei gebleichtem Papier.

Springer Gabler ist eine Marke von Springer DE. Springer DE ist Teil der Fachverlagsgruppe Springer Science+Business Media
www.springer-gabler.de

Vorwort der Herausgeber

Schon in der Antike stand der Begriff „Talent" – zunächst als Gewichtseinheit (griechisch: *talanton* für *Waage, Gewicht*), später als Zahlungsmittel – für Wert und Gewinn. Noch heute gilt Talent als etwas, in das man investiert, um eine Wertsteigerung zu erzielen. Insofern gibt es also durchaus eine inhaltliche Nähe zwischen dem Management von Talent und dem Portfoliomanagement von (Wert-)Anlagen: Hier wie da kann es infolge professioneller oder weniger professioneller Steuerung zu Verlusten beziehungsweise zu Erträgen kommen. Und beide Phänomene stellen komplexe Anforderungen an all jene, die hierbei erfolgreich sein wollen.

Talent impliziert folglich immer auch Verantwortung: Dies gilt für das individuelle Management des eigenen Talents in jedem Alter und jeder Lebenssituation ebenso wie für die wichtige Aufgabe, junge Talente[1] beispielsweise in Unternehmen oder Sportorganisationen „gewinnbringend" zu entwickeln.

In diesem Buch gehen wir mithilfe kreativer und innovationsfreudiger Kollegen der Frage nach, warum Talentmanagement oftmals noch wenig professionell betrieben wird. Wir machen nicht nur deutlich, wie viel Wert und Lebensfreude dadurch vernichtet wird, sondern zeigen auch auf, wie mit relativ wenig Aufwand vieles verbessert werden kann.

Ziel der verschiedenen Beiträge, die alle für sich stehen und daher problemlos auch als Einzelbeträge gelesen werden können, ist es dazu beizutragen, Talentmanagement professioneller, wohlwollender und selbstgesteuerter werden zu lassen: Dies verstehen wir unter dem PWS-Konzept.

Gern bringen wir dazu unsere Erfahrungen aus einer Karriere im Spitzensport und der inzwischen 20-jährigen Begleitung vieler Unternehmen bei der Förderung ihrer Talente ein. Sie haben uns zu einer zentralen Erkenntnis geführt:

Aus wenig Talent kann man viel machen, und Talent allein bringt im Zweifel keinen Ertrag. Auf das richtige Management kommt es an!

---

[1] Dieses Buch wendet sich gleichermaßen an weibliche als auch männliche Talente und Talentförderer. Der besseren Lesbarkeit halber verzichten wir allerdings in der Regel auf die grammatikalische weibliche Form der Substantive. Dies ist als praktische, keinesfalls als programmatische Entscheidung zu verstehen.

In diesem Sinne danken wir allen beteiligten Autoren für ihre inhaltliche Unterstützung sowie Dr. Tabea Kretschmann und Dr. Petra Sternecker für ihre Hilfe und das konstruktive Feedback bei der Endredaktion des vorliegenden Buches.

Viel Spaß beim Lesen!

Frankfurt am Main, im Juni 2012   Birgit Prinz und Peter Wollsching-Strobel

Inhaltsverzeichnis

Teil I

Höchste Zeit für ein zukunftsgerichtetes Talentmanagement

Verschenkte Talente – oder die Misere mangelnder Talenterkennung und -förderung

Birgit Prinz und Peter Wollsching-Strobel

Zusammenfassung

„Talentmanagement. Das PWS-Konzept." – Warum dieses Buch? Der einleitende Beitrag liefert einen Aufriss des aktuellen Stands der professionellen Talententwicklung in Deutschland. Birgit Prinz und Peter Wollsching-Strobel, die Autoren und Herausgeber des Buches, vertreten dabei die Leitthese, dass es zwar in unterschiedlichen Bereichen bereits gute Ansätze des Talentmanagements gibt, in der Summe jedoch an verschiedenen Stellen deutliches Verbesserungspotenzial besteht. Vor diesem Hintergrund wird am Ende des Beitrags ein Überblick über die verschiedenen Einzelbeiträge in diesem Buch gegeben, in denen aus unterschiedlicher Sicht Vorschläge für ein innovatives Talentmanagement gemacht werden.

Die Bundesrepublik Deutschland bewegt sich seit Jahren als eine der erfolgreichsten Exportnationen an der Spitze des globalen Wettbewerbs, und die deutsche Wirtschaft fungiert dank ihrer Außenhandelsstärke – allen Turbulenzen zum Trotz – aktuell als wichtigster Wirtschaftsmotor im europäischen Raum. Einen wesentlichen Wachstumstreiber, aus dem sich letztlich unser gesellschaftlicher Wohlstand generiert, stellt dabei die Qualität der gefertigten Produkte und angebotenen Dienstleistungen dar, die weltweit hohes Ansehen genießen: Das Siegel „Made in Germany" steht für Güte statt Masse. Diesen speziellen Wettbewerbsvorsprung verdankt die deutsche Wirtschaft insbesondere dem hohen Qualifikationsniveau der in ihr tätigen Menschen. In einer Wissens- und Technologiegesellschaft wie der unseren ist das Personal als Schlüsselressource zu betrachten. Um unseren Standortvorteil vor dem Hintergrund zunehmender Produktangleichungen und wachsender Konkurrenz durch Schwellenländer wie China, Indien oder Brasilien verteidigen zu können, sind wir darauf angewiesen, unsere *Human Resources* auch in Zukunft innovativ

Birgit Prinz ✉, Peter Wollsching-Strobel ✉
PWS Wollsching-Strobel Managementberatung GmbH und PWS-Institut für
Performance-Psychologie, Fritz-Boehle-Straße 3, 60598 Frankfurt am Main, Deutschland
e-mail: info@wollsching-strobel.de

P. Wollsching-Strobel und B. Prinz (Hrsg.), *Talentmanagement mit System*,
DOI 10.1007/978-3-8349-3780-3_1,
© Springer Fachmedien Wiesbaden 2012

und strukturell gut aufzustellen. Und das gilt keineswegs nur für die Leistungsspitze: Wir brauchen möglichst viele junge Talente, deren Potenzial umfassend genutzt werden kann, wir brauchen mehr kreative und besser qualifizierte Mitarbeiter, die auf internationaler Ebene konkurrenzfähig sind und das Land angemessen repräsentieren. Dabei drängt die Zeit, denn gute und überdurchschnittliche Kompetenz und Leistung werden – auch aufgrund der aktuellen demografischen Entwicklung – in unserer Gesellschaft immer mehr zu einem knappen Gut, und elaboriertes Talent steht nicht von heute auf morgen zur Verfügung, sondern muss, darin sind sich die Experten einig, über Jahre entwickelt werden.

Angesichts dieser Situation können wir es uns also nicht erlauben, Talente zu verschenken. Genau dies geschieht nach Überzeugung der Autoren hierzulande noch immer in zu großem Umfang.

Das Problem ist erkannt, aber …

Dass in Sachen Talentmanagement Handlungsbedarf besteht, darüber sind sich die Verantwortlichen aus Politik und Bildungswesen einig. Seit dem deutschen „Pisa-Schock" zu Anfang des Jahrtausends boomen hierzulande Exzellenzinitiativen. An deutschen Universitäten gibt es inzwischen zahlreiche Exzellenzcluster zur Bündelung der wissenschaftlichen Forschungskapazitäten, und die Zahl der Spezialeinrichtungen und Förderprogramme für begabte Schüler und Studenten auf Länder- und Bundesebene sowie öffentlicher oder privater Träger ist deutlich gestiegen. Im Zuge dieser Entwicklung ist insbesondere das Thema Hochbegabung in Mode gekommen: Nie zuvor wurden so viele Schüler auf überdurchschnittliche Intelligenz getestet. Psychologen vermelden in den letzten Jahren einen regelrechten Ansturm von Eltern, die ihre Kinder für hochbegabt halten[1].

Zudem hat der Leistungsdruck innerhalb der Gesellschaft spürbar zugenommen. Das gilt nicht nur für den Unternehmensbereich, in dem Manager und Mitarbeiter immer mehr „schultern" müssen, sondern auch für Schüler und Studenten. Ob G8, Bologna-Reform oder verschärfte Numerus-clausus-Regelungen: Überall wird möglichst früh selektiert und auf Tempo gesetzt, um die künftigen Leistungs- und Know-how-Träger schnell auf den Arbeitsmarkt zu bringen und „nutzbar" zu machen.

Natürlich ist es wichtig, Potenzialträger zu identifizieren und entsprechend zu fördern, um sie schnell zum Einsatz zu bringen. Das Grundproblem besteht allerdings darin, dass ein Talentmanagement fast ausschließlich nach dem Prinzip „Höher – Schneller – Weiter" angesichts des dringenden Bedarfs an gut qualifizierten Arbeitskräften nicht breit genug angelegt ist. Denn letztlich bedeutet dies, dass der Fokus auf den Kandidaten liegt, die bereits überdurchschnittlich performen. Potenzialträger, die zum Beispiel diese Reife noch nicht entwickelt haben oder nicht so schnell entwickeln, fallen derzeit durch das Raster. Wer die eng definierten Voraussetzungen zu einem bestimmten Zeitpunkt nicht erfüllt oder

---

[1] Vgl. Fasel (2010); Kleinhubbert (2009).

sich im Wettbewerb nicht durchsetzungsstark und schnell an die Spitze drängt, gerät kaum in das Blickfeld des institutionellen Ausbildungs- und Fördersystems. Aber sind diejenigen immer auch talentfrei? Nach wie vor werden zentrale Kriterien beim Erkennen und Fördern von Begabungen ausgeblendet, obgleich diese von wissenschaftlicher Seite längst fundiert sind. Die Folge: Selbst im Spitzensegment werden nicht nur zu wenige Talente entdeckt; auch bereits identifizierte Talente werden häufig zu einseitig gefördert und damit nicht optimal unterstützt.

Diese einseitige Ausrichtung ist letztlich dem Talentverständnis geschuldet, auf dem das vielschichtige institutionelle Fördersystem in Deutschland bis heute weitgehend aufbaut. Vielfach hat es den Anschein, dass Talent hier in der ursprünglichen Bedeutung des Wortsinns vorrangig als etwas Statisches verstanden wird: Entweder man besitzt es oder man besitzt es nicht. Dabei stehen vor allem ererbte Begabungen und der Faktor Intelligenz beziehungsweise bereits gezeigte überdurchschnittliche Performance im Mittelpunkt. Als talentiert gilt zum Beispiel, wer eine Eins in Mathe hat oder die richtigen Körpermaße kombiniert mit motorischer Geschicklichkeit für eine bestimmte Sportart mitbringt und diese Begabungen möglichst früh und einfach erkennen lässt. Ausschlaggebend für diese Talentdiagnose „light" ist damit primär die „Hardware" in Form schon entwickelter kognitiver Fähigkeiten oder physisch-motorischer Ausstattung. So wird beispielsweise zumeist allein über den klassischen Intelligenztest und damit über den IQ definiert, wann Hochbegabung vorliegt, obwohl die Wissenschaft mittlerweile von multiplen Intelligenzen ausgeht[2] oder Erkenntnisse der Gehirnforschung auch auf Formen emotionaler oder intuitiver Intelligenz schließen lassen, die für eine optimale spätere Performance bedeutend sind.[3]

Die Gefahr dieses tendenziell einseitigen Talentverständnisses – auch für den Wirtschaftsstandort Deutschland – besteht darin, einerseits den Fundus, aus dem wir schöpfen können, nur unzureichend zu nutzen. Überspitzt formuliert: Nur nach bereits performenden zukünftigen Genies zu suchen, reicht angesichts der Herausforderungen, vor der unser Gesellschaft in nächster Zeit steht, nicht aus. Vielmehr ist es erforderlich, vorhandenes Talentpotenzial umfassender zu sondieren. Andererseits kann ein zu wenig sorgsamer Umgang mit bereits erkannten Talenten (im Sinne von „Höher – Schneller – Weiter") dazu führen, dass diese vorzeitig „verbrennen" oder ein unangebrachtes „elitäres" Bewusstsein entwickeln. Damit besteht die Gefahr, dass wichtiges Potenzial frühzeitig auf der Strecke bleibt beziehungsweise aufgrund mangelnder sozialer Bezugsfähigkeit unnötige gesellschaftliche Konflikte provoziert werden.

Was müsste sich in Sachen Talentmanagement ändern, damit wir gesellschaftliches Leistungsvermögen nicht länger verschenken und Deutschland auch zukünftig seinen Qualitätsstandards gerecht wird? Wie muss Talent definiert werden, um eine breite und möglichst ganzheitlich ausgerichtete Talenterkennung und -förderung sicherzustellen? Und wie müssten sich die beteiligten Institutionen aufstellen, um diese auch wirksam umzusetzen?

---

[2] Neben der logisch-mathematischen Intelligenz zum Beispiel die sprachliche, die musikalische, die bildlich-räumliche, die soziale sowie die intrapersonale Intelligenz (vgl. Gardner 2002, 1998).
[3] Vgl. Goleman (2011).

Bevor die Autoren ihre Vorstellungen eines wirksamen Talentmanagements näher erläutern und den Blick für weiterführende als auch alternative Perspektiven eröffnen, wollen sie zunächst in einer kurzen Bestandsaufnahme jene gesellschaftlich relevanten Bereiche der Talentförderung beleuchten, in denen es aus ihrer Sicht zwar mittlerweile eine Reihe von Aktivitäten, aber auch noch erheblichen Handlungsbedarf gibt.

Schule: Begrenzte Talentperspektive, unzureichende Förderbedingungen

Gegenwärtig finden sich gerade im Schulbereich eine ganze Reihe von Beispielen für Talentförderung: Bekannt sind verschiedene Wettbewerbe für Schüler, etwa „Jugend forscht", „Jugend musiziert", die Bundeswettbewerbe in den Bereichen Fremdsprachen, Mathematik, Informatik, „Jugend debattiert" sowie „Olympiaden" in den Fächern Mathematik, Chemie, Physik, Biologie und – bisher nur in wenigen Bundesländern – auch in Philosophie. Überdies gibt es Hochbegabten- und Spezialschulen sowie einzelne Gymnasien, die besondere Hochbegabtenklassen anbieten. Eine wichtige Komponente der Begabtenförderung für Schüler stellen außerdem spezialisierte Ferienakademien dar, die regelmäßig von verschiedenen Organisationen sowie von unterschiedlichen Trägern auf Bundes- und Länderebene veranstaltet werden.

Diese Auflistung, die sich noch erweitern ließe, zeigt einerseits, dass sich die schulische Talentarbeit in der Entwicklung befindet. Andererseits macht sie die bereits angedeuteten Probleme des gegenwärtigen Fördersystems noch einmal deutlich:

Der Fokus der Fördermaßnahmen liegt – mit wenigen Ausnahmen – auf den traditionellen Fähigkeiten im naturwissenschaftlichen, sprachlichen oder musischen Bereich. Dabei steht noch immer der Selektionsgedanke statt Verantwortung für Bildungserfolg im Vordergrund.[4] In einem solchen Fördersystem haben die Stillen, die Zurückhaltenden, die Spätentwickler, die Unangepassten und leider auch Kinder aus bildungsferneren Schichten unausweichlich und nachweislich das Nachsehen, obwohl sie später zu Top-Performances in der Lage wären. Das heißt, viele Begabte werden in ihrem spezifischen Talentpotenzial gar nicht wahrgenommen. Der begrenzte Blickwinkel der Talentverantwortlichen – in der Regel melden die Schulen aus ihrer Sicht besonders begabte Schüler zu Wettbewerben und Camps – ist letztlich auch darauf zurückzuführen, dass häufig weder Erzieher noch Lehrer überhaupt über die nötige Kompetenz verfügen, andere wesentliche Schlüsselkompetenzen als fachliche Begabungen, wie etwa Teamfähigkeit, Selbststeuerungskompetenz, Leistungsmotivation, Selbstwirksamkeitsüberzeugung etc., zu diagnostizieren. Eine Studie des Zentrums für empirische pädagogische Forschung (ZEPF) kommt sogar zu dem Schluss, dass die Professionalisierung aller an der schulischen Förderung Beteiligten insgesamt „zu gering" ist: Es mangelt an Wissen über Fördermodelle und -möglichkeiten; nur

---

[4] Vgl. Klemm und Klemm (2010).

wenige Lehrkräfte sind mit diagnostischen Hilfsmitteln vertraut, viele fühlen sich zu diesem Thema insgesamt schlecht aufgestellt.[5]

Angesprochen werden also mit den oben beschriebenen Fördermaßnahmen fast ausnahmslos jene begabten Gymnasiasten, die ihre Talente bereits unter Beweis gestellt haben, optimal performen und eine Förderung gar nicht mehr in dem Maße brauchen wie Schüler, die noch keinen Zugang zu ihren Ressourcen gefunden haben. Nicht selten kann seitens der Schulen sogar nicht einmal das geleistet werden, was eigentlich als Standard geleistet werden soll: Es fehlt vielerorts an individueller Förderung, an entsprechendem Personal und an dringend notwendigen Investitionen.[6] So können beispielsweise auch die zahlenmäßig vergleichsweise deutlich geringeren Initiativen zur Migrationsförderung bisher kaum etwas daran ändern, dass ein Großteil der Haupt- und Realschüler – obwohl nachweislich talentiert, aber schlecht sozialisiert – komplett aus dem Fördersystem herausfällt.[7] Gar nicht zu sprechen von den Schulabbrechern, deren Zahl derzeit bei über 50.000 Schülern im Jahr liegt.[8] Häufig sind es diese Gruppen, die in der Folge keinen erfolgreichen Einstieg in den Beruf schaffen: Laut Bildungsbericht des Bundes und der Länder ist jeder sechste junge Mensch zwischen 20 und 30 Jahren in Deutschland ohne Berufsabschluss.[9] Spannend ist, dass aus dieser Gruppe erstaunlich intelligente „Protestler" erwachsen können, die es als Quereinsteiger sogar zum Bundesaußenminister schaffen …

Talentförderung wird zunehmend zur Privatangelegenheit

Verständlicherweise macht sich gerade bei Eltern, aber auch bei Schülern, zunehmende Sorge breit: Man weiß, dass eine gute Ausbildung eine Grundvoraussetzung für den künftigen beruflichen Erfolg ist, erlebt das staatliche Bildungssystem jedoch an wichtigen Stellen als wenig durchlässig, zum Teil auch als ineffizient. Die Angst, angesichts dieser Gegebenheiten erreichten Wohlstand zu verlieren, setzt gerade den Mittelstand ungemein unter Druck, den Nachwuchs so gut wie möglich auf die künftigen Anforderungen eines globalisierten Arbeitsmarkts vorzubereiten. Immer öfter springen Eltern deshalb selbst in die Bresche, um das Bildungsniveau ihrer Kinder zu sichern, Defizite auszugleichen oder besondere Interessen und Begabungen zu identifizieren und zu unterstützen: Nicht selten beginnt die private Förderung der Kleinen im Kindergarten und setzt sich mit der Einschulung fort. Nach einer Studie der Bertelsmann-Stiftung geben zum Beispiel Familien jährlich zwischen 945 Millionen und 1,5 Milliarden Euro für Nachhilfe aus, die häufig bereits in der Grundschule beginnt und – unter anderem dank des mittlerweile zum Teil bereits wieder heftig kritisierten Turbo-Abiturs – immer öfter bis zum Schulabschluss in

---

[5] Vgl. Jäger-Flor und Jäger (2008); Kleinhubbert (2009).
[6] Vgl. Klemm und Klemm (2010).
[7] Vgl. Autorengruppe Bildungsberichterstattung (2012).
[8] Vgl. Autorengruppe Bildungsberichterstattung (2012); Bertelsmann-Stiftung (2011).
[9] Vgl. Autorengruppe Bildungsberichterstattung (2012).

Anspruch genommen wird.[10] Aber nicht nur Nachhilfe hat sich mittlerweile zu einem etablierten, privat finanzierten Unterstützungssystem entwickelt. Angesichts wachsender Unzufriedenheit nutzen immer mehr Eltern das breiter werdende Angebot privater Bildungsinitiativen und -institutionen: Laut einer Studie der Friedrich-Ebert-Stiftung ist die Zahl der Schüler, die eine Privatschule besuchen, in den letzten Jahren um 55 % gestiegen.[11] Auch die Gründungszahl privater Hochschulen hat trotz zum Teil horrender Studiengebühren seit 2000 rasant zugenommen: Mittlerweile gibt es über 90 staatlich anerkannte akademische Einrichtungen privater Trägerschaft.[12]

Das Problem dieser Entwicklung: Viele Potenzialträger und Talente, deren Eltern sich diese Ausgaben nicht leisten können, bleiben von vornherein ungenutzt. Soziologen sehen in dieser Entwicklung eine weitere Bestätigung einer bestehenden Tendenz: Wirklich gute Ausbildung und die Möglichkeit des gesellschaftlichen Aufstiegs bleiben nach wie vor zu wenigen Absolventen vorbehalten. Denn für Ausbildungserfolg und eine „erstklassige" Karriere ist auch in Deutschland – dies verdeutlichte die Pisa-Studie ebenfalls – noch immer die soziale Herkunft entscheidend. Tatsache ist: In allen wichtigen Bereichen wie Wirtschaft, Verwaltung, Wissenschaft und in der Politik werden Spitzenpositionen durch Mitglieder des so genannten „gehobenen Bürgertums" besetzt.[13] Angesichts dieser „geschlossenen Gesellschaft" gut funktionierender Elitenetzwerke, so die Warnung kritischer Stimmen, bleibt potenziellen Talenten der Weg zur Entwicklung ihrer Begabungen sozusagen qua Geburt versperrt[14] – und dies, obwohl wir dringend nach Talenten suchen und sie bereits aus dem Ausland „importieren".

Zu wenig universitäre Kapazitäten

Das Prinzip des Selektierens statt Förderns wie auch der einseitige Fokus auf fachliche Fähigkeiten setzen sich in der universitären Ausbildung fort. Zwar ist man auch in diesem Bereich aktiv geworden, wie die vor einigen Jahren ins Leben gerufene Exzellenzinitiative des Bundesministeriums für Bildung und Forschung und der Deutschen Forschungsgemeinschaft beweist. Doch kommen bisher nur einige wenige Eliteuniversitäten in den Genuss der millionenschweren Zuschüsse, wobei das Geld vor allem in die Forschung fließt. Abgesehen davon stehen auch hier wiederum traditionelle Fächer wie Medizin, Ingenieur- und Naturwissenschaften im Mittelpunkt.

Die seit einiger Zeit geltende Auswahlhoheit der Universitäten hat dazu geführt, dass deren Qualität mittlerweile deutlich auseinanderdriftet: Auf der einen Seite eine kleine Zahl exquisiter Forschungsuniversitäten und auf der anderen Seite die Unis für die „brei-

---

[10] Vgl. Klemm und Klemm (2010).
[11] Vgl. Weiß (2011).
[12] Vgl. Frank et al. (2010).
[13] Vgl. Feldenkirchen (2008); Kohlenberg und Uchatius (2007); Lehnen-Beyel (2006).
[14] Vgl. Hartmann (2002, 2004, 2007).

te Masse", die weniger Forschung betreiben und Studierende über verschulte Bachelor-Studiengänge in möglichst kurzer Zeit auf einem relativ niedrigen Niveau ausbilden. Rigide Zugangsbeschränkungen, vollgestopfte Stundenpläne, die keinen Raum für das Erproben außerfachlicher Begabungen oder für Weiterbildung über die Fachgrenzen hinweg lassen, ein viel zu knappes Angebot an Master-Studiengängen[15] bieten jedoch kaum einen geeigneten Rahmen für die notwendige individuelle Talententdeckung oder effiziente Talentförderung.

Zwar studieren mittlerweile mehr Schulabgänger als noch vor einigen Jahren und aufgrund der Aussetzung der Wehrpflicht und des Zivildienstes sowie aufgrund doppelter Abitur-Jahrgänge ist die Zahl der Studenten noch einmal deutlich gestiegen – einige Hochschulen im Land vermelden in jüngster Zeit einen Zuwachs um bis zu 45 %.[16] Allerdings schotten sich angesichts dieses Ansturms viele Hochschulen bewusst mittels Numerus clausus ab: Wer es als frisch gebackener Abiturient schafft, sich durch das unübersichtliche Gewirr des Zulassungsverfahrens zu manövrieren, sieht sich gegenwärtig bei praktisch jeder Studienplatzbewerbung mit zum Teil drastischen Zugangsbeschränkungen konfrontiert, obwohl die Wirtschaft und das Land nach gut ausgebildeten Kräften gieren.

In der Praxis sind weder die Universitäten noch die Fachhochschulen strukturell und finanziell für den lange schon absehbaren Ansturm gerüstet.[17] Die mit heißer Nadel gestrickte „Bologna-Reform" ist hierzulande kaum so umgesetzt, wie sich das die Initiatoren ursprünglich gedacht hatten:[18] Es fehlt an entsprechenden personellen, strukturellen und didaktischen Voraussetzungen, an gemeinsamen Standards und vor allem an angemessener pädagogischer Unterstützung für die neu eingerichteten Studiengänge. Das – eigentlich sinnvolle – Bestreben der Reformer, die Employability der künftigen Akademiker zu erhöhen und praxisnäher auszubilden, hat letztlich dazu geführt, dass das Niveau der Ausbildung sinkt und der einzelne Student mit seinen individuellen Fähigkeiten gar nicht mehr ins Blickfeld der Lehrenden geraten kann. Angesichts dieser Zustände wundert es kaum, dass viele Studierende einfach auf der Strecke bleiben: Nach der Statistik des Hochschul-Informations-Systems (HIS) bricht mittlerweile jeder fünfte Student sein Studium ab.[19]

Zusammenfassend betrachtet schneidet das herkömmliche Bildungssystem bestehend aus Schulen und Universitäten beziehungsweise Fachhochschulen im Hinblick auf eine breite und ganzheitliche Talentförderung – vorsichtig ausgedrückt – eher mäßig ab. Dabei wird immer wieder ein Problem deutlich, das sich letztlich durch das gesamte deutsche Bildungssystem zieht: Zwar sind die Ausgaben für Bildung im Haushaltsjahr 2010 deutlich gestiegen, im internationalen Vergleich hinkt Deutschland hier allerdings nach wie vor hinterher und wird mit Blick auf den prozentualen Anteil für Bildungsausgaben am Bruttoinhaltsprodukt von anderen OECD-Ländern klar abgehängt. Zudem gibt es deutli-

---

[15] Vgl. Olbrisch (2010).
[16] Vgl. Weißling, (2011).
[17] Vgl. van Bebber (2011).
[18] Vgl. Buchhorn (2010).
[19] Vgl. Titz (2010).

che Gefälle in den Bildungsbereichen. Unter dem OECD-Durchschnitt liegt Deutschland insbesondere bei den Ausgaben für Schüler der Grund- und weiterführenden Schulen bis Klasse zehn und für Studenten. Die besseren Zahlen für Oberstufen- und Berufsschüler führen die Statistiker insbesondere auf die Ausgaben der Wirtschaft bei der dualen Berufsbildung zurück.[20]

Viele Unternehmen bleiben noch hinter ihren Möglichkeiten zurück

Auch die Unternehmen haben natürlich eine wichtige Funktion im Rahmen des gesellschaftlichen Talentmanagements. Gerade das deutsche duale Berufsausbildungssystem, also die parallele Ausbildung in Betrieb und Berufsschule, gilt weltweit als vorbildlich und als ein Erfolgsfaktor der deutschen Wirtschaft im internationalen Wettbewerb. Dieses Modell hat in der Vergangenheit viel zur Stabilität des Facharbeiterangebots beigetragen. Mittlerweile stehen die Unternehmen allerdings vor dem Problem, dass den Lehrstellen die Bewerber ausgehen. Tatsächlich suchen deutsche Firmen derzeit händeringend nach Nachwuchs. Das Bundesinstitut für Berufsbildung meldete Ende 2011 30.000 unbesetzte Lehrstellen – ein Plus von 10.000 gegenüber dem Vorjahr.[21]

Die Sorge um den betrieblichen Nachwuchs treibt mittlerweile auch viele der großen Konzerne um, wobei diese im Kampf um die besten Köpfe unterschiedliche Strategien einsetzen:[22] In der Regel beginnen die Firmen in der fortgeschrittenen Phase des Studiums damit, an den Universitäten Talent Scouting zu betreiben, um zum Beispiel über Bewerbermessen, das Bereitstellen von Praktikantenstellen, die Vergabe und Unterstützung von Diplomarbeiten und Dissertationen oder organisierte Firmenbesichtigungen direkt mit interessanten Talenten in Kontakt zu kommen. Innovative Betriebe arbeiten dazu mittlerweile auch mit eigenen virtuellen Plattformen oder nutzen soziale Netzwerke wie Facebook oder Twitter. Selbst die Schule gerät langsam ins Visier der Unternehmen. Allerdings findet man eine Form von Jugendarbeit, die dem entspricht, was Vereine oder auch die staatlich gelenkte Förderung im Sport tun, im betrieblichen Kontext bisher nur ansatzweise – etwa in Form von Sponsoring für diverse Begabten-Wettbewerbe oder als Partnerschaft für Eliteeinrichtungen. Aktivitäten wie die Initiative „Business@School" der Boston Consulting Group zur Förderung des wirtschaftlichen Verständnisses an deutschen Gymnasien, bei denen die Teilnehmer sich ein Schuljahr lang mit Wirtschaftsunternehmen aus ihrer Region beschäftigen und eine eigene Geschäftsidee entwickeln[23], oder Partnerschaften wie die „Siemens Partnerschulen" sind erst in jüngster Zeit vermehrt zu verzeichnen. Üblicherweise bleibt diese Art der Talentarbeit bisher nur den wirklich großen, finanzkräftigen Unternehmen vorbehalten. Sie sind es überwiegend auch, die vielversprechende Berufs-

---

[20] Vgl. Menke (2010); Autorengruppe Bildungsberichterstattung (2012).
[21] Vgl. BiBB (2011).
[22] Vgl. Klooß (2011).
[23] Näheres unter www.business-at-school.net.

anfänger mittlerweile immer öfter mit attraktiven Qualifikationsangeboten locken, indem sie ihnen beispielsweise eine Ausbildung in Verbindung mit einem Bachelor-Studium an einer kooperierenden Fachhochschule oder berufsbegleitend einen unternehmensbezogenen Master-Studiengang ermöglichen.[24]

Nicht alle Unternehmen reagieren so offensiv und kreativ auf den bereits spürbaren Fach- und Führungskräftemangel. Andere überlassen das Feld der frühen Talentsuche nach wie vor weitgehend dem Bildungssystem und beklagen gleichzeitig das schlechte Ausbildungsniveau der Schul- und Universitätsabgänger.

Untersuchungen zeigen, dass gerade kleine und mittelständische Unternehmen – das Rückgrat der deutschen Wirtschaft – in Sachen Nachfolgeplanung und Nachwuchsvorbereitung häufig „von der Hand in den Mund leben"[25], das heißt, man wird erst aktiv, wenn die Fach- und Führungskräfte konkret benötigt werden, wodurch Personalentscheidungen oft unvorbereitet und aus der aktuellen Situation heraus gefällt werden. Viele Personalmanagementkonzepte beschränken sich angesichts dessen im Wesentlichen auf Strategien zur Personalbeschaffung. Weiteren Erhebungen zufolge geben Unternehmen zum Beispiel mittels Bonus-Systemen die fünffache Summe für die Gewinnung und Bindung neuer qualifizierter Mitarbeiter aus im Vergleich zu der Summe, die sie innerhalb der ersten beiden Jahre für deren Einarbeitung und Förderung aufbringen.[26] Gewünscht wird schnelle Leistungsfähigkeit, das heißt, langfristige Investitionen in die Mitarbeiterqualifikationen stehen tendenziell weniger im Fokus. Aber gerade fähige junge Mitarbeiter brauchen Zeit und Unterstützung, um ihr Talent im Sinne des Unternehmens entfalten zu können, sonst besteht die Gefahr, das vorhandene Potenzial zu überfordern.

Auch wenn es darum geht, den zukünftigen Managementnachwuchs für die Top-Etage zu identifizieren und zu fördern, gehen viele deutsche Unternehmen trotz des drängenden Bedarfs an fähigen Führungskräften weder ganzheitlich noch systematisch vor.[27] Selbst in Betrieben, die Instrumente zur persönlichen Standortanalyse und Personalentwicklung einsetzen, kommen häufig veraltete Assessment-Konzepte oder Traineeprogramme zum Einsatz. Obwohl man sich in den meisten Personalabteilungen mittlerweile der Relevanz psychologischer Leistungsfaktoren für eine erfolgreiche Management- und Führungslaufbahn bewusst ist und die Managementforschung alternative Diagnoseverfahren zur Verfügung stellt, setzen viele Unternehmen noch immer auf Instrumente, die den Fokus primär auf die so genannten Hard Skills, also fachliche Kenntnisse, betriebswirtschaftliches Knowhow sowie kognitive Fähigkeiten etc. richten. Persönliche Begabungen und Ambitionen sowie die dahinter liegenden Persönlichkeitsmerkmale stehen gerade zu Beginn der Karriere üblicherweise noch nicht im Blickfeld vieler Personalverantwortlicher.

---

[24] Vgl. Buchhorn (2010).
[25] Vgl. Bartels et al. (2010).
[26] Vgl. Deloitte (2005).
[27] Vgl. Kienbaum (2010).

Sportliche Talentdiagnostik und -förderung: Einseitiger Fokus, unübersichtliches System

Das Thema Talentmanagement betrifft nicht nur die Bereiche Bildung und Wirtschaft, sondern insbesondere auch den Sport. Sicherlich agieren deutsche Athleten im internationalen Vergleich bisher sehr erfolgreich. Ist also alles zum Besten bestellt in Sachen sportliches Talentmanagement? Nicht ganz, denn auch hier gibt es aus Sicht der Autoren einige Dinge, die optimiert werden könnten.

Naturgemäß richtet sich das Augenmerk der Talent- und Nachwuchsarbeit im Sport vor allem auf die physischen Merkmale von Leistung. Dabei ist unbestritten, dass genetische Prädispositionen wie die Länge der Arme und Beine, Körpergröße, aerobe Kapazität, Body-Mass-Index oder die Zusammensetzung der Muskelfasern für den späteren Erfolg eine wichtige Rolle spielen.[28] In vielen Sportarten – zum Beispiel Turnen, Rudern, Hochsprung, Basketball, um nur einige zu nennen – werden folglich immer auch „ideale" physische Eigenschaften mit dem Erreichen eines hohen Leistungsniveaus in Verbindung gebracht.

Allerdings sind körperliche Voraussetzungen und besonderes motorisches Geschick auch im Sport nicht alles. Untersuchungen im Rahmen der Sportexpertise belegen, dass die grundlegenden körperlichen Kriterien zwar Voraussetzung für Exzellenz im Sport, aber nicht ausreichend für die Erklärung hoher, kontinuierlicher Leistung und Erfolg sind.[29]

Sieht man sich die üblichen Strategien der Talentauswahl in den verschiedenen Kaderebenen an, dann scheinen solche Erkenntnisse bisher allerdings nur wenig Einfluss auf die sportliche Talentdiagnostik zu haben. Selektiert wird hier noch immer überwiegend …

- nach Leistungsauffälligkeit: Im Rahmen der unsystematischen Beobachtung ausgewählter Wettkämpfe werden Sportler mit herausragenden Leistungen herausgefiltert. Diese Strategie wurde bislang allerdings nur wenig systematisch eingesetzt und hat den Nachteil, dass der Sportler nur in der Wettkampfsituation betrachtet wird;
- nach Belastungsresistenz: Sporttalente werden aufgrund ihrer psycho-physischen Konstitution ausgewählt, die sie für bestimmte Sportarten besonders geeignet erscheinen lässt (zum Beispiel Sportarten, die Maximal- oder Explosivkraft und hohe psychische Stressstabilität erfordern);
- mittels Erstellung von Trainierbarkeitsprofilen: Dem Sportler wird eine Sportart empfohlen, die mit dessen Trainierbarkeitsprofil korreliert.[30]

In der Praxis zählt jedoch in der überwiegenden Zahl der Fälle das Urteil des Trainers, das letztlich auf dessen jeweils subjektiven Erfahrungen, Kenntnissen und Vorlieben beruht. Dass diese Vorgehensweise zur Entdeckung von Talenten nur bedingt funktioniert, zeigt sich unter anderem an der Tatsache, dass 60 % der Olympiasieger und Weltmeister die

---

[28] Vgl. Janelle et al. (2007).
[29] Zum Beispiel Gruber und Mandl (1992, S. 67).
[30] Vgl. Hohmann und Carl (2002, S. 10, 23).

übliche Kaderstruktur gar nicht durchlaufen haben, sondern über Nebenwege zum sportlichen Erfolg gekommen sind.[31]

Doch nicht nur die einseitige Konzentration auf bestimmte Leistungsfaktoren führt dazu, dass auch im Sport das vorhandene Talentpotenzial noch nicht optimal genutzt wird. Zwar findet hier im Gegensatz zum staatlichen Ausbildungssystem regelmäßige und systematische Talentarbeit statt; allerdings stehen Eltern, die bei ihren Kindern besonderes sportliches Talent vermuten, sowie sportbegeisterte junge Menschen vor einem schwer durchschaubaren System der Talentförderung. Dessen Struktur ist – analog zum föderalen Staatsaufbau – weit verzweigt und unterliegt unterschiedlichen Zuständigkeiten (zum Beispiel Vereine, Verbände unterschiedlicher Ebenen, Schul- und Vereins-Kooperationen, Talentfördergruppen im Rahmen der Nachwuchsarbeit, Sportinternate, Deutsche Sporthilfe, Sportfördergruppe der Bundeswehr, Unterstützung durch freie Träger und Sponsoren).[32] Das heißt, Talentdiagnostik und nachfolgende Unterstützungsmaßnahmen erfolgen nicht gebündelt und systematisch (inklusive einheitlicher Richtlinien und Standards), sondern hängen oft vom Engagement der einzelnen Sportler ab oder müssen mehr oder weniger formell zwischen diesen und der fördernden Institution ausgehandelt werden.

Dieses komplexe System erschwert letztlich eine umfassende Potenzialerfassung und -nutzung. Denn oft weiß der Sportnachwuchs noch gar nicht, worin genau er gut ist. Und der Beginn einer sportlichen Karriere im bestehenden Nachwuchsfördersystem setzt nicht selten das mühsame Erproben verschiedener Leistungsfelder voraus, was die Gefahr birgt, dass sich Talente ohne langen Atem zu früh aus dem System wieder verabschieden.

Überdies greift das föderale Fördersystem erst, wenn sich prognostiziertes Talent tatsächlich in Erfolgen manifestiert. Das heißt, bevor Vereine, Verbände, Sportförderung oder Sponsoren unterstützend tätig werden, müssen in der Regel die Eltern für die Kosten der Sportlerkarriere aufkommen. Und zumeist sind es auch die Eltern, die am Anfang die nötige psychologische Unterstützung (emotionale Zuwendung, Trost, Motivation) und organisatorische Unterstützung (Koordination von Schule und Sport, Fahrdienste etc.) sichern und den nötigen Rückhalt bieten.[33] Fehlt dieser Rückhalt oder kann die erforderliche finanzielle und materielle Absicherung durch die Eltern nicht geleistet werden, ist der Start in eine Sportlerkarriere oft kaum möglich.

Aber auch Sporttalente, die als solche erkannt werden, haben es oft nicht einfach, ihre Begabung ungestört zu entwickeln. Die in der Bundesrepublik Deutschland praktizierte Trennung von Staats- und Sportsystem schließt die Trennung zwischen staatlichem Bildungswesen und sportlicher Förderung ein, was es insbesondere den Athleten aus nichtprofessionellen Sportarten – und das ist die deutliche Mehrzahl der deutschen Leistungssportler – erschwert, Ausbildung und berufliche Entwicklung mit einer Karriere als

---

[31] Vgl. Emrich und Güllich (2005).
[32] Vgl. Fessler und Knoll o.J.
[33] Vgl. Alfermann und Stoll (2005, S. 184 f.).

Spitzensportler zu verbinden.[34] Bei alledem ist eine professionelle sportpsychologische Betreuung im leistungssportlichen System der Bundesrepublik Deutschland bislang eher die Ausnahme.

Es gibt viele Verbesserungsmöglichkeiten

Talent entwickelt sich stets in dynamischer Wechselwirkung zwischen Individuum und Umwelt und hat, so aktuelle Erkenntnisse der Expertiseforschung, immer etwas mit psychologischen Fähigkeiten und Selbststeuerungskompetenz zu tun. Das Vorhandensein solcher außerfachlicher Talente und psychologischer Kompetenzen lässt sich – mit aller Vorsicht – durchaus in früheren Entwicklungsphasen überprüfen. Da das herkömmliche Bildungssystem – bis auf Ausnahmen – solche Kompetenzen jedoch weitgehend vernachlässigt, kann es sinnvoll sein, zur Entwicklung derartiger Skills bei Kindern und Jugendlichen Alternativen in Betracht zu ziehen, um diese zu fördern. Traditionelle Möglichkeiten ergeben sich beispielsweise über das Engagement in Jugendgruppen oder -organisationen oder über die Arbeit in Kirchen, sozialen Einrichtungen, Vereinen oder politischen Organisationen. Aber auch im bestehenden Ausbildungs- und Fördersystem gibt es natürlich Ansatzpunkte für einen verbesserten Umgang mit Talenten. Sie lassen sich im Wesentlichen mit den Stichworten *Individualisierung*, *Durchlässigkeit* und *Professionalisierung* überschreiben.[35]

Schulen wäre es beispielsweise durchaus möglich, den Lernenden mehr Freiraum zur Erprobung verschiedener Kompetenzen zu bieten und mit flexibleren Lehrplänen zu arbeiten, die sich nicht ausschließlich auf klassische Bildungsinhalte konzentrieren. Auch die derzeit meist sehr frühe Trennung von Guten und weniger Guten wäre zu überdenken, um die Chance jener zu erhöhen, die in ihrer Entwicklung einfach langsamer, deshalb aber nicht weniger befähigt sind. Ebenso ist der gezielte Einsatz von Orientierungsveranstaltungen im schulischen Kontext denkbar. Solche – hier nur exemplarisch zu nennende – Maßnahmen dienen letztlich dazu, stärker als bisher individuelle Lehrpfade in den Blickpunkt zu rücken, und zwar sowohl durch den Einsatz entsprechender diagnostischer Instrumente als auch durch spezifisch zugeschnittene Lernangebote, die die Schüler in ihrer speziellen Talentstruktur fördern.

Ein solches schulisches Talentmanagement setzt allerdings voraus, dass wir uns einerseits von den starren Strukturen unseres Bildungswesens verabschieden und andererseits die Professionalisierung der Beteiligten deutlich erhöhen. Weiteres Umdenken ist damit nicht nur in der Politik, sondern insbesondere in den Lehrerzimmern und Schulleiterbüros angesagt. Lehrer können sich in Zukunft nicht mehr auf ihre Fachlichkeit zurückziehen, sondern müssen ihre Kompetenz in Sachen psychologischer und außerfachlicher Leistungsdiagnose und -förderung schulen. Ebenso dürfen sich Schulleiter nicht länger als

---

[34] Vgl. Braun (2001).
[35] Vgl. Robert-Bosch-Stiftung (2009).

„Bildungsverwalter" verstehen, sondern müssen ihre Leitungs- und Managementfunktion als Bildungsanbieter ernst nehmen. Eine Steigerung der Zahl von Bildungsallianzen zwischen Pädagogik und Ökonomie könnte hierbei wichtige Impulse liefern. Denn Bildung ist als ein wichtiges volkswirtschaftliches Vermögen zu betrachten, mit dem weitsichtig gewirtschaftet werden muss. Dies kann jedoch nur erfolgreich gelingen, „wenn auf allen Stufen des Bildungssystems signifikante Steigerungen erzielt werden – bei den Schwachen ebenso wie bei den Eliten …".[36]

Ein solcher Paradigmenwechsel ist möglich und – so zeigt das Beispiel des neuen Schulgesetzes in Hessen, das den Schulen deutlich mehr Gestaltungsspielraum bei Unterrichtsinhalten, Budget und Personal zugesteht – nach Ansicht der Autoren auch ohne allzu großen Aufwand praktisch umsetzbar. Dazu liefert das europäische Ausland, das zum Teil bereits sehr viel früher neue Weichenstellungen in Sachen Bildung vollzogen hat, eine Reihe von Best-Practice-Beispielen.[37] Überdies könnte eine klare Bewertung des Bildungserfolgs staatlicher Einrichtungen den Wettbewerb und damit auch das Niveau des Angebots insgesamt steigern.

Universitäten sollten ihre Auswahlhoheit nutzen, um bei der Vergabe der Studienplätze sehr viel stärker als bisher auch außerfachliche Qualitäten der Bewerber zu berücksichtigen (so zum Beispiel an der Universität Hamburg im Fach Medizin).[38] Es ist schließlich keine neue Erkenntnis, dass nicht aus jedem Einser-Abiturienten zwangsläufig ein guter, einfühlsamer Arzt wird! Auch in diesem Zusammenhang wäre es durchaus möglich, studienfachbezogene Auswahlverfahren einzusetzen, die verschiedene Bewertungsperspektiven zusammenführen. Ebenso dringend notwendig ist es, die Kapazitäten der Masterstudiengänge zu erhöhen, sodass hier nicht nur alle interessierten und fähigen Bachelor-Absolventen, sondern auch Quereinsteiger zum Zuge kommen können. Beispielsweise wäre es vorstellbar, besondere Talente bei der Studienplatzvergabe über eine noch höhere Gewichtung absolvierter studienfachrelevanter Berufsausbildungen und Praktika zu sondieren beziehungsweise die Hochschulen generell für Berufstätige ohne Abitur breiter zu öffnen. Zwar hat die Zahl der beruflich qualifizierten Studienanfänger in den letzten Jahren zugenommen, ihr Anteil an der Gesamtzahl der Studienfänger liegt jedoch bei nicht einmal zwei Prozent, in einzelnen Studienfächern – zum Beispiel Medizin, Ingenieur- oder Naturwissenschaften – sogar noch deutlich darunter.[39] Gerade vor dem Hintergrund, dass der gegenwärtige Ansturm auf die Universitäten und Hochschulen als vorübergehendes Phänomen zu betrachten ist, könnten geschaffene zusätzliche Kapazitäten so auch künftig sinnvoll genutzt werden.

Im Studium selbst sollte eine bessere und individuellere Betreuung der Studenten dafür sorgen, dass diese nicht vorzeitig ihre akademische Ausbildung abbrechen und da-

---

[36] Robert-Bosch-Stiftung (2009).
[37] Vgl. Robert-Bosch-Stiftung (2009).
[38] Näheres unter: www.uke.de/studierende/index_64481.php?id=-1_-1_-1&as_link=http%3A// www.uke.de/studierende/index_64481.php.
[39] Vgl. Deutscher Bundestag (2012).

mit bereits erworbenes Wissen verschenken. Dazu müssten didaktische und pädagogische Aspekte im universitären Lehrbetrieb deutlich mehr Gewicht erhalten. Während beispielsweise in anderen Ländern Tutorien, Mentoring oder kleinere Lerngruppen gang und gäbe sind, behandeln deutsche Universitäten diese Themen gegenüber ihrem Forschungsanspruch bisher eher oft stiefmütterlich und lehren in manchen Studienrichtungen fast noch wie im Mittelalter vor allem „ex cathedra".

Noch mehr Unternehmen sollten ihr Bildungsverständnis ändern und die Forderung nach lebenslangem Lernen tatsächlich mit Inhalt füllen. Das ist zugegebenermaßen ein Kostenfaktor, denn bereits heute müssen nicht nur Eltern und das BAföG für die Finanzierung guter Ausbildung aufkommen, sondern zunehmend auch die Wirtschaft.[40] Die Bereitschaft dafür gründet sich auf der Einsicht, dass effiziente Talentidentifikation und -förderung nicht nur Kosten verursacht, sondern auch kostensparend sein kann. Denn gut qualifizierte Mitarbeiter leisten nicht nur mehr. Aus personalplanerischer Sicht werden dadurch vielmehr Fehlbesetzungen und Fluktuation vermieden. Überdies wird es Potenzialträgern ermöglicht, schneller und besser in Position zu kommen und damit ihre Leistungsfähigkeit für das Unternehmen zu entfalten. Und auch die Personalverantwortlichen in den Firmen sollten nicht nur die üblichen Bewertungsfaktoren im Fokus haben, wenn es um Auswahl qualifizierter Mitarbeitern und künftiger Potenzialträger geht: Auch Quereinsteiger haben häufig das Zeug zum guten Manager. Und gerade der unangepasste Nachwuchs entfaltet nicht selten unvermutete Kreativität und hohes Engagement. Dazu muss man den jungen Talenten allerdings Gelegenheit geben, Wissen zu entwickeln und sich im Unternehmen zu etablieren. Überdies sollten Unternehmen ihre Sorgfaltspflicht bezüglich der Gesundheit ihres Nachwuchses und ihrer Leistungsträger ernstnehmen, um deren Leistungsfähigkeit nachhaltig zu unterstützen und langfristig zu sichern.

Im Sport, wo die psychologischen Komponenten sportlicher Höchstleistung erst in den letzten Jahren verstärkt als Talent- und Leistungskriterien diskutiert und systematisch untersucht werden, müssen diese Erkenntnisse häufiger praktische Anwendung finden und in geeignete Diagnoseverfahren umgesetzt werden. Zudem ist es erforderlich, die Verantwortlichen (Trainer/Funktionäre) für diese Art der Talentsichtung stärker zu sensibilisieren und gleichfalls verstärkt zu schulen. Damit könnten langwierige, überflüssige Suchprozesse verhindert werden, und jungen Sporttalenten würde der schnellere Einstieg in das Fördersystem ermöglicht. Aber auch beim Training und bei der Betreuung bereits erfolgreicher Athleten wäre es sinnvoll, psychologische Leistungs- und Motivationsfaktoren stärker als bisher zu berücksichtigen. Hierfür liefern andere Sportnationen gleichfalls brauchbare Modelle.

Es liegt folglich viel Verantwortung im institutionellen System unserer Gesellschaft, wenn es um den sorgsamen Umgang mit Talenten geht. Bei alledem ist es aber immer auch Sache jedes Einzelnen, Verantwortung für seine eigenen Talente zu übernehmen, das heißt, sich selbst sorgfältig mit der Frage zu beschäftigen, wo die persönlichen Stärken liegen, und aktiv an deren Entwicklung zu arbeiten. Eltern sollten dabei den Mut aufbringen, es ihren

---

[40] Vgl. Buchhorn (2010).

Kindern zu ermöglichen, dem eigenen „Stern" zu folgen. Denn in einigen Fällen scheint bei der Sorge um den eigenen Status und den des Nachwuchses eines vergessen zu werden: das Kind selbst. Statt krampfhaft nach Anzeichen von Hochbegabung zu suchen, kommt es dem Nachwuchs am ehesten zugute, wenn der in seinen Stärken gefördert und von den Eltern dabei unterstützt wird, sich auf diesem individuellen Gebiet möglichst weit zu entwickeln. Die Aufgabe der Eltern liegt darin, dieses Gebiet zu erkennen. Ausschlaggebend ist hier jedoch nicht das eigene Wunschdenken, sondern das tatsächlich erkennbare Talent des Kindes.

Konsequenz: Ganzheitliches Talentmanagement

Dieser kurze Problemaufriss macht deutlich: Unsere Gesellschaft ist gegenwärtig in Sachen Talentmanagement zwar in vielerlei Hinsicht auf dem richtigen Weg – aus Sicht der Autoren reicht das jedoch nicht, wenn wir unseren Wettbewerbsvorsprung als Wissens- und Technologiegesellschaft weiter aufrechterhalten wollen. Notwendig ist vielmehr ein ganzheitliches Talentmanagement, das sich durch folgende Merkmale auszeichnet:

Breite Talentdiagnostik und -förderung, denn angesichts einer für 2030 prognostizierten „Fachkräftelücke" von 5,2 Millionen Personen[41] können wir es uns gegenwärtig kaum leisten, Abiturienten, deren Schnitt schlechter ist als Note Zwei, jahrelang auf einen Studienplatz warten zu lassen oder erst gar nicht zum Studium zuzulassen. Und wir können es uns auch nicht leisten, angesichts mehrerer Zehntausend offener Lehrstellen Haupt- und Realschulabsolventen ganz aus dem Förder- und Leistungssystem auszusortieren. Natürlich soll hier nicht einem frühen Drill oder gar einem Missbrauch junger Talente das Wort geredet werden, wie man sie zum Beispiel immer wieder in bestimmten Sportarten oder Sportfördersystemen antrifft. Da Kinder in der Regel nur begrenzt in der Lage sind, weitreichende Entscheidungen zu fällen, und auch eine zu frühe Spezialisierung sicher nicht sinnvoll ist, muss sensibel mit dem Thema umgegangen werden. Befürwortet wird allerdings – abgestimmt auf die Entwicklungsdynamik des Kindes oder des Jugendlichen und dessen Interessen – eine breite Förderung unterschiedlicher, auch außerschulischer Kompetenzen, um festzustellen, wo mögliche persönlichkeitsbezogene Peaks vorhanden sind. Denn selbst wenn Kinder und Jugendliche vieles ausprobieren wollen und sollen, bleiben bestimmte Neigungslinien oft konstant, und spätestens nach der Pubertät und in der weiterführenden schulischen oder akademischen Ausbildung lassen sich auch hierfür vorhandene Tendenzen erkennen.

Differenzierte Talentdiagnostik, die neben dem fachlichen Können insbesondere auch psychologisch basierte Bewertungskriterien wie Motivation, Willensstärke, Zielgerichtetheit, Selbststeuerungskompetenz und Persönlichkeit einbezieht. Diese „Soft Skills" sind es,

---

[41] Vgl. Bundesagentur für Arbeit (2011).

die eine umfassende Entfaltung von Talent oder gar das Erreichen von Spitzenleistung erst ermöglichen. Denn mitunter lässt sich beobachten, dass der begabte Nachwuchs weniger Engagement, Hartnäckigkeit und Leistungsbereitschaft an den Tag legt als der weniger talentierte. Bisher kommen solche psychologischen Faktoren, die für eine nachhaltige spätere Performance wichtig sind, bei der Talentsichtung und -förderung in sämtlichen Bereichen zu kurz. Die Folge: Ambitionierten jungen Menschen mangelt es häufig an Selbstreflexionsfähigkeit und der Einsicht beziehungsweise Fähigkeit, gezielt und systematisch an der eigenen Entwicklung zu arbeiten.

Bessere Unterstützung der Leistungsspitze: Bisher werden Spitzenleister in Sport, aber auch im Management oft zu einseitig im Sinne von „Höher – Schneller – Weiter" gefördert, was immer wieder zu Dropouts und damit zum Verlust von Leistungspotenzial führt. Ähnlich wie in der Talentdiagnostik liegt der Schwerpunkt hier vor allem auf den fachlichen beziehungsweise physischen Leistungsfaktoren („Hard Skills"). Optimale Förderung der Leistungsspitze muss jedoch auf alle relevanten Leistungsbereiche und vor allem auf die umfassende Reifung der Athleten beziehungsweise Führungspersönlichkeiten zielen, das heißt, auch hier müssen sogenannte „weiche Faktoren" beziehungsweise „Soft Skills" noch stärker als bisher berücksichtigt werden.

Talentangemessene Förderung über alle Lebensphasen: Talentmanagement ist keine einmalige Angelegenheit, sondern bedarf vielmehr der Kontinuität. In Anbetracht des Tempos, mit dem sich unsere Arbeits- und Lebenswelt verändert, kann man kaum davon ausgehen, mit dem einmal ausgebildeten Können und Wissen über lange Zeit wirtschaften zu können. Insoweit wäre es zu kurz gegriffen, den Blick ausschließlich auf die Jungen zu richten. Gerade in Hinblick auf das zunehmende Lebensalter der Arbeitnehmer setzt optimale Talentausschöpfung vielmehr voraus, dass persönliche Fähigkeiten und Kompetenzen immer wieder reflektiert und angepasst werden.

Dynamisches Talentverständnis: Talententwicklung findet nicht von selbst statt, sondern bedarf immer auch der Impulse von außen. Denn: Was nicht anregt wird, entwickelt sich auch nicht. So geht beispielsweise die Hirnforschung schon seit längerer Zeit davon aus, dass Wissen nicht übertragen, sondern nur wechselseitig konstruiert werden kann,[42] das heißt, die Interaktion mit der Umwelt ist dafür ausschlaggebend, wie Lernen angenommen, weitergeführt und entwickelt wird. Einfacher ausgedrückt: Jeder Rohdiamant muss möglichst individuell geschliffen werden, sonst bleibt er das, was er ist – ein Stein in einem Berg.

Eigeninitiative: Die Leistungsträger der kommenden Generationen (und deren Eltern) können sich nicht darauf verlassen, dass die Gesellschaft und das Bildungssystem ihre Talente in ausreichendem Maß wahrnehmen und unterstützen. Gerade „versteckte" Talente

---

[42] Vgl. Roth (2001).

werden noch viel zu selten erkannt. Die Konsequenz: Die Betroffenen müssen das Management ihrer Talente verstärkt selbst in die Hand nehmen. Nur Potenzialträger, die diese Aufgabe selbstverantwortlich bewältigen, haben die Chance, weiterzukommen. In Anbetracht der wirtschaftlichen Turbulenzen der vergangenen Jahre muss auch der derzeit heiß begehrte gut qualifizierte Nachwuchs damit rechnen, dass es beispielsweise aufgrund neuerlicher wirtschaftlicher Schwankungen zu Brüchen und Diskontinuitäten in der persönlichen Arbeitsbiografie kommen kann. Wichtig ist deshalb, dass jeder Einzelne seinen eigenen Mix aus persönlichen Fähigkeiten, Stärken, Talenten und Leidenschaften möglichst ganzheitlich analysiert und entwickelt, um diesen an der richtigen Stelle zum Einsatz bringen zu können.

Was bietet dieses Buch?

Die nachfolgenden Beiträge konkretisieren aus verschiedenen Perspektiven einige der oben genannten Ideen und bieten jedem Einzelnen, aber auch aus institutioneller Sicht Lösungsvorschläge für ein wirksames Talentmanagement. Die Autoren arbeiten seit Jahren mit Top-Performern, haben – sowohl in der Forschung als auch in der Praxis – umfassende Erfahrung im Bereich Talentdiagnostik und Talentförderung gesammelt und diese in innovativen Konzepten umgesetzt. Die Verbindung der Domänen Sport und Management ermöglicht es dabei, leistungsfeldspezifische Einsichten zusammenzuführen und darauf aufbauend generelle Perspektiven für ein wirksames Talentmanagement zu entwickeln, das die persönliche Leistungsfähigkeit erhält und steigert.

Aufschlussreiche Inhalte findet also jedermann, der sein Talent entdecken und gute Leistung in Sport, Wirtschaft und Gesellschaft erbringen möchte. Dazu ein kurzer Überblick:

Nach diesem Problemaufriss als Einstieg in das Thema fasst der Beitrag *Die „Leistungsformel"* – *oder: Wie funktioniert PWS-Talentmanagement?* (Kap. 2; Peter Wollsching-Strobel) die wissenschaftliche Grundlage des Buches zusammen. Die Basis hierfür liefert die europaweit umfassendste Studie mit Spitzenkräften, insbesondere aus Wirtschaft und Sport, zu generalisierbaren Leistungsfaktoren, die von der PWS Managementberatung in Zusammenarbeit mit der Technischen Universität Darmstadt durchgeführt wurde. Das Erkennen von Talent, das darauf aufsetzende Ausbilden besonderer Fähigkeiten sowie das Finden einer Tätigkeit, die der eigenen Berufung nahe kommt, verläuft offensichtlich leistungsfeldübergreifend stets nach ähnlichen Prozessen. Aufbauend auf diesen Erkenntnissen werden elementare Erfordernisse für einen nachhaltigen und systematischen Umgang mit den eigenen Talenten abgeleitet.

Der erste Schritt eines wirksamen Talentmanagements besteht darin, zu überprüfen, wo die persönlichen Begabungen liegen. Vor diesem Hintergrund erläutert der ehemalige Pädagoge und erfahrene Talentscout im Managementbereich Josef Bauer in seinem Aufsatz *Talente identifizieren und entwickeln* (Kap. 3) das Talent-Center als geeignetes Instrument einer detaillierten Talentdiagnostik, das beispielsweise im Bildungs- und Unternehmensbereich eingesetzt werden kann. In einem längeren Exkurs zu diesem Kapitel liefert Dr. Tabea Kretschmann, die seit vielen Jahren mit hoch begabten Schülern arbeitet, einen Überblick über die Schülerbegabtenförderung in Deutschland und informiert über das Förderkonzept der *Deutschen SchülerAkademie* (Exkurs: *Begabungsförderung bei Schülern und das Beispiel Deutsche SchülerAkademie*, Kap. 4).

Der Sportpsychologe Dr. Sören Daniel Baumgärtner und der Managementcoach Wilhelm Borgmann betrachten den aktuellen Stand der psychologischen Leistungsdiagnostik in Sport und Management, stellen diese gegenüber und diskutieren für beide Bereiche weitergehende Herausforderungen und Lösungen (*Psychologische Leistungsdiagnostik – Voraussetzung für die gezielte Talent- und Leistungsentwicklung in Sport und Wirtschaft*, Kap. 5).

Der Managementberater Peter Wollsching-Strobel und die Managementautorin Dr. Petra Sternecker zeigen in dem Kapitel *Talentmanagement in Unternehmen: Professionelle Nachwuchsförderung* (Kap. 6) auf, wie Unternehmen in Zeiten des „War for Talent" vielversprechende und leistungsstarke Mitarbeiter durch innovative Nachwuchsförderung erkennen, entwickeln und binden können.

Talent muss aber nicht nur entdeckt und gefördert werden. Vielmehr beinhaltet wirksames Talentmanagement auch den sorgsamen und unterstützenden Umgang mit Potenzialen, denn gerade ambitionierte Menschen laufen Gefahr, im Zuge der persönlichen Talententwicklung die eigenen Bedürfnisse zu vernachlässigen beziehungsweise die notwendige Balance von Be- und Entlastung zu missachten. In ihrem Beitrag *Wohlbefinden aktiv erarbeiten: Die Talentierten und der Stress* (Kap. 7) geben die Sportwissenschaftlerin Ulrike Wollsching-Strobel und die Managementautorin Dr. Petra Sternecker deshalb eine Übersicht der wichtigsten Erkenntnisse zum Thema Belastungs-, Erregungs- und Stressmanagement und eröffnen dem Leser zugleich verschiedene Möglichkeiten, diese individuell und praktikabel im Alltag umzusetzen. Dagegen zeigen der Mediziner Dr. Ulrich Ochs und die Organisationsentwicklerin Barbara Breuninger in ihrem Beitrag zum *Betrieblichen Gesundheitsmanagement* (Kap. 8) aus organisatorischer Sicht auf, welcher Zusammenhang zwischen Talentmanagement und betrieblichem Gesundheitsmanagement besteht.

Mit der Frage, wie *Leistungsträger aus Sport und Management wirksam unterstützt* und Leistungspotenziale durch Coaching gezielt gehoben werden können, beschäftigt sich der Beitrag von Peter Wollsching-Strobel und Frank Hänsel, Professor für Sportwissenschaft an der Technischen Universität Darmstadt (Kap. 9). Beide Autoren sind Mitbegründer des Instituts für Performance-Psychologie in Frankfurt am Main und beraten seit Jahren Top-Performer in der jeweiligen Domäne. Ihre umfassende Erfahrung haben sie im *PWS-Coaching-Ansatz* konzeptionalisiert, den sie anhand konkreter Fallbeispiele aus Sport und Management darstellen. Zugleich beleuchten sie aus Beratersicht die besonderen Anforderungen, die diese Form der professionellen Individual-Beratung an den Coach stellt.

Die Fähigkeit, sich selbst zu steuern und gleichzeitig immer wieder die eigene Selbststeuerungsfähigkeit zu trainieren und weiterzuentwickeln, ist einer der wichtigsten Aspekte des persönlichen Talentmanagements. Ulrike Wollsching-Strobel erläutert in einem weiteren Beitrag zum Thema *Persönliches Selbstmanagement: Von den Besten lernen* (Kap. 10), was man konkret im Umgang mit dem eigenen Talent von Top-Performern lernen kann.

Der Sportpsychologe Prof. Dr. Frank Hänsel geht der Frage nach, welche Rolle Selbststeuerung bei der praktischen Umsetzung von *Deliberate Practice* (Kap. 11) spielt, also jener Form des strukturierten, zielorientierten Trainings, das bewusst darauf abzielt, Talent zu entwickeln und Leistung zu steigern.

Die Fußball-Rekordnationalspielerin Birgit Prinz beschreibt schließlich aus eigener Erfahrung die *Möglichkeiten zur Selbststeuerung im Spannungsfeld von Karriere und persönlicher Entwicklung* (Kap. 12) und erklärt, worauf dabei in den verschiedenen Phasen der Talententwicklung zu achten ist.

Literatur

Alfermann, D./Stoll, O. (2005): Sportpsychologie: Ein Lehrbuch in 12 Lektionen, Aachen: Meyer & Meyer.

Autorengruppe Bildungsberichterstattung (2012): Bildung in Deutschland 2012. Ein indikatorengestützter Bericht mit einer Analyse zur kulturellen Bildung im Lebenslauf, Bielefeld: Bertelsmann. https://www.destatis.de/DE/Publikationen/Thematisch/BildungForschungKultur/Bildungsstand/BildungDeutschland5210001129004.pdf?__blob=publicationFile

Bartels, P./Schmid, P./Hofbauer, K. (2010): Fels in der Brandung? Studie über Familienunternehmen 2010/11, Studie von PWC, o. O. http://www.pwc.de/de/mittelstand/studie-familienunternehmen-2010.jhtml

Bertelsmann-Stiftung (2011): Immer noch zu viele Jugendliche ohne Hauptschulabschluss: Aktuelle Daten zeigen keine Verbesserungen, Pressemitteilung, 25.02. 2011 zum Projekt Folgekosten unzureichender Bildung. http://www.bertelsmann-stiftung.de/cps/rde/xchg/SID-2883EBF5-411A252D/bst/hs.xsl/nachrichten_105525.htm

Buchhorn, E. (2010): Hilfe, die Bachelors kommen, in: *manager magazin,* 9, 92-97.

Bundesagentur für Arbeit (2011): Perspektive 2025: Fachkräfte für Deutschland, Nürnberg: Bundesagentur für Arbeit. http://www.arbeitsagentur.de/zentraler-Content/Veroeffentlichungen/Sonstiges/Perspektive-2025.pdf

Bundesinstitut für Berufsbildung (BiBB) (2011): Steigendes Ausbildungsplatzangebot – Mehr unbesetzte Lehrstellen – Viele Jugendliche weiterhin auf der Suche. Situation auf dem Ausbildungsstellenmarkt 2011, Pressemitteilung 54/2011, 15.12. 2011. http://www.bibb.de/de/60251.htm

Deloitte (2005): Personalschwund und Qualifikationsdefizit gefährden Unternehmen weltweit, Studie über Strategien zur Mitarbeiterförderung, Pressemitteilung, 04.03. 2005. http://www.presseportal.de/pm/60247/654366/deloitte

Deutscher Bundestag (2012): Wissensbasierte Entwicklung des Bildungswesens, Antwort der Bundesregierung auf eine Kleine Anfrage der Fraktion Bündnis 90/Die Grünen, Drucksache 17/8071, 04.01. 2012. http://dipbt.bundestag.de/dip21/btd/17/083/1708301.pdf

Emrich, E./Güllich, A. (2005): Zur Produktion sportlichen Erfolges, Köln: Strauß.

Fasel, A. (2010): Alle Eltern glauben: Mein Kind ist Einstein, in: *Welt online,* 31.01. 2010. http://www.welt.de/wissenschaft/article6044221/Alle-Eltern-glauben-Mein-Kind-ist-Einstein.html

Feldenkirchen, M. et al. (2008): Der Große Graben, in: *Spiegel online*, 26.08. 2008. http://www.spiegel. de/spiegel/spiegelspecial/d-59462267.html

Frank, A. et al. (2010): Rolle und Zukunft der privaten Hochschulen in Deutschland, Studie des Stifterverbands Deutsche Wissenschaft in Kooperation mit McKinsey & Company, Edition Stifterverband: Essen. http://www.stifterverband.info/publikationen_und_podcasts/ positionen_dokumentationen/private_hochschulen/rolle_und_zukunft_privater_hochschulen_in_ deutschland.pdf

Gardner, H. (2002): Intelligenzen: die Vielfalt des menschlichen Geistes, Stuttgart: Klett-Cotta.

Gardner, H. (1998): Abschied vom IQ: die Rahmen-Theorie der vielfachen Intelligenzen, Stuttgart: Klett-Cotta.

Goleman, D. (2011)[22]: EQ – Emotionale Intelligenz, München: Deutscher Taschenbuch Verlag.

Gruber, H./Mandl, H. (1992): Begabung und Expertise, in: Hany, E./Nickel, H. (Hrsg.): *Begabung und Hochbegabung: Theoretische Konzepte – Empirische Befunde – Praktische Konsequenzen*, 59-76, Bern: Huber.

Hartmann, M. (2002): Der Mythos von den Leistungseliten, Frankfurt/M.: Campus.

Hartmann, M. (2004): Elitesoziologie, Frankfurt/M.: Campus.

Hartmann, M (2007): Zum Manager wird man geboren, in: *stern.de*, 21.10. 2007. http://www.stern. de/wirtschaft/arbeit-karriere/karriere/eliteforscher-hartmann-zum-manager-wird-man-geboren-600040.html

Heller, K. (1992): Hochbegabung im Kindes- und Jugendalter, Göttingen u. a.: Hogrefe.

Hohmann, A./Carl, K. (2002): Zum Stand der sportwissenschaftlichen Talentforschung, in: Hohmann, A./Wick, D./Carl, K. (Hrsg.): *Talent im Sport*, 3-30, Schorndorf: Verlag Karl Hofmann.

Jäger-Flor, D./Jäger R. S. (2008): Bildungsbarometer zum Thema Förderung im Bildungssystem, Zentrum für empirische pädagogische Forschung (ZEPF), 3/2008, Landau: Verlag empirische Pädagogik. http://www.vep-landau.de/Bildungsbarometer/BIBA_Foerderung_2_2008.pdf

Janelle. C. M. et. al (2007): Veranlagung und Umwelt: zum Verständnis von Expertenleistung im Sport, in: Hagemann, N./Tietjens, M./Strauß, B. (Hrsg.): *Psychologie der sportlichen Höchstleistung*, Sportpsychologie Bd. 3, 40-70, Göttingen u. a.: Hogrefe.

Kienbaum Management Consults (2010): HR Strategie & Organisation, o.O.: Kienbaum Studie 2010/2011. http://www.kienbaum.de/desktopdefault.aspx/tabid-501/649_read-9170/

Kleinhubbert, G. (2009): Kleine Einsteins, in: *Spiegel online*, 06.04. 2009. http://www.spiegel.de/ spiegel/print/d-64949399.html

Klemm, K./Klemm, A. (2010): Ausgaben für Nachhilfe – teurer und unfairer Ausgleich für fehlende individuelle Förderung, Studie im Auftrag der Bertelsmann-Stiftung, Gütersloh: Bertelsmann-Stiftung. http://www.bertelsmann-stiftung.de/cps/rde/xbcr/SID-198A4DA3-CA4F975E/bst/xcms_ bst_dms_30717_30784_2.pdf

Klooß, K. (2011): Wie Dax-Konzerne den Nachwuchs einfangen, in: *manager magazin online*, 31.05, 2011. http://www.manager-magazin.de/thema/fachkraeftemangel/

Kohlenberg. K./Uchatius, W. (2007): Von oben geht's nach oben, in: *Die Zeit*, (35) 23.08. 2007, 15-19.

Lehnen-Beyel, I. (2006): Schlüsselämter – Oberschicht unter sich, in: *manager magazin online*, 16.06. 2006. http://www.manager-magazin.de/unternehmen/karriere/0,2828,421736-2,00.html

Menke, B. (2010): National top, international flop, in: *Spiegel online*, 01.12. 2010. http://www.spiegel. de/schulspiegel/wissen/0,1518,732220,00.html

Olbrisch, M. (2011): Bologna, sprich [to:hu:va:bo:'hu:], in: *Spiegel online*, 18.10.2010. http://www.spiegel.de/spiegel/unispiegel/d-74466611.html

Robert-Bosch-Stiftung (2009): Zukunftsfähig durch Bildung: die Qualifizierungsinitiative für Deutschland; ein Investitionsszenario zur Modernisierung unseres Bildungswesens, Studie von McKinsey & Company im Auftrag der Robert-Bosch-Stiftung [Red. Brodersen, I.], Stuttgart: Robert-Bosch-Stiftung. http://www.bosch-stiftung.de/content/language1/html/20757.asp

Roth, G. (2001): Fühlen, Denken, Handeln. Wie das Gehirn unser Verhalten steuert, Frankfurt/M: Suhrkamp.

Titz, C. (2010): Warum es Studenten aus der Kurve trägt, in: *Spiegel online*, 12.01. 2010. http://www.spiegel.de/unispiegel/studium/0,1518,671595,00.html

van Bebber, F. (2011): Studentenansturm sprengt die Hörsäle. in: *hr-online*, 19.07. 2011. http://www.hr-online.de/website/rubriken/nachrichten/indexhessen34938.jsp?rubrik=34954&key=standard_document_42089165&tl=rs

Weiß, M. (2011): Allgemeinbildende Privatschulen in Deutschland, Berlin: Friedrich-Ebert-Stiftung. http://library.fes.de/pdf-files/studienfoerderung/07833.pdf

Weißling, S. (2011): Heillos überfüllt, in: *Spiegelonline*, 07.02. 2011. http://www.spiegel.de/spiegel/unispiegel/d-76655080.html

Wollsching-Strobel, P./Wollsching-Strobel, U./Sternecker, P./Hänsel, F. (2009): Die Leistungsformel. Spitzenleistung gestalten und erhalten, Wiesbaden: Gabler.

Die Leistungsformel – oder: Wie funktioniert PWS-Talentmanagement?

Peter Wollsching-Strobel

Zusammenfassung

Im Jahr 2009 publizierte die Technische Universität Darmstadt in Zusammenarbeit mit der PWS Managementberatung eine umfassende Studie zu „generalisierbaren Faktoren" von Spitzenleistung (*Die Leistungsformel. Spitzenleistung gestalten und erhalten*; Gabler Verlag). Peter Wollsching-Strobel stellt die zentralen Ergebnisse der Studie vor. Die Kenntnis und die Arbeit an diesen Leistungsfaktoren ermöglichen es, vorhandene Talente bewusster und effizienter zu entwickeln und möglichst optimale Leistungen zu erzielen.

Schaut man sich die zum Teil mühevolle Entwicklung einzelner Menschen bis in die Leistungsspitze an, so wird offensichtlich, dass eine Reihe von Komponenten bedient werden muss, um in einem Handlungsfeld optimale Ergebnisse zu erreichen. Die frühzeitige und zielsichere Talentdiagnose und Talentförderung sind dabei nur einzelne Aspekte einer Reihe weiterer relevanter Faktoren. Spannend für den Leser ist also die Frage: Was kann ich darüber hinaus tun, um meine Leistungsfähigkeit und mein Talent optimal zu entwickeln? Nähere Erkenntnisse zu diesen Komponenten nachhaltiger Leistungsentwicklung liefert eine dreijährige Studie zum Thema generalisierbare Faktoren von Spitzenleistung, die vom Institut für Sportwissenschaft der TU Darmstadt und der PWS Managementberatung durchgeführt wurde und die auch für *Nicht*-Spitzenleister wertvolle Informationen liefert. Befragt wurden dazu 50 zum Teil prominente Spitzenkräfte aus Wirtschaft, Gesellschaft und Sport, die nach Status und Nachhaltigkeit ihrer Leistung ausgewählt wurden. Dazu gehören zum Beispiel Vorstandsvorsitzende und Vorstandsmitglieder erfolgreicher Unternehmen einerseits sowie Olympiasieger, Weltmeister, Deutsche Meister oder langjährige Nationaltrainer andererseits.

Peter Wollsching-Strobel ✉

PWS Wollsching-Strobel Managementberatung GmbH und PWS-Institut für Performance-Psychologie, Fritz-Boehle-Straße 3, 60598 Frankfurt am Main, Deutschland

e-mail: info@wollsching-strobel.de

P. Wollsching-Strobel und B. Prinz (Hrsg.), *Talentmanagement mit System*,
DOI 10.1007/978-3-8349-3780-3_2,
© Springer Fachmedien Wiesbaden 2012

Die sieben Faktoren der *Leistungsformel* - was Spitzenleister erfolgreich macht

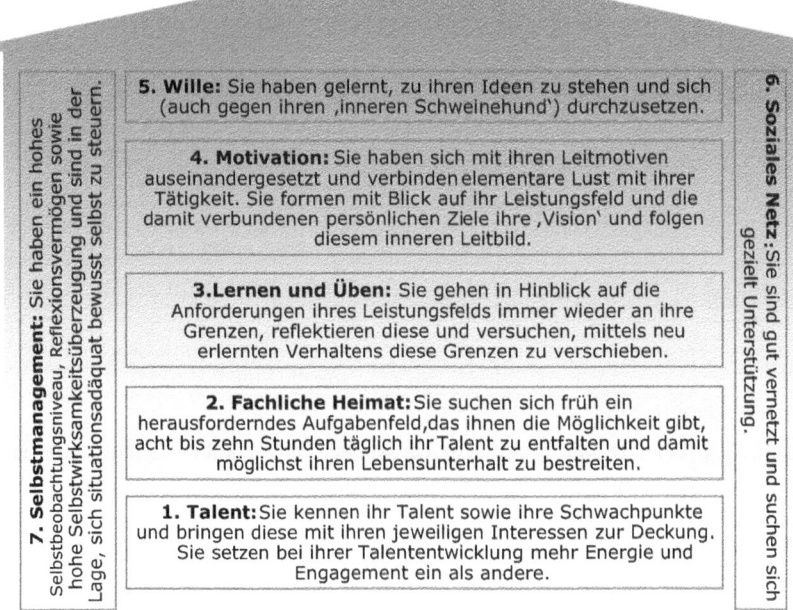

Abb. 2.1 Die sieben Faktoren der Leistungsformel – was Spitzenleister erfolgreich macht (Urheberrecht beim Autor)

Diese europaweit größte qualitative Erhebung mit Top-Performern gibt Einblicke, wie aus guter sehr gute Leistung werden kann und wie die befragten Spitzenleister diese über viele Jahre immer wieder reproduzieren, ohne sich dabei zu schädigen. Die Vielzahl der Aussagen wurde schließlich von den Autoren der Studie in einer sieben Schlüsselfaktoren umfassenden, domänenübergreifenden und für jedermann anwendbaren *Leistungsformel* komprimiert.[1] Diese Schlüsselfaktoren liefern für die Leser dieses Beitrags übertragbare Ansatzpunkte für ihr wirkungsvolles Talentmanagement und für ihren Weg zur jeweils persönlichen Spitzenleistung (siehe Abb. 2.1).

Faktor 1: Talent

Ausgangspunkte künftiger Leistungsexzellenz sind das frühzeitige Sondieren und das Erproben der eigenen Stärken und Fähigkeiten. Dies klingt nachvollziehbar, ist aber für die meisten von uns nicht selbstverständlich. Denn um die eigenen Schätze zu bergen, muss

---

[1] Vgl. Wollsching-Strobel et al. (2009).

man intensiv und bewusst graben, ganz so wie ein Teil der befragten Top-Performer. Sie erarbeiteten sich früh ihre Kernkompetenzen: Was will ich? Was kann ich, was liegt mir? Wo ist die optimale Aufgabe beziehungsweise Position oder Rolle in meinem Leistungsfeld? Das Ergebnis: 50 % der Teilnehmer der Befragung wussten so schon in jungen Jahren, was „ihr Ding" ist, und verfolgten dies zielstrebig; sie kennen auch heute noch ihre Stärken und setzen sich zielgerecht mit hoher Energie und Konfliktfreude gemäß ihrer Fähigkeiten für ihre Ziele ein. Die Probanden beziehen dabei klare Positionen und sind so für ihre Umwelt einschätzbar.

Die Hälfte der Befragten hat also ihr Talent überwiegend selbst und eigeninitiativ entwickelt. Bei den anderen 50 % tat sich die Perspektive für die eigenen Stärken im passenden Leistungsfeld mehr „zufällig" auf.[2]

Das heißt oftmals, und vor allem bei zunächst mittelmäßiger Begabung, kann der klare Blick auf die eigenen Fähigkeiten eher getrübt sein: Einige der Interviewten berichten entsprechend von einer langen und vergleichsweise mühevollen Suche. Den Neigungen nicht angemessene Spezialisierungen, gegensätzliche akute Interessen oder Mehrfachbegabungen verstellen den klaren Blick auf die eigene Fähigkeit. Diese Top-Performer hatten es zu Beginn nicht leicht, an die Leistungsspitze zu kommen. Denn ihre Fähigkeiten mussten noch aufwendiger entwickelt werden, als dies bei frühzeitig erkannten Talenten der Fall ist. Dies zeigt, dass es besonders in jungen Jahren für die Leistungsentwicklung sinnvoll ist, das diffuse Gefühl bezüglich des eigenen Talents gezielt durch Dritte zu schärfen. Talententwicklung braucht regelmäßiges, klärendes Feedback und den Blick von außen! Das „Ich" des eigenen Talents findet sich also gewissermaßen im „Du", und Talenterkennung und -entwicklung sind somit Gemeinschaftswerk und gesellschaftliche Aufgabe. Etwa die Hälfte der Interviewten wurde – neben dem eigenen Einsatz und Interesse für ihr Handlungsfeld – von Außenstehenden als begabt oder sehr geeignet eingestuft.[3] Der Nebeneffekt: Solche Mentoren und Talentförderer liefern auch hilfreiche und notwendige Unterstützung, wenn es darum geht, das eigene Talent professionell zu fördern und vor allem auch zu fordern. Denn der „Biss", den Spitzenleister haben, um bis an die Leistungsgrenze zu gelangen, ist ebenfalls nicht selbstverständlich.

Faktor 2: Fachliche Heimat

Nur wer seinem Talent eine Heimat gibt, baut wichtige Grundvoraussetzungen für spätere besondere Leistungen auf. Wenn der Talentsucher „gräbt", so braucht der Talententwickler „Stützbalken", um den Weg der Talentförderung abzusichern. Das heißt, im nächsten Schritt nach der Entdeckung der eigenen Fähigkeiten geht es darum, jene Tätigkeit zu finden, in der die persönlichen Stärken und Begabungen optimal und intensiv immer wieder zum Einsatz kommen können und mit der sich zudem der notwendige Lebensunterhalt be-

---

[2] Vgl. Wollsching-Strobel et al. (2009, S. 254).
[3] Vgl. Wollsching-Strobel et al. (2009, S. 254).

streiten lässt. Denn schon Aristoteles wusste: „Wir sind, was wir wiederholt tun. Daher ist Exzellenz kein einmaliger Akt, sondern eine Gewohnheit." Das heißt, Talent ohne zeitintensive, systematische Arbeit in einem Aufgabenfeld entwickelt sich nicht zu besonderen Fähigkeiten.

Oft sind Ideen und Bilder für eine gewünschte Tätigkeit beziehungsweise Aufgabe vorhanden. Diese müssen jedoch erfolgreich umgesetzt werden. Es ist nicht selbstverständlich, zum Beispiel zu studieren, worin man begabt ist, beziehungsweise einen der Begabung angemessenen Job zu bekommen. Der Prozess der eigenen „Reviersuche" schließt abermals die Bereitschaft ein, sich gegen Widerstände und Mitbewerber durchzusetzen. Viele Spitzenleister berichten zum Beispiel von „heimlichen" Trainingseinheiten gegen die Interessen der Eltern oder einer offensiven und kontinuierlichen Suche nach der „einzig möglichen Tätigkeit", die ihnen zur Umsetzung ihrer inneren Bilder oder sportlichen Visionen geeignet schien.[4]

Der Erfolg gibt den nach „Berufung Suchenden" recht: „Bei der Arbeit innerhalb des richtigen persönlichen Leistungsfelds spürt man: Es geht leicht von der Hand, man empfindet weniger Anstrengung als bei anderen Tätigkeiten, denn man hat Spaß dabei und während des Tuns ein Gefühl der Zufriedenheit." Mit solchen und ähnlichen Worten machen Spitzenleister deutlich, was es heißt, das für sie passende Handlungsfeld gefunden zu haben: Sie erleben ihre Tätigkeit nicht als Mühe oder Last, sondern als Erfüllung, als *Flow*.[5] Vor allem aber erhält derjenige, der „angekommen" ist, positive Rückmeldung und Anerkennung für seine Anstrengungen, möglicherweise sogar von ausgewiesenen Kennern seines Leistungsfelds.

Faktor 3: Lernen und Üben

Damit aus Professionalität Perfektion wird, muss vorhandenes Talent in einem nächsten Schritt systematisch trainiert werden. Denn erfolgreiche Talententwicklung erfordert Ausdauer, Regelmäßigkeit und Beständigkeit. Der Weg zu exzellenter Leistung beginnt früh und dauert Jahre: Nach Erkenntnissen der Expertiseforschung umfasst das Zeitintervall zwischen der ersten systematischen Beschäftigung in einem Leistungsfeld (zum Beispiel Sport, Musik) und dem Vordringen in die Spitze etwa zehn Jahre intensiven und zielgerichteten Trainings, weshalb man hier von der „Zehn-Jahres-Regel" spricht.[6]

Aus der Studie *Die Leistungsformel* zum Thema generalisierbarer Faktoren von Spitzenleistung geht hervor, dass die Befragten durchgängig Bereitschaft zu einem hohen Arbeits-

---

[4] Vgl. Wollsching-Strobel et al. (2009, S. 73 ff.).
[5] Vgl. Wollsching-Strobel et al. (2009, S. 118 ff., S. 256).
[6] Vgl. Simon und Chase (1973, zit. n. Hagemann et al. 2007, S. 9). Andere Autoren sprechen in diesem Zusammenhang von der 10.000-Stunden-Regel (vgl. Gladwell 2009). Diese Regel wurde ursprünglich vom amerikanischen Neurologen Daniel Levitin aufgestellt und besagt, dass man in einem spezifischen Bereich mindestens 10.000 Übungsstunden absolvieren muss, bevor man zur Weltspitze gehört.

beziehungsweise Trainingspensum zeigen (durchschnittlich etwa 60 Stunden pro Woche).[7] Sie arbeiten dabei mit Disziplin, Nachdruck und Hartnäckigkeit an ihren speziellen Stärken und Begabungen, um diese zu weiterer Entfaltung zu bringen, und sie legen Wert auf zielgerichtetes und bewusstes Training. Schwächen werden erkannt und, wenn sie nicht abgestellt werden, zumindest kompensiert, um an der Spitze zu bleiben beziehungsweise sich im Spitzensegment weiterzuentwickeln. Dies ist wegen der leistungsstarken, sich ebenfalls beständig weiterentwickelnden Konkurrenz eine besondere Herausforderung. Denn kein Zustand ist so instabil wie der Erfolg im Spitzensegment: Ruht man sich auf ihm aus, ist es schnell um ihn geschehen.

Die Studie bestätigt damit die Ergebnisse der Expertiseforschung, wonach Hochleistung direkt mit dem Übungsaufwand korreliert: Vergleicht man den Erfolg eines gleich hohen Maßes an Übung in einem früheren und einem späteren Alter, so wird deutlich, dass in der Regel der frühere Übungsbeginn ein höheres Endniveau erreicht. Personen mit späterem Übungsbeginn im chronologischen Alter können diesen Vorsprung an Übungsstunden selten aufholen.[8] Dies spricht für eine frühe Identifikation des eigenen Talents und frühe professionelle Förderung. Denn, wie gesagt: Nur das richtige und gezielte Üben beziehungsweise Trainieren bringt weiter.

Diese spezielle Form des Übens wird in der Expertiseforschung mit dem Begriff „Deliberate Practice" umschrieben und meint prinzipiell jede hoch strukturierte, zielorientierte Aktivität, die bewusst darauf abzielt, Leistung zu steigern oder spezifische Leistungsmerkmale zu verbessern.[9] Das heißt, Deliberate Practice kann weder unbedacht durchgeführt werden noch unabhängig vom Kontext der jeweiligen Zielleistung erfolgen. Es geht nicht nur um die Trainingsmenge, sondern immer auch um intelligentes, individuell angepasstes Training und die Trainingsqualität. Letztere umfasst auch das Vorhandensein der nötigen Übungsmöglichkeiten (Ort, Raum, Zeit), Zugang zu institutionellen Trainingsbedingungen sowie Rückgriffmöglichkeiten auf entsprechende professionelle Unterstützung. Denn niemand erreicht Spitzenleistung ohne die Hilfe von Lehrpersonen und die entsprechenden materiellen Ressourcen. Diese Erkenntnisse gelten nicht nur für die von der Expertiseforschung relativ häufig untersuchten Domänen Sport und Musik, sondern lassen sich eins zu eins auf die Entwicklung von Expertise im Management übertragen.[10]

Da Deliberate Practice immer eigenaktiv absolviert werden muss und ausgesprochen mühevoll ist, ist für die Aufrechterhaltung dieser Art von Training ein hohes Maß an Motivation und Anstrengungsbereitschaft notwendig. Spitzenleister zeichnen sich dementsprechend nicht allein durch fachliche Exzellenz aus. Um bei der persönlichen Spitzenleistung die Schwelle von gut zu sehr gut nachhaltig zu überschreiten, sind neben Persistenz daher vor allem psychologische Faktoren entscheidend. Das heißt, die individuellen Antriebskräfte und Motive müssen ebenso professionell und nachhaltig bedient werden wie das systematische Reflexionsvermögen, ohne das Deliberate Practice nicht funktioniert.

---

[7] Vgl. Wollsching-Strobel et al. (2009, S. 89).
[8] Vgl. Oerter (2002, S. 788).
[9] Vgl. Ericsson et al. (1993).
[10] Vgl. Wollsching-Strobel et al. (2009, S. 94 ff.).

Faktor 4: Motivation

Spitzenleister – ob im Sport oder im Management – sind hochgradig motiviert. Doch was heißt das? Was lässt ihnen bestimmte Tätigkeiten und Ziele so attraktiv erscheinen, dass sie diese mit überdurchschnittlicher Qualität und Ausdauer verfolgen? Was verleiht diesen Menschen die Kraft und die Lust, diese Tätigkeiten und Ziele auch unter großen Mühen und möglicherweise auch trotz Widrigkeiten zu realisieren? Was unterscheidet ihr Motivationserleben von dem anderer Menschen? Fest steht: Eine solche „Leidenschaft" kann nur intrinsisch motiviert sein, das heißt, Spitzenleister zeichnen sich fast immer durch einen tief verankerten inneren Antrieb aus, der aus sich selbst zu entstehen scheint: Der Wunsch, im Sport Erster oder Weltmeister zu werden beziehungsweise als Manager wirtschaftliche oder gesellschaftliche Entwicklung zu gestalten, geht quasi „in Fleisch und Blut über" und ist – oft biografisch begründet – emotional so stark verankert, dass er etwas von einer existenziellen Notwendigkeit bekommt und sich wie ein roter Faden durch das Leben zieht: Er wird fast um jeden Preis realisiert.[11] Zugleich haben Menschen, die besondere Leistungen erbringen, den Anspruch, die sie antreibenden eigenen Ideen sichtbar zu machen und diese Visionen wirksam in ihr soziales Umfeld zu kommunizieren. Nicht zufällig kommen in den Erzählungen Reinhold Messners über seine früheren Expeditionen die gleiche Faszination und Begeisterung sowie der unstillbare Tatendrang zum Ausdruck wie bei der Beschreibung seiner aktuellen Projekte zum Ausbau von Burgen zu Berg-Museen. Das heißt, es geht darum, Aufmerksamkeit für das gemeinsame Erreichen des „Zielfotos" zu erzielen, um zu überzeugen sowie anderen Sinn zu vermitteln – mit dem Nebeneffekt, dass damit auch innerhalb des sozialen Netzwerks die entsprechende Gefolgschaft für die eigenen Ideen erreicht wird.[12]

Die Motivationsforschung spricht in Zusammenhang mit solchen inneren Antriebskräften von „echten Motiven". Darunter versteht man latente Erlebnis- und Verhaltensbereitschaften, die sich im Lauf der Sozialisation einer Person als relativ stabile „Wertungsdispositionen"[13] herausgebildet haben und sich im Streben nach spezifischen Zielzuständen äußern. Es gibt also Menschen, die „quasi von Haus aus" gerne als Wortführer auftreten, und andere, die sich lieber im Hintergrund halten; es gibt Menschen, die risikobereit sind, und solche, die eher vorsichtig agieren; es gibt Menschen, die sich erst in der Gruppe richtig wohlfühlen und aufleben, und es gibt andere, die lieber als Einzelkämpfer unterwegs sind. Spitzenleistung hängt ganz wesentlich davon ab, ob nachhaltig die richtige „Passung" zwischen der Tätigkeit und der individuellen Motivstruktur gefunden wird. Nur aufgrund dieser Passung kann die Aufwärtsspirale aus gezieltem Üben, Handlungserfolg und daraus resultierendem vermehrtem Engagement bis hin zur Leistungsexzellenz in Gang kommen. Die Spitze kann also am ehesten erreicht werden, wenn der zuvor beschriebene Faktor „fachliche Heimat" und persönliche Motive optimal korrelieren. Natürlich spielen bei Spit-

---

[11] Vgl. Wollsching-Strobel et al. (2009, S. 112).
[12] Vgl. Wollsching-Strobel et al. (2009, S. 125 ff.).
[13] Heckhausen (1980, S. 24).

zenleistern immer auch externe Anreize eine wichtige Rolle. Faktoren wie guter Verdienst, materielle Sicherheit, gesellschaftliche Stellung oder Berühmtheit sind als Leistungsanreiz sicherlich nicht zu unterschätzen. Aber diese Anreize reichen in der Regel nicht aus, um über längere Zeit Spitzenleistung zu erbringen. Zumal sie gerade zu Beginn der Karriere selten gegeben sind, ebenso wenig in Phasen weniger großen Erfolgs oder bei einem Karriereknick.

Demgegenüber können sich ein Tätigkeitsumfeld, das die persönlichen Motivationsbedürfnisse nur unzureichend bedient, oder Motivkonflikte negativ auf den Zielerreichungserfolg auswirken. Um das eigene Talent richtig entwickeln zu können, ist es also sinnvoll, den eigenen Lebensthemen „nachzuspüren" und gegebenenfalls auch proaktiv Maßnahmen zu ergreifen, um das eigene aktuelle Handlungsfeld aktiv zu verändern beziehungsweise „passgenauer" zu gestalten.

Faktor 5: Wille

Ein Motiv zu haben, heißt nicht in jedem Fall, sich auch entsprechend zu verhalten: Man träumt zum Beispiel vom Erfolg, tut aber nichts dafür, ihn zu erreichen. Der entscheidende Faktor, ob die persönlichen Antriebskräfte tatsächlich wirksam eingesetzt und auch aufrechterhalten werden, ist der Wille.

Entsprechend beschreiben sich die befragten Spitzenleister gerade in der ersten langen Phase des Expertiseaufbaus als sehr geduldig, „mit langem Atem" ausgestattet, „ausdauernd", aber auch „zäh", „halsstarrig", „zielstrebig" und „ehrgeizig" bis hin zu „kämpferisch", „gnadenlos" und „hart" gegen sich selbst.[14]

Sie folgen einer klaren Zielorientierung und -definition, haben einen hohen persönlichen Zielanspruch, zeigen konsequente Zielverpflichtung und großen Einsatz für die Zielumsetzung. Und sie zeigen die erforderliche Willensstärke, dabei der „Belagerung" durch viele eigene oder fremde zielferne Bedürfnisse widerstehen zu können. Das heißt, sie verfügen über die erforderliche Steuerungskompetenz, um Willensprozesse kontrollieren und im Sinn der jeweiligen Handlungsabsicht lenken zu können. Wie sonst kann der Marathonläufer die letzten harten Kilometer bis zum Ziel überstehen, obwohl diese eventuell durch strömenden Regen zusätzlich erschwert werden?

Die gute Nachricht für alle mit Ambitionen zur Spitzenleistung lautet dabei: Diese sogenannten volitionalen Selbststeuerungsprozesse können mittels erlernbarer Techniken gezielt unterstützt werden. Mit Blick auf das eigene Talent ist es zunächst wichtig zu reflektieren, worauf sich die persönlichen Willensanstrengungen konzentrieren, wofür man hohe Ausdauer- und Anstrengungsbereitschaft zeigt und wodurch man sich gegebenenfalls von der Zielerreichung ablenken lässt. Übrigens ist es der starke Wille gepaart mit persönlichem Mut und der Bereitschaft, Verantwortung zu übernehmen und sich zu positionieren, der es ermöglicht, sich gegen jedweden Widerstand durchzusetzen und zu gewinnen. Posi-

---

[14] Vgl. Wollsching-Strobel et al. (2009, S. 255 f.).

tion zu beziehen, ohne über die entsprechende Willenskraft zu verfügen, ist dagegen wenig
Erfolg versprechend.

Faktor 6: Soziales Netzwerk

Es ist bereits angeklungen: Talententwicklung findet nicht im Alleingang statt, vielmehr
spielen die Unterstützung durch das soziale Netz und persönliche Ratgeber eine entscheidende Rolle. Die Ergebnisse der Spitzenleister-Studie belegen dies gleich mehrfach:[15]

- Die frühe, systematische und professionelle Talentförderung ist – wie bereits an anderer
  Stelle erwähnt – ebenso wichtig für das Entstehen von Spitzenleistung wie die Begabung
  selbst. Bei rund 50 % der interviewten Spitzenleister ist eine solche Förderung am Beginn
  ihrer Karriere erkennbar. Andere berichten von zufällig entstandenen unterstützenden
  Kontakten. Insgesamt heben die interviewten Spitzenleister immer wieder die Impuls-
  gebung und Förderung durch positiv prägende Vorbilder, Lehrer und Trainer hervor.
- Erfolgreiche Talententwicklung gelingt nur, wenn zur reinen Trainingsmenge die Trainingsqualität durch Profis beigesteuert wird. 100 % der interviewten Spitzenleister
  haben ab einem bestimmten Punkt ihrer Karriere diese professionelle Unterstützung
  erfahren.
- In der fortgeschrittenen Karrierephase suchen sich Spitzenleister häufig punktuell und
  problembezogen Berater oder Coachs, verweisen von Fall zu Fall aber auch auf die kontinuierliche vertrauensvolle Zusammenarbeit mit einem professionellen Sparringspartner.
- Das berufliche Netzwerk, aber auch die unterstützende Familie haben hohe Expertisebe-
  deutung in allen Phasen der Karriere. Allerdings steht systematische und authentische
  Netzwerkpflege als zeitaufwendiger Erfolgsfaktor manchmal im Zielkonflikt mit dem
  bereits energieaufwendigen Kompetenz- und Performanzaufbau.

Spitzenleister nutzen also gezielt die Fähigkeiten und Fertigkeiten anderer und beziehen gleichzeitig diese Menschen in ihre Entwicklungsspirale mit ein. Selbst geknüpfte und
selbst gewählte Kontakte auf unterschiedlichen Ebenen und in unterschiedlicher Qualität
spielen in diesem Zusammenhang eine wichtige Rolle. Insoweit beinhaltet Talentmanagement stets auch das regelmäßige Überprüfen des persönlichen Netzwerks sowie die kontinuierliche Beziehungsarbeit.

Faktor 7: Selbstmanagement

Jahrelanges Arbeiten am Limit gelingt nur erfolgreich und mit „kalkulierbarem" Risiko
nachhaltig, wenn für jeden der sechs genannten Leistungsbereiche Selbstmanagementstra-

---

[15] Vgl. Wollsching-Strobel et al. (2009, S. 152 ff.).

tegien professionell aufgebaut und der eigenen Kompetenzentwicklung angepasst werden. Die interviewten Spitzenleister verdeutlichen immer wieder verschiedene Selbstmanagementstrategien, die im Rahmen dieser Schlüsselbereiche zum Einsatz kommen.[16] Dazu gehören beispielsweise die Steuerung von Willensprozessen und Zielerreichung, der Einsatz von Selbstkontrolle und Selbstregulation, der richtige Umgang mit Motivationshochs und -tiefs sowie mit Erfolgen und Misserfolgen, das Regulieren von Emotionen und Stimmungen, die Reflexion und Beeinflussung persönlicher Einstellungen oder der leistungsgerechte Umgang mit den eigenen Ressourcen. Zugleich arbeiten Spitzenleister parallel gezielt an ihrer eigenen Selbstmanagementkompetenz. Das heißt, sie haben im Verlauf ihrer Talentwicklung erfahren, dass einige dieser Selbstmanagementinterventionen über einen längeren Zeitraum für das eigene Leistungshandeln optimal gewesen sind, dann aber modifizierungsbedürftig werden – beispielsweise wenn es darum geht, sich für eine neue Karrierephase zu motivieren oder im fortgeschrittenen Lebensalter stärker auf die körperlichen Bedürfnisse zu achten.

Solche selbstbezogenen Fähigkeiten, die auch im intensiven Austausch mit anderen entwickelt werden können, sind als der zentrale Stellhebel für die Entwicklung persönlicher Talente und Begabungen zu betrachten (dazu ausführlich Kap. 10). Das Besondere des Leistungsfaktors Selbstmanagement besteht also darin, dass dieser stets auf zwei Ebenen zu betrachten ist: Einerseits können die Selbstmanagementstrategien[17] dazu eingesetzt werden, alle anderen relevanten Leistungsfaktoren – Talent, fachliche Heimat, Lernen und Üben, Motivation, Wille, soziales Netzwerk – zu steuern und zu verbessern. Andererseits geht es beim Selbstmanagement immer auch um die Frage, wie dieses persönliche Interventionsrepertoire gezielt weiterentwickelt und verbessert werden kann. Es ist dazu erforderlich, dass das persönliche Selbstmanagementverhalten immer wieder reflektiert, kompetent und in verschiedenen Kontexten bedarfsgerecht eingesetzt, ständig optimiert und erweitert wird. Optimales Selbstmanagement ist quasi die „Königsdisziplin" der sieben Leistungsfaktoren. Genau hier setzt, wie u. a. in Kap. 9 ausführlich erläutert wird, deshalb erfolgreiches Coaching an.

Abbildung 2.2 fasst die zentralen Erfordernisse für den nachhaltigen Umgang mit Talenten noch einmal zusammen.

Systematisches und ganzheitliches Talentmanagement im Sinne des PWS-Konzepts muss demnach folgende Voraussetzungen erfüllen:

Professionell Frühe Talententdeckung und -förderung erfordert, dass individuelle Vorlieben sowie vorhandene fachliche Stärken und Potenziale – einschließlich außerfachlicher Kompetenzen – beizeiten identifiziert werden. Der Einsatz ganzheitlicher Analysebeziehungsweise Diagnostikverfahren kann hier Orientierungshilfe bieten und mögliche Suchphasen verkürzen. Bislang sind solche Verfahren im traditionellen Bildungskontext, aber auch in Unternehmen sowie im Sport zu wenig verbreitet und kommen eher spär-

---

[16] Vgl. Wollsching-Strobel et al. (2009, S. 189 ff.).
[17] Vgl. Wollsching-Strobel et al. (2009, S. 195 ff.).

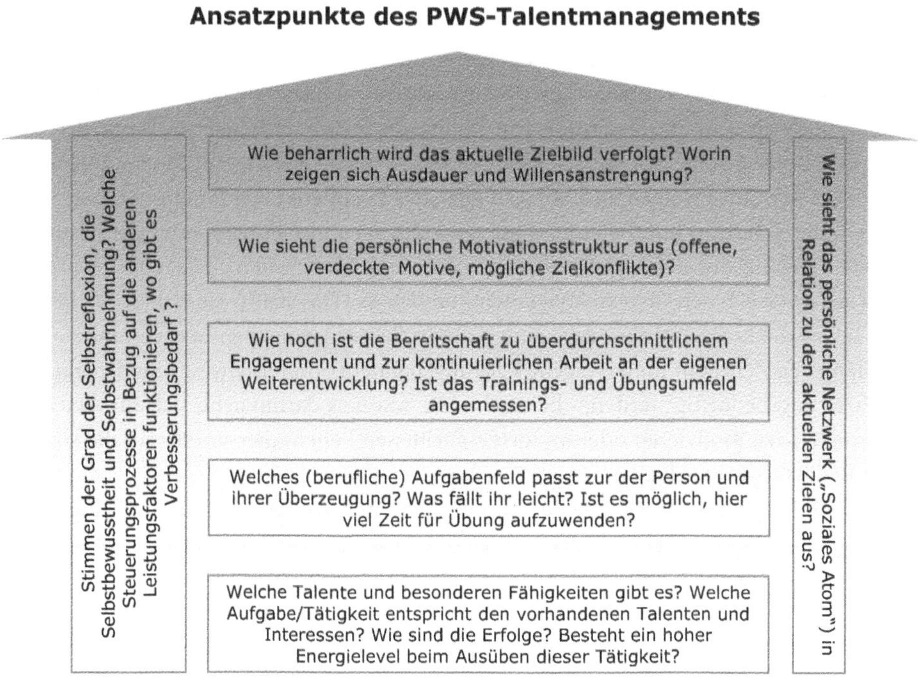

Ansatzpunkte des PWS-Talentmanagements

Wie beharrlich wird das aktuelle Zielbild verfolgt? Worin zeigen sich Ausdauer und Willensanstrengung?

Wie sieht die persönliche Motivationsstruktur aus (offene, verdeckte Motive, mögliche Zielkonflikte)?

Wie hoch ist die Bereitschaft zu überdurchschnittlichem Engagement und zur kontinuierlichen Arbeit an der eigenen Weiterentwicklung? Ist das Trainings- und Übungsumfeld angemessen?

Welches (berufliche) Aufgabenfeld passt zur der Person und ihrer Überzeugung? Was fällt ihr leicht? Ist es möglich, hier viel Zeit für Übung aufzuwenden?

Welche Talente und besonderen Fähigkeiten gibt es? Welche Aufgabe/Tätigkeit entspricht den vorhandenen Talenten und Interessen? Wie sind die Erfolge? Besteht ein hoher Energielevel beim Ausüben dieser Tätigkeit?

Stimmen der Grad der Selbstreflexion, die Selbstbewusstheit und Selbstwahrnehmung? Welche Steuerungsprozesse in Bezug auf die anderen Leistungsfaktoren funktionieren, wo gibt es Verbesserungsbedarf?

Wie sieht das persönliche Netzwerk („Soziales Atom") in Relation zu den aktuellen Zielen aus?

Abb. 2.2 Ansatzpunkte des PWS-Talentmanagements (Urheberrecht beim Autor)

lich zum Einsatz. Aber auch entdecktes Talent braucht einen entsprechenden Übungs- und Trainingsraum, in dem unter professioneller Anleitung und Beratung ausprobiert, sondiert und Feedback eingeholt werden kann und in dem erste Erfolge ermöglicht werden.

Ein solches professionelles Talentmanagement ist letztlich nur in dualer Verantwortung zu erreichen: Nur wenn jeder Einzelne etwas tut, um seine Talente und Begabungen zu erkennen und zu entwickeln, *und* das institutionelle System in seiner gesamten Breite unterstützend wirkt, können Potenziale „gehoben" und nachhaltige Leistungsbereitschaft und -fähigkeit initiiert werden (praktische Lösungsmöglichkeiten hierfür zeigen die Kap. 3, 5 und 6 auf).

Wohlwollend Gut zu werden und zu bleiben, dauert üblicherweise Jahre. Dazu bedarf es einer hohen Motivation und einer hohen Identifikation mit der Tätigkeit, die mit Blick auf das eigene Trainingshandeln mit einer persönlichen wohlwollenden Grundhaltung weiterentwickelt, aber auch von außen positiv mitgetragen werden: Leistung muss Spaß machen – auch jenseits der Komfortzone –, und sollte nicht zur Überforderung führen. Folglich müssen hohes Leistungsniveau sowie die diese Leistung speisenden Fähigkeiten und Fertigkeiten körperlich und mental unterstützt werden. Denn nur ein sorgsamer Umgang mit Talent und dessen Ressourcen stellt sicher, dass Leistung stabil bleiben kann. Wenn zu rigoros und ohne Erholungspause trainiert oder gearbeitet wird, kann es letztlich zu gesundheitlichen

Problemen oder zu Leistungseinbrüchen kommen.[18] Gerade im Spitzensegment lauern hier Gefahren (siehe Kap. 7, 8, 9).

Selbstgesteuert Talentwicklung heißt auch beständiges Arbeiten an den eigenen Selbststeuerungskompetenzen. Diese zielen sowohl auf den fachlichen Kompetenz- und Performanzaufbau durch selbstbestimmtes, möglichst individuell angepasstes Training und Üben, aber auch auf die bewusste Steuerung des sozialen Umfelds und die persönliche Netzwerkgestaltung sowie -pflege. Darüber hinaus beinhaltet Selbststeuerungskompetenz die Förderung mentaler Stärken und Fähigkeiten. All dies setzt immer auch Selbstwahrnehmung und -beobachtung sowie Selbstreflexionsfähigkeit voraus.

Allerdings gehören derartige Kenntnisse und Kompetenzen üblicherweise nicht zu den Inhalten der Ausbildung, die dem Start ins Berufsleben vorausgeht. Anders als in der Sportwissenschaft, wo neben der Bedeutung der physischen Fertigkeiten auch selbstregulative Aspekte schon länger als bedeutende Lern- und Trainingsinhalte identifiziert sind, fehlen Lernfelder wie Selbstmanagement oder verwandte Gebiete, wie zum Beispiel Stressbewältigung, in vielen traditionellen universitären Disziplinen völlig. Auch im beruflichen Kontext werden die Betroffenen häufig erst in diese Richtung aktiv, wenn in Form von Problemen oder Krisen akuter Bedarf auftritt oder Defizite offensichtlich werden. Die eigene Person und die damit verbundenen Steuerungsmöglichkeiten als Ansatzpunkt der Talent- und Leistungsentwicklung geraten – wenn überhaupt – also in der Regel erst relativ spät in den Fokus. Rechtzeitige Impulse zur Selbstreflexion sowie das Aufzeigen von Lern- und Unterstützungsmöglichkeiten scheinen in diesem Zusammenhang also dringend geboten (siehe Kap. 10, 11, 12).

Literatur

Ericsson, K. A./Krampe, R. T./Tesch-Römer, C. (1993): The Role of Deliberate Practice in the Acquisition of Expert Performance, in: *Psychological Review*, 100 (3), 363–406.

Gladwell, M. (2009): Überflieger. Warum manche Menschen erfolgreich sind – und andere nicht, Frankfurt: Campus.

Hagemann, N./Tietjens, M./Strauß, B. (2007): Expertiseforschung im Sport, in: Hagemann, N./Tietjens, M./Strauß, B. (Hrsg.): *Psychologie der sportlichen Höchstleistung. Grundlagen und Anwendungen der Expertiseforschung im Sport. Sportpsychologie*, Band 3, 7–16, Göttingen u. a.: Hogrefe.

Heckhausen, H. (1980): Motivation und Handeln, Berlin: Springer.

Oerter, R. (2002)[5]: Hochleistungen in Musik und Sport, in: Oerter, R./Montada, L. (Hrsg.): *Entwicklungspsychologie*, 787–799, Weinheim: Beltz.

Wollsching-Strobel, P./Wollsching-Strobel, U./Sternecker, P./Hänsel, F. (2009): Die Leistungsformel. Spitzenleistung gestalten und erhalten, Wiesbaden: Gabler.

---

[18] Vgl. Wollsching-Strobel et al. (2009, S. 82, S. 248).

Talente identifizieren und entwickeln: Das Talent-Center

3

Josef Bauer

Zusammenfassung

Oftmals haben Menschen nur ungenaue Vorstellungen hinsichtlich ihrer eigenen Talente und Entwicklungspotenziale. Das kann zu Orientierungslosigkeit zum Beispiel bei der Wahl des Studienfachs, des Berufs oder auch der Weiterentwicklung während der beruflichen Karriere führen. Ein Talent-Center kann in solchen Fällen ein sehr wirkungsvolles Instrument zur Identifizierung persönlicher Stärken und Lernfelder darstellen: Durch Aufgaben, die auf die individuellen Fragestellungen der Kandidaten abgestimmt werden, können auch bisher nicht wahrgenommene Talente systematisch herausgearbeitet werden. Josef Bauer erläutert im Folgenden den Aufbau und Ablauf eines Talent-Centers an einem konkreten Beispiel.

Die Ausgangslage: Die Qual der (Studien-/Berufs-)Wahl

Junge Leute stehen heutzutage nach dem Abitur vielfach vor einem breit gefächerten Angebot bei der Studien- und Berufswahl: Soll ich lieber Medizin, Architektur oder Musik studieren? Oder doch besser eine kaufmännische Ausbildung machen, um eine gesicherte berufliche Grundlage zu erwerben? Oder vielleicht erst einmal ein Jahr Auszeit nehmen, ins Ausland gehen und dort intensiv über meine Zukunft nachdenken?

Abiturienten erleben bei sich selbst häufig eine Vielfalt von Interessen und ganz unterschiedlichen Fähigkeiten, kennen aber ihre eigentlichen Talente, ihre Begabungen nicht. Dies führt nicht selten zu einer Situation der Orientierungslosigkeit. Gerade die Kenntnis über die eigenen Talente ist daher eine wichtige Hilfe bei der Entscheidung für einen

Josef Bauer ✉
PWS Wollsching-Strobel Managementberatung GmbH, Fritz-Boehle-Straße 3, 60598 Frankfurt am Main, Deutschland
e-mail: info@wollsching-strobel.de

P. Wollsching-Strobel und B. Prinz (Hrsg.), *Talentmanagement mit System*,
DOI 10.1007/978-3-8349-3780-3_3,
© Springer Fachmedien Wiesbaden 2012

bestimmten Studiengang, der in der Regel mit einem längerfristigen Berufswunsch einhergeht.

Woraus aber resultiert die Unkenntnis der eigenen besonderen Anlagen bei jungen Erwachsenen? Und wie kann man im konkreten Fall sinnvoll intervenieren? In diesem Beitrag wird zunächst der faktisch existierende und durchaus problematische Orientierungsnotstand bei jungen Erwachsenen aufgezeigt. Vor diesem Hintergrund wird dann ein Talent-Center als sinnvolles Instrumentarium für eine systematische Orientierung vorgestellt. Zielsetzung, Aufbau, Ablauf, Wirkung und Einsatzbereiche des Talent-Centers werden anhand eines konkreten Beispiels erläutert.

Elternhaus und Schule als Orte der Talentfindung und -förderung?

Elternhaus und Schule sind die beiden Orte, an denen junge Menschen üblicherweise einen Großteil ihrer Zeit verbringen. Im Idealfall sollten diese beiden Orte auch die zentralen Instanzen sein, in denen Kinder und Jugendliche ihre Stärken und Schwächen kennenlernen und in ihren Begabungen ebenso gefördert werden wie bei der Minderung möglicher Defizite. Dennoch werden diese Aufgaben nicht immer optimal erfüllt.

Was das Elternhaus anbelangt, kann es ganz unterschiedliche Gründe dafür geben, dass die Identifizierung und Förderung von Begabungen nicht hinreichend gewährleistet sind: Zum einen stehen Eltern heute häufig vor einer hohen Mehrfachbelastung. Oft sind beide Elternteile berufstätig. Dadurch bleibt dieser Elterngeneration wenig Zeit für die umfassende und intensive Betreuung und die gelassene Auseinandersetzung mit den Kindern und ihren persönlichen Stärken und Schwächen. Eine systematische und kontinuierliche Förderung der Kinder ist mitunter schwierig und findet eher in Randzeiten (am Abend, am Wochenende) statt. Zum anderen kann es auch sein, dass Eltern schlicht nicht wissen, wie sie ihr Kind optimal fördern und bei der Entwicklung besonderer Talente behilflich sein können.

Die Frage, was die Schule als solche heute leisten soll und kann, sorgt in der gegenwärtigen Bildungsdiskussion für permanent hitzige Debatten: Einheitsschule versus mehrstufiges Schulsystem, G8 versus G9, Menschenbildung und Persönlichkeitsentwicklung versus arbeitsmarktorientierte Wissens- und Kompetenzvermittlung sind nur einige der Schlagworte, die in diesem Zusammenhang extreme Pole der Diskussion aufspannen. Fakt ist: Der Zeit- und Leistungsdruck an deutschen Schulen ist – unter anderem im Zuge der unterdurchschnittlichen PISA-Ergebnisse und der Neueinführung des achtjährigen Gymnasiums in mehreren Bundesländern – erheblich gestiegen. Bedingt durch einen straffen Unterricht im 45-Minuten-Takt in Klassen mit nicht selten über 30 Schülern ist individuelle Förderung in deutschen Klassenräumen die deutliche Ausnahme. Den Schülern selbst bietet sich kaum Zeit und Gelegenheit, jenseits der vorgegebenen Pfade eigene Fähigkeiten und Talente systematisch zu erkunden und auszutesten. Permanente Leistungsanforderungen machen es auch beinahe unmöglich, in einem geschützten Freiraum ohne negative

Folgen verschiedene Dinge auszuprobieren und gegebenenfalls aus Misserfolgen produktive Lehren zu ziehen.

Gleichzeitig stehen Lehrer verstärkt unter einer Kontrolle durch die Öffentlichkeit. Noch vor wenigen Jahrzehnten galt, dass Entscheidungen und vor allem Sanktionen der Schule durch die Eltern weitgehend mitgetragen wurden. Also standen Schule und Eltern eher Seite an Seite, und Schüler sahen sich dieser Koalition gegenübergestellt. In den letzten Jahren hat sich dieses Kräfteverhältnis in der Weise verschoben, dass Eltern sich eher in Gegenüberstellung zur Schule positionieren und damit eine Koalition Eltern/Schüler in der Opposition zur Schule entstanden ist. Die Aufgabe der Lehrer wird dadurch nicht einfacher: Einerseits sind sie durch hohe Anforderungen an ihre Fachlichkeit bereits stark beansprucht; sie müssen versuchen mit dem rasanten Wachstum von Wissen in unserer Gesellschaft Schritt zu halten. Andererseits sehen sie sich von mehreren Seiten kontrolliert (durch das Ministerium, die Eltern, die Schüler, die Öffentlichkeit, offizielle Instanzen wie PISA etc.), erhalten wenig Zustimmung zu der Erledigung ihrer Aufgaben und kommen häufig auch an persönliche Leistungsgrenzen. Depressionen, Erschöpfungszustände und Burnout sind Krankheiten, die innerhalb der Lehrerschaft in erschreckendem Maße zunehmen und die Hauptursachen für vorzeitige Pensionierungen bei Lehrern darstellen.[1] Das heißt, die hohen fachlichen Anforderungen an Lehrer und die Tatsache, zunehmend mehr Objekt einer öffentlichen Kritik zu werden, erschweren es ihnen zusätzlich, Schüler in ihrer gesamten Individualität wahrzunehmen und womöglich experimentelle Wege der Persönlichkeitsförderung einzuschlagen.

Die Praxis im Schulalltag sieht damit deutlich anders aus als die zuletzt immer wieder laut geforderte Individualförderung an Schulen. Besondere Talente der Schüler mögen sich zwar an der einen oder anderen Stelle zeigen – besonders dann, wenn sie so überdurchschnittlich sind, dass sie überdeutlich aus der Masse hervorstechen. Von einer systematischen Talent-Diagnose und -Förderung in der Breite kann jedoch keine Rede sein.

In der Summe passiert es daher nicht selten, dass sich Schüler erst kurz vor oder nach dem Abitur die Frage nach den eigenen Fähigkeiten und daraus abgeleitet den eigenen Zukunftsperspektiven stellen. Und nicht selten bleiben sie angesichts dieser Frage rat- und orientierungslos zurück.

Fragen, die diese Suche strukturieren können, sind daher unter anderem folgende:

- Welche Talente habe ich eigentlich? Was bringe ich mit, was mich für die berufliche Zukunft qualifiziert und von anderen abhebt? Wofür bin ich besonders begabt? (Faktor Talent).
- Wo finde ich meine fachliche Heimat? In welchem Umfeld könnte ich meine Talente besonders zur Geltung bringen? Oder welche Rahmenbedingungen benötige ich, um meine Begabung zu einer wirklichen Qualifikation weiterzuentwickeln? (Faktor fachliche Heimat).

---

[1] Vgl. Berger (2005).

- Wie übe ich? Zu welchem Zeitpunkt übe ich? Wie oft und wie intensiv? Worauf muss ich
  dabei besonders achten? Ist Üben gleich Üben, oder gilt es dabei etwas Bestimmtes zu
  berücksichtigen: Wie funktioniert „intelligentes" Üben? (Faktor Trainieren).

Diese drei Fragenbereiche beziehen sich auf die ersten drei Basisfaktoren der *PWS-*
Leistungsformel (siehe Kap. 2) und beschreiben den Bereich der eigenen Kompetenz und
Performanz. Aber auch die nächsten beiden Elemente der Leistungsformel haben bereits
für Schüler oder auch Studenten, die vor der Frage stehen, in welche berufliche Richtung
sie sich orientieren sollen, Relevanz:

- Was würde ich gern und mit Freude machen? Worauf habe ich Lust, was würde mich
  mit Sinn erfüllen und mich so begeistern, dass ich sogar Tiefpunkte und Schwierigkeiten
  überwinden würde? Wofür reicht meine Motivation? Was für eine persönliche Motivationsstruktur habe ich? Und wie könnte ich mich selbst immer wieder motivieren, um
  kontinuierlich einer Beschäftigung, die mir wichtig ist, nachzugehen und mein Talent in
  diesem Bereich gegebenenfalls auch in schwierigeren Situationen weiter zu entwickeln?
  (Faktor Motivation).
- Was will ich eigentlich im Leben erreichen? Und wie reagiere ich auf Lernschwellen,
  Grenzen, Herausforderungen und mögliche Bedrohungen? Kann ich dann genug innere
  Stärke aufbringen, um trotz aller Widrigkeiten am Ball zu bleiben? Welche Bewältigungsstrategien habe ich, um mich persönlich zu stabilisieren und zum Weitermachen
  zu motivieren? Wie viel Durchhaltewillen habe ich, und wie kann ich noch Durchhalte-
  vermögen aufbauen? (Faktor Wille).

Dass Schulabgänger und Studenten all diese Faktoren bereits differenziert und spezifisch angehen können, kann man nicht erwarten. Im Folgenden soll jedoch beispielhaft
gezeigt werden, wie diese Faktoren einzeln identifiziert und jeweils stimuliert und bearbeitet werden können, wenn junge Erwachsene externe Unterstützung erhalten.

Dazu wird das Beispiel einer Gruppe von Studenten näher betrachtet, die sich in einer konkreten persönlichen Krise innerhalb ihres Studiums befindet. Diese Situation, die
u. a. einen drohenden Studienabbruch befürchten lässt, stellt eine noch stärkere Bedrohung
dar als die Situation einer noch suchenden Orientierungsphase von Schülern kurz vor Abschluss ihrer Schulzeit; sie kann aber durchaus als ein Resultat einer nicht gelösten früheren
Orientierungslosigkeit beziehungsweise einer zu wenig präzisen Talentbestimmung zu einem früheren Zeitpunkt gesehen werden.

Anhand des folgenden Beispiels wird gezeigt, wie diese Bedrohung zu einer lösba-
ren Herausforderung verändert werden kann. Dies beinhaltet nach Krug und Kuhl,
dass die Gefahr negativer persönlicher Konsequenzen (= Bedrohung: „Das darf nicht
schiefgehen!") in eine positive Herausforderung verwandelt werden kann („Das kann ich
schaffen!").[2] Das Instrument des Talent-Centers kann – unabhängig vom hier geschilder-

---

[2] Vgl. Krug und Kuhl (2006).

ten Beispiel – für andere Situationen und Personengruppen mit je eigenen Fragestellungen bezüglich ihres Talents adaptiert werden.

Das Talent-Center

Eine Möglichkeit, die Talente systematisch zu erfassen und junge Teilnehmer im Sinne der Faktoren der *Leistungsformel* zu fördern, stellt das Talent-Center dar. Dies ist ein Instrument, das eine persönliche Standortbestimmung vornimmt und aufzeigt, wo aktuell die Stärken und Entwicklungsfelder junger Leute liegen. Durch einen hohen Anteil von Feedback bereits im Laufe des Verfahrens werden Selbst- und Fremdbild immer wieder abgeglichen. Durch eine Doppelung ähnlicher Aufgaben können Lernprozesse unmittelbar erprobt und gezeigt werden.

Im Folgenden wird ein Talent-Center beschrieben, an dem eine Gruppe von acht jungen Erwachsenen teilnimmt, die bereits ein Studium begonnen haben oder auch mitten in einer Ausbildung stehen und aus irgendwelchen Gründen nicht mehr aktiv vorankommen. Sie stehen vor der Entscheidung, abzubrechen oder weiterzumachen, und müssen in jedem Fall eine umfassende Kurskorrektur vornehmen. Andernfalls schweben sie in der Gefahr, in ihrem Studium auf der Stelle zu treten und deshalb abzuspringen. Dieses Schicksal ereilt in Deutschland pro Jahrgang ca. 55.000 Studenten oder ca. jeden Fünften.[3]

Ziel

Ziel des Talent-Centers ist es, dass die Teilnehmer am Ende für sich selbst geklärt haben, ob sie sich auf dem richtigen Weg befinden (Standortanalyse) oder ob sie eine andere Studien- respektive Ausbildungsrichtung einschlagen sollen. Und sie haben klare Hinweise erhalten, welche nächsten beruflichen Schritte sie weiterbringen. Damit sind zumindest die ersten zwei Faktoren der PWS-*Leistungsformel* – Talent und fachliche Heimat – für sie identifiziert und präzisiert. Häufig kann das Talent-Center aber noch weitergehende Hinweise auf den Stand und die Entwicklungsmöglichkeiten der übrigen Faktoren – Training, Motivation, Wille, soziales Netzwerk, Selbstmanagement – liefern.

Aufbau

Im Talent-Center werden Einzel-, Präsentations-, Gruppen- und Zweiergesprächsaufgaben so kombiniert, dass sich diese einerseits vom Schwierigkeitsgrad her steigern und dass an-

---

[3] „Bezogen auf den Studienanfängerjahrgang 2001, zu dem ein großer Teil der hier untersuchten deutschen Studienanfänger gehört, beenden von den rund 260.000 erstimmatrikulierten Studierenden dieses Jahrgangs ca. 55.000 ihr Studium ohne Abschluss." (Heublein et al. 2008, S. 3).

dererseits jeder Aufgabentyp zweimal vorkommt. Dies ermöglicht den Teilnehmern, einige wesentliche Kernaussagen des erhaltenen Feedbacks bereits innerhalb des Talent-Centers umzusetzen. Das heißt, es handelt sich um ein Entwicklungsverfahren, das starken Lerncharakter hat.

Dem Talent-Center liegen konkrete Beobachtungskriterien zugrunde. Im Talent-Center können unter anderem solche Kriterien detailliert eingeschätzt werden, die für den beruflichen Erfolg im Unternehmen von besonderer Bedeutung sind und in herkömmlichen Verfahren wie Bewerbungsgesprächen oder auch Tests einen geringeren Stellenwert haben. Dies sind vor allem „weiche Faktoren" der persönlichen und sozialen Kompetenz, wie zum Beispiel die genaue Ausprägung der Kommunikationsfähigkeit, der Zusammenarbeitsfähigkeit im Team und der Fähigkeit zum Umgang mit Konflikten, des Durchsetzungsvermögens und des vernetzten Denkens. Die detaillierte Einschätzung der sozialen Kompetenz erscheint umso bedeutungsvoller, da sie nur wirklich begründet in der tatsächlichen Aktion und kaum in anderen Verfahren (wie den oben genannten oder auch einem strukturierten Interview) beobachtet werden kann. Gleichzeitig handelt es sich bei den „weichen" Faktoren um die Fähigkeiten, die bei jungen Erwachsenen teilweise noch weniger stark ausgebildet sind und noch nicht die Probe aufs Exempel in einem vielfältigen und hoch anspruchsvollen Unternehmensumfeld erfahren haben. Dem Talent-Center liegen also auch Fragen zugrunde wie: Wer bringt bereits gute Anlagen in den „weichen Faktoren" mit? Oder sind das Felder, auf denen Training und Üben einsetzen sollte? Und wie kann man das dann tatsächlich trainieren?

Die Aufgabenstellungen des Talent-Centers werden in hohem Maße an den Erfahrungshintergrund und die Orientierungsfragen, die die Teilnehmer konkret beschäftigen, angepasst. So können zum Beispiel Bewerbungsgespräche simuliert werden. Die Teilnehmer erhalten unmittelbar nach Abschluss des Gesprächs intensiv Feedback über ihre bewussten und teilweise unbewussten Verhaltensweisen in der Bewerbung. Jedes Zweiergespräch wird ausschließlich mit Teilnehmern besetzt. Es werden also im Talent-Center keine Rollenspieler benötigt. Dadurch ergibt sich für die Teilnehmer die Möglichkeit im Rollentausch auch einmal den Part „der anderen Seite", zum Beispiel des Personalvertreters einer Organisation, zu übernehmen und dabei unter anderem zu erkennen, dass ein Bewerbungsgespräch nicht nur den Bewerber, sondern auch den Personalvertreter unter Druck bringen kann.[4] Dadurch vergrößert sich das Verständnis für mögliche Belastungen oder auch Missverständnisse in einem Bewerbungsgespräch auf beiden Seiten; und es lässt sich den Teilnehmern am aktuellen Beispiel verdeutlichen, wie durch möglichst klare Kommunikation Fehler und Fallstricke von ihrer Seite vermieden werden können.

---

[4] In der Übernahme einer Rolle als Gesprächspartner und Kollege kann sehr schnell deutlich werden, ob ein junger Erwachsener – auch dann, wenn er in der anschließenden Auswertung nicht persönlich eingeschätzt wird – „auf dem Teppich bleibt" und nicht überzieht, also sich auch dann kooperativ, fair und kollegial verhält. Gerade diese Zusatzbeobachtungen, die sich aus alternativen Verfahren, wie zum Beispiel Tests, nicht ergeben, stellen einen hohen Zusatznutzen für künftige oder aktuelle Arbeitgeber dar.

Nach der Durchführung der Aufgaben findet eine Auswertung statt:[5]

- Der Teilnehmer startet mit einer Selbsteinschätzung, die auf schriftlichen Notizen beruht und sich eng an die Beobachtungskriterien anschließt. Diese trägt der Teilnehmer mündlich im Kreis seiner Peer-Kollegen und der Leitung vor.
- Danach geht ein Kollege aus dem Kreis der anderen Teilnehmer in eine Fremdeinschätzung, auf die er sich im Vorfeld vorbereitet hat. Sie ist ebenfalls schriftlich abgefasst und wird mündlich ausführlich kommuniziert.
- Schließlich übernimmt einer der Leiter eine Fremdeinschätzung, die schriftlich vorliegt und dem Teilnehmer in Anwesenheit der anderen Teilnehmer mündlich vermittelt wird.

Diese Einschätzungen sollten genutzt werden, um neue Aufgaben gegebenenfalls anders anzugehen. Am Ende des Verfahrens werden im Gespräch zwischen Teilnehmer und Leiter konkrete Entwicklungsmöglichkeiten eruiert.

Ablauf

Um die Wirkungen und Effekte eines Talent-Centers einschätzen zu können, soll nun ein Beispielfall aus der Praxis dargestellt werden. Anschließend werden daraus die wesentlichen Wirkungen des Verfahrens abgeleitet.

Thomas L. kam als Absolvent des Studiengangs Wirtschaftswissenschaften mit Schwerpunkt Informatik in ein Talent-Center. Er stand kurz vor dem Ende seines Studiums. In der ersten Aufgabe erstellte er eine Präsentation zu seinem bisherigen Werdegang, seinen beruflichen Aussichten und Vorstellungen und zum Hintergrund für seine aktuelle Teilnahme am Talent-Center. In diesem letzten Punkt ging es darum, eine möglichst konkrete Frage oder ein möglichst detailliertes Problem oder Thema, das einen hergeführt hat, zu benennen. Thomas L. formulierte das so: „Ich bin eigentlich bisher ganz gut durchs Studium gekommen. Aber ich merke jetzt, dass mich irgendetwas davon abhält, mich zur Abschlussprüfung anzumelden. Warum mir das so schwerfällt, weiß ich selbst nicht genau."

In der Beobachtung war auffällig, dass es Thomas L. sehr gut gelang, seinen teilweise informationstechnischen Werdegang für andere gut nachvollziehbar und anschaulich zu vermitteln. Er hatte zum Beispiel ein Praktikum bei einem Hersteller von Hochleistungsdruckern absolviert und konnte die Entwicklungen dieser Branche und die aktuellen

---

[5] In gleicher Weise ist es beachtenswert, wie ein Teilnehmer sich in den ersten ein bis zwei Runden selbst einschätzt, bevor ein Lern- und Korrektureffekt durch unsere Feedbacks eingesetzt hat. Hier kommen oft die ungetrübten, sehr grundsätzlichen Selbstkonzepte an die Oberfläche: Überschätzt sich der Teilnehmer bei den Werten? Dann hat er häufig noch wenig systematisches und differenziertes Feedback erhalten und benötigt eine vorsichtig konfrontierende Korrektur im Selbstbild. Oder gehen inhaltliche Aussagen zur eigenen Person und deren endgültige Wertung im Gesamtbild in der Selbsteinschätzung deutlich auseinander? Dann herrscht häufig hohe Unsicherheit über die eigene Wirkung auf andere vor. In solchen Fällen kann der intensive Austausch von Feedback viel zu einer Klärung und Stabilisierung des Selbstbildes beitragen.

Problemstellungen, vor denen dieses Unternehmen stand, sehr bildhaft schildern. Dazu nutzte er einerseits sehr einfache, aber aussagekräftige Grafiken, andererseits gelang es ihm vor allem auch sprachlich, seine Zuhörer, die alle nicht vom Fach waren, mit einer klaren Ausdrucksweise ohne allzu viele Fachbegriffe zu erreichen.

In der Auswertung zu dieser Übung wurden einige interessante Zwischenergebnisse deutlich:

- Zum einen erlebte sich Thomas L. selbst sehr viel weniger lebendig, als er in der Außenwirkung wahrgenommen wurde. Hier mag ihn subjektiv seine Nervosität in der Präsentation vor fremden Zuhörern eingeschränkt haben. Diese Nervosität wurde aber nicht störend spürbar und beeinträchtigte vor allem nicht seine sprachliche Ausdrucksfähigkeit.
- In der Fremdeinschätzung wurde durch die Leitung sehr klar herausgearbeitet, dass Thomas L. in der Kürze der Zeit von nur 15 Minuten seine Fachinhalte klar und gut aufbereitet vermitteln konnte und so einen fachlich kompetenten Eindruck hinterließ. Diese Sicht bestätigte der Peer-Fremdbeobachter.
- Damit bot sich – noch nicht offen ausgesprochen – für die Leitung die Hypothese an, dass Thomas L. weniger wegen Problemen in der Fachkompetenz an aktuelle Grenzen gestoßen sein mochte. Dieser Gedanke wurde aber noch nicht zur Diskussion gestellt, um ihn auch in den nächsten Übungen noch verifizieren zu können. Allerdings formierte sich bei der Leitung bereits die Hypothese, dass Thomas L. die Fähigkeit besitzt, relativ komplexe Sachinhalte auch Fachfremden so zu vermitteln, dass sie sie gut nachvollziehen können. Hierbei handelte es sich also möglicherweise um ein spezielles Talent. Dies galt es aber weiterhin zu beobachten und zu verifizieren.

In der zweiten Aufgabe bearbeiteten die acht Teilnehmer eine gemeinsame Aufgabenstellung im Rahmen einer Gruppendiskussion. Inhaltlich ging es darum, aus einer Reihe von Artikeln herauszulesen, welche Anforderungen Unternehmen aktuell an Bewerber stellen. Die Aufgabe bestand aus einer Einzelarbeitsphase von einer halben Stunde, in der jeder Teilnehmer eine eigene Präsentation erstellte. Danach teilte sich die Gruppe in zwei Teilgruppen auf, die in getrennten Räumen weiterarbeiteten. Die in der Einzelarbeitsphase ausgearbeiteten Präsentationen wurden vor einer der beiden Teilgruppen durchgeführt mit dem Ziel, sich innerhalb der Teilgruppe auf eine gemeinsame Vorgehensweise für das anschließende Plenum zu einigen. Beide Teilgruppen kamen dann ins Plenum zurück und diskutierten mit dem Ziel, aus beiden Ansätzen ein gemeinsames Konzept zu entwickeln.

Thomas L. gelang es, die wesentlichen Aspekte der Aufgabenstellung zu erfassen und sie wiederum in eine präzise und sehr persönliche Präsentation umzuarbeiten. In der Teilgruppe blieb er ruhig und hörte aufmerksam und geduldig den drei anderen Präsentatoren zu. Er trug einige Ideen zur Zusammenführung der vier Konzepte zu einem gemeinsamen Vorschlag bei.

Im Plenum brachte er verschiedene steuernde Impulse neben klaren inhaltlichen Beiträgen ein.

Im Feedbackaustausch wurden folgende Beobachtungen angesprochen:

- In der Selbsteinschätzung erlebte sich Thomas L. etwas unter Druck, hätte gerne mehr Zeit für die Ausarbeitung seiner Präsentation gehabt, konnte diesmal aber ruhiger und aus seiner Sicht klarer als in der ersten Präsentation auftreten. In der großen Gruppe erkannte er, dass er einige inhaltliche Ideen beisteuern konnte und auch an der Planung der Vorgehensweise im Plenum mitwirkte.
- Im Peer-Feedback wurde deutlich, dass Thomas L. eine relativ zentrale Rolle in beiden Gruppen, der kleineren und der größeren, übernahm und seine Kollegen mit seinen inhaltlichen Ideen ansprach. Er fand viel Gehör und seine Beiträge wurden fast immer aufgenommen.
- Einer der Leiter bescheinigte dem Teilnehmer, eine konzeptionell gute Präsentation erstellt zu haben. Thomas L. hatte auch aus der Sicht der Leitung Ansätze zur Steuerung der Gruppe geboten, die aber noch verstärkt hätten werden können.

Damit erhärtete das Ergebnis der zweiten Aufgabe die Hypothese, dass Thomas L. Inhalte einer Aufgabenstellung gut zu analysieren versteht und diese dann strukturiert und für alle Beteiligten gut verständlich vermitteln kann. Stärken von Thomas L. lagen also nach zwei Übungen in der fachlich-inhaltlichen und der analytischen Kompetenz. Und er konnte seine Ideen kommunikativ gut vermitteln. Damit hatte sich auch in der zweiten Aufgabe die Vermutung bestätigt, dass Thomas L. über gute fachliche Fähigkeiten, eine hohe Analysekompetenz und kommunikative Stärken verfügt. Die Hypothese, dass Thomas L. das Talent hat, komplexe Sachverhalte einfach und allgemein verständlich zu vermitteln, hatte sich erhärtet. Ein weiteres Talent lag möglicherweise in seiner Bereitschaft, wenigstens teilweise die Steuerung einer Gruppe zu übernehmen.

Diese Talente galt es nun in einer dritten Aufgabe endgültig zu verifizieren. Dazu diente ein Zweiergespräch. Für Thomas L. wurde eine Situation ausgewählt, in der er eine technisch komplexe Frage mit einem Laien diskutieren sollte. Er trat als Berater eines Systemhauses auf und sollte seinen Gesprächspartner davon überzeugen, von MS-Office 2007 auf MS-Office 2010 umzusteigen und dafür eine neue Firmenlizenz zu erwerben. Der Gesprächspartner hatte die Aufgabe, gegen diesen Vorschlag zu argumentieren. Seine Begründung: zu hoher finanzieller Aufwand und zu große Hürden in der Weiterqualifizierung der Mitarbeiter seiner Firma. Für Thomas L. ging es also darum, seinen Gesprächspartner einerseits fachlich-inhaltlich zu überzeugen und andererseits den Gesprächspartner beraterisch-verkäuferisch so weit zu bringen, dass er den Mehraufwand akzeptiert und das Produkt erwirbt.

Die dritte Aufgabe erbrachte folgende Ergebnisse im Feedbackaustausch:

- Thomas L. erlebte es einerseits als relativ einfach, dem Gesprächspartner die Vorteile für den Umstieg auf die neuere Office-Version zu vermitteln. Er hatte selbst den klaren Eindruck, dass er den Kunden überzeugen konnte. Etwas unwohl fühlte er sich mit dem Verkaufsthema (besonders den Preis für die Lizenz zu nennen).

- Der Gesprächspartner bescheinigte Thomas L., dass er sich von ihm sehr wertschätzend behandelt fühlte. Auch dann, wenn der Kunde in seinem technischen Verständnis an seine Grenzen kam, blieb Thomas L. ruhig und erklärte ihm verständlich die technischen Hintergründe. Er konnte sich gut vorstellen, ihn dauerhaft als Ansprechpartner und Vertrauensperson zu haben.
- Der Leiter stellte die Gesprächsführungskompetenz von Thomas L. in den Mittelpunkt seines Feedbacks. Er hatte einen angenehmen Einstieg gefunden, war schnell auf das Problem eingegangen, hatte viele offene Fragen gestellt und aus der Außensicht betrachtet eine gute Balance gefunden zwischen fachlich klarer Argumentation und Zugewandtheit zum Kunden. An dieser Stelle veröffentlichte der Leiter seine Hypothese: Es wurde in drei Aufgaben sichtbar, dass Thomas L. fachlich-inhaltlich und in der Analyse des Sachverhalts jeweils weitgehend richtig lag.

Damit kann man mit ziemlicher Sicherheit sagen, dass bei Thomas L. eine hohe fachlich-analytische Kompetenz vorliegt und diese ein echtes Talent darstellt. Ebenfalls gelang es ihm, in allen drei Aufgaben strukturiert und mit einer hohen Zuwendung zu kommunizieren, was den Gedanken nahelegt, dass es sich auch hier um eine besondere Begabung von Thomas L. handelt. In der letzten Aufgabe zeigten sich darüber hinaus sogar positive Ansätze in der Beratung und im Verkauf. Genau diese sollten in der zweiten Hälfte des Verfahrens ab der nächsten Aufgabe überprüft werden. Auffällig war jedenfalls in allen Aufgaben die gelungene Vermittlung von technischen und fachlichen Inhalten. Zusammenfassend zeigte Thomas L. also neben einer fachlichen und kommunikativen Kompetenz auch erste Ansätze einer beraterischen, verkäuferischen und pädagogischen Kompetenz. In den nächsten Übungen sollte daher überprüft werden, welche der drei zusätzlichen Kompetenzfelder verstärkt auftreten, und sie sollten klare Hinweise auf bisher noch wenig genutzte Fähigkeiten liefern. Die Leiter verfolgten also in den anschließenden Übungen die Überprüfung der Frage nach den Talenten von Thomas L. weiter. Noch nicht offen benannt wurde die Frage, in welchem Umfeld Thomas L. diese Talente auch zur Geltung bringen könnte. Es ging also um die Frage nach der fachlichen Heimat, die die Leiter zwar weiter im Fokus behielten, womit sie aber Thomas L. zu diesem Zeitpunkt noch nicht belasten wollten.

Thomas L. war von dieser Einschätzung zur Hälfte des Verfahrens sehr überrascht. Außer einer fachlichen Analysefähigkeit wollte er selbst keines der drei anderen Kompetenzfelder, weder die beraterische noch die verkäuferische und schon gar nicht die pädagogische Kompetenz, unterschreiben. Für die Leitung wurde damit klar, dass Thomas L. die bisher von ihm selbst nicht wahrgenommenen Begabungen noch nicht in sein Selbstbild integrieren konnte. Im Sinne der *Leistungsformel* bedeutet das: Thomas L. hat noch nicht den Sinn und Nutzen dieser Begabung erkannt (Faktor Motivation) und hat diese Wahrnehmungen noch rundheraus abgelehnt (Faktor Wille).

Wie sich im Gespräch herausstellte, hatte das folgenden Hintergrund: Thomas Vater hätte ihn gerne nach dem Abitur als Student des Lehramts für zum Beispiel Mathematik und Physik gesehen. Dies wies Thomas L. ursprünglich bei seiner Entscheidung für ein Studium weit von sich. Im weiteren Verlaufe seines Studiums hat er kaum mehr einen

Gedanken an diesen Wunsch seines Vaters verschwendet und sich eher als Entwickler in einem IT-Unternehmen gesehen. Thomas L. konnte sich selbst also gar nicht vorstellen, in eine Pädagogenrolle zu gehen, und hatte diese Fähigkeit bei sich selbst völlig abgewehrt. Auch eine Aufgabe als Vertriebsbeauftragter im technischen Vertrieb schloss er für sich aus. Am ehesten konnte er sich noch mit einer Beraterrolle anfreunden.

In der zweiten Halbzeit des Verfahrens durchliefen die Teilnehmer jeweils noch einmal jeden Übungstyp (Gruppendiskussion, Zweiergespräch und Präsentation). Thomas L. nahm dafür den Auftrag mit, selbst zu erkunden, welche der neu gefundenen Kompetenzfelder sich bei ihm als Talente bestätigen würden. Auch die Peers sollten Thomas besonders unter diesem Aspekt beobachten.

Die Aufgaben in der zweiten Hälfte des Talent-Centers hatten weniger einen fachlich-analytischen Charakter, sondern bezogen sich mehr auf mögliche Situationen, denen die Teilnehmer in einem Unternehmensumfeld begegnen würden. So wurde in der zweiten Gruppendiskussion ein weitverzweigter Konzern beschrieben, der in eine Schieflage geraten war. Die Teilnehmer sollten sich als interdisziplinäres Beratungsteam verstehen, das der Konzernleitung Lösungsmöglichkeiten präsentieren sollte, die aus der prekären Lage herausführen.

Thomas L. ging wieder in ähnlicher Weise wie in der ersten Gruppendiskussion in eine Moderationsrolle und konnte diese Übung noch stärker und in noch engerer Abstimmung mit den Kollegen gestalten als davor. Allerdings beschränkte sich Thomas L. in dieser Runde mehr auf die Steuerung der Gruppe und auf die gemeinsame Lösungsfindung. Von ihm selbst kamen nur wenige inhaltliche Beiträge. Dennoch stieß er mit seinen Steuerungsimpulsen in der Gruppe auf eine positive Resonanz.

Die Auswertung der Aufgabe erbrachte folgende Ergebnisse:

- Thomas L. selbst war mit seiner Rolle und Teilnahme an der Gruppendiskussion weitgehend zufrieden. Er machte deutlich, dass er aus einer Sicht als Unternehmensberater einfach wenig Input zu leisten in der Lage sei und sich daher auf die Steuerung der Diskussion verlegt habe.
- Peer-Feedback: Die Kollegen empfanden ihn als angenehmen Moderator, der in ausgewogenem Maße steuerte, ohne sich zu sehr in den Vordergrund zu spielen.
- Die Leiter stellten heraus, dass es Thomas L. auch in dieser Gruppensituation gelungen war, die Steuerung zu übernehmen, und er dabei die Gruppe in ihrer Zielerreichung vorangebracht habe.

Von der beraterischen Aufgabe schien Thomas L. in dem rein betriebswirtschaftlich ausgelegten Fall etwas überfordert, allerdings hatte er schnell erkannt, dass er in der Rolle des Steuernden seine Stärken gut in den Dienst der Gruppe stellen konnte. Im Sinne der drei Kompetenzfelder, von denen hier vor allem die Rolle als Berater und die Führung der Gruppe umgesetzt werden konnten, war er in der steuernden Rolle erfolgreich. Damit trat für den Moment der Anteil der Beratungskompetenz zugunsten der steuernd-pädagogischen Kompetenz in den Hintergrund. Es drängte sich also die Annahme auf, dass Thomas L. ein

echtes Talent als Moderator mitbrachte. Dies umso mehr, als er sich mit dieser Rolle vorher
noch nicht intensiv beschäftigt hatte.

In einem weiteren Zweiergespräch wurde Thomas L. erneut eine Verkaufssituation zu-
geteilt. Diese lag wieder im technischen Umfeld. Er sollte sich in die Rolle eines Verkäufers
in der Computerabteilung einer Handelskette hineinversetzen. Seine Aufgabe bestand darin, einen Kunden, der selbst noch Student ist, davon zu überzeugen, dass er sich in der
Auswahl zwischen zwei Notebooks für das deutlich teurere, leistungsfähigere entscheidet,
unter anderem auch deshalb, weil dieses einen höheren Beitrag zu der Zielerreichung des
Verkäufers lieferte. Diesmal gelang es Thomas L. nicht, wie im vorherigen Zweiergespräch,
den Gesprächspartner zu überzeugen. Der Verkauf kam gar nicht zustande. Der Kunde
nahm zwar die Beratung dankbar an, entschied sich allerdings nicht für den Kauf in diesem
Geschäft. Dieses Ergebnis bestätigte Thomas L.s eigene Vermutung, für eine Aufgabe im
Vertrieb weniger geeignet zu sein, da ihm dauerhafter Verkaufsdruck vor allem mit konkreten Zielerreichungsvorgaben nicht entgegenkomme. In diesem Gespräch waren aber
wieder die inhaltliche Klarheit, sein strukturiertes Vorgehen und die kommunikativ angenehme Wirkung ähnlich positiv ausgeprägt wie schon in einigen Übungen vorher.

Dies spiegelte sich auch in der Auswertung im Feedback wider:

- Thomas L. selbst hatte den Eindruck, dass er sich sehr mit einer inhaltlichen Argumentation zu den unterschiedlichen Features der beiden Geräte abmühte, damit aber den
  Kunden nicht wirklich überzeugen konnte. Dieser hatte nach Ansicht von Thomas L.
  eigentlich nicht ernsthaft vorgehabt, wirklich bei ihm zu kaufen.
- Im Peer-Feedback wurde deutlich, dass Thomas L. sehr freundlich und aktiv in die Verkaufssituation ging. Als Kunde habe man sich wohlfühlen und viel Kompetenz und eine
  klare Vermittlung des Nutzens der besseren Leistungsmerkmale mitnehmen können.
- Die Leiter machten deutlich, dass auch sie die inhaltlich-kommunikative Wirkung von
  Thomas L. sehr positiv erlebten. Er wirkte sehr versiert und vermied alles, was den Kunden sprachlich abschrecken hätte können, wie zum Beispiel IT-Worthülsen, zu denen
  der Kunde gar keinen Bezug hatte. Daher war die erste Hälfte des Verkaufsgesprächs,
  in der es um den Kontaktaufbau und die Klärung des Kundenbedarfs ging, sehr gelungen. Die Abschlussphase allerdings war weniger geglückt: Hier hielt Thomas L. weniger
  intensiv Blickkontakt, war sprachlich etwas stockend und verlor darüber etwas an Sou-
  veränität. In der Nachfrage stellte sich heraus, dass Thomas L. tatsächlich bei sich etwas
  Unsicherheit und Anspannung verspürt hatte, als er den Kunden zum Abschluss ver-
  anlassen wollte. Der Kunde bestätigte in der Befragung während des Feedbacks, dass er
  nicht grundsätzlich ausgeschlossen hatte, das teurere Gerät zu erwerben, dass ihn aber
  tatsächlich Thomas L.s Veränderung in der Kommunikation (hastiger, stockender, ange-
  spanntere Sprechweise) irritiert habe. Deshalb habe er es sich noch einmal überlegt und
  den Kauf nicht vollzogen. Das Druckmoment „Verkaufsabschluss", das für Thomas L. in
  dieser Aufgabe ins Spiel kam, störte die beiden Beteiligten im Gespräch und verringerte
  die sonst bis dahin so souveräne Wirkung von Thomas L.

Damit hatte sich das Kompetenzfeld Verkauf nach dieser Übung nicht als eine besondere Begabung bestätigt und konnte mit einem großen Fragezeichen versehen werden. Da
in der vorhergehenden Übung auch die Beratungskompetenz nicht klar bestätigt wurde,
blieb noch die pädagogische Kompetenz zu überprüfen.

Dazu wurde Thomas L. im letzten Feedback vor der abschließenden Präsentation der
Auftrag erteilt, sein Ergebnis aus dem bisherigen Verfahren (darum ging es inhaltlich in
der Aufgabenstellung) so gut strukturiert und sprachlich pointiert wie möglich zu vermitteln. Er sollte einen klaren roten Faden spinnen und eine stimmige Dramaturgie in seine
Präsentation bringen, sodass ein bleibender Eindruck dieser Präsentation beim Betrachter
entsteht. Auch dieser Auftrag wurde in Anwesenheit von anderen Teilnehmern gegeben,
damit diese in der anschließenden Präsentation überprüfen konnten, wie ihn Thomas L.
umsetzte.

Thomas L. arbeitete mit hohem Engagement und Ehrgeiz an seiner Präsentation. Er in-
vestierte deutlich mehr Zeit in die Ausarbeitung als die meisten anderen Teilnehmer. Seine
Präsentation war außerordentlich gut visualisiert, und es gelang ihm durch sprachliche Ge-
nauigkeit und eine hohe persönliche Präsenz und Authentizität seine Zuhörer regelrecht
zu fesseln.

Das machte auch die letzte Feedbacksequenz deutlich:

- Thomas L. selbst war sehr mit seiner Präsentation zufrieden, und er stellte dar, dass es
  sich aus seiner Sicht gelohnt habe, etwas mehr Vorbereitungsaufwand zu investieren,
  auch wenn er sonst bevorzugt mit PowerPoint präsentierte.
- Der Kollege im Peer-Feedback bestätigte Thomas L., dass es ihm aus seiner Sicht vollständig gelungen war, den Auftrag für die Präsentation umzusetzen.
- Die Leiter waren ebenfalls von Thomas L.s Präsentation angetan. Sie sahen sich voll darin
  bestätigt, dass Thomas L. eine stark ausgeprägte Fähigkeit zur Vermittlung von fachlichen wie auch die eigene Persönlichkeit betreffenden Inhalten besitzt. Sie erneuerten
  ihre Idee, dass bei Thomas L. auch ein Talent zur Vermittlung komplexer Fachinhalte,
  zum Beispiel im Rahmen einer Tätigkeit als Fachtrainer oder auch in einer akademischen Laufbahn vorhanden sei. Die Leiter meinten, sie könnten sich Thomas L. auch
  als IT-Fachexperten mit deutlichem Anteil an Fachtraining oder in einer beraterischen
  Teiltätigkeit vorstellen. Verkaufstätigkeiten schieden allerdings aktuell für sie aus.

Damit waren die Talente von Thomas L. identifiziert: hohe Fachlichkeit, starke analyti-
sche Kompetenz und die Fähigkeit, komplexe technische Sachverhalte gut verständlich
und systematisch zu vermitteln. Auch die Frage, in welchem fachlichen Umfeld sich diese
Talente einsetzen und ausbauen ließen, war geklärt. Thomas L. lag im Grunde mit seiner
beruflichen Vorstellung, in die IT-Branche zu gehen, richtig. Allerdings benötigte sein päd-
agogisches Talent eine etwas andere Ausrichtung im Sinne einer fachlichen Heimat, als
Thomas L. bisher erwartet hatte. In einer reinen Programmiertätigkeit würde dieses Talent
verkümmern. Um sich selbst mit dieser Begabung noch mehr vertraut zu machen, empfahlen die Leiter Thomas L., so oft wie möglich mit anderen als Einzelpersonen oder auch

in Gruppen technische Fragestellungen zu erläutern und sich hinterher dazu von einigen vertrauten Personen Feedback einzuholen, wie diese Vermittlung bei ihnen ankam. Damit bezweckten die Leiter zweierlei: Einerseits war so sichergestellt, dass Thomas L. weiterübte. So wurde auch der dritte Faktor der *Leistungsformel* „Trainieren" wieder ins Spiel gebracht. Allerdings sollte Thomas L. dabei eine spezielle Fragestellung verfolgen und damit nicht in seinem Üben in die Breite gehen, sondern in die Tiefe trainieren. Er erhielt den Auftrag, den inneren Perspektivwechsel mit den Adressaten, für die er technische Themen aufbereitete, zu vollziehen und dabei besonders deren Bedarf und Nutzen im Auge zu behalten. Gerade Fachexperten lassen sich häufig im Überschwang und in der Begeisterung für ihre tiefen Fachkenntnisse von ihrem umfangreichen Wissen zu Detailaussagen und der Diskussion von für die Adressaten unnötigen und gar nicht nachvollziehbaren Inhalten verleiten und verlieren dadurch ihre Zuhörer. Diese machen häufig noch gute Miene zum bösen Spiel und sind erleichtert und froh, wenn sie die Hochdruckbetankung weitgehend schadlos überstanden haben. Denn der Bedarf und Nutzen der Zuhörer interessiert viele Fachleute nicht mehr. Thomas L. sollte aber genau dies im Blick behalten, und an dieser Fragestellung im Sinne von „Deliberate Practice" – also konzentriertem, zielgerichtetem und systematischem Training (siehe Kap. 11) – feilen: Wie gut habe ich den wirklichen Bedarf meiner Zuhörer erkannt und befriedigt? Welchen konkreten Nutzen haben sie sich erwartet, und inwiefern wurde dieser von mir auch wirklich erzielt? An welchen Punkten hätte ich noch sensibler für die Erwartungen meiner Zuhörer werden können? Und wie schaffe ich für mich selbst noch mehr Sicherheit im Umgang mit Nutzenerwartungen meiner Zuhörer? Wie erhebe ich diese, wie stelle ich mich kurzfristig nach einer mündlichen Klärung auf diese Wünsche meiner Gesprächspartner ein? Thomas L. erhielt den Auftrag, diese Fragen für sich zu notieren und in möglichst vielen realen und spontanen Kommunikationssituationen darauf einzugehen oder nach Abschluss der Kommunikation im Feedbackaustausch zu klären, inwieweit seine Zuhörer wirklich auf ihre Kosten kamen. Die Leiter empfahlen ihm, täglich zu trainieren und dabei diese Fragen vor Augen zu haben. Auf diesem Wege sollte Thomas L. durch bewusstes Üben und aktives Selbstmanagement zu einer immer größeren Selbstwirksamkeitsüberzeugung kommen und Sicherheit im Umgang mit diesem Talent entwickeln.

Nach der Teilnahme an diesem Talent-Center schaffte es Thomas L., sich für den nächsten Examenstermin anzumelden. Parallel dazu bewarb er sich bereits bei verschiedenen Unternehmen, unter anderem auch bei IT-Beratungsunternehmen, und unterschrieb nach seinem Examen ein Stellenangebot bei einem auf Finanzdienstleister spezialisierten IT-Beratungshaus als Junior Consultant, entwickelte sich aber aufgrund seines adäquaten Profils schnell zum Consultant. Sein Aufgabengebiet umfasste die Analyse von Unternehmen, die Etablierung von neuen IT-Prozessen inklusive eines hohen Anteils an Ausarbeitung von Präsentationen und die Durchführung von Fachtrainings. Er nahm diese Aufgaben mit viel Elan und Erfolg auf und konnte sich in dem Beratungsunternehmen gut etablieren.

Wirkung

Am Beispiel von Thomas L. wird sichtbar, welche Effekte ein Talent-Center haben kann:

- Zum einen erhält ein Teilnehmer durch die Bestätigung von Stärken, die die Peers und die Leiter ebenfalls sehen, eine hohe Sicherheit darin, was er wirklich gut kann, worauf er sich bei sich selbst verlassen kann.
- Zum anderen entdecken die Peer-Beobachter und die Leiter häufig bei einem Teilnehmer zusätzliche Fähigkeiten und Kompetenzen, die er zu Talenten ausbauen kann auf Feldern, die ihm selbst noch nicht vollkommen bewusst waren.
- Durch den fortgesetzten intensiven Feedbackaustausch wird eine Einsichtsfähigkeit bei den Teilnehmern unterstützt. Dabei spielt es auch eine große Rolle, dass die Peer-Kollegen das Feedback mitverfolgen können, um eine zusätzliche Perspektive beizusteuern. Diese kann in einigen Fällen für die Teilnehmer Entscheidendes beitragen zur Einsicht in neue Kompetenzen, da sie nahe am jeweils eigenen Erfahrungsbereich der Teilnehmer aufgebaut ist.
- Im Talent-Center beginnt meist schon nach der ersten Aufgabe eine Erprobung der neu entdeckten Talente. Damit können die Teilnehmer unmittelbar beginnen, Feedback umzusetzen, und sich auf neue Erfahrungen einlassen. Da es in der Talententwicklung meist auch darum geht, eine (neue) fachliche Heimat zu finden, unterstützt das Verfahren Teilnehmer dabei, sich ein möglichst adäquates berufliches Einsatzfeld zu suchen, um kontinuierlich an der eigenen Performance arbeiten zu können. Das Instrument kürzt also den Suchprozess junger Erwachsener ab, denen sich ja oftmals die Frage stellt, wo ihr Platz ist.

Einsatzbereiche

Das Talent-Center ist dazu geeignet, jungen Erwachsenen ihre besonderen Begabungen klar vor Augen zu führen. Davon können vor allem auch Unternehmen profitieren, die jungen Talenten eine fachliche Heimat bieten wollen.

Ein Talent-Center kann unter anderem hilfreiche Hinweise liefern, wenn Azubis vor der Entscheidung stehen, ob sie ein Studium an ihre Ausbildung anschließen sollen. Dabei kann sehr genau geklärt werden, welche Studienrichtung für welche Person passt. Oder das Verfahren kann dafür genutzt werden, um Schülern am Ende ihrer Schulzeit (oder auch sechs bis zwölf Monate früher) bei der Entscheidung behilflich zu sein, in welche Richtung es weitergehen sollte. Daneben kann das Instrument klären, welche guten Auszubildenden oder Absolventen eines Studiengangs über welche Entwicklungsunterstützung zu sehr guten Leistungsträgern im Unternehmen werden können. Und schließlich ist es ein ideales Instrument, um Nachwuchskräfte zu identifizieren, die in einen Talentpool in einem Unternehmen aufgenommen und intensiv in die Nachfolgeplanung einbezogen werden sollten.

▶ **Kommentierte Hinweise auf Tests und weitere interessante Links**

www.studienabbrecher.com/linkpartner.html: Die Seite liefert eine Vielzahl kommentierter Links zu allen möglichen Themen, die junge Studierende, vor allem in Krisensituationen, beschäftigen können.

www.azubiyo.de: Eine online-Plattform, die registrierte Arbeitgeber mit Interessenten an einer Ausbildung oder einem dualen Studienplatz in Kontakt bringt. Sie bietet einen Test an zu den beruflichen Stärken, der die Frage klärt: Welcher Beruf passt zu mir? Erfordert eine Registrierung.

berufenet.arbeitsagentur.de/berufe/index.jsp: Liefert systematische und gut aufbereitete Information über mehr als 3000 Berufe etc. Kostenlos!

www.wissen.de/wde/generator/wissen/ressorts/bildung/trainer/mehrheit/index, page=4474002.html: Anspruchsvoller Test zur Allgemeinbildung, der ständig überarbeitet und aktualisiert wird. Kostenlos!

www.studitipps.com/: Umfassende Tipps für Studenten-Neulinge: von Auslandsaufenthalten bis zu Stipendien und Grundsätzen des wissenschaftlichen Arbeitens.

www.studieren.de/: Bietet mit Thessa.de eine Suchmaschine an, um das richtige Studium je nach persönlichen Neigungen zu finden. Kostenlos!

www.geva-institut.de/beruf-karriere-tests.html?ref=248047&affmt=2&affmn=52: Bietet verschiedene Testverfahren je nach Schulabschluss an, u. a. auch einen Eignungstest zur Berufswahl als Talente-Check; dieser klärt die folgenden Fragen: Wo liegen meine beruflichen Interessen? Was motiviert mich, was macht mir Spaß? In was für einem Umfeld möchte ich gern arbeiten? Wo sehe ich selbst meine Stärken? Welche beruflichen Schlüsselqualifikationen könnte ich haben? Kostenpflichtig!

www.planz-studienberatung.de/: Kostenpflichtige und nach eigenen Angaben „individuelle" Studienberatung. Mit kostenlosem Hochschultypentest und Realitäts-Check. Enthält ebenfalls einen „Fachsimplertest", der eine erste Idee für eine Studienfachrichtung entwickelt. Alle drei Tests führen zu einer schnellen Auswertung, das Ergebnis geht an die eigene E-Mail-Adresse. Als schneller erster Zugang geeignet.

www.uni-saarland.de/erwartungschecks: Korrigiert falsche Erwartungen an ein Studium und liefert eine Vielzahl von zutreffenden Basisinformationen zu den einzelnen Studiengängen. Hier kann man beispielsweise klären: Welche Fähigkeiten sind für ein Zahnmedizinstudium Voraussetzung? Etc. Kostenlos!

Literatur

Berger, P. (2005): Was macht am Lehrerberuf krank? Vortrag am Zentrum für Lehrerfortbildung Universität Kassel, 19.12. 2005. http://ww.tresselt.de/burnout.htm

Heublein, U./Schmelzer, R./Sommer, D. (2008): Die Entwicklung des Studienabbruchs an den deutschen Hochschulen. Ergebnisse einer Berechnung des Studienabbruchs auf der Basis des Absolventenjahrgangs 2006, HIS Projektbericht, Hannover: Hochschul-Informations-System GmbH. http://www.his.de/pdf/21/his-projektbericht-studienabbruch.pdf

Krug, J. S./Kuhl, U. (2006): Macht, Leistung, Freundschaft. Motive als Erfolgsfaktoren in Wirtschaft, Politik und Spitzensport, Stuttgart: Kohlhammer.

Exkurs: Begabungsförderung bei Schülern und das Beispiel *Deutsche SchülerAkademie* 4

Tabea Kretschmann

Wer einem Stern folgt, kehrt nicht um.
 Leonardo da Vinci

Zusammenfassung

Weit überdurchschnittlich begabte Menschen haben häufig ganz besondere Bedürfnisse, um ihren Neigungen nachzugehen und dabei ihre Talente und auch ihre eigene Persönlichkeit gut ausbilden zu können. Nachdem lange Zeit die musische und sportliche Hochbegabtenförderung im Vordergrund stand, wurde in den vergangenen Jahren die Förderung auch intellektuell besonders begabter Kinder und Jugendlicher in Deutschland massiv ausgebaut. In diesem Beitrag wird ein Überblick über aktuelle Ansätze der Schülerbegabtenförderung in Deutschland gegeben. Ein besonderer Fokus liegt auf der *Deutschen SchülerAkademie*, für die Dr. Tabea Kretschmann seit vielen Jahren als Kurs- und Akademieleiterin tätig ist. In einem Ausblick wird gefragt, wie auch besonders begabte Mitarbeiter in Unternehmen gefördert werden können.

Als der Film *Billy Elliot – I Will Dance* von Stephen Daldry im Jahr 2000 in die Kinos kam, wurde er zu einem unerwarteten Kassenschlager, bei Festivals wurde der Film mit mehr als 50 renommierten Preisen ausgezeichnet. Als Unterhaltungsfilm mit stark emotionaler Wirkung scheint insbesondere die Geschichte des Films ein enormes Identifikationspotenzial beim Publikum auszulösen: Im Film wird die Geschichte eines Jungen erzählt, der als Halbwaise in einer weitgehend mittellosen Bergarbeiterfamilie im Norden Englands aufwächst und zufällig seine Begabung für den Balletttanz entdeckt. Während um ihn herum familiäre Probleme den Alltag prägen und die Bergarbeiterstreiks der Jahre 1984/85 toben, wird Billy zunächst heimlich von der örtlichen Tanzlehrerin gefördert. Als

Dr. Tabea Kretschmann ✉
PWS Wollsching-Strobel Managementberatung GmbH, Fritz-Boehle-Straße 3, 60598 Frankfurt am Main, Deutschland
e-mail: info@wollsching-strobel.de

P. Wollsching-Strobel und B. Prinz (Hrsg.), *Talentmanagement mit System*,
DOI 10.1007/978-3-8349-3780-3_4,
© Springer Fachmedien Wiesbaden 2012

sein Vater und der ältere Bruder Billys Geheimnis entdecken, hat Billy gegen deren vehementen Widerstand zu kämpfen. Seine Neigung zum Ballett steht deren Vorstellung von „starker Männlichkeit", zu der Sportarten wie Boxen oder Fußball, der Stolz auf die körperliche Schwerstarbeit als Minenarbeiter und das Verbergen sanfter Emotionen gehören, diametral entgegen. Unterstützt von der Tanzlehrerin kann Billy jedoch die Familie von seinem Talent überzeugen. Er darf an einer Aufnahmeprüfung der renommierten Londoner *Royal Ballet School* teilnehmen, an der er schließlich aufgenommen und zum Tänzer ausgebildet wird.

Am Beispiel des Jungen Billy Elliot, der seinen ganz eigenen, ungewöhnlichen Weg geht, scheint der Film dem Publikum zuzurufen: Folge Deinen Neigungen und lebe Deinen Traum! – Ein Aufruf, den das Publikum begeistert aufnahm.

So wie Billy Elliot bedürfen auch andere besonders begabte Kinder und Jugendliche spezieller Aufmerksamkeit und Förderung, um ihre Talente und damit ihre Persönlichkeit und ihr Leistungspotenzial ideal entwickeln zu können. Welche Möglichkeiten es dafür gibt, zeigt der folgende Beitrag mit einem Überblick über die bestehenden Fördermaßnahmen speziell für intellektuell hochbegabte Kinder und Jugendliche in Deutschland. Am Beispiel der *Deutschen SchülerAkademie* wird zudem veranschaulicht, wie eine konkrete Fördermaßnahme für hochbegabte Schüler in Deutschland funktioniert. Vor diesem Hintergrund können auch erste Ideen für den Umgang mit hochbegabten Mitarbeitern in Unternehmen abgeleitet werden, deren Situation bisher noch kaum reflektiert und wissenschaftlich untersucht ist.

Schülerbegabtenförderung in Deutschland

Seit den 1980er-Jahren erlebt die Begabtenförderung in Deutschland einen kontinuierlichen Aufschwung.[1] Insbesondere die Förderung intellektuell begabter Schüler wurde und wird bis heute fortlaufend ausgebaut.[2] In seiner Studie *Hochbegabte und hochleistende Jugendliche* weist Detlef Rost jedoch darauf hin, dass Förderangebote für sportlich, musisch und künstlerisch hochbegabte Schüler nach wie vor gesellschaftlich deutlich mehr akzeptiert würden als solche für intellektuell hochbegabte.

Die Ausweitung der Förderangebote für intellektuell begabte Schüler ist nicht unumstritten. Einige der Fragen, die in diesem Zusammenhang durchaus heftig diskutiert werden, sind unter anderem: Woran lässt sich eine vermutete „(Hoch-)Begabung" überhaupt festmachen? Wie sehr hängen überdurchschnittliche Leistungen – zum Beispiel Schulnoten – und überdurchschnittliche Begabung zusammen? Inwieweit bedingen genetische und soziale Faktoren besondere Begabungen und/oder Leistungen bei Schülern? Müssen besonders begabte Schüler wirklich gesondert gefördert werden – oder sollte nicht

---

[1] Dass das Thema „boomt", belegt unter anderem die Fülle an Ratgeberliteratur für ein breites Publikum: Brackmann (2007); Stapf (2010); Webb et al. (2006); vom Scheidt (2005); Wais (2008) und viele mehr.
[2] Vgl. Rost (2009, S. 490).

idealerweise *jeder* gemäß seiner individuellen Bedürfnisse ausgebildet und unterstützt werden? Welche Formen der Begabtenförderung sind gegebenenfalls geeignet? Wenn (Hoch-)Begabung auch eine hohe Korrelation zu einer intensiven, frühen Förderung im sozialen Umfeld aufweist, bewirkt Begabtenförderung dann nicht automatisch eine fortgesetzte Elitenbildung, bei der bildungsnahe, finanziell in der Regel gut situierte soziale Positionen von einer Generation zur nächsten weitergegeben werden? Etc.

Hintergrund für die Intensivierung der Förderung ist die Beobachtung, dass intellektuell besonders begabte Kinder und Jugendliche oftmals andere Formen der Ausbildung und Unterstützung benötigen, als sie im herkömmlichen Schulalltag geboten werden. Problemfelder, mit denen Hochbegabte typischerweise konfrontiert sind und die durch entsprechende Maßnahmen angegangen werden, sind unter anderem:

- Unterforderung im Schulunterricht hinsichtlich Lerngeschwindigkeit und intellektuellem Anspruch der gestellten Aufgaben;
- Unverständnis der Lehrkräfte bei kreativen, unkonventionellen Lösungsansätzen von Hochbegabten im Unterricht;
- überzogener Leistungsanspruch und Perfektionismus Hochbegabter gegenüber sich selbst;
- überdurchschnittliche Leistungen in den Neigungsgebieten, mittelmäßige oder gar unterdurchschnittliche Leistungen in anderen Gebieten oder bei Routineaufgaben;
- sozialer Rückzug von Peers, da diese mit der Kommunikations- und Denkgeschwindigkeit Hochbegabter nicht mithalten können oder andere Interessen haben;
- deutlich asynchrone Entwicklung zwischen frühzeitiger intellektueller Reife und normaler emotionaler Entwicklung;
- Nichterlernen von Lernstrategien, die im weiteren Leben (unter anderem an der Universität) nötig sind, da Hochbegabten in der Schule vieles „zufliegt";
- Konfrontation mit Vorurteilen gegenüber Hochbegabten oder Diskriminierung von Kameraden als „Streber", „Nerd" oder Ähnliches;
- Entscheidungsschwierigkeiten durch Mehrfachbegabungen beispielsweise bei der Studienwahl und anderes mehr.

Die Frage, woran man eine Hochbegabung bei Kindern und Jugendlichen festmachen kann, ist nicht einheitlich geklärt. Erwiesen ist zunächst, dass „Hochbegabung einerseits keine notwendige Voraussetzung für schulische Bestleistung ist und dass andererseits die meisten Hochbegabten nicht zu den absoluten schulischen Spitzenleistern zählen"[3]. Das heißt, dass die „Einser-Kandidaten" in Schulen sicherlich hochleistend sind – hochbegabt sind sie deswegen aber nicht unbedingt. Die Diagnose einer Hochbegabung bei Kindern und Jugendlichen läuft daher meist über andere Indikatoren als über Schulnoten.

Auf der einen Seite werden etwa diverse Persönlichkeits- und Verhaltensmerkmale als Indizien für eine Hochbegabung angesehen. Dies sind neben Auffälligkeiten in Bezug auf

---

[3] Vgl. Brand (2001, S. 11). Diese Marburger Studie ist eine von wenigen Langzeitstudien zur Erforschung der Lebenswege Hochbegabter.

Lernen und Denken (unter anderem hohes Detailwissen; sehr gutes Verständnis von Zusammenhängen; ungewöhnlich ausgeprägter Wortschatz; frühes Interesse an Büchern, die weit über dem Altersniveau liegen; bevorzugt selbstständige Arbeit und hohe Ziele) und in Bezug auf Arbeitsverhalten und Interessen (unter anderem starke Vertiefung in bestimmte Probleme; perfektionistische Ansprüche; Langeweile bis hin zu Arbeitsverweigerung bei Routineaufgaben), überdurchschnittliche Leistungen (unter anderem besonders gute Noten; überdurchschnittliche Ergebnisse bei Wettbewerben) und soziale Auffälligkeiten (unter anderen sehr kritische Selbsteinschätzung; Wahl deutlich älterer Freunde; sehr individualistisches Verhalten; Tendenz, Situationen alleine bestimmen zu wollen; kritisches Hinterfragen von Autoritäten; intellektuell sehr weit entwickelt, emotional aber auf alterstypischem Niveau; Stören anderer Kinder, um Aufmerksamkeit zu erlangen und Unterforderung zu kompensieren; Außenseiterposition bei den Peers, da sich das Kind unverstanden fühlt; Rolle als „Streber" oder „Besserwisser").[4] Obwohl eine Kombination solcher Indizien die Vermutung einer Hochbegabung nahe legen kann, genügen derartige Merkmale – die sich in diversen Ratgebern als Checklisten wiederfinden – als Grundlage für eine auch nur annähernd verlässliche Diagnose nicht. Ein Zusammenhang von Hochbegabung und psychisch-sozialen Problemen, was sich als stereotypes Vorurteil hartnäckig hält, ist wissenschaftlich nicht erwiesen; im Gegenteil scheint die Mehrheit der Hochbegabten auch emotional überdurchschnittlich reif und psychisch stabil zu sein.[5]

Abhängig vom Anlass – etwa einer auffällig unterdurchschnittlichen schulischen Leistung, die in eklatantem Widerspruch zum Leistungspotenzial oder früher gezeigten Leistungen steht – können Eltern oder Lehrer eine professionelle Diagnose über die Begabung eines Kindes einholen. Eine solche stützt sich neben strukturierten Interviews vor allem auf speziell für Kinder und Jugendliche entwickelte Testverfahren.[6] Die Diagnosen werden von gut geschultem Personal beispielsweise in Beratungsstellen durchgeführt, die auf das Thema Hochbegabung spezialisiert sind. Bei den Testverfahren wird unter anderem als „hochbegabt" eingestuft, wer in einem standardisierten Intelligenztest mindestens zwei Standardabweichungen über dem Mittelwert aller Getesteten liegt, das heißt, wer insgesamt zu den oberen zwei Prozent zählt. Die Ergebnisse können als Grundlage für weitere pädagogische Schritte dienen.

Grundsätzlich lässt sich festhalten, dass trotz aller Bemühungen um eine Förderung hochbegabter Kinder bislang in deutschen Schulen keine systematische Identifikation von Hochbegabten stattfindet. Lehrer sind für die Thematik meist nur wenig sensibilisiert und in den wenigsten Fällen für die Identifikation besonders begabter Schüler geschult. Die

---

[4] Diese Aufstellung findet sich bei Wikipedia unter dem Eintrag „Hochbegabung"; vgl. www.wikipedia.de. Weitere grundlegende Informationen zum Thema Hochbegabung unter anderem. bei: www.bildungsserver.de/zeigen.html?seite=818; www.bmbf.de/pub/begabte_kinder_finden_und_foerdern.pdf.

[5] Vgl. Rost (2009, S. 204).

[6] Intelligenztests für Kinder und Jugendliche sind zum Beispiel Hamburg-Wechsler-Intelligenztest für Kinder (HAWIK-IV); Adaptives Intelligenz Diagnostikum (AID2); Kaufman-Assessment-Battery-for-Children (K-ABC).

Aufnahme in ein Förderungsprogramm hängt daher meist von vielen Zufällen und dem Glück einer aufmerksamen Umgebung ab.

Gerade weil die niedrige Zahl besonders Begabter einem großen statistischen „Bauch" an „Normalbegabten" gegenübersteht, ergibt sich die Notwendigkeit zu einer speziellen Förderung, die ganz andere Anforderungen an die Lerngeschwindigkeit und Lerninhalte für diese Kinder und Jugendlichen berücksichtigt.

Als die beiden wichtigsten pädagogisch-didaktischen Ansätze bei der Schülerbegabtenförderung haben sich dabei die „Akzeleration" und das „Enrichment" herausgebildet. Mit Akzeleration ist eine Beschleunigung des Lernprozesses gemeint, wie sie u. a. durch eine im Vergleich zum sonstigen Standard frühere Einschulung oder durch das Überspringen von Klassen praktiziert wird. Unter Enrichment hingegen ist zu verstehen, dass der „normale" Unterrichtsstoff um weitere Einheiten ergänzt oder vertieft wird, ohne dass damit automatisch ein schnelleres Durchlaufen der Schule verbunden wäre. Dies geschieht unter anderem in „Pluskursen" für ausgewählte Schüler, beispielsweise zum Thema Astrophysik, oder durch den Besuch zweisprachiger Schulen.

In den vergangenen Jahren wurden ganz unterschiedliche institutionelle Angebote für intellektuell begabte Kinder und Jugendliche ins Leben gerufen oder erweitert. So existieren inzwischen Internatsschulen speziell für Hochbegabte (unter anderem: Landesgymnasium für Hochbegabte in Schwäbisch Gmünd/Baden-Württemberg seit 2004/05; Internatsschule Schloss Hansenberg/Hessen seit 2003; Sächsisches Landesgymnasium Sankt Afra zu Meißen/Sachsen seit 2001; CJD Christopherusschule Braunschweig seit 1999 mit speziellen Zügen für Hochbegabte.). Es gibt zahlreiche Schulen mit fachspezifischer Hochbegabtenförderung (unter anderem Salzmannschule Schnepfenthal mit sprachlichem Schwerpunkt; Carl-Zeiss-Gymnasium Jena oder Johannes-Kepler-Gymnasium Chemnitz mit mathematisch-naturwissenschaftlichem Schwerpunkt). Einzelne Schulen bieten gesonderte Klassenzüge oder Sonderkurse für begabte Schüler an. Sehr häufig finden Kooperationen mit Universitäten statt, bei denen Schüler frühzeitig Seminare an Hochschulen besuchen und teilweise auch schon studienrelevante Prüfungen ablegen können (unter anderem „Schüler an die Uni", Universität Koblenz-Landau; „Kurse für mathematisch begabte Schüler" an der Universität Ulm; „Schnupperstudium für hochbegabte Schüler", Universitäten Würzburg und München; „Juniorstudium" an der Universität Jena). Und es finden fachspezifische und allgemeinere Sommercamps als spezielles Förderangebot statt (unter anderem „Physiksommer" an der TU Ilmenau; „Göttinger Mathecamp" an der Georg-August-Universität Göttingen; „Mathe Spezialistencamp" der Leipziger Schülergesellschaft für Mathematik).

Darüber hinaus wurden jüngst auch Förderprogramme für begabte Kinder und Jugendliche aus eher bildungsfernen Familien eingerichtet. Diese tragen auch dem Umstand Rechnung, dass in Deutschland Leistungsexzellenz nach wie vor häufig an einen hohen Sozialstatus der Herkunftsfamilie gebunden ist.[7] Die START-Stiftung mit Sitz in Frank-

---

[7] Auf die Korrelation von Bildung, Leistung, Karriere und sozialem Hintergrund wurde in verschiedenen Studien hingewiesen (vgl. u. a. Hartmann 2002).

furt am Main will laut Eigendarstellung auf der Homepage „[...] engagierten Jugendlichen mit Migrationshintergrund verstärkt die Möglichkeit zu einer höheren Schulbildung und damit bessere Chancen für eine gelungene Integration und zur Teilhabe an der Gesellschaft bieten. START will Zuwandererkarrieren den Weg bereiten und junge Menschen bei ihrer Entwicklung begleiten – als Ansporn zur Integration, als ‚Investition in Köpfe' und als Beitrag zur Toleranz unter jungen Menschen in Deutschland". Auf diese Zielsetzung ist das Förderungsprogramm abgestimmt.[8] Schüler aus bildungsfernen Elternhäusern werden auch durch die 2009 gegründete Roland Berger-Stiftung gefördert. Das Förderkonzept beruht auf zwölf Bausteinen: Einzelunterricht, Persönlichkeitstraining, persönliche Betreuung, themenspezifische Seminare, Ferienakademien, Praktika, Elterntraining, Kreativitätsschulung, Schulung praktischer und technischer Kompetenzen, Seminare zu Etikette und Umgangsformen, altersgruppen-spezifische Netzwerkarbeit und finanzielle Unterstützung.[9] Und der 2007 gegründete *Studienkompass* fördert Jugendliche, die als erste aus ihrer Familie den Schritt an die Hochschule wagen. Im Jahr 2011 sind 1400 Schüler an der Initiative beteiligt, mit der explizit auch dem drohenden Fachkräftemangel in Deutschland entgegengewirkt werden soll. Die Schüler besuchen während der letzten drei Schuljahre vor dem Abitur diverse Workshops und Seminare und werden von Vertrauenspersonen begleitet, wodurch ihnen der Einstieg an der Universität erleichtert werden soll.[10]

Die Deutsche SchülerAkademie

Eine etablierte Maßnahme zur Förderung intellektuell begabter Schüler stellt die *Deutsche SchülerAkademie* dar:[11] Die *Deutsche SchülerAkademie* ist eine Einrichtung der Stiftung Bildung und Begabung in Bonn. Die Stiftung leitet in Bonn ein Zentrum für die Begabungsförderung in Deutschland. Neben den nationalen Fremdsprachen- und Mathematik-Wettbewerben veranstaltet die Stiftung Bildung und Begabung jedes Jahr mehrwöchige Sommerakademien zur Förderung besonders begabter und vielfältig interessierter deutscher Oberstufenschüler. Die Akademien sind Bestandteil der Begabtenförderungsprogramme des Bundes und der Länder. Sie werden zu einem erheblichen Teil vom Bundesministerium für Bildung und Forschung und vom Stifterverband für die Deutsche Wissenschaft finanziert und stehen unter der Schirmherrschaft des Bundespräsidenten.

Die *Deutsche SchülerAkademie* wurde 1988 gegründet. Ausgehend von damals einer einzigen Akademie ist das Programm angewachsen auf sieben reguläre Akademien für deutsche Oberstufenschüler der vorletzten beiden Abschlussklassen vor dem Abitur. Zu-

---

[8] Näheres unter: www.start-stiftung.de.

[9] Näheres unter: www.rolandbergerstiftung.org.

[10] Näheres unter: www.studienkompass.de; gegründet von der Accenture-Stiftung, der Deutsche Bank-Stiftung und der Stiftung der Deutschen Wirtschaft.

[11] Die Autorin des Beitrags ist selbst seit 2001 als Kurs- und Akademieleiterin für die *Deutsche SchülerAkademie* tätig und leitete unter anderem 2011 die Akademie Grovesmühle.

sätzlich gibt es seit einigen Jahren von der Konzeption her ähnliche, zeitlich aber etwas kürzere „*JGW-SchülerAkademien*", die vom Verband ehemaliger Teilnehmer der *Deutschen SchülerAkademie* ausgerichtet werden (*Verein Jugendbildung in Gesellschaft und Wissenschaft e. V.*); zudem zwei *Multinationale SchülerAkademien* mit Teilnehmern aus Deutschland und osteuropäischen Nachbarländern; *Deutsche JuniorAkademien* für Schüler der Sekundarstufe I sowie eine „Schulformübergreifende Akademie" in Berlin und Brandenburg.

Die von der *Deutschen SchülerAkademie* angesprochene Zielgruppe sind laut Ausschreibung „Schülerinnen und Schüler mit einer weit überdurchschnittlichen und breiten intellektuellen Befähigung sowie weitreichenden Interessen verbunden mit einer schnellen Auffassungsgabe. Erforderlich sind auch eine hohe Leistungs- und Anstrengungsbereitschaft sowie Motivation". Die überdurchschnittliche Befähigung und Motivation werden durch die erfolgreiche, das heißt in der Regel mit einem Preis ausgezeichnete, Teilnahme an einem Schülerwettbewerb wie dem Bundeswettbewerb Mathematik, der Internationalen Mathematik-Olympiade, Jugend forscht, dem Bundeswettbewerb Fremdsprachen, dem Geschichtswettbewerb des Bundespräsidenten etc. festgestellt. Oder sie werden durch die mit einem Gutachten versehene Empfehlung einer Schule – einem Gymnasium, einer Gesamtschule oder einer Waldorfschule – belegt. In seltenen Fällen sind auch Selbstbewerbungen möglich.

Die Ausschreibung für die Empfehlung der Schüler ist vonseiten der Stiftung Bildung und Begabung in Bonn bewusst etwas „weiter" gefasst und nicht ausschließlich an erbrachte Leistungserweise wie Spitzennoten oder Wettbewerbssiege gebunden. Damit soll die Teilnahme auch solchen Schülern ermöglicht werden, die von den Vorschlagenden als besonders begabt, motiviert, interessiert und leistungsbereit angesehen werden und das (bisher) nicht in Spitzenleistungen gezeigt haben. Die Vorschläge der Bewerber werden mit Ausnahme der Selbstbewerbungen von der Stiftung Bildung und Begabung nicht zusätzlich hinsichtlich eines Zutreffens der „Begabungsdiagnose" überprüft (eine Aufgabe, die unter anderem mit den vorhandenen Ressourcen logistisch kaum zu bewältigen wäre). Die Aufnahmequote, die sich allein an formalen Kriterien orientiert (Verteilung der Herkunft aus verschiedenen Ländern; Berücksichtigung verschiedener Schulen; Geschlechterverteilung in den Kursen etc.), liegt momentan bei etwa 62 %. Obwohl ein Großteil der Kosten von öffentlichen und privaten Sponsoren übernommen wird, gibt es eine finanzielle Selbstbeteiligung, die je nach elterlichem Einkommen Null bis maximal 550 Euro beträgt.

Die Frage nach der Einschätzung von Begabung und dem daraus resultierenden Teilnahmevorschlag hat für die *Deutsche SchülerAkademie* dennoch eine hohe und durchaus kritische Relevanz. So hat eine Studie belegt, dass der Anteil der Teilnehmer aus bildungsnahen, in der Regel finanziell gut gestellten Elternhäusern deutlich über dem mit einem bildungsferneren und sozial schwächeren Hintergrund liegt; der Anteil an Teilnehmern mit Migrationshintergrund ist gering. Diese Tatsache ist der Stiftung Bildung und Begabung bekannt, sie wird dort auch immer wieder selbstkritisch diskutiert, und es werden Vorschläge erarbeitet, die dem – unter anderem durch Änderungen im Anschreiben an die Schulen, durch die Zusammenarbeit mit der Roland Berger- oder der START-Stiftung für Kinder aus sozial schwachen Familien beziehungsweise solchen mit Migrationshintergrund – entgegenwirken sollen.

Wie aber sieht das Förderprinzip der *Deutschen SchülerAkademie* konkret aus? Jede der sieben *Deutschen SchülerAkademien* dauert 17 Tage. Pro Akademie werden sechs Kurse aus ganz unterschiedlichen Fachrichtungen, häufig auch mit interdisziplinärer Themenstellung, angeboten, unter anderem aus dem naturwissenschaftlichen, technischen, geisteswissenschaftlichen und musisch-künstlerischen Bereich. Die sechs Kurse der Akademie Grovesmühle 2011 beschäftigten sich beispielsweise mit den Themen „Zahlen"; „Mission SYN-possible Projekt: Auslegung einer Synthesegas-Anlage"; „Experimentelle Ökologie: Was Mikroskope und Gummistiefel miteinander zu tun haben"; „Strafe muss sein. Sanktionen in ihren rechtlichen und philosophischen Begründungen"; „Andere Länder, andere Moral? Zur Debatte um moralischen Universalismus und kulturelle Normen"; „Positiv dagegen. Das deutsche Kabarett seit 1945". Die Kurse werden von zwei Kursleitern, in der Regel von jungen, engagierten Wissenschaftlern und Fachspezialisten aus der Praxis, gehalten, die über ein hohes Maß an aktuellem Fachwissen verfügen. Die Kurse bestehen aus maximal 16 Teilnehmern, sodass eine intensive Arbeit mit einer überschaubaren Gruppe, wechselnden Arbeitsformen und individueller Betreuung möglich ist. Da die Schüler nur einen Kurs besuchen, für den vormittags drei und nachmittags zwei Stunden Kursarbeit (insgesamt etwa 50 Stunden) vorgesehen sind, kann ohne den an Schulen üblichen hektischen Wechsel im 45-Minuten-Takt kontinuierlich am Thema gearbeitet werden.

In den Kursen, die auf dem Niveau von ersten Universitätsseminaren liegen, können die Schüler – gemäß dem Konzept des Enrichment – ihr Wissen in bereits bestehenden Interessens- und Neigungsgebieten vertiefen oder für sie völlig neue Themen- und Wissensgebiete erschließen. Die Arbeitsgeschwindigkeit liegt in den Kursen deutlich höher als im normalen Schulbetrieb, was der überdurchschnittlichen Motivation, Auffassungsgabe und Leistungsbereitschaft der Schüler entgegenkommt; ihnen wird die Möglichkeit geboten, ihre intellektuelle Leistungsfähigkeit auszutesten und auszureizen. Sie lernen neue Arbeitsmethoden und insbesondere auch die Standards wissenschaftlichen Arbeitens kennen, was ihnen den Einstieg an der Universität erleichtern dürfte. In den Kursen können die Schüler auch hilfreiche Ideen und Anregungen für die spätere Studien- und Berufswahl sammeln – sowohl positiv (das kannte ich ja noch gar nicht, das ist interessant!) als auch negativ (das ist, bei genauerer Betrachtung, nicht mein Fall; meine Interessen und Neigungen liegen vielleicht doch woanders?!?). Durch die Zusammenarbeit mit anderen leistungsfähigen und leistungsstarken Schülern können die Teilnehmer, die oft die Leistungsspitze in ihren Klassen darstellen, ihre eigene Leistungsfähigkeit im Vergleich mit anderen neu verorten, eine oftmals hilfreiche Erfahrung, die auch die Selbsteinschätzung hinsichtlich der eigenen Begabung relativieren kann. Die Kursleiter werden als Vorbilder für den eigenen weiteren Karriereweg erfahren. Und die Teilnehmer erleben die Lust an der intensiven Facharbeit im Kreis anderer hoch motivierter Teilnehmer. Im Kontakt mit anderen „Gleichgesinnten" reflektieren sie mitunter Ausgrenzungsmechanismen, die sie als Leistungsträger in ihren Heimatklassen unter Umständen erleben, auch weil sie sich in den wiederum heterogenen Kursen gegebenenfalls in einer neuen Rolle wiederfinden. *Per se* bereiten die Kurse auf keine spezifischen Prüfungen an Schule oder Universität vor, sodass die Interessenorientierung der Schüler im Vordergrund steht. In den Kursen wird den Teilnehmern in der Regel viel Raum für eigenständiges Arbeiten gegeben; sie können so neue Techniken der selbständigen Arbeit erproben und einüben, die sowohl für die weitere private Vertiefung als auch später an der Universität wichtig wird. Und sie können – im Gegensatz zum lehrplanfixierten Schulunterricht – die Inhalte der Kurse gegebenenfalls auch mit steuern. Grundsätzlich können die Teilnehmer, anders als im „notenfixierten" Schulbetrieb, in den Kursen Verschiedenes ausprobieren, ohne dass dies bei einem Misserfolg sofort negative Konsequenzen zur Folge hätte. Vielmehr stehen bei allem die helfende Beratung und ein konstruktives Feedback seitens der Kursleiter, später auch der anderen Teilnehmer im Vordergrund.

Zwei für den Fördergedanken der *SchülerAkademie* wichtige Instrumente in der Kursarbeit sind zudem die Dokumentation und die Rotation: Bei der Rotation übernehmen die Teilnehmer an einem Kurstag die Rolle der Kursleiter und präsentieren in Kleingruppen den Teilnehmern anderer Kurse ihre bis dahin behandelten Inhalte. Die Rotation dient einerseits dazu, den Stoff noch einmal eigenständig zu durchdenken und zu strukturieren, sodass er sich verfestigt; andererseits werden Präsentationstechniken gezielt verbessert. Für die Dokumentation werden bei Akademieende die wesentlichen Ergebnisse der Kursarbeit verschriftlicht – ein Prozess, der überraschenderweise den meisten Schülern im Vergleich zu ihrer häufig überdurchschnittlichen mündlichen Ausdrucksfähigkeit erhebliche Probleme bereitet. Auch hierbei wird der Stoff noch einmal gründlich durchdacht; die schriftliche Ausdrucksfähigkeit wird durch mehrmalige Korrekturdurchgänge trainiert.

Flankiert wird die Kursarbeit von bunt gemischten kursübergreifenden Angeboten. Von Kursleitern und Teilnehmern gleichermaßen werden, vor dem Frühstück, in der Mittagspause, nachmittags oder abends bis spät, verschiedenste regelmäßige oder einzelne zusätzliche Programmpunkte angeboten: Sport von Frühjoggen über Beachvolleyball bei Sonnenaufgang, Tischtennis, Handball und Basketball bis hin zu Mitternachtsfußball; Musik für Chor, Orchester, Kammermusik, Band und kleinere Musikensembles, die von einem/r professionellen Musiker/in angeleitet und deren Ergebnisse am Ende der Akademie in einem öffentlichen Konzert vorgestellt werden; Lesekreise, Debattierrunden, Filmabende, Vorträge von beziehungsweise Diskussionen mit Kursleitern oder renommierten externen Referenten, Improvisationstheater, Slam Poetry, Sprachkurse, einen eigenen Film drehen etc. Als wichtige Orientierungshilfe für die Schüler veranstaltet das Team einen Studienberatungsabend. Und auch sonst stehen die Kurs- und Akademieleiter insbesondere für Rückmeldungen und Gespräche hinsichtlich eigener Zukunftsperspektiven und Studienbeziehungsweise Berufswünsche beratend zur Verfügung.

In einer grundsätzlichen Atmosphäre des Vertrauens, bei der die Schüler im Gegensatz zum Schulbetrieb erst einmal fast alles „dürfen" – es gibt keine festen Zubettgehen-Zeiten; was immer sie zur Realisierung eigener Ideen benötigen, wird ihnen nach Möglichkeit zur Verfügung gestellt; zwischen Teilnehmern und Kurs- beziehungsweise Akademieleitern gibt es keine starren Hierarchien, was sich unter anderem im durchgängigen Gebrauch des „Du" spiegelt, können die Teilnehmer vieles unkompliziert ausprobieren. Sie werden explizit dazu aufgefordert, in vielerlei Hinsicht selbst Initiative und Verantwortung zu übernehmen, sich als größere und kleinere Gruppen eigenständig zu organisieren. Sie trainieren aber auch ihr Selbstmanagement, wenn sie in eigener Verantwortung manche Belastungsgrenzen ausreizen: Wie viel Schlaf brauche ich wirklich? Wie viel inhaltlichen Input möchte ich? Wo liegt meine Balance zwischen Zusammensein mit anderen und Ruhepausen allein? Wann benötige ich wie viel Bewegung als Ausgleich zu den „Sitzphasen" im Kurs? Welches der vielen parallel angebotenen Programme interessiert mich mehr, wofür entscheide ich mich, wie strukturiere ich meinen Tag? Bei welchem Angebot gehe ich freiwillig eine regelmäßige Verpflichtung ein? Was mache ich mit den vielen neuen Eindrücken? Etc. Neben Spaß und neuen Anregungen bietet die Zeit neben der Kursarbeit somit vor allem auch einen Rahmen, in dem soziale Interaktion und soziales Lernen eine große Rolle spielen.

Insgesamt dient die Akademie also dazu, fachlich, methodisch und sozial neue Anreize, Anregungen und Orientierung zu geben. Die Persönlichkeitsentwicklung der besonders begabten Schüler, die im Vergleich zu anderen Altersgenossen ganz eigene intellektuelle Bedürfnisse haben, kann ebenso positiv beeinflusst werden wie ihre Entscheidungsgrundlage für die Studien- und Berufswahl. Da die Schüler eine Gruppe darstellen, deren generelle Begabung zwar in verschiedener Hinsicht augenfällig wurde, bei der die verschiedenen Talente aber oft nur ansatzweise erkannt wurden, bietet die SchülerAkademie bewusst eine Mischung aus fachspezifischer Arbeit und einem bunt gestalteten, weitgehend offenen Raum, in dem viele Anregungen und Rückmeldungen gegeben werden, um eigene Neigungen zu finden. In diesem Sinne setzt die Schülerakademie auf ein Konzept der Begabtenförderung, bei dem sich Spezialisierung und Ganzheitlichkeit, Außensteuerung und Selbstmanagement die Waage halten, sodass jeder Teilnehmer eigenverantwortlich das für ihn besonders Relevante in den Vordergrund rücken kann.

In einer Studie wurde anhand zweier Leitfragen die Langzeitwirkung der *Deutschen SchülerAkademie* untersucht:[12] Trägt das Förderungskonzept der *Deutschen SchülerAkademie*? Und was bewirkt die Teilnahme an der Deutschen *SchülerAkademie* langfristig?

Für die Studie wurden 800 Personen, davon 594 ehemalige Teilnehmer und 196 vorgeschlagene, ebenso geeignete, jedoch nicht angenommene Teilnehmer befragt. Die Studie fand ca. zehn Jahre nach der entsprechenden Akademie statt.

Die wichtigsten Ergebnisse der Studie waren:

Die Deutsche SchülerAkademie

- hatte für jeden fünften ehemaligen Teilnehmer einen positiven Einfluss auf den eigenen Werdegang;
- stellte für jeden Zehnten einen Höhepunkt des eigenen Lebens dar;
- war für jeden Zwölften sogar ein einzigartiges Erlebnis, das einen existenziellen Wendepunkt im Leben bewirkte;
- hatte für keinen Teilnehmer bleibende negative Auswirkungen.

---

[12] Vgl. Hany und Grosch 2009.

Die wesentlichen Punkte, für die eine langfristig positive Nachwirkung vermerkt wurde, waren

- eine wichtige Veränderung der Selbst- und Weltsicht;
- eine Veränderung des Selbstkonzepts und eine Anerkennung der eigenen Begabung;
- eine Förderung des Selbstbewusstseins;
- eine Konkretisierung von Lebenszielen;
- eine Verstärkung der Leistungsmotivation und der Selbstwirksamkeit (bei 50 %);
- das Entdecken neuer Interessen (zwei Drittel der Befragten gaben an, dass sie die eigenen Interessen nach der Akademie besser kannten);
- dass bei 50 % nach zehn Jahren noch Freundschaften aus der Akademie bestanden.

Beruhigend bei diesen Erkenntnissen war auch, dass Nichtgeförderte offenbar während des Studiums die positiven Effekte, die durch die Akademieteilnahme entstehen, auf anderen Wegen kompensieren können.

Als Fazit konstatieren die Autoren der Studie: „Dass die *Deutsche SchülerAkademie* mit vergleichsweise geringem Aufwand an den kritischen Entwicklungsdimensionen der jungen Persönlichkeit, nämlich ihrer sozialen Einbindung und der Stabilisierung von Interessen und Selbstvertrauen, ansetzt und diese nachhaltig vorteilhaft beeinflusst, kann nicht positiv genug bewertet werden.“

Die unmittelbare Wirkung, die die *Deutsche SchülerAkademie* auf Teilnehmer hat, kann wohl am besten durch diese selbst beschrieben werden. Daher seien abschließend einzelne Stimmen von Teilnehmern zur Akademie Grovesmühle 2011 – während derer an einem Abend auch *Billy Elliot* gezeigt wurde – zitiert:

Es ist schwierig in Worte zu fassen, wie ich mich fühle. Zu Hause hat man überwiegend das Gefühl nicht verstanden zu werden – hier hingegen wurde ich sofort aufgenommen, akzeptiert. Endlich konnte ich mein Interesse ausleben, ohne belächelt zu werden. Ich durfte wahre Freunde gewinnen (die mich hoffentlich auch in meiner Zukunft begleiten werden) und mich selber näher kennenlernen – diese Zeit war einfach derartig prägend in der Persönlichkeitsbildung und Identitätsfindung. Es waren *eindeutig* bisher die besten 17 Tage meines Lebens. Ich hoffe, ich kann diese Zeit immer konservieren – ich möchte sie nicht mehr missen. Endlich hatte ich das Gefühl, wirklich (sofern man das beurteilen kann) der zu sein, der ich bin.

Die Teilnahme bedeutet mir *sehr* viel, deutlich mehr, als ich vorher gedacht hatte. Ich habe viel über andere und deren Ansichten, aber auch über mich selbst gelernt. Ich weiß jetzt (denn vorher war ich mir da nicht ganz so sicher), dass es gut ist, so wie ich bin. Ich bin mir meiner Stärken, aber auch Schwächen bewusst geworden.

In der DSA hatte ich zum ersten Mal das Gefühl, mit Menschen zusammen zu sein, die so denken wie ich: Menschen, die lernen wollen, mit denen man ernsthaft über die Tagesschau diskutieren und Zeitung lesen kann – die aber trotzdem keine abgehobenen „Streber“, sondern coole, lustige Leute sind.

Im Laufe der Akademie hat sich eine Gruppendynamik (auch kursübergreifend) entwickelt, die so von Akzeptanz und Toleranz geprägt war, dass dieses Erlebnis in meinem Leben wahrscheinlich einzigartig bleibt.

Ich denke außerdem, dass ich mental gereift bin bezüglich meiner sozialen Kompetenzen. Die Schülerakademie hat mich dazu angeregt, anderen Menschen auch weiterhin (im Alltag) offen und freundlich zu begegnen.

Die Teilnahme an der DSA bedeutet für mich, herausgefordert zu werden. Das kann mir die Schule meist nicht bieten. Hier zweieinhalb Wochen mit „ebenbürtigen" Menschen mit ähnlichen Interessen zu arbeiten und zu leben, war für mich eine tolle Erfahrung.

Die Teilnahme bedeutet aber auch, mit Kritik umgehen zu lernen. In der Schule bin ich nicht oft mit Kritik konfrontiert. Das war eine teilweise schwierige, aber gerade darum sehr wichtige und gute Erfahrung. Die DSA war ein tolles Erlebnis, und wenn ich könnte, würde ich jederzeit wiederkommen!

▷ **Informationen zum Thema Hochbegabung**

Hochbegabung bei Kindern und Jugendlichen
Wer sich zum Thema Hochbegabung bei Kindern und Jugendlichen informieren möchte, findet hier eine kleine Auswahl an Quellen für hilfreiche Hinweise:
Broschüren

- Bundesministerium für Bildung und Forschung: „Begabte Kinder finden und fördern": dms-schule.bildung.hessen.de/allgemeines/begabung/Andere_Bundeslaender/Bundesbildungsministerium/begabte_kinder_finden_und_foerdern.pdf.
- Hessisches Kultusministerium: „Hilfe, mein Kind ist hochbegabt!": dms-schule.bildung.hessen.de/allgemeines/begabung/index.html.
- Hessisches Kultusministerium: „Hochbegabung und Schule": dms-schule.bildung.hessen.de/allgemeines/begabung/broschueren/Hochbegabung_A4_Internet.pdf.

Homepages
Übersicht Begabtenförderung des Bundesministeriums für Bildung und Forschung: www.bmbf.de/de/762.php

Beratungsstellen

- Beratungsstelle der Universität Marburg/„BRAIN": www.uni-marburg.de/fb04/ag-pp-ep/brain
- Beratungsstelle der Universität Rostock/„Odysseus-Projekt": www.ipprdk.uni-rostock.de/odysseus-projekt/

Informationen zu Fördermöglichkeiten von Studierenden
Besonders begabte Studenten – in seltenen Fällen auch Schüler – können sich für ein Stipendium bewerben beziehungsweise dafür vorgeschlagen werden. Einen guten Überblick über Fördermöglichkeiten und Bewerbungsmodalitäten gibt es unter anderem bei:

- Stipendiendatenbank des BMBF: www.stipendienlotse.de/
- Borreck, M. A./Bruckmann, J (2011)[2]: Das Insider-Dossier: Der Weg zum Stipendium. Tipps zur Bewerbung für 400 Stipendien- und Förderprogramme, Squeaker.net.

Hochbegabte Arbeitnehmer in Unternehmen
Das Thema Hochbegabung bei Erwachsenen spielt auch im Arbeitsumfeld eine große Rolle. Hochbegabte Arbeitnehmer können Unternehmen vor besondere Herausforderungen stellen, in den meisten Fällen stellen sie auch eine große Chance dar.
Im Vergleich zu anderen Mitarbeitern können Hochbegabte durch eine überdurchschnittliche Schnelligkeit, Eigenständigkeit, Kreativität, Eigeninitiative, auch Eigenwilligkeit, Leistungsmotivation und Leistungsfähigkeit u. a. m. auffallen. Wenn Indizien auf eine Hochbegabung bei Mitarbeitern hinweisen (die womöglich schon früher als Kinder, Jugendliche und/oder Studenten in irgendeiner Weise als besonders begabt angesehen wurden und entsprechende Förderprogramme durchlaufen haben), scheint es sinnvoll, auf dieses besondere Potenzial auch im Arbeitsumfeld einzugehen.[13] Geeignete Maßnahmen können unter anderem sein:

- **Klärende Gespräche**: In klärenden Gesprächen können die besonderen Bedürfnisse und Potenziale erfasst werden, um daraus gezielt Maßnahmen zum optimalen Arbeitseinsatz – im Sinne des Mitarbeiters und des Unternehmens – abzuleiten.
- **„Akzeleration" und „Enrichment"**: Entsprechend der Fördermaßnahmen bei Kindern und Jugendlichen können die Ansätze auch bei erwachsenen Hochbegabten gewinnbringend eingesetzt werden, etwa durch
  - **Zeitliche Flexibilität**, sodass der Mitarbeiter sein eigenes, erhöhtes Arbeitstempo selbst steuern und bestimmen kann – bei Hochbegabten kann sich sonst schnell das Gefühl einstellen, nur „mit angezogener Handbremse" unterwegs zu sein;
  - **Abwechslungsreiche, vielseitige und kognitiv anspruchsvolle Aufgaben**, die den Talenten und dem Lernhunger des Mitarbeiters gerecht werden, anstelle von Routine-Aufgaben – so wird unnötige Langeweile vermieden, die Leistungsmotivation bleibt erhalten, die intellektuelle Leistungsfähigkeit und Kreativität werden positiv stimuliert.

---

[13] Die Situation Hochbegabter im Unternehmensbereich ist bisher noch wenig erforscht (vgl. unter anderem Hegele-Raih und Scheer 2009, S. 98–103).

- **Raum für Kreativität**: Es kann sinnvoll sein, hochbegabten und besonders kreativen Mitarbeitern Freiräume zu geben, in denen sie Dinge ausprobieren und entwickeln können, für die in einem fest strukturierten Arbeitstag kein Platz wäre. Die funktioniert beispielsweise über „Vertrauenszeit" (Zeit, die der Mitarbeiter frei, aber im Sinne des Unternehmens nutzen kann) oder durch Arbeitszeit zu Hause, in der der Mitarbeiter ganz seinem eigenen Rhythmus folgen und „kreative Pausen" einlegen kann. Eine räumliche Bündelung mit anderen sehr kreativen Mitarbeitern kann überlegt werden, um so einen „Think Tank" zu schaffen. Die räumliche Trennung von anderen Mitarbeitern kann Unverständnis oder Neid gegenüber den anderen Arbeitsbedingungen vorbeugen.
- **Anregungen bieten**: Kreativität kann durch besondere Anregungen stimuliert werden. Die Anregungen selbst können aus ganz unterschiedlichen Bereichen stammen (unter anderem Gespräche mit interessanten Kollegen und Sparringspartnern; Zeitschriften und Bücher; Konferenzen).
- **Selbstmanagement fördern beziehungsweise ernst nehmen**: Hochbegabte sind sich mitunter ihrer Bedürfnisse und Fähigkeiten aufgrund häufiger Selbstreflexion sehr genau bewusst und können gut Auskunft über entsprechende Einsatzmöglichkeiten geben oder Ideen dazu beitragen (siehe Kap. 10).
- **Leistungsfähige Teams**: Hochbegabte ziehen oft weitere Hochbegabte an – dies kann genutzt werden, um besonders leistungsstarke Teams zu bilden, die ihrem eigenen, schnelleren Rhythmus folgen.
- **Orientierungs-Center**: Wo noch Unklarheit über Stärken und Schwächen besteht, eine Hochbegabung in mehreren Bereichen aber vermutet wird, kann ein Orientierungs- oder Talent-Center weiter Aufschluss geben (siehe Kap. 3 und 6).
- **„High Potential"-Programme**: Hochbegabte sind zudem potenzielle Kandidaten für „High Potential"-Programme (siehe Kap. 6), in denen künftige Führungskräfte ausgebildet werden. Bestandteile der „High Potential"-Programme für hochbegabte Mitarbeiter können zum Beispiel die systematische Zuweisung besonders herausfordernder Tätigkeiten („Stretch Roles") oder die Teilnahme an speziellen Fortbildungen sein; regelmäßiges Feedback kann den Förderungsprozess zusätzlich unterstützen.
- **Coaching**: Durch Coaching können einzelne Talente zusätzlich gefördert und in regelmäßigen Abständen die Arbeitszufriedenheit Hochbegabter besprochen werden (siehe Kap. 9).
- **Anerkennung**: Besondere Leistungen sollten – unter anderem finanziell – auch besonders gewürdigt werden, sodass die Leistungsmotivation und die Bindung an das Unternehmen gestärkt werden.
- **Kommunikation im Unternehmen**: Im Unternehmen sollte die „etwas andere" Aufgabenverteilung gut kommuniziert werden, um Missgunst und Neid zu vermeiden und Verständnis für die besonderen Bedürfnisse zu schaffen (Hochbegabte wollen in der Regel zwar ihre Fähigkeiten sinnvoll einsetzen, nicht aber in unnötige Konkurrenzverhältnisse mit anderen treten – was aber missverstanden werden kann).

Literatur

Brackmann, A. (2007): Jenseits der Norm – hochbegabt und hoch sensibel?, Stuttgart: Klett-Cotta.

Brand. G. (2001): Hochbegabte und hochleistende Jugendliche – Anmerkungen zum Marburger Hochbegabtenprojekt, in: *Labyrinth DGhK*, 69,10–15.

Hany, E./Grosch, C. (2009): Begabtenförderung auf dem Prüfstand. Langfristige Effekte der Teilnahme an der Deutschen SchülerAkademie (DSA). Kurzdarstellung der Ergebnisse, in: *news & science. Begabtenförderung und Begabungsforschung.* özbf, 22(2), 23–26.

Hartmann, M. (2002): Der Mythos von den Leistungseliten: Spitzenkarrieren und soziale Herkunft in Wirtschaft, Politik, Justiz und Wissenschaft, Frankfurt/M.: Campus.

Hegele-Raih, C./Scheer, H.-D. (2009): Viele Filme gleichzeitig im Kopf, in: *Harvard Business Manager*, 8, 98–103.

Rost, D. (2009)[2]: Hochbegabte und hochleistende Jugendliche, Münster u. a.: Waxmann.

Stapf, A. (2010)[5]: Hochbegabte Kinder: Persönlichkeit, Entwicklung, Förderung, München: Beck.

vom Scheidt, J. (2005)[2]: Das Drama der Hochbegabten. Zwischen Genie und Leistungsverweigerung, München u. a.: Piper.

Wais, M. (2008): Hilfe, ich bin hochbegabt! Mit schlauen Füchsen unterwegs, Stuttgart u. a.: Mayer.

Webb, J. T. u. a. (Hrsg. 2006)[5]: Hochbegabte Kinder: Ihre Eltern – ihre Lehrer. Ein Ratgeber, Bern: Huber.

Psychologische Leistungsdiagnostik – Voraussetzung für die gezielte Talent- und Leistungsentwicklung in Sport und Wirtschaft

5

Sören Daniel Baumgärtner und Wilhelm Borgmann

Zusammenfassung

Für die erfolgreiche Entwicklung von Talenten ist die Schulung psychologischer Faktoren (zum Beispiel Motivation, Wille) unerlässlich: Eine Turnerin, die im Training zwar die Übung am Schwebebalken perfekt ausführen kann, deren Nerven jedoch im Wettkampf versagen, wird kaum in der Lage sein, dann, wenn es darauf ankommt, Höchstleistungen zu zeigen. Beim Talentmanagement wird psychologischen Leistungsfaktoren daher zunehmend größere Bedeutung zugeschrieben. In diesem Beitrag stellen die Autoren Dr. Sören Baumgärtner und Wilhelm Borgmann Methoden der psychologischen Leistungsdiagnostik im Sport und Management vor und verweisen sowohl auf bestehende Defizite als auch auf Transfermöglichkeiten der psychologischen Leistungsdiagnostik zwischen den beiden Feldern.

Die Grundlage für eine effektive Talententwicklung und Leistungssteigerung ist eine qualitativ hochwertige Talent- und Leistungsdiagnostik. Auf ihr aufbauend können spezifische Trainings- und Interventionsmaßnahmen sowohl geplant als auch überprüft werden.

Insbesondere psychologische Leistungsfaktoren, wie Konzentration, Motivation oder Teamfähigkeit, stehen aufgrund ihrer – bislang zum Teil noch unterschätzten und zu wenig berücksichtigten – Bedeutung aktuell im Fokus der Diagnostik: Bisher wird die psychologische Diagnostik nur unzureichend, häufig mit geringer Qualität, bei verschiedenen Leistungssteigerungs- oder Talententwicklungsmaßnahmen eingesetzt. Vereinzelte Ansät-

Dr. Sören Daniel Baumgärtner ⊠
Institut für Sportwissenschaften, Johann Wolfgang Goethe-Universität, Ginnheimer Landstraße 39, 60487 Frankfurt am Main, Deutschland
e-mail: s.baumgaertner@sport.uni-frankfurt.de
Wilhelm Borgmann ⊠
PWS Wollsching-Strobel Managementberatung GmbH, Fritz-Boehle-Straße 3, 60598 Frankfurt am Main, Deutschland
e-mail: info@wollsching-strobel.de

P. Wollsching-Strobel und B. Prinz (Hrsg.), *Talentmanagement mit System*,
DOI 10.1007/978-3-8349-3780-3_5,
© Springer Fachmedien Wiesbaden 2012

ze zur psychologischen Leistungsdiagnostik, die im Bereich des Leistungssports und in der Personal- und Unternehmensentwicklung bereits angewendet werden, verdeutlichen allerdings das Reservoir an unausgeschöpften Möglichkeiten.

In diesem Kapitel wird leistungsorientierten Menschen – Sportlern, Schülern, Studenten, Mitarbeitern oder Führungskräften – gezeigt, wie aktuell in Sport und Wirtschaft welche Leistungsfaktoren erfasst werden. Der Fokus liegt insbesondere auf der psychologischen Leistungsdiagnostik, deren Wert für die Entwicklung von (Spitzen-)Leistung erst in jüngerer Zeit breiter ausgelotet wird. Sowohl das bestehende Instrumentarium mit den sich bietenden Einsatzmöglichkeiten als auch weitere Entwicklungsbedarfe im Bereich der psychologischen Leistungsdiagnostik werden aufgezeigt. Die beiden Autoren dieses Beitrags bringen dabei ihre jahrelangen Erfahrungen aus dem Bereich der sportpsychologischen Leistungsdiagnostik im Leistungssport (Baumgärtner) und der Personalentwicklung (Borgmann) ein und veranschaulichen anhand von Praxisbeispielen aus Sport und Wirtschaft auch, wie beide Bereiche voneinander lernen können.

Leistungsfaktoren im Sport

Bevor Talent oder Leistung effektiv und effizient entwickelt werden kann, bedarf es einer Bestimmung der relevanten Leistungsfaktoren. Die Leistung an sich, als ein komplexes Gebilde, besteht dabei je nach Sportart beziehungsweise sportlicher Disziplin aus einer Fülle von unterschiedlichen Größen, die mehr oder weniger einfach identifiziert werden können.

Im Sport mag eine erbrachte Leistung auf den ersten Blick primär auf die körperlichen Voraussetzungen des Athleten zurückzuführen sein: Stößt ein Gewichtheber zum Beispiel 250 kg in die Höhe, wird in erster Linie seine Muskelkraft dafür verantwortlich gemacht. Auch die erzielte Zeit in einem 100-Meter-Lauf wird hauptsächlich der Statur des Sprinters zugeordnet.

In anderen Sportarten fällt es dem nicht professionellen Betrachter deutlicher schwerer, die Leistung an sich zu bewerten beziehungsweise ihre Ursachen zu benennen. Man denke hier beispielsweise an die Leistung eines Mittelfeldspielers in einem Fußballspiel, deren Hauptfaktoren schwieriger zu benennen sein dürften: Was genau macht in einem Fußballspiel einen wirklich guten Mittelfeldspieler aus? Was sind die einzelnen Faktoren, die zu seiner Leistung beitragen? Für die Leistungserzeuger selbst – Athleten und Trainer – sind die ursächlichen Faktoren hingegen augenscheinlich zumeist klarer definiert. Sie versuchen Tag für Tag durch planmäßiges und systematisches Einwirken (Training) diese Größen gezielt positiv zu beeinflussen. Hierzu zählen sowohl physische Fähigkeiten – wie Kondition (Kraft, Schnelligkeit, Ausdauer, Flexibilität) und Technik – als auch taktische, soziale und psychologische Fähigkeiten. Der Trainer tritt hierbei je nach Organisationsstruktur, also innerhalb oder außerhalb festgelegter Verbandsstrukturen, einerseits als Berater und Förderer, andererseits aber auch als Dienstleister für den Athleten auf. Er unterstützt den

Eigenantrieb des (Leistungs-)Sportlers, sich zu verbessern und immer höhere Leistungen zu realisieren.

Die Gewichtung der einzelnen Leistungsfaktoren im Training ist von Sportart zu Sportart und von Sportler zu Sportler häufig unterschiedlich, da sich auch die Experten selten über die genaue Zusammensetzung des komplexen „Produkts" Leistung völlig einig sind. Für eine gute Bewertung in einer Eiskunstlaufkür benötigt ein Läufer unter anderem Sprungkraft (zum Beispiel für Zwei- oder Dreifachsprünge), Rumpfkraft (zum Beispiel für die Stabilität bei Pirouetten), Ausdauer (um vier Minuten und 30 Sekunden durchzustehen) und mentale Stärke (um das Trainierte unter Wettkampfdruck stabil abrufen zu können). Je nach Athlet und Leistungsstand wird ein Trainer unterschiedliche Schwerpunkte im Training setzen. Die zentrale Frage, die sich die Trainer und Athleten somit stellen, lautet: Was trainiere ich wann und wie oft, um eine optimale Leistung zu erbringen?

Während in der längeren Vergangenheit im Sport den körperliche Faktoren – oder sogenannten „Hard Skills" – für die Erbringung von Spitzenleistungen eine überragende Bedeutung beigemessen wurde – wurde den psychosozialen Faktoren, den sogenannten „Soft Skills", erst in den letzten Jahren zunehmend mehr Aufmerksamkeit geschenkt. Mittlerweile sind sich die Experten sogar einig, dass insbesondere die psychischen Fähigkeiten – die oft auch als „mentale Stärke" beschrieben werden – in vielen Sportarten den entscheidenden Unterschied zwischen Sieg und Niederlage ausmachen. Für Leistungssportler geht es nicht darum, eine bestimmte Bewegung, wie zum Beispiel einen Diskuswurf, überhaupt zu beherrschen, sondern ihn in einer bestimmten Situation – zumeist unter großem psychischem Druck in Wettbewerben – optimal auszuführen. Gelingt dies nicht, sprechen Trainer häufig von sogenannten „Trainingsweltmeistern", die im Training Spitzenleistung zeigen, diese jedoch unter Wettkampfbedingungen nicht abrufen können.

Psychologische Leistungsdiagnostik im Sport (die Ist-Situation)

Um die verschiedenen Leistungsfaktoren adäquat ausbilden und stärken zu können, bedarf es zuvor eines entsprechenden diagnostischen Prozesses: eines Ist-Soll-Wert-Vergleichs. Im Leistungssport gestaltet sich dieser Prozess zumeist wie folgt: Ein Leistungsfaktor wird einem Test – einer sogenannten Diagnostik – unterzogen.

Ein Sportwissenschaftler führt beispielsweise mit einem Hochspringer einen oder verschiedene Sprungkrafttests durch, um den Ist-Zustand bezüglich der Sprungkraft des Athleten zu ermitteln. Auf dieser Basis definieren Trainer und Athlet ein Trainingsziel (Soll-Zustand) für einen bestimmten Zeitpunkt oder Zeitraum. Der Trainer entwickelt, aufbauend auf der Diagnostik, einen Trainingsplan, den der Sportler gemeinsam mit ihm umsetzt. Zum zuvor definierten Zeitpunkt wird die Sprungkraft erneut gemessen. Der neue Ist-Wert wird mit dem angestrebten Trainingsziel (Soll-Wert) verglichen. Die Differenz gibt Aufschluss über die Wirksamkeit der Intervention, also des Trainings. Es erfolgt im Nachgang, bei Erreichen des Ziels, die Bestimmung eines neuen Ziels (Soll-Werts). Bei Nichterreichen wird das Ziel angepasst beziehungsweise der Trainingsplan modifiziert.

Der Erfolg des Trainings ist damit auch stark von der Qualität der Diagnostik abhängig, da ohne konkrete Ist-Wert-Bestimmung eine entsprechend individuelle und spezifische Trainingsplanung schlecht möglich ist. Für den Trainer sind die Feststellung des Ist-Zustandes und die damit verbundene Prognostik nicht nur Aufgaben im täglichen Training und bei Wettkämpfen, sondern auch im Rahmen von Talentsichtungen oder Kadermaßnahmen. Es geht neben der Prognose individueller Leistungsentwicklungen, der Verbesserung von Handlungsvoraussetzungen und prozessbegleitenden Analysen im Rahmen einer effektiven Trainingssteuerung auch um die Rekrutierung sportlicher Talente[1] sowie um die Verringerung von deren Drop-Out-Quote[2].

Die Diagnostik der „Hard Skills" ist in der sportlichen Praxis schon lange etabliert. Die Leistungsfaktoren Kondition und Technik werden beispielsweise im Bereich der Trainingswissenschaft mit standardisierten diagnostischen Verfahren erfasst (zum Beispiel motorische Tests zur Diagnose der Kraft beziehungsweise Ausdauer oder Videoanalysen), die entweder vom Trainer selbst, von einem zuständigen Fachmann innerhalb des Trainer- oder Betreuerstabes (zum Beispiel Kraft- oder Konditionstrainer) oder durch einen externen Dienstleister (zum Beispiel Laktattest durch einen Trainingswissenschaftler) durchgeführt werden.

Diffiziler gestaltet sich hingegen die Diagnostik der „Soft Skills". Betrachtet man diese differenziert, so stellt man fest, dass hier zum einen ein einheitlicher Standard kaum auszumachen ist und zum anderen unterschiedliche Vorgehensweisen präferiert werden. Zur Analyse der sportpsychologischen Faktoren (taktisch kognitive, soziale und psychische Fähigkeiten) greifen die Trainer nämlich in der Praxis eher auf intuitive alltagspsychologische Vorgehensweisen, wie subjektive Einschätzungen und Erfahrungen, zurück und binden in der Regel noch eher selten Experten mit ein.[3] Eine psychologische Leistungsdiagnostik wird zwar im Leistungssport von allen Beteiligten als essenziell angesehen, ist jedoch derzeit, im Vergleich zur trainingswissenschaftlichen und sportmedizinischen Diagnostik, noch nicht hinreichend in den Trainingsalltag integriert. Wie unter anderem eine Studie mit deutschen Bundestrainern zeigt, ist dies primär auf vier Ursachen zurückzuführen:[4]

1. Wahrgenommener Zeitmangel: Sportpsychologisches Training wird von Trainern häufig als zusätzliche Trainingseinheit verstanden, für die sie im Trainingsplan keine zeitliche Ressource sehen.
2. Fehlende finanzielle Mittel: Es werden selten Mittel für die Integration eines Sportpsychologen in den Trainer- oder Betreuerstab bereitgestellt.
3. Mangel an qualifizierten und zudem professionellen Sportpsychologen: Trainer berichten über Schwierigkeiten in der Akquise entsprechender Experten.

---

[1] Vgl. Röthig und Prohl (2003, S. 337 f.).
[2] Quote der (talentierten) Aussteiger aus dem Leistungssportsystem.
[3] Vgl. Eberspächer et al. (2002).
[4] Vgl. Eberspächer et al. (2002).

4. Wissensmangel: Mangelnde Expertise aufseiten der Trainer (unter anderem aufgrund von Mängeln in der Ausbildung) führt dazu, dass kaum Zeit zum Training psychologischer Leistungskomponenten aufgewandt wird.

Außerdem scheint die Sportpsychologie in unserer mitteleuropäischen Gesellschaft zum Teil noch negativ behaftet zu sein. Wie sonst ließen sich folgende Daten erklären? Während sich die Zahl der deutschen akkreditierten Sportpsychologen bei den letzten Olympischen Winterspielen 2010 in Vancouver an einer Hand abzählen lässt, waren die Amerikaner und Kanadier mit jeweils weit mehr als 100 Sportpsychologen vertreten. Ebenso lässt die Tatsache, dass beispielsweise in der Bundesligasaison 2009/2010 etwa 61 Physiotherapeuten und Fitnesstrainer zum offiziellen Trainerstab der Erstligisten zählten, dagegen aber nur drei Sportpsychologen, das oben angeführte finanzielle Hauptargument zumindest eher nachrangig erscheinen. Die hohe Relevanz sportpsychologischer Leistungsfaktoren ist zwar allseits anerkannt, einen Trainingsschwerpunkt bilden sie deshalb aber noch lange nicht.

Den in der Praxis arbeitenden Sportpsychologen stellt sich darüber hinaus die Herausforderung, dass eine standardisierte Diagnostik für den Sport sich derzeit noch in der Entwicklung befindet. Es existiert zwar eine Vielzahl von psychologischen Tests zu einer Fülle von Leistungsfaktoren, diese sind jedoch zumeist nicht an die Gegebenheit des Leistungssports angepasst. Sie wurden zum Beispiel im Bereich der Persönlichkeits- oder Arbeits- und Organisationsforschung der Psychologie entwickelt. Sie messen im entsprechenden Kontext Faktoren, wie etwa beim „d2-Test"[5] die Aufmerksamkeit und Konzentration unter Belastung, um beispielsweise Aussagen zum Verhalten von Personen in bestimmten Berufsfeldern (zum Beispiel LKW-Fahrer oder Piloten) treffen zu können. Bei diesem Test müssen die Probanden unter Zeitdruck einen bestimmten Buchstaben (d), der mit zwei Strichen versehen ist (oben, unten beziehungsweise oben und unten) – daher „d2-Test" – in einer Liste mit ähnlichen Buchstaben-/Strichkombinationen mehrfach erkennen und markieren. Die Anzahl der bearbeiteten Buchstaben sowie der Bearbeitungsfehler gibt dann einen Aufschluss über den Leistungsfaktor Konzentration. Die konzentrativen Anforderungen an einen Sportler unterscheiden sich jedoch zumeist deutlich von denen eines Fahrzeugführers. Eine entsprechende anforderungsspezifische Adaptation der bisher gängigen Tests ist daher eine wichtige Voraussetzung für eine qualitativ hochwertige Diagnostik im Sport. Dieser Herausforderung hat sich die Sportpsychologie, insbesondere im angloamerikanischen Raum, im letzten Jahrzehnt verstärkt gewidmet und einige Tests sportspezifisch adaptiert beziehungsweise neue entwickelt. Ostrow[6] liefert hierzu einen guten Überblick und beschreibt 314 sport- und bewegungsspezifische englischsprachige Verfahren. Bei einer Fülle von Tests zu ähnlichen Leistungsfaktoren bleibt jedoch sogar dem Fachmann die Qual der Wahl, und mancher Trainer mag sogar verzweifeln, da eine qualifizierte Auswahl für den Laien fast unmöglich erscheint. So finden sich beispielsweise alleine 37 Tests zur

---

[5] Vgl. Brickenkamp et al. (2010).
[6] Vgl. Ostrow (2002).

Messung der Motivation. Auch in deutscher Sprache sind etliche Test erschienen, die Experten vor ähnliche Herausforderungen stellen.

Zusammenfassend lässt sich sagen, dass der Leistungssport, trotz der anerkannten Relevanz, von einer etablierten standardisierten Diagnostik leistungsrelevanter sportpsychologischer Faktoren noch weit entfernt ist. Es mangelt nicht nur an ökonomischen, sportartspezifischen Tools zur Unterstützung der Trainer und Athleten, sondern auch an einem positiven Bild professioneller, notwendiger psychologischer Unterstützung sowie an geeigneten Sportpsychologen.

Herausforderungen und Lösungsansätze im Sport

Die Herausforderung besteht also unter anderem darin, Verfahren zu entwickeln, die den Anforderungen des Marktes genügen. Hierzu ist in einem ersten Schritt eine genaue Betrachtung der leistungsrelevanten sportpsychologischen Faktoren notwendig. Je nach Sportart werden zum einen teils unterschiedliche Fähigkeiten als leistungsrelevant eingeschätzt, zum anderen handelt es sich dabei um eine ganze Fülle von Faktoren. Dies bedeutet für die praktische Durchführung einer Diagnostik, dass mit jedem Athleten eine Vielzahl von Tests durchgeführt werden müsste, um einen zuverlässigen Befund erstellen zu können. Erachtet man beispielsweise im Handball die psychologischen Faktoren Konzentration, Motivation, Selbstvertrauen, Teamfähigkeit und Stressbewältigung – um nur ein paar zu nennen – als leistungsrelevant, müsste man mit jedem der rund zwölf Spieler einer Handballmannschaft mindestens fünf Tests durchführen sowie die Athleten im Spiel und Training beobachten (insgesamt also 60 Tests und zwölf Leistungsbeobachtungen), um einen soliden diagnostischen Befund zu erhalten. Vor dem bereits erwähnten Hintergrund, dass insbesondere zeitliche und finanzielle Ressourcen darüber bestimmen, ob eine sportpsychologische Diagnostik überhaupt vom Athleten, Trainer, Verein oder Verband durchgeführt wird, scheint diese Tatsache eher problematisch. Auf der Basis der wissenschaftstheoretischen und praktischen Erkenntnisse sowie den daraus resultierenden Anforderungen – wissenschaftliche Standards, Ökonomie, Umsetzbarkeit etc. – wird also nach wie vor eine Systematik benötigt, die diesen Forderungen an eine professionelle Diagnostik gerecht wird.

Als Vorbild für künftige Verfahren kann der Bereich der Medizin angesehen werden, wo bereits Ansätze existieren, die auf den Sport übertragen werden können. Dort wird bei vergleichbaren Anforderungen der eigentlichen Diagnostik ein sogenanntes Screening vorgeschaltet. Dabei handelt es sich um ein Verfahren, bei dem spezifische Merkmale zunächst (relativ) oberflächlich, das heißt zeit- und kostengünstig erfasst werden, um zu entscheiden, ob ein aufwendigeres diagnostisches Vorgehen beziehungsweise welches im Anschluss angezeigt erscheint.

Die Sportpsychologen Baumgärtner und Hänsel[7] haben in der jüngsten Vergangenheit ein solches psychologisches Verfahren für den Leistungssport entwickelt und getestet. Es wird derzeit schon bei verschiedenen Nationalmannschaften eingesetzt. Zu Beginn der Entwicklung stand – wie wissenschaftstheoretisch gefordert – die Bestimmung der primär leistungsrelevanten psychologischen Faktoren vor dem Hintergrund sportspezifischer Situationseinflüsse, da, wie bereits erwähnt, insbesondere die situativen Umstände eines Wettkampfes die Leistungsrealisation beeinflussen. Im nächsten Schritt wurde hierfür ein ökonomisches und in der Praxis des Leistungssports einsetzbares Screening-Instrument – ein Fragebogen mit 64 Items – entwickelt. Das computergestützte Verfahren zeigt sowohl positive als auch negative Auffälligkeiten, normiert an einer Stichprobe von rund 1000 Leistungssportlern. Innerhalb von rund 20 Minuten entsteht ein Leistungsprofil, das zum einen durch eine Befragung des Trainers mithilfe einer Kurzskala in rund fünf weiteren Minuten validiert werden kann. In einem nächsten Schritt kann, insbesondere bei negativen Auffälligkeiten, mithilfe spezifischer Diagnostikinstrumente diesen besonders nachgegangen werden. Der Bereich der kritischen Leistungsfaktoren wird schnell – und somit ökonomisch – eingegrenzt, und der zeitliche und finanzielle Aufwand wird demnach auf ein Minimum beschränkt, wodurch sich das Commitment der beteiligten Athleten und Trainer deutlich erhöht. Die Erfahrungen im Leistungssport belegen eine hohe Akzeptanz sowohl bei den beteiligten Kader-Athleten als auch bei den Bundestrainern.

Das Verfahren wird sowohl zur Eingangsdiagnostik als auch zum Monitoring, also zur Überprüfung der Effektivität der sportpsychologischen Trainingsmaßnahmen, verwendet. Auf Basis des resultierenden Befundes können demnach Interventionen gezielt und professionell geplant, durchgeführt und evaluiert werden. Eine entsprechende Zielexplikation und -modifikation kann somit zeitlich flexibel gestaltet werden.

Jeder Sportler, der nicht nur im Training – als sogenannter Trainingsweltmeister –, sondern auch im Wettkampf glänzen möchte, benötigt also möglichst genaue Informationen über seinen aktuellen Leistungsstand, inklusive seiner psychologischen Leistungsfaktoren. Dieses Wissen ermöglicht ein ganzheitliches Training, das letztlich eine Grundvoraussetzung für Wettkampferfolg ist.

Dabei ist es mit der Kenntnis der psychologischen Faktoren wie beim Einschalten eines Navigationsgeräts: So lange das System noch keine Satellitenverbindung besitzt, also noch nicht weiß, wo es sich befindet, kann es auch keine Angaben über den schnellsten Weg zum Ziel machen. Viele Sportler wissen zwar, wohin sie wollen, jedoch selten detailliert, wozu sie derzeit in der Lage sind. Leistungsorientierte Athleten sollten sich daher sowohl selbst hinterfragen, wie es um ihre „Soft skills" bestellt ist (Selbstbild), als auch entsprechend an ihren „schwächeren Stärken" arbeiten oder aber die professionelle Hilfe von Experten zurate ziehen (Fremdbild). (Ein solches Screening, wie oben beschrieben, kann auf Anfrage durchgeführt werden.[8])

---

[7] Vgl. Baumgärtner (2012).
[8] Näheres unter: www.performancepsychologie.de.

	trifft sehr zu	trifft zu	trifft etwas zu	trifft eher nicht zu	trifft nicht zu	trifft gar nicht zu
1. Im Training direkt vor einem Wettkampf bin ich besonders motiviert	1	2	3	4	5	6
2. Zwischenrufe von Zuschauern lenken mich schnell ab	1	2	3	4	5	6
3. Gerade bei vielen Zuschauern denke ich daran, dass ich mich blamieren könnte	1	2	3	4	5	6

Abb. 5.1 Auszug Fragebogen zum Athletenverhalten (Urheberrecht beim Autor)

Beispiel

Sportpsychologisches Screening mit dem Fragebogen zum Athletenverhalten (FAV) in kritischen Wettkampfsituationen[9] – Das Screening wird in Form einer Befragung mithilfe eines elektronischen Fragebogens mit 64 Testfragen durchgeführt (Beispielfragen siehe Abb. 5.1).

Im Anschluss erhält der Sportler ein entsprechendes Auswertungsprofil (siehe Abb. 5.2), auf dem zu erkennen ist, in welchen Bereichen er über beziehungsweise unter dem Normbereich liegt. Dies gilt zum einen für die Leistungsfaktoren, zum anderen aber auch für Situationen, in denen Sportler häufig Schwierigkeiten haben, ihre Leistung abrufen zu können (zum Beispiel besonders schlechte eigene Leistung, Schiedsrichterentscheidung, außergewöhnliche Gegnerleistung, Unfairness, Zuschauer- beziehungsweise Umwelteinflüsse).

Leistungsfaktoren in der Wirtschaft

Die Leistungsfähigkeit des Personals, der Mitarbeiter und Führungskräfte ist ein zentraler Erfolgsfaktor für Organisationen und Unternehmen. Daraus leiten sich zwei zentrale Anforderungen für die Unternehmen ab: zum einen, eine professionelle und sehr gute Personalauswahl umzusetzen, und zum anderen, das vorhandene Personal so auszubilden und zu führen, dass es die Leistungsziele erreicht.

Leistungsdiagnostik, auch bezeichnet als „Personal"-, „Eignungs"- und „Managementdiagnostik", ist die Fachdisziplin, die den Leistungs- und Entwicklungsstand der potenziellen Bewerber bei Unternehmen sowie des vorhandenen Potenzials von Mitarbeitern ermittelt. Wie im Sport „messen" die diagnostischen Verfahren den Ist-Leistungsstand einer

[9] Vgl. Baumgärtner (2012).

Ein hoher Mittelwert steht für eine hohe Ausprägung der jeweiligen psychologischen Leistungskomponente beziehungsweise für ein stabiles Verhalten in der jeweiligen kritischen Situation. Hohe Ausprägungen sind generell erwünscht. Ausnahme bildet die erste Leistungskomponente (Skala Emotionale Beanspruchung), da hier ein hoher Wert für eine hohe und somit negative emotionale Beanspruchung des Athleten steht.

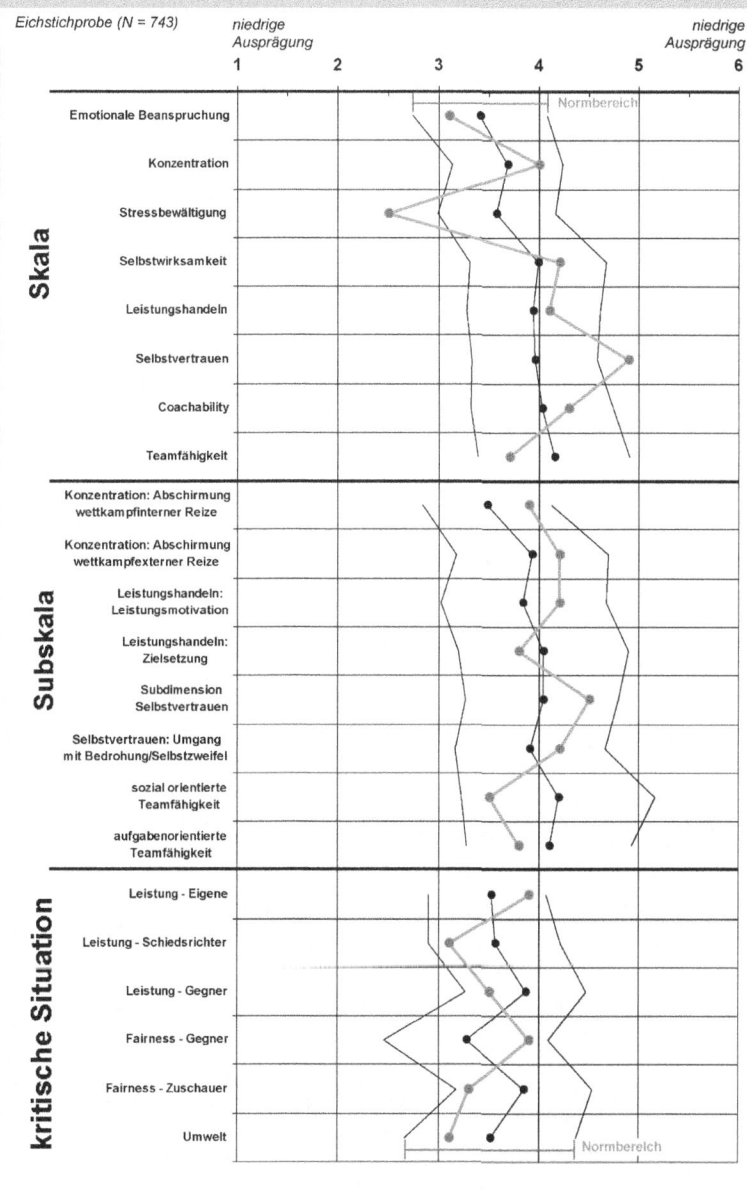

Abb. 5.2   Beispiel Auswertungsprofil (Urheberrecht beim Autor)

Person bezogen auf definierte Leistungsfaktoren. Leistungsfaktoren werden aus einer Fülle von unterschiedlichen Leistungsmerkmalen pro Berufsfeld und Organisation ermittelt und sind die definierten Größen der Leistungserbringung und -entwicklung. In den Unternehmen werden Leistungsfaktoren zum Zwecke einer ersten Orientierung in sogenannte „Hard-" und „Soft Skills" unterteilt. Während zu den „Hard Skills" Faktoren wie Ausbildung, Studium, spezielle Fachkenntnisse, Berufs- und Auslandserfahrung oder Sprachkenntnisse zählen, werden den „Soft Skills" Fähigkeiten wie Selbst-, Sozial-, Team- und Methodenkompetenzen zugeordnet.

Insbesondere die „Soft Skills" – häufig auch als „soziale Kompetenzen" bezeichnet – rückten bei Unternehmen seit den 1980er Jahren in den Mittelpunkt des Interesses. Sie wurden als zentrale Leistungsfaktoren erkannt, da sie unter anderem die Grundlage für eine effiziente Teamarbeit, langfristig erfolgreiche Führung oder konsistente Leistungskultur in einem Unternehmen bilden. Diese „Soft Skills" werden üblicherweise durch verschiedene Instrumente der psychologischen Leistungsdiagnostik erfasst. Wie diese bisher aussehen und welche – nach wie vor enormen – Innovationsbedarfe es in diesem Bereich in Unternehmen gibt, wird im Folgenden eingehender erläutert.

Psychologische Leitungsdiagnostik in der Wirtschaft (die Ist-Situation)

In vielen Unternehmen ist die psychologische Leistungsdiagnostik als Instrument bei der Auswahl neuer Bewerber und bei der Entwicklung von Mitarbeitern und Führungskräften bereits etabliert. Beispielsweise legen Unternehmen diverse Kompetenzmodelle und Anforderungsprofile, die aus der Unternehmensstrategie abgeleitet werden, Auswahlverfahren zugrunde; in den Kompetenzmodellen und Anforderungsprofilen sind die benötigten beziehungsweise gewünschten weichen Anforderungskriterien benannt, ausdifferenziert und gegebenenfalls priorisiert.[10]

In der psychologischen Leistungsdiagnostik, wie sie in Unternehmen eingesetzt wird, steht inzwischen eine Vielzahl von Potenzialanalysen (Assessment-Center, Feedback-Center, Orientierungs-Center), Interview-Settings, Tests und Selbsteinschätzungsverfahren (individuelle Verhaltensdispositionen, Präferenzen) zur Verfügung. Kompetenzen und Anforderungen von Mitarbeitern beziehungsweise Bewerbern werden zudem in einer inzwischen unüberschaubaren Zahl von Präsenzverfahren und computergestützten Einschätzungsverfahren und Tests gemessen. Kersting (2010) diagnostiziert daher eine Intransparenz des Testmarktes und spricht in seinem Aufsatz zu Tests und Persönlichkeitsfragebogen von der „Qual der Wahl".[11]

---

[10] Die Diagnose sozialer Kompetenz ist in der qualitativen Sozialforschung umstritten, nach Erpenbeck und von Rosenstiel (2003, XIX) steht heute jedoch ein großes Methodenarsenal bereit, um auch mit subjektiven Einschätzungen gewonnene Daten verlässlich interpretieren und perspektivisch nutzen zu können (vgl. auch Sternecker und Wollsching-Strobel 2005, S. 64 ff.).

[11] Kersting (2010, S. 20).

Auch aufgrund der momentanen demografischen Entwicklung stehen Unternehmen jedoch vor der Herausforderung, die Ziele und die Qualität der bisher eingesetzten Verfahren und Tests zu überprüfen und sie weiter zu entwickeln:

- Infolge individualisierter, flexibler und diskontinuierlicher Erwerbsbiografien wird der Bedarf an diagnostischen Verfahren steigen, um das Leistungspotenzial von Bewerbern einordnen zu können.
- Junge Erwerbstätige treten früher ins Unternehmen ein, ihr Entwicklungsstand muss eingeschätzt werden, zudem müssen sie in ihrer Entwicklung intensiver begleitet werden.
- Die weitere Internationalisierung erfordert dabei vermehrt Verfahren, die auch sprach- und kulturraumübergreifend wirken.
- Die insgesamt abnehmende Erwerbsbevölkerung erhöht den Druck auf die Qualität der Personalauswahl und damit auch auf die diagnostischen Verfahren.

Wie bereits oben skizziert, unterstützt die psychologische Leistungsdiagnostik zwei Arbeitsbereiche: die Personalgewinnung und -auswahl neuer Mitarbeiter sowie den Leistungserhalt und die Leistungsentwicklung der bestehenden Mitarbeiter.

Die Personalauswahl wird bei knapper werdenden Ressourcen immer wichtiger: Zum einen müssen die besten Bewerber gefunden und gewonnen werden, zum anderen dürfen gute Bewerber nicht übersehen werden. In der Konsequenz muss es eine professionelle Vorauswahl geben, die alle geeigneten Kandidaten erfasst und in einem zweiten Schritt mit qualitätsgesicherten Verfahren einschätzt. Diese Professionalität muss sowohl in der Ausbildung, in der Nachwuchskräftegewinnung als auch in der Fach- und Führungskräfteauswahl gewährleistet sein. Der gesamte diagnostische Prozess der Personalgewinnung sollte für die Bewerber attraktiv, sozial und wertegeleitet stattfinden. Im Feld der Personalauswahl sind Großunternehmen bezogen auf die Diagnostik insgesamt sehr gut aufgestellt, die Prozesse sind überwiegend standardisiert und qualitätsgesichert. Kleinere und mittlere Unternehmen dagegen bringen die diagnostische Professionalität z. T. nicht auf, diese Unternehmen laufen Gefahr, dass die besten Bewerber gar nicht erst kommen.

Neben der Personalauswahl sind Bindung und Entwicklung der bestehenden Leistungsträger substanziell für die Leistungskulturentwicklung der Unternehmen. Führungskräfte und im Besonderen Fachexperten, Schlüsselpositionsträger und erfahrene ältere Mitarbeiter sind eine wertvolle vorhandene Ressource, die eine verstärkte Aufmerksamkeit erfahren muss. Daraus leitet sich ein strategisches Kernziel der Personalentwicklung ab: die Leistungsentwicklung und der Leistungserhalt der vorhandenen Führungskräfte und Mitarbeiter! Der Leistungserhalt und die Leistungsentwicklung der Mitarbeiter sind in erster Linie Aufgaben der jeweiligen Führungskraft. Die qualitative Umsetzung dieser herausfordernden Führungsaufgabe gelingt jedoch häufig nicht. Die Mehrfachbelastungen der Führungskräfte führen dazu, dass sie die „Förder- und Entwicklungsarbeit" in nicht ausreichendem Maße wahrnehmen und umsetzen. Entwicklung und demzufolge auch die Entwicklungsstandeinschätzung werden oftmals an diverse Förderprogramme delegiert: Talentmanagement, Führungskräfteentwicklung, Leadership-Programme, Coaching-Angebote.

In einigen der Förderprogramme wird die diagnostische Entwicklungsstandeinschätzung vor Programmbeginn durchgeführt, in anderen ist sie im Programm integriert, und in vielen weiterbildungstypischen Angeboten ist eine Entwicklungsstandeinschätzung nicht vorgesehen. In den Unternehmen, die derartige Förderprogramme nicht durchführen und stattdessen traditionelle Weiterbildung in Form von thematischen Seminarangeboten organisieren, findet eine Einschätzung von Leistungsmerkmalen, Kompetenzen, Verhaltensdispositionen und Präferenzen gemeinhin nicht statt. Dabei ist die individuelle diagnostische Einschätzung ein wichtiger Eckpfeiler und Anfangspunkt im gesamten Prozess des Leistungserhalts und der Leistungsentwicklung von Mitarbeitern und Führungskräften.

Herausforderungen für die Unternehmen

Während viele Unternehmen im Bereich der Personalauswahl vielfältig professionell agieren, müssen sie im Feld des Leistungserhalts und der Leistungsentwicklung die Ziele verdeutlichen und das Rollenverständnis der Akteure sowie die damit einhergehenden Anforderungen schärfen.

Vor dem Hintergrund der Dynamisierung der Arbeitswelt steigt der Druck auf das Personal. Neuausrichtungen, Restrukturierungen und die Verlagerungen von Anforderungen und Kompetenzen bringen weitere Anforderungen für die Beschäftigten mit sich und erfordern neue Handlungskompetenzen. In der Studie *Zukunft der Arbeitswelt 2030* der Technischen Universität Darmstadt und der Johannes Gutenberg-Universität Mainz[12] deuten erste Ergebnisse darauf hin, dass Mitarbeiter vor allem personale Kompetenzen infolge der Zunahme des psychischen Drucks und der Ausweitung der Verantwortungsbereiche ausbilden müssen. Die Aufgabenkomplexität und die Geschwindigkeit der Prozesse nehmen zu, die Eigenverantwortung wächst, da Vorgesetzte immer mehr delegieren müssen und weniger unterstützen können.

Infolge dieser Veränderungsprozesse definieren die Autoren Selbstmanagement als eine zentrale Schlüsselkompetenz[13], auch für die Mitarbeiter aus der Mitte der Organisation. „Soft Skills", vor allem individuelle personale Kompetenzen und Faktoren, leiten sich zukünftig aus folgenden Kompetenz- und Entwicklungsfeldern ab: Visions- und Motivationsarbeit, Willenssteuerung, Ziel und Zielverfolgungstechniken, Energie- und Ressourcenmanagement, Krisenbewältigung, Erfolgs- und Emotionsmanagement.

Nimmt man die Ergebnisse der Arbeitsmarktstudie ernst, sollte die diagnostische Einschätzung zur Leistungsentwicklung auf personales „Empowerment" zielen: Der Einzelne ist in seiner Selbstwahrnehmung, Eigenreflexion und persönlichen Wertschätzung zu

---

[12] Vgl. Feuck (2009).
[13] Vgl. Feuck (2009).

stärken.[14] Das Selbstverständnis, dass der Mitarbeiter für seinen Leistungserhalt und seine eigene Leistungsentwicklung selbst verantwortlich und selbst tätig ist, sollte aufgebaut werden! Das entbindet die Personalentwicklung und die verantwortlichen Führungskräfte selbstverständlich nicht, diesen Prozess mit zu initiieren und professionell zu begleiten. Leistungsentwicklung und Leistungserhalt so verstanden erfordern folgende Erfolgsparameter:

- eine strategische Personalentwicklung, die individuell und organisational passende qualitative Verfahren und Tests auswählt, zur Verfügung stellt und für die Anwendung sorgt;
- qualifizierte und überzeugte Führungskräfte, die die Führungsaufgabe Leistungsentwicklung und Leistungserhalt umsetzen und Leistungsdiagnostik als wichtigen ersten Schritt der Leistungsentwicklung verstehen;
- motivierte Mitarbeiter und Leistungsträger, die ihre individuelle Leistungsfähigkeit erhalten und ausbauen wollen und die Einschätzung ihrer Potenziale als Ausgangsbasis ihrer Entwicklung begreifen.

Am Anfang des diagnostischen Prozesses sollten grundsätzliche Fragestellungen zu Visionen und Zielen, Motiven und Motivationen, Willens- und Umsetzungsstrategien, Energie- und Ressourcensteuerung, Emotions- und Aktivierungsmanagement sowie Kompetenzentwicklung stehen. In diesem Sinne stellt diese Form der diagnostischen Erstintervention eine Art Orientierungsfunktion dar und setzt am Selbstmanagement des Einzelnen an. Sie erfüllt wie das Screening im Sport zwei Funktionen: Sie erfasst die basalen Ist-Voraussetzungen der Leistungserbringung und zielt auf die Aktivierung durch Selbststeuerung.

Die gezielte Leistungs- und Talententwicklung basiert damit zum einen auf einer wirksamen Anforderungskultur: Das heißt, Führungskräfte fordern und fördern ihre Mitarbeiter entsprechend ihrem Potenzial. Zum anderen beruht die Entwicklung selbstverständlich auch auf einem geeigneten Selbstmanagement der Mitarbeiter. Für beides bietet die psychologische Leistungsdiagnostik sowohl diagnostische Erstinstrumente als auch kontinuierliche Überprüfungsverfahren, mit denen in einem wiederkehrenden Ist-Soll-Abgleich die Entwicklungspotenziale und -fortschritte beobachtet und justiert werden können. Unternehmen stehen in der Talententwicklung damit vor zwei Aufgaben: Sie müssen ihre Führungskräfte in der Rolle des Talententwicklers qualifizieren, fördern und anfordern. Sie sollten zum Zweiten ein geeignetes diagnostisches Instrument zur Verfügung stellen, das basale Selbststeuerungsparameter misst und Mitarbeiter sowie Führungskräfte wertschätzend und aktiv in die eigenverantwortliche Entwicklungsarbeit führt.

---

[14] Vgl. Borgmann und Schön (2010).

Ausblick

Die Entwicklung im Sport zeigt, dass mithilfe eines systematischen Screenings die Qualität der Diagnostik insbesondere im sportpraktischen System und somit die Leistungs- und Talententwicklung deutlich verbessert werden können. Trainer und Sportler können sich durch das Screening in einer ersten Leistungsstand-Einschätzung kurzfristig und unmittelbar Überblick über den Ist-Stand zentraler psychologischer Leistungsfaktoren verschaffen und entsprechende Interventionen und Trainingsmaßnahmen ableiten. Das Screening eröffnet den schnellen und effektiven Blick auf die so wichtigen psychischen Faktoren und schafft präzise Handlungsvoraussetzungen. Ein besseres, weil den ganzen Menschen stärker ansprechendes Training ist die Folge. Eine ähnliche effiziente Vorgehensweise könnte für Führungskräfte und Mitarbeiter in Unternehmen ein Ausgangspunkt individueller Förderung sein.

Während im Sport die Rollen und Anforderungen im Prozess der Leistungsentwicklung überwiegend eindeutig verteilt sind, ist dies in den Unternehmen sowohl bei den Führungskräften als auch bei den Mitarbeitern größtenteils noch nicht klar. Im Sport wird die Talent- und Leistungsentwicklung in hohem Maße durch eine hohe Eigenmotivation und Selbststeuerungskompetenz des Athleten positiv beeinflusst. Der Trainer wird aktiv vom Athleten als Förderer und Unterstützer eingesetzt. Dagegen sind viele Mitarbeiter und Führungskräfte noch nicht in der Rolle eigener aktiver Talent- und Leistungsentwicklung. Mitarbeiter warten oft auf Anregungen und Interventionen von außen, von Führungskräften oder der Personalentwicklung. Die Selbststeuerungskompetenz, die eigene Entwicklung aktiv selbst zu managen, ist in der Breite noch zu wenig ausgeprägt. Eine Ursache für diese Differenz liegt womöglich in der Leistungsrückmeldung. Während der Sportler in regelmäßigen Wettkämpfen eine direkte Leistungsrückmeldung in Form von Sieg oder Niederlage erhält und dies zum Teil auch Konsequenzen für den weiteren Saisonverlauf hat (zum Beispiel die Nicht-Nominierung im folgenden Wettkampf), kann der Mitarbeiter häufig die Qualität seiner erbrachten (Teil-)Leistung im Komplex der Gesamtleistung (Endprodukt) des Unternehmens schwer einordnen und erhält auch allzu häufig keine entsprechende Rückmeldung aus dem System (zum Beispiel von der Führungskraft).

Die erfolgreiche Förder- und Entwicklungsarbeit bedarf damit sowohl eines effizienten Diagnoseinstrumentes als auch der Rollenklärung und der Umsetzung damit verbundener Anforderungen und Ziele: Mitarbeiter sollen und dürfen Leistungsentwicklung einfordern, Führungskräfte sind aktive Begleiter und kompetente Förderer von Leistungsentwicklung.

Literatur

Baumgärtner, S. D. (2012): Fragebogen zum Athletenverhalten in kritischen Wettkampfsituationen (FAV). Ein situationsspezifisches Screeningverfahren, Frankfurt/M.: Lang.

Borgmann, W./Schön, N. (2010:) Personales Empowerment für Experten bei Gruner & Jahr, Leistungsträger unterstützen und stärken, in: *Personalführung*, 1, 26–33.

Brickenkamp, R./Schmidt-Atzert, L./Liepmann, D. (2010): Test d2 – Revision. Aufmerksamkeits- und Konzentrationstest, Göttingen: Hogrefe.

Erpenbeck, J./von Rosenstiel, L. (2003): Einführung, in: Erpenbeck, J./von Rosenstiel, L, (Hrsg.): *Handbuch Kompetenzmessung. Erkennen, verstehen und bewerten von Kompetenzen in der betrieblichen, pädagogischen und psychologischen Praxis*, IX–XXXVII, Stuttgart: Schäfer-Poeschel.

Feuck, J. (2009): Studie: Zukunft der Arbeitswelt 2030, Herausforderungen für Unternehmen und Mitarbeiter, Informationsdienst Wissenschaft, TU Darmstadt. http://idw-online.de/pages/de/news300612

Kersting, M. (2010): Die Qual der Wahl, Tests und Persönlichkeitsfragebogen in der Personalarbeit, in: *Personalführung*. 43 (10), 20–31.

Ostrow, A. C. (Ed.) (2002)[2]: Directory of Psychological Tests in the Sport and Exercise Sciences, Morgantown (WV): Fitness Information Technology.

Röthig, P./Prohl, R. (Hrsg.) (2003)[7]. Sportwissenschaftliches Lexikon, Schorndorf: Hofmann.

Sternecker, P./Wollsching-Strobel, P. (2005): Konsequent führen im Vertrieb, Stuttgart: Deutscher Sparkassen Verlag.

Talentmanagement in Unternehmen: Professionelle Nachwuchsförderung

Peter Wollsching-Strobel und Petra Sternecker

Zusammenfassung

Gerade in Zeiten des „War for Talent" sollten Unternehmen den Aufbau einer systematischen Nachwuchsförderung überdenken. Die PWS Managementberatung verfügt über umfangreiche Erfahrungen mit der Konzeption und Durchführung derartiger Programme bei ganz unterschiedlichen Kunden. Wie ein solches – ganzheitliches, werteorientiertes und nachhaltiges – Nachwuchsförderprogramm für Fach-, Führungs- und Projektlaufbahnen aussehen kann, beschreiben im Beitrag Peter Wollsching-Strobel und Dr. Petra Sternecker. Innovativ an diesem PWS-Programm ist insbesondere die Ausrichtung auf die sieben „generalisierbaren Leistungsfaktoren", die in der Studie *Die Leistungsformel* identifiziert wurden.

„Ein Unternehmen ist so gut wie seine Mitarbeiter. Umso mehr gilt dies natürlich für die Führungskräfte: Ein Unternehmen ist umso besser, je besser die Führungskräfte sind." – So der (inzwischen ehemalige) Vorsitzende der Geschäftsführung Gebrüder Röchling und Röchling Industrie Verwaltung GmbH Werner Engelhardt in einem Interview[1] aus dem Jahr 1999. Im Jahr 2012 muss man die genannte Zielgruppe um Top-Experten und potenzielle Projektmanager erweitern, deren Kompetenz und Bedeutung für ihre Unternehmen heutzutage der Stellung von Führungskräften oft in nichts nachstehen. Rund 13 Jahre später ist der relative Gleichklang von Fach- und Führungslaufbahn weiter fortgeschritten.

---

[1] Vgl. Wollsching-Strobel (1999, S. 192).

Peter Wollsching-Strobel ⊠
PWS Wollsching-Strobel Managementberatung GmbH, Fritz-Boehle-Straße 3, 60598 Frankfurt am Main, Deutschland
e-mail: info@wollsching-strobel.de
Dr. Petra Sternecker ⊠
PWS Wollsching-Strobel Managementberatung GmbH, Fritz-Boehle-Straße 3, 60598 Frankfurt am Main, Deutschland
e-mail: info@wollsching-strobel.de

P. Wollsching-Strobel und B. Prinz (Hrsg.), *Talentmanagement mit System*,
DOI 10.1007/978-3-8349-3780-3_6,
© Springer Fachmedien Wiesbaden 2012

Das heißt, die zukunftsorientierte Entwicklung und Bindung sehr guter Spezialisten hat für Unternehmen gegenwärtig eine besonders hohe Relevanz: Bereits 2001 prognostizierten die McKinsey-Berater Ed Michaels, Helen Handfield-Jones und Beth Axelrod in ihrer Studie *The War for Talent* für die kommenden Jahre und Jahrzehnte einen Kampf um die „besten Köpfe" in westlichen Unternehmen.[2]

Die Gründe dafür liegen ihren Aussagen zufolge einerseits in einer zunehmenden Komplexität der Aufgaben, die Mitarbeiter von der Fach- über die Projekt- bis zur Unternehmensleitungsebene zu erfüllen haben. Unter anderem müssen in einem sich stetig beschleunigenden und verschärfenden globalen Wettbewerb immer rascher auch fundamentale strategische Entscheidungen getroffen werden. Zudem ist es erforderlich, kontinuierlich in recht hohem Tempo innovative Entwicklungen anzustoßen, damit die Unternehmen ihre Produkte auf dem Markt platzieren können. Für die Bewältigung dieser Aufgaben benötigen Unternehmen Pools höchst qualifizierter, talentierter, kreativer und vielseitiger Spezialisten.

Auf der anderen Seite geht die Zahl guter und sehr guter Kandidaten gegenwärtig stetig zurück. Bedingt durch den demografischen Wandel in den westlichen Gesellschaften (Stichworte „Pillenknick" und Renteneintritt der „Babyboomer"!) gibt es nicht nur grundsätzlich weniger Arbeitnehmer, sondern – bei einem erhöhten Bedarf in der Wissens- und Technologiegesellschaft – voraussichtlich nicht in ausreichender Zahl begabte Potentials.

Dass die Kernthesen der Studie von der Realität nicht allzu weit entfernt sind, belegen aktuelle Entwicklungen gerade auf dem deutschen Arbeitsmarkt. Man denke etwa an den in den Medien immer wieder als Schreckgespenst gezeichneten Fachkräftemangel in Deutschland. Es wird erwartet, dass im Jahr 2025 insgesamt 6,5 Millionen weniger Menschen im erwerbsfähigen Alter in Deutschland leben werden als heute, wobei sich der Fachkräfteengpass deutlich zuspitzen dürfte.[3]

Untersuchungen gehen davon aus, dass in den kommenden Jahren für etwa 60 % der Arbeitsplätze Kompetenzen vorausgesetzt werden, die nur noch 20 % der Arbeitnehmer erfüllen.[4] Mit der Verkürzung der Bildungsbiografie im Zuge der Einführung des achtjährigen Gymnasiums mit „Turbo-Abitur" oder dem Bachelor-Studium anstelle etwa des umfangreicheren Diploms oder Staatsexamens wird nicht nur die fachliche Ausbildung reduziert; darüber hinaus besteht die Befürchtung, dass auch für das Berufsleben relevante soziale und personale Schlüsselkompetenzen nur mehr unzureichend geschult werden.

In letzter Zeit wird daher in verschiedenster Weise in der Wirtschaft und Politik darüber diskutiert, wie dem drohenden Fach- und Führungskräftemangel zu begegnen sei. Eine spätere Verrentung besonders qualifizierter älterer Fachkräfte oder der „Import" jüngerer ausländischer Fachkräfte aus den europäischen Nachbarländern mit besonders hoher

---

[2] Vgl. Michaels et al. (2001); Bundesagentur für Arbeit (2011).
[3] Vgl. Bundesagentur für Arbeit (2011).
[4] Vgl. Deloitte (2005).

Arbeitslosigkeit wie Griechenland, Spanien oder Portugal sind dabei zwei der wiederholt genannten Lösungsansätze.[5]

Obwohl einerseits über die Zuwanderung ausländischer Fachkräfte debattiert wird, ist andererseits schon jetzt eine zunehmende Abwanderung deutscher Top-Talente ins Ausland zu beobachten. Studien zufolge verließen in den letzten Jahren prozentual mehr Top-Talente Deutschland als umgekehrt nach Deutschland kamen. Der „Brain-Drain" deutet daraufhin, dass ausländische Arbeitgeber für viele gut ausgebildete junge Leute scheinbar nach wie vor attraktivere Aussichten bieten, als das in Deutschland der Fall ist.[6]

Vor dem Hintergrund dieser Tendenzen auf dem deutschen Arbeitsmarkt sind Entwicklung und Bindung talentierter Fach- und Führungskräfte zwei der dringlichsten Aufgaben, denen sich Unternehmen stellen müssen. Wie eine Nachwuchsförderung, die dies leistet, aussehen kann, wird im Folgenden zunächst mit einem Überblick über Grundelemente bestehender Nachwuchsförderungsprogramme veranschaulicht. Anschließend wird das Beispiel einer High Potential-Förderung erläutert, die von der PWS Managementberatung in Zusammenarbeit mit diversen Unternehmen entwickelt wurde. Die Besonderheit dieser Entwicklungsmaßnahme liegt zum einen darin, dass sie auf eine ganzheitliche Förderung der Teilnehmer abzielt, deren kritisches Potenzial für die Fortentwicklung des Unternehmens frühzeitig eingesetzt werden soll. Zum anderen werden die Erkenntnisse der von der TU Darmstadt und PWS durchgeführten Studie zu generalisierbaren Leistungsfaktoren von Spitzenleistern auf den Bereich der Managementkräfteentwicklung übertragen und angewendet (siehe Kap. 2).

Professionelle Nachwuchsförderung in Unternehmen

Etliche Unternehmen, wie beispielsweise Siemens, BASF, BMW, Bosch, Sony und Daimler, haben eine professionelle Nachwuchsarbeit in ihren Unternehmen etabliert. Andere Organisationen, unter ihnen das Bayerische Kultusministerium, sind gegenwärtig dabei, den Führungskräftenachwuchs in entsprechenden Fortbildungs- und Förderprogrammen fokussierter und frühzeitiger aufzubauen als noch vor wenigen Jahren.[7]

Wie die Beratungspraxis bei PWS zeigt, gibt es darüber hinaus aber auch eine Vielzahl durchaus großer und international agierender Unternehmen, die erst in jüngster Zeit auf das Problem der längerfristigen Managemententwicklung aufmerksam geworden sind und nur langsam die Problemstellung in konkretes Handeln umsetzen. Besonders der Mittelstand, so der Eindruck aus dem Beratungsalltag, scheint bei Stellenbesetzungen zu einem großen Teil noch „von der Hand in den Mund" zu leben. Im Zweifelsfall ist man dort oft

---

[5] Vgl. Groth (2011).

[6] Vgl. Nach Berechnungen des Sachverständigenrats für Integration und Migration haben seit 2003 rund 180.000 Fachkräfte Deutschland verlassen (vgl. Institut für Demoskopie Allensbach 2012; Schultz 2009; Karle 2008).

[7] Näheres dazu unter: alp.dillingen.de/akademie/konzepte/fuehrungskraefte/fobi1.pdf.

auf die Rekrutierung externer Kandidaten angewiesen – eine systematische hausinterne Managemententwicklung durch Förderungsprogramme, die den Bedürfnissen und Aufwandsmöglichkeiten des Mittelstands gerecht werden, ist eher selten.

Die Förderprogramme für Leistungsträger und potenzielle künftige Führungskräfte verschiedener Unternehmen firmieren unter ganz unterschiedlichen Bezeichnungen: „Graduate Programme", „Potenzialförderprogramm", „High-Potential-Programm", „Key Talents Programme", „Entwicklungsprogramm für Nachwuchsführungskräfte" sind nur einige davon.

Trotz der unterschiedlichen Bezeichnungen lassen sich im Vergleich Kernelemente der Talentförderung des Managementnachwuchses ausmachen, die bei qualitativ hochwertigen Programmen wiederkehren. Grundsätzlich geht es in allen professionell durchgeführten Programmen zur Nachwuchsförderung um eine systematische Rekrutierung, Weiterbildung und Bindung besonders leistungsfähiger und leistungsbereiter Mitarbeiter, die über Entwicklungspotenzial verfügen. Diese Mitarbeiter sollen im eigenen Unternehmen längerfristig durch geeignete Maßnahmen für verschiedene Aufgaben der Fach-, Projekt- und Führungsverantwortung vorbereitet werden.[8] Der Großteil der Programme richtet sich jedoch hauptsächlich an Kandidaten mit vermutetem Führungskräftepotenzial; gleichwertige Programme für Potentials mit herausragender fachlicher Expertise beziehungsweise für mögliche zukünftige Projektmanager bilden die Ausnahme.

Die Programme dauern in der Regel zwischen zwölf und 24 Monaten. Die Teilnehmer befinden sich entweder am Beginn ihrer beruflichen Laufbahn, kommen also direkt von der Universität, oder verfügen schon über einige Jahre Berufserfahrung.

Zu den Kernelementen guter Nachwuchsprogramme gehören:

- **Situations-/Bedarfsanalyse**: Vorbereitend für das Programm wird eine qualitative und quantitative Ist- und Soll-Analyse für den künftigen Personalbedarf erstellt. Sie dient sowohl als Grundlage für die Formulierung eines Anforderungs- und Zielkatalogs für die Teilnehmer des Programms und für dessen inhaltliche Gestaltung als auch als quantitative Richtgröße, wie viele Potentials für frei werdende Positionen entwickelt werden müssen.
- **Auswahl geeigneter Kandidaten**: Nach einem Vorschlag durch Führungskräfte, den Personalbereich oder eine Selbstbewerbung wird ein Kreis potenzieller Förderkandidaten durch verschiedene Auswahlverfahren identifiziert und benannt. Mit den Kandidaten werden idealerweise vor dem Programmstart persönliche Entwicklungsziele vereinbart.
- **Trainings und Schulungen**: In verschiedenen Modulen, die teilweise von den Teilnehmern mitbestimmt werden können, werden spezifische Kompetenzen gezielt trainiert (Managementverhalten, Präsentationstechniken, Kommunikationstrainings, Teamarbeit etc.).

---

[8] Vgl. Wollsching-Strobel o. J.

- **Projektarbeit**: Während einiger Programme arbeiten die Teilnehmer an ganz konkreten, themengebundenen Projekten. In diesen werden *on the job* die Kompetenzen eingeübt, die auch in künftigen Positionen und Aufgabenfeldern benötigt werden. Die Projekte können gegebenenfalls durch Einsätze in verschiedenen Abteilungen des Unternehmens beziehungsweise Auslandseinsätze ergänzt und erweitert werden.
- **Mentoring/Coaching**: Den Teilnehmern werden erfahrene Mitarbeiter als Mentoren zugewiesen; mit diesen können fachliche Herausforderungen reflektiert werden, und es kann an gemeinsamen Lösungen gearbeitet werden. Professionelle externe Coachs können vor allem für die Arbeit an persönlichen Stärken und Schwächen sowie zur professionellen Reflexion über die Entwicklung im Förderungsprogramm herangezogen werden.
- **Networking**: Ein Ziel der Nachwuchsprogramme ist es, die Teilnehmer untereinander, gegebenenfalls auch deren Mentoren und andere als ein stabiles Netzwerk zu verbinden. Das Netzwerk ist beim künftigen Karriereweg hilfreich.
- **„Kaminabende"**: Ein Element der Nachwuchsarbeit in einigen Programmen ist, dass sie von der Konzernspitze – nicht nur von der Human Resources-Abteilung – als fundamentaler Bestandteil der Unternehmensentwicklung wertgeschätzt und unterstützt wird. Daher finden sowohl am Beginn als auch am Ende, teils auch zwischendurch bei sogenannten „Kaminabenden" (bei denen nicht immer realiter auch ein Kamin dabei sein muss) Begegnungen und Gespräche mit Vorständen und Geschäftsführern statt, die sich dabei selbst einen Eindruck von den Förderkandidaten machen können.
- **Abschlussgespräche**: In Abschlussgesprächen zwischen Teilnehmern, Mentoren und/ oder Coachs, Vorgesetzten wird ein Resümee zum Programm gezogen. Ausblicke auf die nächsten Karriereschritte können besprochen werden.

Bei den professionell durchgeführten Programmen wird die individuelle Karriereplanung der Teilnehmer mit den strategischen Interessen des Unternehmens möglichst in Einklang gebracht. Monetäre Anreize und langfristige Anstellungsverträge für die Kandidaten unterstützen die Bindung an das Unternehmen.

Insgesamt werden mit den Förderprogrammen also mehrere Ziele verfolgt:

- längerfristige bedarfsgerechte Personalplanung;
- frühzeitige und schnelle Gewinnung, Entwicklung und Nutzung talentierter Manager;
- systematische und professionelle Vorbereitung auf zentrale Aufgaben des Unternehmens (idealerweise Fachexperten, Projektmanager, Führungskräfte);
- Schaffung eines Pools qualifizierter Mitarbeiter für interne Führungskräftebesetzungen auf verschiedenen Ebenen, auch als Reserve für plötzliche Ausfälle;
- Vermeidung teurer, zeitintensiver Fehlbesetzungen;
- Bindung qualifizierter Mitarbeiter durch Unternehmensanreize (Weiterbildung, Karriereplanung, Wertschätzung, finanzielle Anreize, Arbeitsplatzsicherheit, Verantwortung, interessante Aufgaben);
- Verbesserung der Führungskultur, unter anderem durch intensives Einbeziehen der Führungspersonen in die Entwicklung ihrer Mitarbeiter.

Nachwuchsförderprogramme der PWS Managementberatung

Die PWS Managementberatung entwickelt seit 20 Jahren gemeinsam mit ihren Kunden Nachwuchsförderprogramme. Diese sind individuell auf die Bedürfnisse der jeweiligen Kunden abgestimmt. Im Unterschied zu vielen anderen Nachwuchsprogrammen zeichnet sich das von PWS entwickelte Modell in dreierlei Hinsicht aus:

- Das PWS-Programm setzt dezidiert auf eine ganzheitliche, werteorientierte Nachwuchsförderung in Unternehmen. Die Werteorientierung des PWS-Programms baut dabei auf zwei Grundpfeiler: zum einen auf ein positives Menschenbild und zum anderen auf das „Prinzip Verantwortung". Im Sinne eines positiven Menschenbildes wird in PWS-Programmen davon ausgegangen, dass Menschen – beziehungsweise die Mitarbeiter eines Unternehmens – sich in einer positiven, aufgeschlossenen und wertschätzenden Grundhaltung begegnen sollten. Der Mensch wird in seiner Individualität wahrgenommen und anerkannt. Zusätzlich liegt den PWS-Programmen die Einstellung zugrunde, dass in einem Unternehmen jeder Einzelne für sich, für die Kollegen, für das Unternehmen und die Gesellschaft Verantwortung übernehmen sollte (und umgekehrt). Den Menschen, das Unternehmen oder die Gesellschaft schädigendes Verhalten wird abgelehnt. Diesen beiden Prinzipien trägt das PWS-Fördermodell in verschiedenster Weise Rechnung.
- Das geschieht insbesondere durch einen explizit ganzheitlichen Förderansatz, der aus den beiden Grundannahmen abgeleitet wird. Unter einer ganzheitlichen Förderung ist dabei zu verstehen, dass im Programm in jedem Fall sowohl der jeweils einzelne Teilnehmer als auch die Gruppe der Teilnehmer als auch Vertreter der Unternehmensführung gemeinsam in einen intensiven, dynamischen und jeweils selbstreflexiven Austausch und in einen organisationsbezogenen Veränderungsprozess treten.

In den PWS-Fördermodellen geht es trotz klarer Planung nicht darum, die Teilnehmer des Programms auf Biegen oder Brechen in vordefinierte Plätze im Unternehmen „einzupassen". Vielmehr durchlaufen alle Beteiligten im Rahmen des Nachwuchsförderprogramms zunächst einen ergebnisoffenen Prozess, bei dem jeder Teil für sich und im Austausch mit den anderen die eigenen und gemeinsamen Standorte, Entwicklungsmöglichkeiten und Entwicklungsziele abklärt. Es geht also um eine Förderung, bei der – innerhalb eines bestimmten Rahmens – Platz für individuelle Entwicklung ist, Kommunikation als wechselseitiger Dialog und nicht als einseitiges „Dirigat" verstanden wird und sich ein gemeinsamer Entwicklungsprozess aller Beteiligten vollzieht. Das heißt, es geht in den PWS-Fördermodellen auch um die Entwicklungsnotwendigkeiten des Unternehmens und die speziellen personellen Eigenschaften, die diese voraussetzen. So können sich der einzelne Teilnehmer, die Gruppe und das durch die Führungskräfte vertretene Unternehmen hin zu gemeinsam abgestimmten Zielen entwickeln.[9]

---

[9] Zu diesem wertezentrierten, ganzheitlichen Ansatz der Personalentwicklung in PWS-Programmen vgl. ausführlicher: Freund et al. (2005).

In diesem Sinne zielen PWS-Förderprogramme nicht nur auf die Weiterentwicklung der einzelnen Teilnehmer und der Teilnehmergruppe als Team und späteres Netzwerk, sondern auf die Weiterentwicklung der gesamten Organisation, in der die Förderprogramme durchgeführt werden. Den Förderinitiativen von PWS liegt dabei die Annahme zugrunde, dass gerade junge, skeptische Geister am ehesten die Schwachpunkte einer Organisation erkennen und diese in der kritisch reflektierenden Diskussion mit dem Entscheidungsmanagement (Vorstand, Geschäftsführer, erste Berichtsebene) zum Positiven hin verändern können. Dies geschieht im Förderprogramm insbesondere mithilfe der Projektarbeit.

- Des Weiteren orientiert sich die von PWS konzipierte Nachwuchsförderung an den Erkenntnissen der bereits erwähnten Studie *Die Leistungsformel. Spitzenleistung gestalten und erhalten* (siehe Kap. 2).[10] Als ein Ergebnis der qualitativen Befragung von 50 Spitzenleistern aus Wirtschaft, Gesellschaft und Sport wurden sieben zentrale Faktoren von Spitzenleistung identifiziert:

  1. **Talent und frühe Talentförderung** für die in dem tätigen Leistungsfeld geforderten Aufgaben;
  2. **fachliche Heimat**, das heißt die Leistungsträger sind in ihrem Begabungsfeld (berufs-)tätig;
  3. **Intensives Training** im Sinne einer intensiven, fokussierten und zielorientierten Fortentwicklung in diesem Leistungsfeld,
  4. **Motivation**, die die Tätigkeit im Leistungsfeld kontinuierlich intrinsisch antreibt;
  5. **Wille**, der in schwierigen Phasen den nötigen „Biss" für die Durchsetzung der eigenen Ideen und Ziele verleiht;
  6. **soziales Netz**, das den Leistungsträger besonders auch emotional trägt und stützt;
  7. **Selbstmanagement** im Sinne einer ausgeprägten Fähigkeit zur Selbstbeobachtung, Selbstreflexion und Selbst- beziehungsweise Umfeldregulation.

Diese wissenschaftlich nachgewiesenen, „generalisierbaren", das heißt grundsätzlich auf verschiedene Leistungsfelder übertragbaren Leistungsfaktoren fließen in die Konzeption von PWS-Förderprogrammen ein. Damit soll sichergestellt werden, dass Teilnehmer der PWS-Programme möglichst alle Leistungsfaktoren entwickeln. Dies zielt auf eine vergleichsweise reife Managementpersönlichkeit und beugt durch verbessertes Selbstmanagement (siehe Kap. 10) zudem dem Burnout-Phänomen entscheidend vor.

Das Modell eines Potenzialförderprogramms, das von der PWS Managementberatung durchgeführt wird, zeigt, wie eine solche Maßnahme in der Praxis aussehen kann und wie die drei oben genannten „Säulen" – ganzheitliche, werteorientierte Nachwuchsförderung, Organisationsentwicklung sowie Orientierung an generalisierbaren Leistungsfaktoren – dabei umgesetzt werden.

Abbildung 6.1 veranschaulicht in einem ersten Überblick die Elemente des Programms, die im anschließenden Text noch weiter erläutert werden:

---

[10] Wollsching-Strobel et al. (2009).

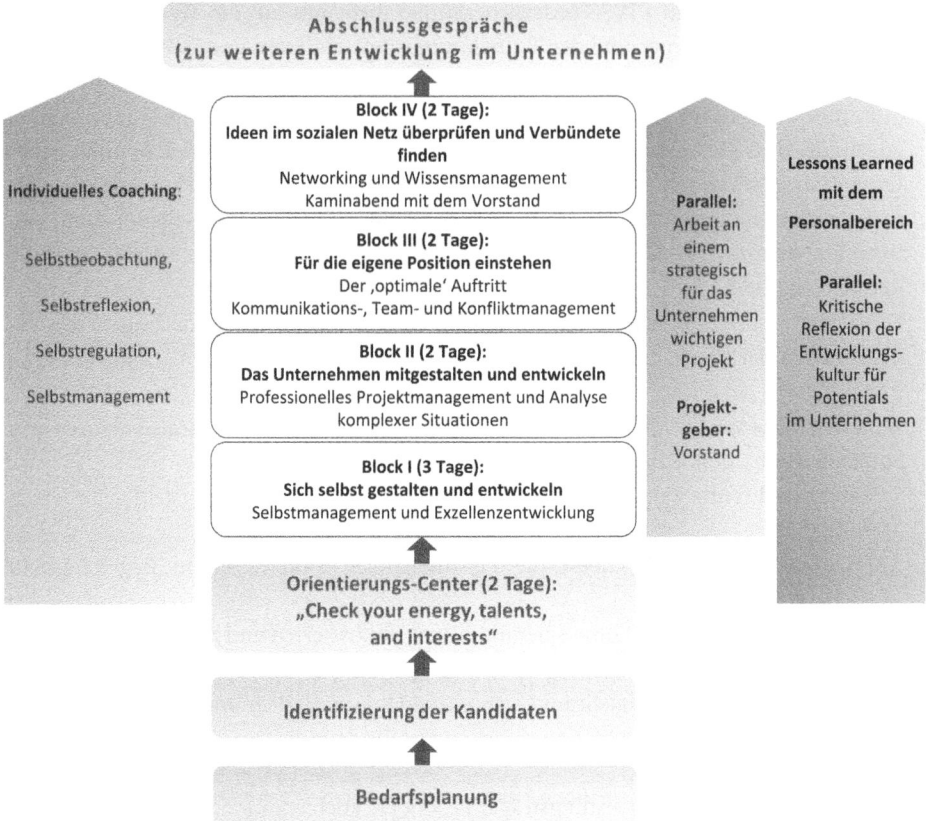

Abb. 6.1 Potenzialförderprogramm der PWS-Managementberatung (Urheberrecht beim Autor)

Bedarfsplanung

Noch immer werden viele Nachwuchsförderprogramme ohne eine konkrete mittelfristige Bedarfsplanung des durchführenden Unternehmens gestartet. Dies bedeutet in vielen Fällen, dass für die durch die Programme hervorragend ausgebildeten (High) Potentials am Ende des Förderprogramms zum Teil auf Jahre hinaus keine angemessene Position in Sicht ist. Das Unternehmen hat damit für den Markt qualifiziert, denn die Teilnehmer des Nachwuchsförderprogramms suchen sich entsprechende Positionen bei Mitbewerbern.

Daher steht am Beginn eines PWS-Förderprogramms eine fundierte Bedarfsanalyse. Mitarbeiter der Personalabteilungen ermitteln gemeinsam mit Führungskräften und Beratern von PWS den künftigen qualitativen und quantitativen Bedarf an Nachwuchskräften. Hierbei werden zukünftige (zum Beispiel frei werdende) Stellen für Fachexperten, für Projektmanager und für Führungskräfte des Unternehmens identifiziert.

Bei der Vorbereitung eines PWS-Programms werden diese drei Karrierewege als gleichwertig erachtet. Damit vollzieht das Programm (und mit ihm gegebenenfalls in langsamen Schritten auch das Unternehmen selbst) eine Abkehr von den bisher weithin üblichen hierarchisch geprägten Karrierewegen in Unternehmen, in denen oftmals ausschließlich der Aufstieg hin zu Führungsposten im Fokus steht. Da die fachliche Innovationskraft für heutige Unternehmen ein mindestens ebenso wichtiger Wettbewerbsfaktor ist wie die Kompetenz der Mitarbeiter zur Projektarbeit, die weiterhin kontinuierlich quer zu Linienfunktionen zunimmt, erscheint diese Fokussierung allein auf die Karriereperspektive Führung nicht mehr zeitgemäß. Durch die weitgehende Gleichwertigkeit von Fachexpertise, Projektmanagement und Führung, die den PWS-Programmen zugrunde liegt, entstehen zudem mehr interessante Karrierepositionen für Spitzenkräfte. Wo sonst aufgrund weniger, oft auf Jahre hinweg „blockierter" Führungspositionen Spitzenkräfte das Unternehmen verlassen hätten, können diese so längerfristig durch die neuen Entwicklungsperspektiven, die bereits in einem frühen Berufsstadium wahrgenommen und später ausgebaut werden können, gebunden werden (hierzu ist jedoch auch die spätere monetäre Angleichung der zukünftigen Positionen ein zentraler Faktor.) Weiterhin entstehen durch die Gleichwertigkeit der Karriereperspektiven bei der Suche nach einer „fachlichen Heimat" der einzelnen Teilnehmer („bin ich eher Fachexperte, Projektmanager oder Führungskraft?") keine Verlierergefühle, wenn später die endgültige Entscheidung für eine dieser Perspektiven fällt.

Identifizierung der Kandidaten

Nach der oben genannten mittelfristigen Planung (Perspektive: fünf bis zehn Jahre) von Stellen für zukünftige Fachexperten, Projektmanager und Führungskräfte gilt es, zunächst durch ein ausschließlich internes „Screening" die zukünftigen offenen Stellen mit dem Potenzial an Human Resources im Unternehmen abzugleichen. Dieses vorerst nur intern ausgerichtete Verfahren stellt durchaus eine Besonderheit dar, denn es signalisiert den Mitarbeitern einer Organisation, dass sie in ihrem Unternehmen gefördert werden. Dieses Empfinden, dass die eigene Mitarbeiterschaft vor den Kräften des Marktes Vorrang hat, stärkt die Motivation, sich an dieses Unternehmen zu binden.

Im „Screening"

- werden die Führungskräfte des Unternehmens in Potenzialrunden mit dem Personalbereich einbezogen, das heißt, Führungskräfte nennen die aus ihrer Sicht geeigneten Kandidaten;
- geht der Personalbereich seine „Förderdatei" durch, das heißt, Kandidaten mit Potenzial, die dem Personalbereich aufgefallen sind, werden benannt;
- werden unternehmensintern durch eine offene Ausschreibung der Förderplätze Kandidaten aufgefordert, sich selbstinitiativ zu bewerben. Dieses Vorgehen ist in vielen Unternehmen noch nicht üblich, öffnet aber den Weg zu interessanten, oftmals mutigen

Potentials, die ansonsten nicht identifiziert und gefördert würden. Um die Menge der Selbstbewerbungen zu steuern, empfiehlt es sich, speziell von diesen Kandidaten im Vorfeld eine Reihe von formalen Kriterien abzuprüfen. Die Kriterien für einen Förderplatz können u. a. folgende Aspekte umfassen:

- mindestens zweijährige Betriebszugehörigkeit,
- Höchstalter (wäre zu definieren),
- erfolgreiche Ausbildung im jetzigen oder einem anderen Unternehmen,
- abgeschlossenes Studium (FH, Universität) und/oder außerordentliches Engagement und individuelle Erfolgsorientierung (Referenzen),
- Bereitschaft, auch in der Freizeit an Förderaktivitäten teilzunehmen.

Nach einer ersten Auswahl möglicher Kandidaten schließt sich ein Selektionsprozess an, den Abb. 6.2 verdeutlicht.

Bei der Identifikation der Kandidaten ist essenziell, dass zunächst das unternehmensinterne „Screening" vollständig abgeschlossen wird. Das Bemühen um die Benennung interner Förderungskandidaten setzt, wie oben erläutert, im Unternehmen ein starkes Signal.

Sollte sich nach abgeschlossenem „Screening" jedoch herausstellen, dass im Unternehmen selbst zu wenige Kandidaten verfügbar sind, wird auch extern nach geeigneten Kandidaten gesucht, und es werden zum Beispiel Anzeigen für den freien Stellenmarkt geschaltet. Diese Bewerber werden sinnvollerweise mittels eines Assessment-Centers und ergänzenden psychologischen Leistungstests ausgewählt.

In der Summe ist es durchaus erstrebenswert, dass sich bei der Gruppe der Geförderten ein gutes Mischungsverhältnis zwischen unternehmensinternen und externen Teilnehmern ergibt: Gerade die unternehmensinternen Teilnehmer bringen den großen Vorteil mit, dass sie das Unternehmen und die dazugehörige Kultur bereits gut kennen. Das erleichtert die Arbeit im Nachwuchsprogramm und sorgt – bei aller Innovationsfreude – im Unternehmen für kulturelle Stabilität und Kontinuität. Die externen Teilnehmer hingegen sind frei von möglicher „Betriebsblindheit" und können unverkrampfter an die Gestaltungsaufgaben im neuen Unternehmen gehen.

Orientierungs-Center

Das PWS-Nachwuchsförderprogramm für die ausgewählten Kandidaten beginnt mit einem sogenannten Orientierungs-Center, kurz: „OC". Das Orientierungs-Center wird – insbesondere im Unterschied zum Assessment-Center – als ein innovatives Instrument der Mitarbeiterentwicklung gesehen, mit dem im Nachwuchsförderprogramm eine Einstiegsgrundlage für die weitere Entwicklung der Teilnehmer als künftige Fachexperten, Projektmanager oder Führungskräfte gelegt werden soll. Als Grundgedanke hinter dem OC steht der Anspruch, Mitarbeiter entsprechend der eingangs geschilderten Herausforderungen, denen sich Unternehmen aktuell stellen müssen, künftig mehr als Mitgestalter

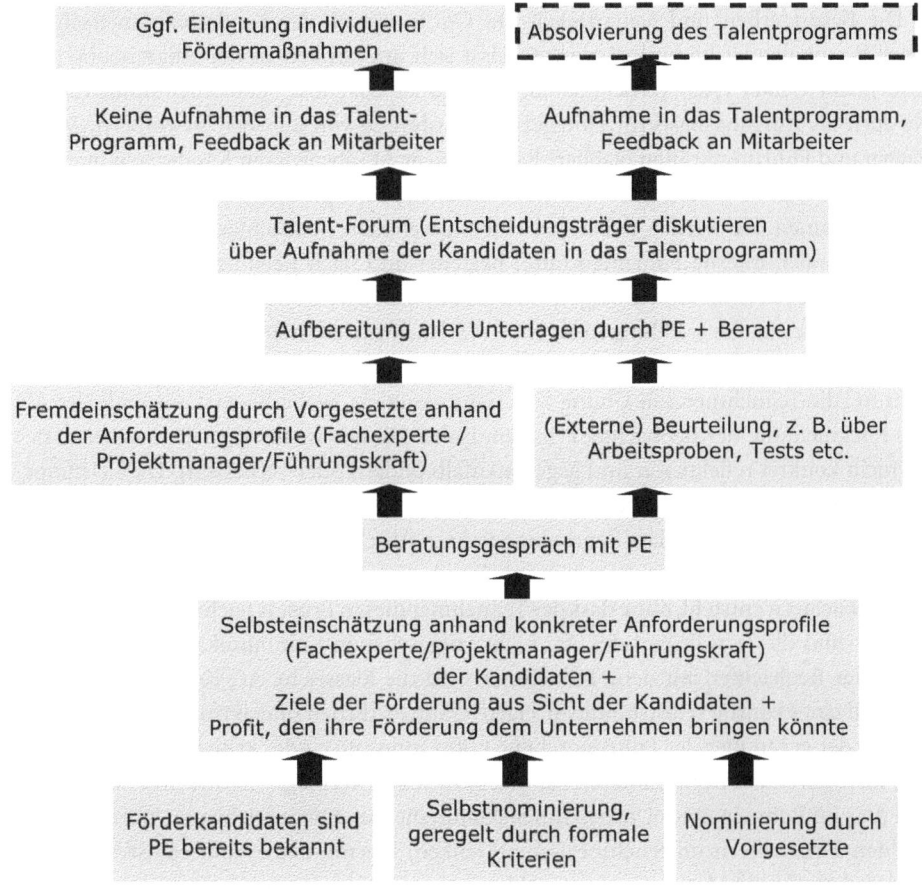

Abb. 6.2 Identifikation der Kandidaten (Urheberrecht beim Autor)

denn Ausführende zu betrachten und Delegation und Eigeninitiative an die Stelle von Kontrolle zu stellen.

Mit dem OC sollen folgende Hauptziele erreicht werden:

- eine weitere systematische und effiziente Identifikation von Mitarbeiterpotenzialen, die die Erkenntnisse des oben beschriebenen „Screening" ergänzt;
- eine erste Validierung in Richtung einer zielorientierten Personalentwicklung für die vom Unternehmen definierten Bedarfe;
- eine Förderung beziehungsweise Veränderung der Unternehmenskultur im Sinne einer
  - Stärkung der Kommunikation und Kooperation;
  - Entwicklung einer Feedback-Kultur;
  - Förderung der Lern- und Veränderungsbereitschaft;
  - Stärkung der Eigeninitiative und Selbstverantwortung der Teilnehmer.

Die Besonderheit und Neuartigkeit des OC innerhalb der Landschaft unterschiedlicher Personalentwicklungsinstrumente lässt sich am ehesten in der Abgrenzung zum Assessment-Center (AC) verdeutlichen, das sich als Diagnose- und Auswahlinstrument wie auch als Ausgangsbasis für eine gezielte Förderung von internen Bewerbern, Mitarbeitern und Führungskräften etabliert hat. In einem AC absolvieren Kandidaten in einem standardisierten Verfahren verschiedene thematische Übungen, die der Unternehmenspraxis entstammen. Sie werden dabei von einem geschulten Beobachterstab (beispielsweise externe Berater, interne Führungskräfte) begleitet und nach Beendigung aller Übungen beurteilt. Erst in einem Abschlussgespräch erfahren sie ihre Bewertung.

Für die Personalentwicklung in einem PWS-Nachwuchsförderprogramm erscheint die Durchführung eines solchen AC aus mehreren Gründen nachteilig: Zum einen werden beim AC die Teilnehmer von Übung zu Übung geschickt, wobei sie erst am Ende des AC eine Rückmeldung der Beobachter erhalten. Daher können sie ihr Verhalten während des AC nicht konkret reflektieren und gegebenenfalls ändern oder verbessern. Die Leistungsbeurteilung im AC ist infolgedessen immer situativ, nicht prozessorientiert. Zum anderen besteht im AC die Gefahr, dass Beurteilungen nach Abschluss des Verfahrens von den Teilnehmern innerlich nicht angenommen werden, da ein „Leistungsurteil" ausschließlich bei den Beobachtern entsteht, ohne dass der Teilnehmer diesen Prozess nachvollziehen konnte.

Aufgrund dieser während des AC nicht vorgesehenen Kommunikation und Kooperation der Beobachter mit dem Teilnehmer wird die klassische AC-Konstellation kaum dem Bild eines künftig selbstständigen, eigenverantwortlichen und aktiven Arbeitnehmers gerecht, der gegenüber der Führungsebene selbst innovative oder kritische Impulse in einem fortwährenden Kommunikationsprozess zu setzen vermag. Vor diesem Hintergrund sind ACs im Rahmen einer Unternehmenskultur, die unter dem Stichwort „Wertewandel" von den Mitarbeitern unternehmerisches Denken, Eigeninitiative und Selbstverantwortung fordert, für die Managemententwicklung unserem Verständnis nach nicht zeitgemäß genug. Ebenso wenig entsprechen Entwicklungs-ACs mit Führungspotenzialaussagen dem Postulat flacher Hierarchien, die eine Abkehr vom Hierarchiedenken (als bisher oft einziger Karrieremöglichkeit) hin zum Denken in Tätigkeiten und Verantwortung – und damit letztlich hin zu Projekt- und Teamarbeit – implizieren.

Weil viele Unternehmen das AC in der Regel als ein Auswahlverfahren einsetzen, bei dem die Zahl der „Gewinner" meist nur sehr begrenzt sein kann, steht zudem mehr der Selektions- anstelle eines Entwicklungsgedankens im Vordergrund. Damit werden bei den Kandidaten tendenziell eher einzelkämpferisches Konkurrenzdenken denn kooperatives Teamdenken und eine selbstkritische Grundhaltung gefördert. Das heißt, jeder Teilnehmer versucht, sich so gut als möglich zu verkaufen, statt Stärken und Entwicklungsfelder angemessen zu reflektieren.

Diese Defizite werden im OC gezielt eliminiert. Dabei greift das OC zunächst die Grundidee des AC auf, Potenzial- beziehungsweise Leistungsanalysen auf der Basis einer direkten Arbeitsprobe durchzuführen. Damit soll das Problem subjektiver Beurteilungstendenzen, das bei traditionellen Beurteilungssystemen mit Gesprächen oder Interviews auftreten kann, in denen die Kandidaten ihren persönlichen Erfahrungshintergrund schildern, durch standardisierte Beobachtungen wirkungsvoll neutralisiert werden.

Ähnlich wie beim AC sind Ablauf, Beobachtung und Beurteilung standardisiert. Auch im OC werden spezifische, unternehmensbezogene Aufgaben von den Teilnehmern in verschiedenen Konstellationen (Einzel-, Zweier- oder Gruppenaufgabe) bearbeitet. Vom Typ her sind diese Aufgaben im Prinzip identisch mit den üblichen AC-Übungen, sofern diese unternehmensbezogen zugeschnitten sind. Idealerweise sollte die Bearbeitung der Aufgaben um spezifische Tests erweitert werden, so etwa um das *Bochumer Inventar zur berufsbezogenen Persönlichkeitsbeschreibung* (BIP).[11]

Im Unterschied zum AC geben sich die Teilnehmer des OC von Beginn der Maßnahme an selbst untereinander intensives Feedback, zum Beispiel über ihr Kommunikations-, Team- und Führungsverhalten. Ebenfalls anders als im AC sind beim OC keine Vorgesetzten als Beobachter beteiligt; mit dieser Aufgabe sind ein bis zwei externe Berater betraut. Für das Feedbacksystem füllt jeder Teilnehmer einen für diese Aufgabe konzipierten „Selbsteinschätzungsbogen" aus. Zusätzlich übernimmt jeder Teilnehmer für einen anderen einen „Fremdeinschätzungsbogen", der zudem für jeden Teilnehmer von den das Programm begleitenden Beratern ausgefüllt wird. Nach jeder Übung werden die eigenen und fremden Eindrücke (Teilnehmerkollege und Berater) ausgetauscht. Das erhaltene Feedback kann und soll der Teilnehmer nutzen, um bei folgenden ähnlichen Aufgaben neue Handlungsstrategien in den Bereichen zu erproben, die als „Lernfelder" markiert wurden. Die Fähigkeit, schnell situationsangemessene Verbesserungen schon im Verfahren zu entwickeln, vermittelt einen Eindruck von deren Lernkompetenz. Am Ende des OC finden Abschlussgespräche zwischen den Teilnehmern, Beratern, Führungskräften und/oder Personalentwicklern statt. Auf diese Weise wird für jeden Teilnehmer ein persönlicher Entwicklungsplan für das sich anschließende Nachwuchsprogramm entworfen, der individuelle Lern- und Entwicklungsziele enthält.

Im Zuge des OC erarbeiten sich die Teilnehmer also eine individuelle „Standortbestimmung" durch Selbstbild-Fremdbild-Abgleich, die Grundlage für die künftige Entwicklung ist. In der mehrtägigen Veranstaltung kommen sie damit zu einer realistischen Selbsteinschätzung und wissen, wo ihre Stärken und Schwächen beziehungsweise aktuellen Potenziale und Talente liegen. Die OC-Aufgaben werden dabei so unternehmens- und situationsspezifisch konzipiert, dass sie persönliche Entwicklungsziele der Mitarbeiter und

---

[11] In dem 2003 erstmals erschienenen und seitdem immer weiter entwickelten psychologischen Testverfahren werden berufsrelevante Persönlichkeitsmerkmale systematisch erfasst. Dem Teilnehmer werden hierfür Aussagen vorgelegt, deren Zutreffen er für die eigene Person beurteilen soll. Die Antworten werden zu Zahlenwerten zusammengefasst, in einem Profilblatt grafisch abgebildet und schließlich zu einem psychologischen Gutachten zusammengefasst. Mit dem BIP werden etwa Merkmale in den Bereichen „Berufliche Orientierung" (Leistungsmotivation, Gestaltungsmotivation, Führungsmotivation); „Arbeitsverhalten" (Gewissenhaftigkeit, Flexibilität, Handlungsorientierung); „Soziale Kompetenz" (Sensitivität, Kontaktfähigkeit, Sozialität, Teamorientierung, Durchsetzungsstärke) und „Psychische Konstitution" (emotionale Stabilität, Belastbarkeit, Selbstbewusstsein) erfasst.

aktuelle unternehmensspezifische Anforderungen an Potenzialträger in verschiedenen Tätigkeits- und Verantwortungsbereichen optimal verbinden. Anders als im AC stehen beim OC zusätzlich die Lernfähigkeit und Veränderungsbereitschaft der Mitarbeiter – eine wichtige Grundlage für eine innovative Unternehmensorientierung – im Vordergrund.

Dass in einem OC Hinweise auf vorhandene und noch entwicklungsfähige Potenziale gegeben werden, jedoch keine schnelle Beurteilung der Kandidaten allein aufgrund der Beobachtung externer Gutachter vorgenommen wird, entspricht der wertezentrierten Grundlage des PWS-Programms. Die intensive Feedbackstruktur im OC vermittelt Eindrücke von den Kandidaten – jedoch keine feststehenden Diagnosen im Hinblick auf die drei möglichen Karrierewege. Diese ergeben sich für die Teilnehmer und begleitenden Berater sowie Führungskräfte in einem fortwährenden Dialog während der Laufzeit des Entwicklungsprogramms.

In den Aufgaben und Fragebögen spiegeln sich schließlich die von PWS in der *Leistungsformel* behandelten Leistungsfaktoren wider: Im OC werden individuelle Talente identifiziert, und daraus wird deren „fachliche Heimat" im Unternehmen abgeleitet beziehungsweise konkretisiert. Bei der Erledigung der Aufgaben werden der Wille, die Motivation und das Selbstmanagement sowie der dabei gezeigte „Energielevel" der Teilnehmer beobachtet und reflektiert. Das heißt, das OC selbst steht bereits im Dienst eines intensiven Trainings, mit dem spezifische Kompetenzen weiter entwickelt werden sollen und können. Und die intensive Zusammenarbeit mit Kollegen fördert den Aufbau eines tragfähigen sozialen Netzwerks, auf das auch im weiteren Verlauf des Potenzialförderprogramms aufgebaut werden kann.

Während der Teamarbeit im OC und vor allem durch das gegenseitige Feedback lernen sich die Teilnehmer des Förderprogramms untereinander mit ihren Kompetenzen und Potenzialen in der Regel in einer neuen Qualität kennen. Durch die unternehmensspezifischen Aufgabenstellungen wird das Verständnis für das Unternehmen und dessen Anforderungen gefördert. Bei den Abschlussgesprächen des OC können auch Führungskräfte beteiligt sein, wodurch ein früher Austausch zwischen Teilnehmern und der Führungsebene hergestellt wird.

Fördermaßnahmen

Nach dem OC folgt verteilt auf etwa eineinhalb Jahre die eigentliche Förderung des Potenzials eines Unternehmens. Diese Förderung besteht aus drei „Kerneinheiten": einem Projektauftrag an einem *Hot Spot* des Unternehmens; vier inhaltlich spezialisierten Workshops, die mit der Projektarbeit eng verknüpft sind, und einem individuellen Coaching.

Durch die Projektarbeit und die Workshops sollen die Teilnehmer des Förderprogramms systematisch an die Anforderungen und Kompetenzen als Fachexperte, Projektmanager oder Führungskraft herangeführt werden. Zugleich arbeiten sie sowohl im Projekt und in den Workshops als auch insbesondere mit Hilfe von individuellem Coaching entlang ihrer „persönlichen Leistungsformel".

Projektarbeit

Im PWS-Programm übernehmen die Teilnehmer in der Regel einen komplexen Projekt-auftrag. Dieser ist sorgfältig mit dem Entscheidungsmanagement abgestimmt und berührt zentrale Entwicklungsnotwendigkeiten des Unternehmens.

In der Vergangenheit wurde in PWS-Nachwuchsförderprogrammen beispielsweise der Projektauftrag vergeben, in einem Verlagshaus ein Multimediakonzept für einen be-kannten Zeitschriftentitel zu entwickeln. In einem anderen Unternehmen der Baubranche sollte die Organisation radikal mehr zum Kunden hin ausgerichtet und in einem IT-Unternehmen die Arbeitgebermarke nachhaltig gestärkt werden.

All diese Projektaufgaben stellten zum Zeitpunkt der Vergabe an die Förderkandidaten für die Unternehmen elementare betriebliche Herausforderungen dar, das heißt, es wur-de für die jeweilige Problemstellung ein innovatives und zugleich realistisch umsetzbares Konzept benötigt. Im Sinne der im Förderprogramm angestrebten ganzheitlichen Entwick-lung stellen derartige Projektaufgaben an die Teilnehmer, das Unternehmen selbst sowie die Führungsebene erhebliche Ansprüche; sie bieten zugleich aber auch große Chancen:

- **Teilnehmer:** Im Rahmen der Projektarbeit erhalten die Teilnehmer die Chance, weiter in ihrer im OC identifizierten „fachlichen Heimat" zu arbeiten und sich in diesem Feld noch stärker zu profilieren (Job Enrichment, Job Enlargement). Die „Live-Anforderung" eines gewichtigen Projekts an die Fördergruppe ist eine Auszeichnung, zugleich aber auch eine grenzwertig herausfordernde Last, bei deren Bewältigung es gilt, die eigene Managementpersönlichkeit besser kennenzulernen und weiterzuentwickeln.
  Während der Projektphase arbeiten die Teilnehmer oft an ihrem bisherigen Limit: Unter anderem müssen sie für sie neue und an sich höchst anspruchsvolle Aufgaben kreativ lösen, sie müssen das Funktionieren der Gruppenarbeit steuern, sie müssen unerwartete neue Probleme im Projektablauf flexibel meistern, für die Lösung der Problemstellungen muss im Vergleich zu den existierenden Unternehmensstandards häufig „quergedacht" werden, was oft zu Widerständen aus unterschiedlichen Unternehmensebenen führt, die für eine planmäßige Umsetzung der Lösungskonzepte zu bewältigen sind etc. Für all das sind große Willensstärke, hohe Eigenmotivation und gutes Selbstmanagement wichtige Voraussetzungen, die während der Projektphase ausgetestet, reflektiert und ausgebaut werden.
  Parallel zur Projektarbeit werden daher in gemeinsamen Workshops und im persönli-chen Coaching immer wieder systematisch die jeweils eigenen Leistungsgrenzen und deren Verschieben nach oben reflektiert. Zugleich sind die Teilnehmer aufgehoben im Netzwerk ihrer Peers, das sich während der eineinhalbjährigen Laufzeit des Potenzial-förderungsprogramms zu einem mehr oder weniger leistungsfähigen Team entwickelt, in dem sich einzelne Rollen ausdifferenzieren und mögliche Kompetenzprofile weiter schärfen.
- **Unternehmen:** In der Projektaufgabe für die Gruppe der Potentials liegt außerdem die Chance, das Unternehmen weiterzuentwickeln. Dabei werden die Fragen der *Leistungs-formel* auch auf die Organisationsebene projiziert: Wo sind besondere Schwachpunk-

te des Unternehmens beziehungsweise Talente? Wie steht es mit der Motivation beziehungsweise dem Willen zur Veränderung? Wie gut funktioniert das Netzwerk der Fortschrittlichen? Ist das Unternehmen noch in seiner „fachlichen Heimat" unterwegs? Und wie trainiert es Verbesserungspotenziale? Wie klappt das Management und Selbstmanagement im Unternehmen? Etc.

Wie oben beschrieben, liegt die Projektaufgabe an einem „Hot Spot" des Unternehmens. Indem sich die Potentials gezielt mit diesem bislang kritischen Punkt, einer offensichtlichen „Schwachstelle" des Unternehmens, beschäftigen, stellen sie die Frage nach den Ursachen und nach realisierbaren Lösungen. Mit dieser Arbeit an der Problemlösung erhält das Unternehmen nicht nur die Möglichkeit, solche Schwachstellen zu beseitigen. Im Idealfall – unter anderem durch eine intensive Kommunikationsarbeit der Potentials mit anderen Mitarbeitern; durch neue, kreative Ideen etc. – werden auch die Voraussetzungen für positive organisatorische Umgestaltungen und weitere zukunftsweisende Projekte geschaffen.

- **Entscheidungsmanagement:** Ein Projekt an einem realen und zentralen „Hot Spot" des Unternehmens kann nur vergeben werden, wenn sich die Unternehmensvorstände beziehungsweise Geschäftsführer mit aller Entschiedenheit hinter das Projekt stellen und dieses nach Kräften unterstützen. Für die Führungsebene bietet die Projektarbeit der Potentials daher die Chance, nicht nur eine zukünftige erste Garde für das eigene Unternehmen zu entwickeln, sondern das Förderprogramm auch als einen starken Impulsgeber für innovative Veränderungsprozesse im Unternehmen zu nutzen.

Dazu ist es nötig, dass die Führungskräfte selbst letztendlich die Schwachpunkte der Organisation (gegebenenfalls auch ihrer eigenen bisherigen Arbeit?!) reflektieren und deren Bearbeitung – trotz möglicher Zeitknappheit – mit hoher Priorität auf die Unternehmensagenda setzen. Dafür ist zweifelsohne auch der unbedingte Wille erforderlich, bisher „liegen gebliebene" Dinge tatsächlich anzugehen. Zudem benötigt es Mut, einen solchen Auftrag hoch priorisiert an junge Potentials zu geben. Schließlich muss es vor allem auch für das Entscheidungsmanagement (Vorstand/zweite Führungsebene) selbstverständlich sein, im Prozess des Förderprogramms sich mit den möglicherweise kritischen, aber auch herausfordernden Impulsen der Potentials auseinanderzusetzen. Wenn dies gelingt, lernt „Jung" von „Alt" und umgekehrt. Gute neue Impulse können dann zum Teil noch in der Laufzeit des Programms tatsächlich gemeinsam umgesetzt werden.

Workshops

Aus den bisherigen Ausführungen wird deutlich, dass sich im PWS-Förderprogramm alle anderen Aktivitäten um die Projektaufgabe ranken. In einer Reihe von Workshops bekommen die Teilnehmer jedoch zusätzliches „Rüstzeug" vermittelt, das auch für den künftigen Karriereweg wichtig sein wird:

Im ersten Baustein nach dem OC mit dem Titel „Sich selbst gestalten und entwickeln: Selbstmanagement und Exzellenzentwicklung" geht es zunächst darum, den eigenen – bisherigen und künftigen – Standort sowohl individuell als auch für die Gruppe der Potentials

Block I: Sich selbst gestalten und entwickeln (3 Tage)

Ziele

- Die Teilnehmer entwickeln Zielklarheit und eine persönliche Vision: „Wofür stehe ich im Unternehmen?"
- Sie sind fähig, eigene intrinsische und extrinsische Motivatoren zu erkennen, lernen den gezielten Einsatz von Motivatoren und eigenen Willensstrategien im Hinblick auf ihre Leistungsentwicklung.
- Sie entwickeln einen auf sich selbst zugeschnittenen, anspruchsvollen fachlichen und persönlichen Trainingsplan und reflektieren ihre ‚fachliche Heimat' sowie ihre Stärken und Trainingspunkte im Hinblick auf ihr individuelles Managementverhalten.
- Sie arbeiten intensiv an der Optimierung ihres Selbstmanagements: Dadurch erreichen sie eine Verbesserung der Selbststeuerung, um effektiver und effizienter zu arbeiten.

Inhalte

- Motivationssteuerung (Kennenlernen wichtiger Motivstrukturen, Ergebnis- und Zielmanagement).
- Willensstrategien (Selbstaktivierungs- und Entspannungsmethoden, Ressourcenmanagement, Aufmerksamkeitssteuerung).
- Umfeldsteuerung (Überzeugungsstärke, optimale Arbeitsbedingungen schaffen, zur ‚fachlichen Heimat' finden).
- Deliberate Practice (konkrete Trainingsmodule für die fachliche und persönliche Entwicklung, Trainingsfeedback, Trainingsziele).
- Management des Selbstmanagements (Selbstreflexion, Selbstbeobachtung, Selbstbewusstsein und Initiieren von Veränderungsimpulsen im eigenen Handeln etc.).

Abb. 6.3   Block I: Sich selbst gestalten und entwickeln (Urheberrecht beim Autor)

im Unternehmen klar zu definieren. Für diese unternehmensspezifische Selbstdefinition werden auch die Leitfragen bearbeitet: Wer bin ich in diesem Unternehmen? Was treibt mich an? Was motiviert mich? Wo liegen meine Interessen im Unternehmen? Wo und wie kann ich mich einbringen? Welche Aufgaben kann und will ich jetzt und künftig übernehmen? Wie können wir als Gruppe zusammenarbeiten? Welchen Standort wollen wir als Gruppe im Unternehmen einnehmen? (siehe Abb. 6.3)

Durch Präsentationen, Gruppendiskussionen und intensives Feedback werden die im OC identifizierten Lernfelder ausgetauscht und bearbeitet. Es geht dabei vor allem um

Block II: Das Unternehmen mitgestalten und entwickeln (2 Tage)

Ziele

- Die Teilnehmer checken ihren Projektauftrag und analysieren die Tragweite und die Grenzen der von ihnen zu leistenden Projektarbeit.
- Sie identifizieren bisherige Erfolgs- und Misserfolgsfaktoren der Projektarbeit im Unternehmen.
- Sie entwickeln eine eigene fachlich fundierte Perspektive in Bezug auf ihren Projektauftrag, dessen Ziele und dessen Bearbeitung und gleichen diese mit dem Projektgeber ab.
- Die Teilnehmer erlernen die wichtigsten Instrumente des Projektmanagements und der Analyse komplexer Situationen und wissen diese im Unternehmen effektiv einzusetzen.
- Sie nutzen diesen Workshop, um ihr eigenes Projekt erfolgreich aufzusetzen.

Inhalte

- Analyse komplexer Situationen.
- Projektdefinition.
- Der Projektauftrag/das Commitment zum Projektauftrag
- Projektplanung und -organisation.
- Rollen im Projekt.
- Grundlegende Projektmanagementmethoden (wie z. B. Zielplanung, Aufgabenplanung, Zeit- und Ressourcenplanung, Beteiligtenanalyse, Risikomanagement, Kraftfeldanalyse etc.).
- Reflexion des individuellen Projektmanagements (Plus-Minus-Analyse) und Rückmeldung dazu an das Team sowie den Einzelnen.

Abb. 6.4 Block II: Das Unternehmen gestalten und entwickeln (Urheberrecht beim Autor)

die Bearbeitung der zentralen Leistungsfaktoren Motivationssteuerung, Willensstrategien, Umfeldsteuerung und Selbstmanagement.

Im zweiten Baustein „Das Unternehmen gestalten und entwickeln" wird der Projektauftrag vergeben und konturiert (siehe Abb. 6.4). Das heißt, das Projekt wird in der Gruppe geplant, und der Ablauf sowie die Rollen in der Projektarbeit werden festgelegt. Zugleich werden die Grundlagen des Projektmanagements vermittelt.

Im dritten Baustein „Für die eigene Position einstehen" werden erste Projektergebnisse präsentiert und bewertet (siehe Abb. 6.5). Vor dem Entscheidungsmanagement des Unternehmens müssen dazu auch kritische Positionen sozial kompetent und sachlich überzeugend vertreten werden. Zugleich muss Feedback zur bisherigen Projektarbeit konstruktiv aufgenommen und für die weitere Projektarbeit verwertet werden. Insgesamt wird in die-

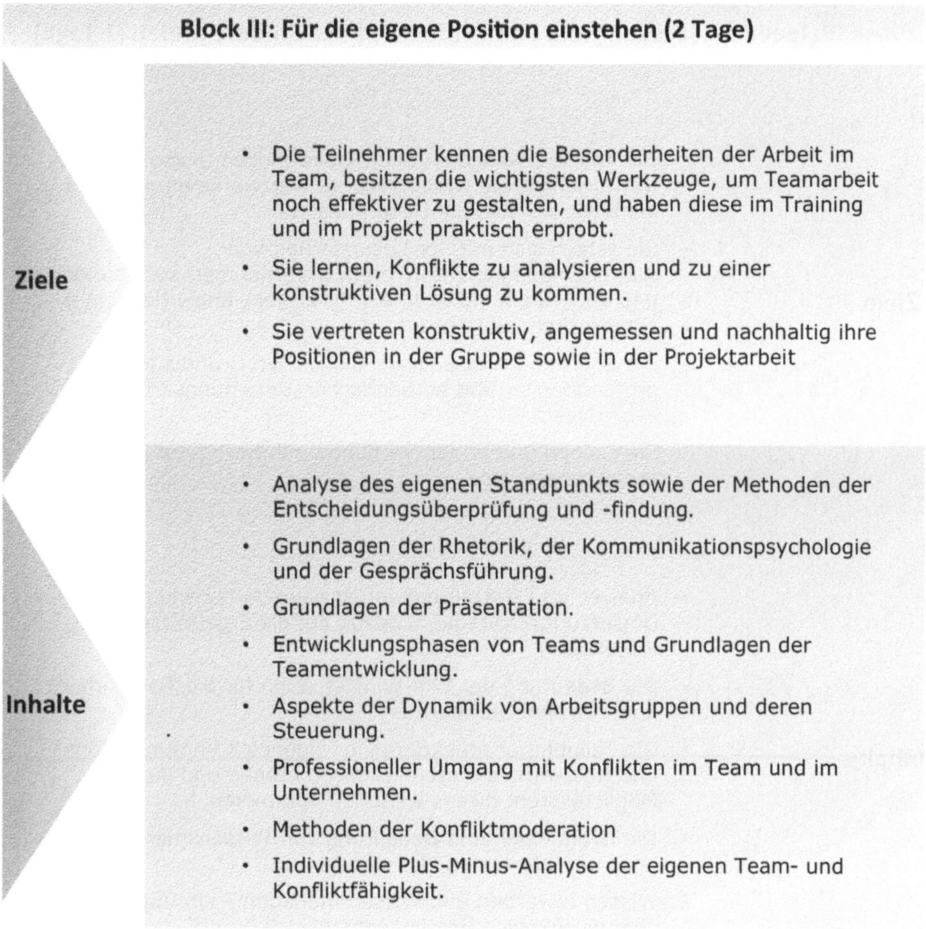

Block III: Für die eigene Position einstehen (2 Tage)

Ziele

- Die Teilnehmer kennen die Besonderheiten der Arbeit im Team, besitzen die wichtigsten Werkzeuge, um Teamarbeit noch effektiver zu gestalten, und haben diese im Training und im Projekt praktisch erprobt.
- Sie lernen, Konflikte zu analysieren und zu einer konstruktiven Lösung zu kommen.
- Sie vertreten konstruktiv, angemessen und nachhaltig ihre Positionen in der Gruppe sowie in der Projektarbeit

Inhalte

- Analyse des eigenen Standpunkts sowie der Methoden der Entscheidungsüberprüfung und -findung.
- Grundlagen der Rhetorik, der Kommunikationspsychologie und der Gesprächsführung.
- Grundlagen der Präsentation.
- Entwicklungsphasen von Teams und Grundlagen der Teamentwicklung.
- Aspekte der Dynamik von Arbeitsgruppen und deren Steuerung.
- Professioneller Umgang mit Konflikten im Team und im Unternehmen.
- Methoden der Konfliktmoderation
- Individuelle Plus-Minus-Analyse der eigenen Team- und Konfliktfähigkeit.

Abb. 6.5 Block III: Für die eigene Position einstehen (Urheberrecht beim Autor)

sem Baustein besonders die eigene Team- und Konfliktfähigkeit in der Auseinandersetzung mit den Führungskräften des Unternehmens trainiert.

Im vierten und letzten Baustein vor der Abschlusspräsentation der Projektergebnisse „Ideen im sozialen Netz überprüfen und Verbündete finden" lernen die Teilnehmer die professionellen Grundlagen des Networkings kennen (siehe Abb. 6.6). Sie erfahren, wie sie Netzwerke effektiv und glaubwürdig aufbauen, pflegen und bereits für ihre Projektarbeit nutzen können. Dafür werden beispielsweise die sozialpsychologischen Grundlagen professioneller und authentischer Beziehungsarbeit am Arbeitsplatz reflektiert. Sie dient unter anderem dazu, glaubwürdige und unterstützende Kontakte als „Sounding Board" für Projektergebnisse einzubeziehen und sich so eine Lobby zu schaffen. Des Weiteren ist es erforderlich, dass die Teilnehmer projektergebniskritische Entscheidungsträger einbeziehen,

Block IV: Ideen im sozialen Netz überprüfen und Verbündete finden (2 Tage)

Ziele

- Die Teilnehmer lernen die professionellen Grundlagen des Networkings. Sie wissen, wie sie Netzwerke effektiv und glaubwürdig aufbauen und pflegen.
- Sie setzen sich mit der Besonderheit von Wissensmanagement in ihrem Unternehmen auseinander und entwickeln in Bezug auf ihr Projekt-Know-how ein entsprechendes Konzept .
- Sie erlernen die sozialpsychologischen Grundlagen professioneller und authentischer ,Beziehungsarbeit' am Arbeitsplatz.
- Sie suchen und finden Verbündete in Bezug auf ihre Projektergebnisse.

Inhalte

- Analyse und Gestaltung von sozialen Netzwerken sowie Umsetzungsstrategie in Bezug auf die Ergebnisse des Projekts.
- Die Bedeutung der Win-Win-Situation für die Teilnehmer und ihre Netzwerkpartner.
- Die Teilnehmer reflektieren ihr eigenes Kommunikations- und Netzwerkverhalten im Unternehmen und ihre Möglichkeiten, dieses weiter zu optimieren.
- Die Grundlagen und Bedeutung von Wissensmanagement im Unternehmen im Plus und Minus.
- Wissen erwerben und Wissen managen – ein Vorschlag zum Projektwissensmanagement.

Abb. 6.6 Block IV: Ideen im sozialen Netz überprüfen und Verbündete finden (Urheberrecht beim Autor)

deren Kritik ernst nehmen, aber auch im Vorfeld der Präsentation der Projektergebnisse vor dem Vorstand und dem Entscheidungsmanagement für die eigenen Ergebnisse werben.

Individuelles Coaching

Während der gesamten Laufzeit des Programms erhalten die Teilnehmer Gelegenheit, in regelmäßigen Gesprächen mit einem Coach ihre Selbstbeobachtung, Selbstreflexion, Selbstregulation und ihr Selbstmanagement anhand der einzelnen Faktoren der individuellen *Leistungsformel* zu reflektieren und einzuüben. Auch alltagsrelevante Fragen – beispielsweise: „Wie kann ich die Belastungen des Programms optimal und nachhaltig steuern, ohne mich zu überfordern? Wie können Familie und Beruf gut kombiniert werden? Welche Bedürfnisse bestehen im privaten Bereich, und wie lassen sich diese am besten mit den Anforderungen einer Managementposition in Einklang bringen?" – werden hier besprochen und dazu individuelle Lösungswege entwickelt.

Zudem werden die im OC und in den Workshops identifizierten Lernfelder regelmäßig in den Einzelgesprächen mit einem Coach bearbeitet. Da es sich dabei meist um mehr oder weniger tiefgreifende Veränderungen im persönlichen Verhalten handelt, ist diese Kooperation mit dem psychologisch geschulten Coach besonders sinnvoll. Im Coaching können darüber hinaus Themen, die das soziale Netzwerk betreffen (zum Beispiel schwelende Konflikte; Schwierigkeiten im Networking im Unternehmen, in der Projektarbeit etc.), in einer Atmosphäre des Vertrauens behandelt werden.

Abschlussgespräche

In Abschlussgesprächen reflektieren Teilnehmer, Führungskräfte und Personalentwickler die Arbeit im Nachwuchsprogramm. Der Stand der persönlichen Lernzielerreichung wird evaluiert. Absprachen über die weiteren persönlichen und beruflichen Entwicklungsziele und -wege werden ebenso getroffen wie gegebenenfalls Vereinbarungen über eine weitere Begleitung durch Mentoren oder Coaches. Dabei bietet sich an, dass zunächst der Teilnehmer selbst seine Entwicklung im Programm und darüber hinaus darstellt, bevor dann ein offenes und konstruktives Feedback von außen erfolgt. Ein Abschlusszertifikat zur Dokumentation der Fortbildungsmaßnahme kann vergeben werden.

Lessons Learned mit dem Personalbereich

Parallel zur Durchführung des Programms findet im Personalbereich im Austausch mit der Führungsebene des Unternehmens und den Teilnehmern des Programms eine kritische Reflexion über die Entwicklungskultur für Potentials im Unternehmen statt. Auch das gewünschte und nötige Rollenverständnis sowie die Eigenschaften von Führungspersonen und Personalmanagern in Bezug auf die Förderung des Nachwuchses werden überdacht. So kann die längerfristige Entwicklung des für die Förderung notwendigen Personals in die gewünschte Richtung gelenkt und die Glaubwürdigkeit der Arbeitgebermarke gestärkt werden.

Das Programm selbst ist eng an die Führungskräfte des Unternehmens angebunden. Führungskräfte wählen die Teilnehmer für das Nachwuchsprogramm mit aus, sie nehmen an den Eingangs- und Abschlussgesprächen teil, stehen bei sogenannten „Kaminabenden" für den offenen Austausch mit den Teilnehmern zur Verfügung, übernehmen als Mentoren Verantwortung für einzelne Teilnehmer und begleiten aktiv die Entwicklung der Projektarbeit.

Im direkten Kontakt mit der Führungsriege erleben die Teilnehmer persönliche Wertschätzung im Unternehmen. Sie können ihre Ideen und Eindrücke, die im Zuge des Programms entstanden sind, direkt an die Entscheidungsträger „nach oben" melden und so gegebenenfalls Einfluss auf künftige Entscheidungen nehmen.

Auch nach Abschluss des Programms sollten die Teilnehmer und die Führungskräfte idealerweise in engem Kontakt bleiben. Beispielsweise kann die Gruppe der geförderten High Potentials als „Think Tank" für weitere kritische Aufgaben genutzt werden.

▶ **Als Nachwuchstalent selbst aktiv werden**
Natürlich sind nicht nur Unternehmen gefordert, wenn es um die optimale Vorbereitung und Nutzung des Nachwuchspotenzials geht. Was können künftige Leistungsträger selbst tun, um ihr berufliches Talent zu fördern beziehungsweise in den Genuss von Fördermaßnahmen zu gelangen?

- Als ambitionierter junger Mitarbeiter sollten Sie sich in einem ersten Schritt selbst klar darüber werden, welche Ziele und welche Karriere Sie anstreben. Nicht immer entspricht der Wunsch nach Führungsverantwortung tatsächlich auch den individuellen Vorlieben und Motiven. Fragen Sie deshalb selbst: Welche Stärken und besonderen Führungs- und Managementtalente konnten Sie bereits an sich selbst feststellen? Wie sieht ihr persönliches Stärken-Schwächen-Profil aus? Worin genau begründet sich Ihr Wunsch nach einer höheren Position im Unternehmen? Wie hoch ist – beispielsweise mit Blick auf Ihre Freizeitbedürfnisse – Ihre „Opferbereitschaft"?
- Definieren Sie konkrete Umsetzungsstrategien für die persönlichen Karriereziele. Machen Sie sich einen Plan: Wo wollen Sie wann stehen?
  Damit anspruchsvolle Ziele realisiert werden können und ihre motivatorische Wirkung erfüllen, müssen sie richtig formuliert sein, das heißt: so konkret wie möglich, messbar (zum Beispiel: wie oft, wie viel, in welcher Höhe), positiv aktiv („Ich werde das Projekt X meistern" statt: „Ich werde versuchen, nicht zu scheitern") und klar terminiert (konkrete zeitliche Festlegung: wann beziehungsweise bis wann). Und: Das Ziel sollte tatsächlich erreichbar sein, da es sonst eher demotivierende Wirkung hat.
  Denken Sie auch daran: Wer klare Ziele definiert, definiert eine eigene Position. Leistungsoptimierendes Zielmanagement beinhaltet daher immer auch das Entwickeln einer Argumentations- und Durchsetzungsstrategie. Diese sollte im Diskurs mit Sparringspartnern regelmäßig überprüft und geschärft werden.
- Informieren Sie sich über die bestehenden Fördermöglichkeiten und -angebote Ihres Unternehmens, aber auch über die Karrierepfade sowie Anforderungsprofile, Beurteilungskriterien und -instrumente. Diese Informationen können Sie im Personalbereich abfragen. Äußern Sie Ihre Ambitionen und beruflichen Interessen aber auch immer wieder gegenüber Ihrem Vorgesetzten, auch in offiziellen Zielvereinbarungsgesprächen. Fordern Sie Förderung aktiv ein. Falls Sie den Eindruck haben, Ihr Vorgesetzter hat kein offenes Ohr für Ihre Wünsche, überlegen Sie: Welche möglichen weiteren Adressaten gibt

es noch? Prüfen Sie auch, ob es Bewerbungsmöglichkeiten gibt, über die Sie selbst aktiv werden können.

- Suchen Sie sich erfolgsversprechende Bewährungsfelder, beispielsweise Projekte, Sonderaufgaben, Vertretungen! Gehen Sie dabei jedoch umsichtig vor: Kleine Erfolge sind – gerade in Summe gesehen – in jedem Fall besser als prestigeträchtige Projekte, die am Ende scheitern. Nehmen Sie sich aber nicht zu viele Aufgaben vor, sonst besteht die Gefahr, dass Sie den Überblick verlieren und sich auspowern. Fokussieren Sie Ihre Energie und Ihr Können auf die Dinge, die Ihnen wirklich wichtig erscheinen und in denen Sie gut sind. Und noch ein Tipp: Aufmerksamkeit erregt man nicht nur durch fachliches, sondern auch durch soziales Engagement im Unternehmen.

- Zeigen Sie sich im Team kooperationsfähig, konstruktiv und durchsetzungsstark. Arbeiten Sie an Ihrem Standing, Ihrer Selbstpräsentation und Konfliktfähigkeit. Nutzen Sie dafür die Angebote der betrieblichen oder außerbetrieblichen Weiterbildung. Gute Ratgeber-Bücher können hier einen nützlichen Einstieg liefern, professionelle Hilfe bieten externe Berater. Zeigen Sie sich engagiert, lern- und entwicklungsbereit!

- Dokumentieren Sie Ihre Erfolge. Dies hilft Ihnen dabei, Ihre Leistungen für das Unternehmen zu verdeutlichen. So geraten sie nicht in Vergessenheit. Informieren Sie Ihren Chef über Ihre Erfolge; er darf das ruhig als Erster von Ihnen erfahren. Sprechen Sie klar mit ihm über Ihre Leistungen, betreiben Sie ein positives Selbstmarketing, und lassen Sie andere wissen, was Sie gerade machen. Wird man mit positiven Arbeitsergebnissen in Verbindung gebracht, trägt dies zum guten Ruf bei. Aber Vorsicht: Verkaufen Sie nicht mehr, als Sie liefern können. Und stehen Sie zu Ihren Fehlern, falls diese passieren.

- Sorgen Sie für die richtigen Kontakte: Achten Sie nicht nur auf die offiziellen Kommunikationsabläufe Ihres Unternehmens, sondern machen Sie sich auch die gewachsenen, informellen Kontakte und Netzwerke zunutze. Ein entscheidender Faktor für die Gestaltung eines wirksamen und karrierefördernden Networkings besteht darin, auch selbst richtige „Fäden zu knüpfen". Machen Sie in Ihrem Arbeitsumfeld deshalb einen regelmäßigen Beziehungscheck: Mit wem habe ich es aktuell zu tun? Welche Beziehungen verbinden mich mit einzelnen Personen? Inwieweit sind diese für die Karriere oder die Entwicklung beziehungsweise den Erhalt meines persönlichen Leistungsniveaus wichtig und förderlich? Was tue ich für den Beziehungserhalt oder gegebenenfalls für eine Lockerung der Beziehung? Was will ich in Zukunft dafür tun?

- Ein tragfähiges Netzwerk setzt voraus, dass Sie im Austausch mit anderen nicht nur nehmen, sondern auch bereit sind, selbst zu geben. Das heißt, beim Networking im gebräuchlichen Sinn geht es insbesondere darum, jemanden um einen Gefallen bitten zu können, dem man seinerseits eine Gefälligkeit erwiesen hat. Ziel ist es letztlich, wichtige Persönlichkeiten und Meinungsführer für die eigenen Absichten zu gewinnen und den eigenen Einflussbereich zu vergrößern. Machen Sie sich bei wichtigen Projekten und Aufgaben – unabhängig von deren Bezugsebenen – deshalb immer klar: Wo sind mögliche

Koalitionspartner? Welche Unterstützer können aktiviert werden? Wer ist bereit, was zu investieren? Für welche Gegenleistung?

- Wer von anderen profitieren möchte, muss in der Lage sein, Beziehungen positiv zu gestalten. Arbeiten Sie deshalb an Ihrer sozialen Kompetenz!
- Hilfreich ist ein vertrauensvoller Ansprechpartner oder wohlwohlwollender Mentor. Solche Förderer ebnen ihren Schützlingen den Weg und helfen, optimale Rahmenbedingungen zu schaffen, um ihr Potenzial zur Geltung zu bringen. Gerade im Managementbereich geht es hierbei nicht nur um fachliche Unterstützung, sondern insbesondere um Kontakte und um Orientierungshilfen, mittels derer informelle Strukturen und Regeln von Macht und Karriere weitergegeben werden, und ohne deren Kenntnis ein Aufstieg trotz aller Kompetenz und Brillanz sehr schnell ins Stocken geraten kann. Überlegen Sie deshalb: Wer könnte für Sie für eine solche Funktion infrage kommen?
- Eigentlich völlig klar, gleichwohl erwähnenswert: Wer für sich professionelle Ambitionen im Job deklariert, sollte auch so auftreten: Dazu gehören persönliches Erscheinungsbild und Verhalten ebenso wie die Qualität und Pünktlichkeit der Arbeit. Wer immer einen Tick besser ist als der Durchschnitt, hebt sich irgendwann aus der Masse hervor …

Ausblick

Wie am Beginn des Beitrags erwähnt, werden Manager künftig noch mehr als heute mit immer komplexeren Aufgaben betraut sein, die unter hohem Zeit- und Leistungsdruck erledigt werden müssen. Als ein bedenkliches Resultat dieser Entwicklung lässt sich schon jetzt eine erhebliche Zunahme an psychischen und physischen Erkrankungen feststellen. Dass das Thema Burnout jüngst – nicht zuletzt durch die spektakulären Fälle von Burnout im Sport, die das rege Interesse der Medien auf sich zogen – in vielen Zeitschriften als Titelthema behandelt wurde und in Fernsehbeiträgen kritisch beleuchtet wird, scheint nur ein Indiz für die Brisanz des Themas zu sein (siehe Kap. 9). Ein verantwortungsvoller Umgang mit den Anforderungen an das Management, die in jedem Fall in ein gesundes Gleichgewicht mit der jeweils eigenen Leistungskapazität zu bringen sind, ist daher eine besonders wichtige Aufgabe, die in der Managementenwicklung weitaus stärker als bisher berücksichtigt werden sollte.

Literatur

Bundesagentur für Arbeit (2011): Perspektive 2025: Fachkräfte für Deutschland, Nürnberg: Bundesagentur für Arbeit. http://www.arbeitsagentur.de/zentraler-Content/Veroeffentlichungen/Sonstiges/Perspektive-2025.pdf

Deloitte (2005): Personalschwund und Qualifikationsdefizit gefährden Unternehmen weltweit, Studie über Strategien zur Mitarbeiterförderung, Pressemitteilung, 04.03. 2005. http://www.presseportal.de/pm/60247/654366/deloitte

Freund, D./Sternecker, P./Wollsching-Strobel, P. (2005): Mit Menschen Strategien umsetzen – Werteorientierung in Management und Beratung, in: Geißler, A./Laske, S./Orthey, A. (Hrsg.): *Handbuch Personalentwicklung*, Deutscher Wirtschaftsdienst: Köln Losebl.-Ausg. 96.Erg.-Lfg.

Groth, J. (2011): Deutsche Firmen buhlen um arbeitslose Spanier, in: *Spiegel-online*, 10.07. 2011.   http://www.spiegel.de/wirtschaft/soziales/fachkraeftemangel-deutsche-firmen-buhlen-um-arbeitslose-spanier-a-773210.html

Institut für Demoskopie Allensbach (2012): 4. Allensbachstudie. Bildung und Beruf in Zeiten der Finanzkrise: Studienbedingungen und Jobchancen nach dem Studium, Studie initiiert und unterstützt vom Reemtsma Begabtenförderungswerk, Allensbach: Institut für Demoskopie. http://www. begabtenfoerderungswerk.de/studie/downloads/file/8-reemtsma-allensbach-studie-2012

Karle, R. (2008): Top-Talente verlassen Deutschland, in: *Spiegel online*, 17.10. 2008. http://www. spiegel.de/unispiegel/jobundberuf/0,1518,584672,00.html

Michaels, E./Handfield-Jones, H./Axelrod, B. (2001): The War for Talent. Boston (Mass): Harvard Business School Press.

Schultz, S. (2009): Abwanderung. Fachkräfte-Schwund in Deutschland verschärft sich drastisch, in: Spiegel online, 26.05. 2009. http://www.spiegel.de/wirtschaft/abwanderung-fachkraefte-schwund-in-deutschland-verschaerft-sich-drastisch-a-626988.html

Wollsching-Strobel, P. (o. J): Nachwuchsförderung und -planung, in: *perso-net, Personalkompendium für das betriebliche Personalmanagement kleiner und mittlerer Unternehmen.* http://www.perso-net. de/kompetenzentwicklung/fuehrungskraefte/nachwuchsfoerderung-und-planung/

Wollsching-Strobel, P. (1999): Managementnachwuchs erfolgreich machen. Personalentwicklung für High Potentials, Wiesbaden: Gabler.

Wollsching-Strobel, P./Wollsching-Strobel, U./Sternecker, P./Hänsel, F. (2009): Die Leistungsformel. Spitzenleistung gestalten und erhalten, Wiesbaden: Gabler.

Wohlbefinden aktiv erarbeiten: Die Talentierten und der Stress

Ulrike Wollsching-Strobel und Petra Sternecker

Zusammenfassung

Persönliches Wohlbefinden und Gesundheit auf körperlicher, seelisch-geistiger und sozialer Ebene spielen bei der Entfaltung von Talent eine große Rolle. Vor allem der bewusste und produktive Umgang mit Stress ist bei hoch motivierten und leistungsbereiten Talentierten äußerst wichtig, damit Leistungswille und Motivation nicht ins andere Extrem, etwa Burnout, kippen. Ulrike Wollsching-Strobel und Dr. Petra Sternecker vermitteln zunächst grundlegendes Wissen über Stress – etwa Ursachen, Formen und Auswirkungen –, bevor sie dann konkrete Anregungen für ein persönliches Stressmanagement geben. Aussagen von Spitzenleistern zu ihren Strategien im Umgang mit Stress und daraus abzuleitende Ideen für den eigenen Umgang mit Drucksituationen runden den Beitrag ab.

„Persönliches Wohlbefinden" wird gemeinhin weniger mit dem Thema „Talententwicklung" in Verbindung gebracht. Anstatt mit Wohlbefinden und mit Gefühlen von Freude, wohliger Entspannung und Wohlwollen gegenüber sich selbst werden besonders mit Blick auf den Weg zu Spitzenleistungen eher konträre Begriffe assoziiert wie „gnadenloses Arbeiten an sich selbst", „unerbittliches Training", „Verzicht", „Selbstüberwindung", „Leistung(-sdruck)" und „Konkurrenz". Heißt das aber automatisch, dass Talententwicklung Wohlbefinden ausschließt? Sind ein wohlwollender Blick auf sich selbst und das aktive Fördern des eigenen Wohlbefindens der Talent- und auch der Leistungsentwicklung entgegengesetzt und somit kontraproduktiv?

Dieser Beitrag postuliert das Gegenteil: Ausgehend von Erkenntnissen der Stressforschung möchte er Argumente dafür liefern, dass gerade das persönliche Wohlbefinden im Sinne von Gesundheit auf körperlicher, seelisch-geistiger und sozialer Ebene bei der Ta-

Ulrike Wollsching-Strobel ✉, Dr. Petra Sternecker ✉
PWS Wollsching-Strobel Managementberatung GmbH, Fritz-Boehle-Straße 3, 60598 Frankfurt am Main, Deutschland
e-mail: info@wollsching-strobel.de

P. Wollsching-Strobel und B. Prinz (Hrsg.), *Talentmanagement mit System*,
DOI 10.1007/978-3-8349-3780-3_7,
© Springer Fachmedien Wiesbaden 2012

lententwicklung eine wichtige Rolle spielt. Die Leitthese des Artikels lautet dabei: Wer umfassend sein Wohlbefinden im Blick behält und aktiv fördert, schafft eine gute Grundlage,
um motiviert und ausdauernd an der Entwicklung seiner Talente zu arbeiten. Denn: Talentierte Personen sind häufig beflügelt durch positive Anreize wie kreative Ideen, den Willen
zur Leistungsoptimierung etc. Ihnen stellt sich die Aufgabe, diese vielfältigen Anreize so
zu steuern, dass die einzelnen, meist positiven Impulse nicht in Summe zur beeinträchti-
genden Belastung werden. Eine bewusste und aktive Stärkung der Faktoren, die negative
Stresswirkungen verringern, Wohlbefinden sicherstellen und damit die Talententwicklung
stärken, ist daher geboten. Ein funktionierendes Stress- und Talentmanagement, das ein
solches Wohlbefinden herstellt, zeigt sich dann unter anderem – selbst in anstrengenden
Trainings- oder Übungsphasen im Sinne von Deliberate Practice (siehe Kap. 11) – durch
ein grundsätzliches subjektives Erleben von Wohlgefühl, durch mehrheitlich positive und
hoffnungsvoll in die Zukunft gerichtete Gedanken, eine insgesamt stabile Gesundheit und
die beständige Lust zur Weiterentwicklung.

In diesem Beitrag wird zunächst grundlegendes Wissen über Stress und Stressmanagement in einem Überblick zusammengefasst; dabei werden auch Anregungen zum
persönlichen „Wohlfühlmanagement" gegeben. Im anschließenden zweiten Abschnitt
werden anhand konkreter Beispiele sowohl Stressoren als auch Bewältigungsansätze in
den verschiedenen (Talent-)Entwicklungs- und Karrierephasen von Leistungsträgern aus
den Bereichen Sport und Management vorgestellt. Das Stressmanagement und die aktive
Arbeit am Wohlbefinden, um die es in diesem Beitrag geht, sind dabei insgesamt als ein
wichtiger Teilbereich des Selbstmanagements zu verstehen, dem ein gesondertes Kapitel
in diesem Buch gewidmet ist (siehe Kap. 10).

Grundlegende Erkenntnisse der Stresstheorie

Anfänge der Stressforschung

Der Begriff „Stress" wird heute weitgehend selbstverständlich mit einer negativen Kon-
notation verwendet. Dem steht der wissenschaftliche Gebrauch des Begriffs entgegen, der
neutraler und differenzierter ist. Ursprünglich verwendeten englische Physiker diesen aus
dem Altfranzösischen stammenden Begriff (engl. stress = „Druck, Anspannung") bei unterschiedlichen Materialprüfverfahren. Auch Mediziner und Biologen führten ihn zur Bezeichnung all jener Belastungsfaktoren ein, die auf einen lebendigen Organismus einwirken
können und dort eine unspezifische Anpassungsreaktion hervorrufen. Heute spricht man
auch von „Stresstests", zum Beispiel für Banken.

Der Mediziner und Hormonforscher Hans Selye (1907–1982), der auch als „Vater
der Stressforschung" bezeichnet wird, untersuchte in den 1930er-Jahren schließlich die
Reaktion auf beliebige Belastungen bei Menschen. Eher zufällig stellte er fest, dass die
Organismus-Antwort mit einem stereotypen Muster physiologischer und insbesondere hormoneller Veränderungen einhergeht und zum evolutionären Erbe des Menschen

gehört. Selye erkannte sehr schnell, dass diese von ihm „Stress" genannte Anpassungsre-aktion, das sogenannte allgemeine Adaptationssyndrom, zweierlei Möglichkeiten bietet: Sie kann die Voraussetzung für gelingende Anpassungsprozesse des Menschen bieten und zur Weiterentwicklung beitragen. Sie kann aber auch für den Menschen große Risiken bergen und leichte bis schwere funktionelle Störungen und Organschädigungen zur Folge haben.

„Subjektive" und „objektive" Faktoren von Stress

Diese Erkenntnis führte Selye zu einem neuen Verständnis der Entstehung und Behand-lung verschiedener Krankheiten sowie zu dem Postulat humanerer Lebens- und Arbeits-bedingungen. Darüber hinaus legte die weitere Forschung offen, dass Stress nicht zwangs-läufig nur durch objektive Faktoren entsteht, sondern zu einem großen Teil psychisch vermittelt ist: Wie insbesondere die Forschungsgruppe um den kalifornischen Psycholo-gen Richard S. Lazarus[1] belegen konnte, kommt es beim Stress nicht allein darauf an, wie die Dinge und Situationen objektiv sind, sondern wie die Menschen sie subjektiv sehen und ihre Möglichkeiten, mit ihnen umzugehen, einschätzen. Stress entsteht also im Zu-sammenspiel zwischen objektiven Anforderungen einer Situation und der individuellen Einschätzung von zur Verfügung stehenden Ressourcen und Bewältigungsmöglichkei-ten. Nicht allein unsere Lebensumstände produzieren demnach unseren Stress, sondern auch wir selbst. Je nachdem, wie eine Person im Kontext ihrer Persönlichkeit (vergangene Erfahrungen, Denk- und Gefühlsmuster) äußere oder innere Anforderungen als bedroh-lich interpretiert, bringt sie ihre Stressreaktion mehr oder weniger stark in Gang. Dabei hängt die Bedrohlichkeitseinschätzung im Wesentlichen von der Einschätzung der zur Verfügung stehenden Bewältigungsmöglichkeiten ab: Werden diese als unzweckmäßig und ineffizient angesehen, steigt der Stresspegel. Erscheinen sie jedoch als erfolgreich (und beweisen das auch in der Praxis), dann kommt es automatisch zu einer Resonanzdämp-fung und Stärkung des Selbstbewusstseins. Da bei der Bewertung einer Situation nicht nur reale, sondern auch irreale Faktoren eine Rolle spielen, kann ein Mensch auch dann Stresssymptome erleben, wenn objektiv keine Gefahr droht. Angst vor dem Fliegen, vor Aufzügen oder davor, alleine ein Kaufhaus zu betreten, sind nur einige Beispiele solcher „sinnlosen" Stressreaktionen, die allerdings im Kontext einer vergessenen Erfahrung meist als „sinnvoll" entschlüsselt werden können.

„Uralte" Stressreaktion

So sehr (negativer) Stress auch als die Krankheit der Gegenwart bezeichnet wird und in sei-nem Entstehen höchst individuell ist, so sehr ist die Stressreaktion aber auch ein allgemei-

---

[1] Zum Beispiel Lazarus (1986).

nes Erbgut der Menschheit mit immer gleichem Ablauf. Deshalb ist es wichtig, zwischen Stresssituation und Stressreaktion zu unterscheiden. Eine Stresssituation kann jede beliebige Situation sein, die eine Stressreaktion hervorruft, sodass schließlich nur das objektive Auftreten einer vegetativen Stressreaktion des Organismus Rückschlüsse darauf zulässt, welche Situation für die jeweilige Person gerade ein Stressor ist.

Auf Stress reagieren Menschen heute noch genauso wie die urzeitlichen Artgenossen. Denn der Sinn dieses einprogrammierten Mechanismus ist die Sicherung des Überlebens. Immer, wenn Gefahr droht, wird der Organismus reflexartig auf ein Notfallprogramm geschaltet, welches höchste Kampf- und Fluchtfähigkeit ermöglicht. Nach der Wahrnehmung jedes Stressors erfolgt eine Anpassungsreaktion des Körpers, wobei der Organismus üblicherweise in drei Phasen auf solche äußeren Stresseinwirkungen reagiert:

1. mit der anfänglichen Alarmreaktion bei Auftreten des Stressfaktors;
2. mit dem nachfolgenden Widerstandsstadium, in dem sich der Organismus an den andauernd einwirkenden Stressor anpasst, das heißt, es gibt eine auf Aktivität vorbereitende Phase und eine Handlungsphase („Flucht oder Angriff");
3. diese gehen nach Abschluss über in das Erschöpfungsstadium, das eintritt, sobald die für eine Anpassung erforderliche Energie nicht mehr ausreicht oder eine Anpassung abgeschlossen wurde.

Aus dem Ablauf dieser Stressphasen folgt, dass auf jede Anspannungs- eine Entspannungsphase folgen muss. Denn nur bei ausreichender Erholung kann ein gleichbleibendes Niveau zwischen Ruhe und Erregung gehalten werden.

Stress – Entwicklungsmotor oder Entwicklungsschädiger

Dem Modell dieses allgemeinen Adaptionssyndroms liegt die Annahme zugrunde, „dass Stress an sich keine spezifische schädigende oder fördernde Wirkung hat, sondern dass vielmehr in Abhängigkeit von der Art und Dauer der einwirkenden Stressoren sich anregende oder beeinträchtigende, d. h. positive oder negative Stresswirkungen und -folgen entwickeln können".[2] In der Konfrontation mit Stressreizen und der damit zusammenhängenden Stressreaktion liegt also auch eine Chance zur Weiterentwicklung: Immer dann, wenn ein Mensch eine geeignete Strategie für ein aufgetretenes Problem findet, bleibt die Stressreaktion kurz, und die dabei freigesetzten Transmitter und Hormone unterstützen die Bahnung der zur Lösung des Problems aktivierten Nervenzellverschaltungen. Wenn die physiologische Reaktion ungestört ablaufen kann, sind Weiterentwicklung und positiver Trainingseffekt möglich.

Die Frage, ob ein Stressreiz gut oder schlecht für die Person ist, ob die Person sich anpasst im Sinne von Weiterentwicklung und Training oder sich negative Folgen einstellen, hängt also nicht vom Stress an sich ab, sondern vor allem von folgenden Faktoren:

---

[2] Büssing und Glaser (1998, S. 8).

- der individuellen Einstellung zum Stressor;
- der momentanen und dispositionalen Belastbarkeit;
- den Lebensbedingungen und dem Lebensstil;
- der Stärke, Zahl, Dauer und Art der Reize;
- den vorgestellten oder tatsächlichen Möglichkeiten der Stressbewältigung und des Stressmanagements;
- der Menge und Art schon bisher unbewältigter Stresssituationen und dem Lebensalter.

▷ **Merke Erster Schritt: Stresswissen**

- Keine Entwicklung gelingt ohne (Stress-)Anreize.
- Positiver Stress führt zu Weiterentwicklung und kann zu höchsten Leistungen anregen.
- Negativer Stress führt auf Dauer zu mehr oder weniger schweren Beeinträchtigungen.

Selbstreflexion

- Was sind für mich positive Anreize? Welche Beanspruchungen nehme ich gerne an und genieße ich?
- Wie kann ich mir zusätzlich selbst interessante Anregungen entlang meiner Begabungen schaffen?
- Wie sehen zurzeit meine negativen Stressoren aus?

Tipp
Die Stressoren über eine Woche hinweg schriftlich analysieren!

Physiologische Stressbewältigung

Die Bewältigung von Stressreizen jeglicher Art hängt zu einem Teil auch mit dem körperlichen Ausagieren zusammen. Wer belastende Stresssituationen nicht zusätzlich zu anderen Bewältigungsformen durch körperliche Aktivität bewältigt, worauf, wie oben gezeigt, die physiologische Stressreaktion vorbereitet, sondern durch körperliches Still- und Aushalten, verwandelt förderliche Stressreize in beeinträchtigende Stressreize. Wenn hingegen die notwendige Erholungsphase nicht durchgeführt wird, wird ebenfalls auch ein eigentlich positiver Anreiz zum negativen Stressor. Zumindest zu einem späteren Zeitpunkt durchgeführt, sorgt Bewegung dafür, dass Stresschemie und Fettsäuren abgebaut werden und auch physiologisch eine Erholungsphase in Form von Entspannung oder Schlaf stattfinden kann.

▷ **Merke Zweiter Schritt: Stressrisiko prophylaktisch realisieren**

- Wissen um den eigenen notwendigen positiven und nicht förderlichen negativen Stress.

- Stressreizen angemessen begegnen heißt: tägliche Phasen der körperlichen Bewegung/Belastung und Erholung/Entspannung einplanen.

Selbstreflexion

- Was sind meine täglichen kleinen Bewegungseinheiten? Sind sie als Ausgleich und Wechsel gestaltet?
- Wie sehen meine größeren Bewegungseinheiten aus? Oder fehlen sie? (Zum Beispiel zwei- bis viermal pro Woche 30 bis 40 Minuten Gehen, Laufen, Radfahren, Muskeltraining etc.)
- Wann und wie fühle ich mich entspannt? Entspanne ich regelmäßig?
- Schlafe ich genug (ca. sechs bis zehn Stunden täglich)? Wie ist mein individuelles Schlafbedürfnis?

Tipp
Nach rund 90 Minuten gleichartiger Beanspruchung für fünf bis 15 Minuten Belastung wechseln beziehungsweise entspannen!

Individuelle Stresswirkungen

Der erste Schritt einer erfolgreichen Stressbewältigung ist, seine normalen Stresssignale wahrnehmen zu lernen. Um mangelnder Entwicklungschance, andauernden Missempfindungen und langfristigen Gesundheitsgefahren durch unzureichendes Stressmanagement vorzubeugen, ist es wichtig, Signale wahrnehmen zu lernen, die auf eine negative Stressbelastung hinweisen. „Es ist unstrittig, dass Stress bei länger anhaltender Einwirkung von Stressoren und unzureichendem Stressmanagement in der Arbeit zu negativen Stressfolgen wie zum Beispiel Ermüdungserscheinungen, Gereiztheit, psychosomatischen Beschwerden führen kann."[3] Mit Achtsamkeit und Selbstbeobachtung kann die Person letztlich darüber entscheiden, ob sie die Folgen unbewältigter Stressreize sich weiter anhäufen lässt, die negativen Folgen bewusst hinnimmt, negiert oder doch intervenieren möchte.

Stresssignale offenbaren sich dem wachen, sensibilisierten und geübten „inneren" Auge auf verschiedenen Ebenen. Dabei unterscheidet Selye zwischen hier beispielhaft aufgeführten Folgen von punktuellem negativen (a) und chronischem negativen Stress (b).[4]

Auf der körperlichen Ebene zeigt sich Stress zunächst durch: (a) zum Beispiel schnellen, flachen Atem (mit betonter Einatmung); Pulsbeschleunigung; erhöhten Blutdruck, verstärkte Röte im Gesicht, am Hals; Schweißausbruch; trockenen Mund und Kehle; gespannte Haut; verspannte Muskulatur; steife Gelenke; Händezittern etc. Körperliche Langzeitwirkungen von Dauerstress sind (b) zum Beispiel: gestörte Durchblutung mit kalten, schweißigen Extremitäten; Haarausfall; gestörte sexuelle Potenz; Infekthäufung; andauernde Schlafstörungen; Verdauungsstörungen; dauerhaftes Erschöpfungsempfinden;

---

[3] Büssing und Glaser (1998, S. 11).
[4] Seyle (1981).

motorische Unruhe; Schmerzen; Haltungsschäden; Entwicklung von Herzkreislauferkrankungen; Leistungseinbrüche etc.

Auf der kognitiv-emotionalen Ebene zeigt sich aktueller Stress durch (a) zum Beispiel: Gereiztheit; Kriteln; Ärger; Ängstlichkeit; Sich-Zurückziehen; Konzentrationsschwäche; „Gedanken weit weg"; kurzzeitige Lust- und Antriebslosigkeit; Ungeduld; Vergesslichkeit; depressive Verstimmungen; eingeengte Wahrnehmung; Zerstreutheit; Entscheidungsschwächen; negatives Denken; Kritiküberempfindlichkeit; geistige Blockaden; Gedankenkarussell etc. Kognitiv-emotionale Langzeitwirkungen sind (b) zum Beispiel: andauernde erhöhte Depressivität; starke Aggressivität; Wechsel von reduziertem Selbstwertgefühl oder Selbstüberschätzung; Entscheidungsangst; exzessives Grübeln; schwere Konzentrations- und Gedächtnisstörungen; langfristiger Motivationsverlust etc.

Auf der sozialen und Verhaltensebene zeigt sich Stress zunächst durch: (a) zum Beispiel Griff nach „schnellen Stresslösern" wie Zigaretten, Kaffee, Alkohol/Süßigkeiten (Konsum kann unter Stress auf mehr als das Doppelte ansteigen!); Spannungsabfuhr durch Überaktivität; Entwicklung von „Ticks" (ständig mit den Füßen und Beinen wippen, mit den Fingern trommeln, ständiges Kratzen, die Haare glatt streichen, den Kragen zurechtrücken etc.); Neigung zu häufigeren „Pannen" und Unfällen, auch Haushaltsunfällen (durch aggressiveres Fahrverhalten, Rücksichtslosigkeit, mangelnde Konzentration); Fehler bei der Arbeit; vermehrtes Geldausgeben; Grimassenschneiden (auf den Lippen kauen, Stirn und Nase runzeln, ständiges Augenblinzeln, andauerndes Schlucken, aufgerissene Augenlider etc.); übersteigertes oder reduziertes Sexualverhalten etc. Die sozialen Langzeitwirkungen sind (b) zum Beispiel Verstärkung oben genannten Verhaltensweisen in Richtung Suchtverhalten oder in Richtung Rückzug; Burnout.

Burnout durch chronischen Stress: Es gibt Faktoren, die ein sicheres Zeichen dafür sind, dass man an die Grenze der persönlichen Leistungsfähigkeit gelangt ist, negativen Stressoren über lange Zeit nicht angemessen begegnet ist und die eigenen Kraftreserven zur Neige gehen. Dazu gehören zum Beispiel das dauerhafte Sinken der Motivation, überwiegend negative Gefühlslagen und Gedanken, ständiges Anstrengungsempfinden oder diverse und wiederkehrende Störungen der Gesundheit.

Im schlimmsten Fall kommt es zu burnoutähnlichen Symptomen. Darunter versteht man einen besonderen Fall – auch berufsbezogener – chronischer Erschöpfung, die ihre Ursachen häufig in andauernder Überlastung, ständiger Frustration und mangelnder Anerkennung, dem Nichterreichen von Zielen oder zu hohen persönlichen Erwartungen an eigene Leistungen hat.[5] Das Burnout-Syndrom ist in Auftreten und Ausmaß vielfältig und individuell. Allgemeine Anzeichen sind: Depressionen, Entfremdung von der Tätigkeit, Desinteresse, Zynismus, sozialer Rückzug, physiologische Beschwerden und/oder körperliche Dysfunktionen. Typisch sind auch Schuldgefühle oder Versagensängste. Der „Ausgebrannte" erlebt seine Umwelt im Allgemeinen als nicht mehr kontrollierbar und zieht sich in sich zurück.

---

[5] Vgl. zum Beispiel Maslach und Leitner (2001).

Mangelnde Stressbewältigung durch (zu) starken Willen und (über-)große Motivation

Zu großer Leistungswille und (über-)große Motivation stellen für begabte und interessierte Personen mit hohem Anspruch an sich selbst ein besonderes Gefährdungspotenzial dar. Sogenannte „Überkontrolle" oder ein Zuviel an Motivation sowie die immer wiederkehrende Suche nach dem „Kick" durch die positive Hormonlage, beispielsweise aufgrund von Reizvielfalt, Leistungsbeweisen, Anerkennung und Erfolg, sorgen dafür, dass Erschöpfungssignale nicht mehr adäquat wahrgenommen und berücksichtigt werden. Sie führen in der Folge zu einer Erschöpfung der Ressourcen. Pausen, Schlaf, Erholung und Ausgleich werden nicht mehr ausreichend berücksichtigt. Im Extremfall greifen die Beteiligten auch auf kurzfristig energiesteigernde Maßnahmen wie Doping, Drogen, Medikamente oder Genussmittel zurück. Gleichzeitig werden Hinweise von außen negiert. Auch hier ist ein, nicht unbedingt von außen spürbarer, Rückzug von anderen Menschen zu verzeichnen, sodass unweigerlich der zunächst körperliche, dann auch der geistige, seelische und soziale Zusammenbruch mit andauerndem Missbefinden (beziehungsweise simuliertem Wohlbefinden!) droht.

> **Merke Dritter Schritt: Konkrete Stressauswirkungen kennen und wahrnehmen**
> Wichtige Phase im eigenen Stressmanagement ist das Wahrnehmen, Erkennen und Formulieren von individuellen Stresssymptomen und die Bereitschaft, den Folgen von unbewältigtem negativem Dauerstress mit Stressmanagement vorzubeugen.
>
> **Selbstreflexion**
> Welche Stressauswirkungen bei negativem Stress kann ich an mir feststellen?
>
> - Gedanken, Gefühle/Stimmungen: Wenn ich gestresst bin, denke ich/fühle ich …
> - Körperliche Wahrnehmung: Wenn ich gestresst bin, fühlt sich mein Körper … an.
> - Verhalten: Wenn ich gestresst bin, verhalte ich mich …
>
> **Tipps**
> Fragen Sie auch nach, was Ihnen nahe stehende Personen über Sie sagen!
> Lassen Sie sich bei Symptomen von Dauerstress von Therapeuten beraten!

Stressmanagement

Das empirisch belegte Phänomen, dass Menschen nicht nur individuell verschieden auf Stressoren reagieren, sondern auch offensichtlich unterschiedlich mit Stress umgehen, hat zu verschiedenen Richtungen in der Stressforschung und der klinischen Psychologie geführt, die sich sämtlich mit der Frage beschäftigen, wie Menschen Krisen und außergewöhnliche Belastungen und damit Stress erfolgreich meistern. Diese Ansätze weisen zwar zahlreiche Ähnlichkeiten auf, sind aber trotz allem nur schwer miteinander vergleichbar.[6] Im Folgenden sollen einige der wichtigsten Konzepte skizziert werden:

Coping

Dieser Begriff beschreibt im weitesten Sinn die Fähigkeit, mit schwierigen Verhältnissen und Lebenssituationen zurechtzukommen, und subsumiert eine Vielzahl von Strategien und Verhaltensweisen in der Auseinandersetzung mit belastenden Situationen, denen im Prozess der Genese und Wirkung von Stress eine wichtige Rolle beigemessen wird. Coping als Bewältigungsstrategie zielt darauf:

- den Einfluss schädigender Umweltbedingungen zu reduzieren und die Aussicht auf Erholung zu verbessern;
- negative Ereignisse oder Umstände zu tolerieren beziehungsweise den Organismus an sie anzupassen;
- ein positives Selbstbild aufrechtzuerhalten;
- das emotionale Gleichgewicht zu sichern;
- befriedigende Beziehungen zu anderen Personen fortzusetzen.

Dabei kann zwischen adaptiven und maladaptiven Coping-Strategien unterschieden werden. Erstere tragen zu einer langfristigen und nachhaltigen Lösung eines Problems bei, während bei den zweiten der aktuelle Ablenkungscharakter im Vordergrund steht.

Nach ihren Untersuchungen differenziert die bereits genannte Forschungsgruppe um Lazarus diese beiden Formen des Copings folgendermaßen:[7]

- **Problemorientiertes Coping/Äußeres Reizmanagement**: Darunter versteht man, dass das Individuum versucht, durch direkte Handlungen oder auch durch Unterlassen von Handlungen aktiv auf eine belastende Situation Einfluss zu nehmen. Diese Bewältigungsstrategie bezieht sich damit auf die Ebene des Reizes und zielt darauf ab, das existierende Problem zu lösen. Dabei wird entweder die Situation als solche, das eigene Verhalten in der Situation oder beides geändert.
- **Emotionsregulierendes Coping/Erregungsmanagement**: Bei dieser Variante, die als auch „intrapsychisches Coping" bezeichnet wird, wird in erster Linie versucht, die durch die Situation entstandene emotionale Erregung abzubauen, ohne sich zwangsläufig mit der Ursache auseinandersetzen zu müssen. Im Mittelpunkt steht also die Verbesserung des emotionalen Erlebens, ohne jedoch das Problem zu lösen oder die Situation zu verändern. Dieses sogenannte „palliative Coping" lässt sich weiterhin unterscheiden in eher

---

[6] Vgl. Sonnenmoser (2006, S. 49).
[7] Vgl. Lazarus und Folkman (1984).

positive Formen (zum Beispiel Beruhigungs- und Entspannungstechniken) und eher negative Formen (zum Beispiel Negieren des Problems).

- Als dritte Variante des Coping wird von einigen Autoren zudem häufig die **soziale Bewältigungsstrategie** genannt. Diese kann – verstanden als das Bemühen, in belastenden
Situationen die Unterstützung durch andere einzuholen – einerseits dem problemorien-
tierten (aktiven) Bewältigungsverhalten, andererseits aber – im Sinn von persönlicher
Zuwendung – auch dem emotionsorientierten Bewältigungsverhalten zugerechnet werden und nimmt damit sozusagen eine Doppelfunktion ein.[8]

Letztlich ist „bis heute … offen, welche dieser Strategien in welchen Situationen von
welchen Personen am effektivsten zur Stressbewältigung eingesetzt werden können. Eine
allgemein effektive Standardstrategie der Stressbewältigung wird es nicht geben, da die in-
terindividuellen Unterschiede der Person und Anforderungen zu groß sind".[9]

Im praktischen Stressmanagement kommen in Anlehnung an diese Coping-Varianten
und -Interventionen beispielsweise folgende Formen positiver Bewältigungsmaßnahmen
zur Anwendung:[10]

- **Zielorientierte Handlungen zur stressfreien Gestaltung der äußeren Situation/
Äußeres Reizmanagement**: Effiziente Planung von Zeit und Vorhaben; Suche nach In-
formationen sowie Hilfe und Unterstützung; Lernen durch Erfahrung und die
Beobachtung anderer, Situationsklärung in Form eines Soll-Ist-Vergleichs inklusive
Aktionsplan, gegebenenfalls externe Hilfe; bewusstes Unterlassen belastender Ver-
haltensweisen; gezielte Stressminderung durch Beziehungen; Änderung belastender
Umwelt-/Arbeitsplatzsituationen.
- **Zielorientierte Handlungen** zur Stärkung des gesundheitsförderlichen Verhaltens-/
Belastungsmanagements wie angemessener Ausgleich; Bewegung und Entspannung;
Verbesserung der körperlichen Belastungsfähigkeit durch Training; Entspannungstrai-
ning/Meditation; Lebensstilfaktoren.
- **Stressminderung durch förderliche Gedanken und Bewertungen/Inneres Reiz- oder
Einstellungsmanagement**: Minderung sorgenvollen Grübelns und negativer Selbstge-
spräche; Gespräche mit verständnisvollen Menschen; Rückbesinnung auf positive Erfahrung; Einsatz von Umbewertungstechniken wie Reframing; mentale Trainings (zum
Beispiel innere Visualisierung zur Vorbereitung von Handlungsabläufen; innere Visualisierung eines vergangenen Erfolges zur Selbstmotivierung); Entspannung; Lernen von
anderen; Positives bewusster wahrnehmen; sich selbst ermutigen; sich auf das Wesentliche konzentrieren; belastende Ereignisse als förderlich betrachten, da neue Lösungs-
strategien eingeübt werden können; loslassen können.
- **Aktives Salutogeneseverhalten**: Der Begründer des Salutogenese-Konzepts, der israe-
lisch-amerikanische Medizinsoziologe Aaron Antonovsky, fand heraus, dass bestimmte

---

[8] Vgl. Stoffer (2006, S. 190).
[9] Reschke (2002, S. 90).
[10] Vgl. Tausch (2008).

Einstellungen/Gefühle gegen Stress immunisieren. Dazu gehören:[11] Verstehbarkeit (Informationen werden als kohärent und verstehbar wahrgenommen, sodass Ereignisse als berechenbar und nachvollziehbar erscheinen); Handhabbarkeit (der Mensch fühlt sich nicht als Opfer der Ereignisse, sondern hat das Gefühl, über die Möglichkeiten zu verfügen, den Lebensproblemen und Schwierigkeiten gerecht werden zu können); Sinnhaftigkeit (Menschen mit einem hohen Sinnhaftigkeitsgefühl suchen den Sinn des Lebens und geben sich Mühe, Probleme zu lösen und zu bewältigen). Ein solches „kohärentes" Selbst- und Weltverständnis erwächst nicht aus passivem Erleben, sondern ist eine aktive Strategie, auf die Welt zuzugehen, sich in ihr zu positionieren und sich aktiv mit ihr auseinanderzusetzen. Dieser Zugang zur Welt ist nicht jedem selbstverständlich gegeben, er kann aber erlernt werden. Dabei belegen zahlreiche Studien, dass die Ausprägung dieses Kohärenzgefühls in positiver Weise mit dem physischen und psychischen Gesundheitsniveau, dem Gesundheitserleben als psychischem Wohlbefinden und dem Gesundheitsverhalten korreliert.[12]

Selbstwirksamkeit

Hiermit wird in der Psychologie die Fähigkeit bezeichnet, aufgrund eigener Kompetenzen Handlungen ausführen zu können, die zu den gewünschten Zielen führen. Die generalisierte Erwartung beziehungsweise Überzeugung des Betreffenden bezeichnet man entsprechend als Selbstwirksamkeitserwartung oder Kontrollüberzeugung. Ein Mensch, der daran glaubt, selbst etwas bewirken und sein Schicksal durch sein eigenes, selbständiges Handeln beeinflussen zu können, hat folglich eine hohe Selbstwirksamkeitserwartung. Menschen, bei denen diese Disposition eher gering ausgeprägt ist, fühlen sich als Spielball höherer Mächte und führen persönliche Ereignisse auf äußere Umstände, andere Personen, Zufall, Glück zurück. Untersuchungen haben gezeigt, dass Personen mit einem starken Glauben an die eigene Kompetenz und Effizienz größere Ausdauer bei der Bewältigung von Aufgaben, eine niedrigere Anfälligkeit für Angststörungen und Depressionen und mehr Erfolge im Berufsleben aufweisen.[13] Zudem ist das Ausmaß der Selbstwirksamkeitserwartung ein guter Prädiktor für die Arbeitsleistung. Das hat gleich mehrere Gründe:[14] Selbstwirksamkeitserwartung und Handlungsergebnisse wirken oft zirkulär. Eine hohe Selbstwirksamkeitserwartung führt zu hohen Ansprüchen an die eigene Person, weshalb man entsprechend anspruchsvolle Aufgaben sucht. Eine gute Leistung bei diesen Herausforderungen führt dann wieder zur Bestätigung beziehungsweise Erhöhung der eigenen Selbstwirksamkeit, womit klar wird, dass diese Disposition als Stressresistenzfaktor selbst entwickelbar ist, stellt man sich denn realistische und angemessene Ziele als Entwicklungsreize.

---

[11] Vgl. Sęk und Pasikowski (2002, S. 25).
[12] Vgl. Sęk und Pasikowski (2002, S. 26 f.).
[13] Vgl. Bandura (1986); Hron (2000).
[14] Vgl. Pütz (1997, S. 65).

Resilienz

Ein Vertreter dieser Richtung ist der amerikanische Resilienzexperte Siebert, Dozent für Managementpsychologie an der Portland State University. Er versteht unter Resilienz die Fähigkeit, mit abrupten Veränderungen gut zurechtzukommen, trotz hoher Belastungen physisch und mental gesund zu bleiben, sich von Rückschlägen rasch zu erholen sowie Widrigkeiten überwinden und Handlungsmuster situationsadäquat verändern zu können.[15] Menschen, die dazu in der Lage sind, haben Verhaltensweisen entwickelt, die sie davor schützen, in stressreichen und bedrohlichen Situationen zu resignieren oder krank zu werden. Dazu gehört unter anderem, dass sie ihr Schicksal selbst in die Hand nehmen und mit angemessenem Selbstvertrauen und realistischer Selbsteinschätzung die ihnen gegebenen Möglichkeiten ergreifen beziehungsweise auch andere um Unterstützung bitten und diese annehmen. Siebert hält diese Fähigkeiten in der heutigen Arbeitswelt, die durch permanenten Wandel und Umbrüche gekennzeichnet ist, für erfolgsentscheidend. Um ihr auf die Spur zu kommen, befragte er Menschen, die Krebserkrankungen, Terroranschläge, Kriegsgefangenschaft und Konzentrationslager überlebt hatten. Dabei kam er zu dem Ergebnis, dass Resilienz nicht ausschließlich genetisches Schicksal ist, sondern das Resultat eines lebenslangen Lernprozesses: Jeder Mensch kann seine Resilienz mithilfe kognitiver Strategien aktivieren und verbessern (siehe auch Kap. 10).[16] Eine zentrale Voraussetzung dafür ist, dass Menschen ihre Stärken in Belastungssituationen identifizieren und vorhandene Resilienzbereiche weiter stärken und damit ihre Ressourcen auch beim Stressmanagement erhöhen.[17]

Natürlich kann nicht verallgemeinert werden, bei welcher Art von Stress welche Stressmanagementform angewandt werden sollte. Der Einzelfall ist entscheidend, denn Stressmanagement, das sollte man nicht vergessen, ist auch ein Stressreiz. Das richtige Stressmanagement an der entscheidenden Stelle führt zu

- **Stressreduktion**, man leidet also weniger unter den Stressoren beziehungsweise die Stressoren selbst sind entschärft;
- **Stressprophylaxe**, mittels der man auf kommende Stressreize körperlich und seelisch besser vorbereitet ist;
- **Stressumwandlung** durch Einstellungsmanagement beziehungsweise Um- und Neubewertung;
- verbesserter **Stresstoleranz** und damit mehr Leistungsfähigkeit, Gesundheit und Wohlbefinden.

---

[15] Vgl. Siebert (2006, S. 31).
[16] Vgl. Sonnenmoser (2006, S. 49).
[17] Vgl. Sonnenmoser (2006, S. 52).

Stress und Stressmanagement am Beispiel (beruflicher) Entwicklungs- und Karriereschritte

Positive wie negative Stressfaktoren gibt es in den verschiedenen Phasen beruflicher oder fachlicher Entwicklung der eigenen Talente. Es werden nun, eingeleitet mit Interviewausschnitten befragter Talentierter, zu den jeweiligen Phasen praktische Erfahrungen vermittelt und zielgruppenspezifisch Tipps für den Umgang mit dem Phänomen Stress gegeben. Die Interviewausschnitte sind aus der Spitzenleisterstudie *Die Leistungsformel* entnommen (siehe Kap. 2).[18]

Vor der Karriere und auf der Suche nach Entfaltung

> Ich habe mal einen genialen Satz gelesen: „Wer weiß, wie viele Mozarts durch die Massaisteppe gewandert sind?" … im Grunde kann man ja darüber verzweifeln, wenn es nicht gelingt, solche Genies zu finden, zu identifizieren, sodass sich diese auch nicht entfalten und ihre Kraft auf die Straße bringen können (Int. 4/324).

Auch Begabte und Hochbegabte, seien sie nun allgemein besonders begabt oder haben sie besondere spezielle Begabungen, haben die Wahl und möglicherweise die Qual der Wahl, in welchem Handlungsfeld sie sich am besten mit ihrer Begabung und ihrer Persönlichkeit entfalten können. Für den talentierten Menschen heißt dies, dass er sich auf eine wechselhafte Suche nach dem passenden Betätigungsfeld für sein Talent einstellen muss, die möglicherweise nicht in allen Punkten gleich geradlinig und erfolgreich läuft. Die Suche nach dem eigenen Tätigkeitsfeld kann einige Hürden aufweisen: Entscheidungsschwierigkeiten wegen zu vieler Interessen und Talente, mangelnde Würdigung der eigenen speziellen Begabung und Zurückweisungen bei Bewerbungen oder auch im familiären Bereich; Über-, aber auch Unterschätzung eigener Kompetenzen; auch einmal falsche Entscheidungen; Unterforderung durch Langeweile; soziale Probleme wegen Missgunst, Neid, Unverständnis durch andere, aber auch eigenem sozialem Fehlverhalten (zum Beispiel Arroganz); Überforderungstendenzen durch eigene Perfektionsansprüche; Überforderung mit dem Verstehen der eigenen Persönlichkeit etc. All diese Faktoren können als sehr belastende „Stressoren" wahrgenommen werden, für die der richtige Umgang erst gefunden werden muss. Hierbei kann es sinnvoll sein, sich den Problemen bewusst zu stellen, und sie aktiv zu „managen".

▶ **Exemplarische Anti-Stress-Tipps**

- **Einstellungsmanagement:** sich Zeit zur Suche geben; sich eigene Fehler oder Misserfolge verzeihen; den eigenen Leistungsanspruch realistisch halten; eine selbstbewusste Einstellung zu den eigenen besonderen Fähigkeiten entwickeln.

---

[18] Vgl. Wollsching-Strobel et al. (2009).

- **Soziale Bewältigungsstrategie:** externe Beratung und Unterstützung suchen und annehmen; Vertrauenspersonen gewinnen; Vorbilder suchen.
- **Stressprophylaxe:** Absagen einplanen und sich nicht vorschnell entmutigen lassen; Sicherheitsgefühl durch alternative Wege aufbauen.
- **Selbstwirksamkeit trainieren:** sich intensiv mit seinen Ressourcen und Stärken beschäftigen und so Selbstvertrauen in diese gewinnen; eine Umgebung aufsuchen oder sich schaffen, in der die eigenen Begabungen ausgelebt werden können; Stressorenquellen analysieren und gegebenenfalls alternative Denk-/Handlungsstrategien entwickeln.

Berufseinstieg

Alle haben sie gesagt: „Es wird nie was aus ihr, kein Talent, das wird nichts." Ich bin sehr oft gestürzt, immer wieder aufgestanden, weitergelaufen. Dann bin ich zur nächsten Trainerin. Das war eigentlich so der Knackpunkt, dass ich es geschafft hatte, in die nächste Fördergruppe zu kommen. Und das hat dann meinen Ehrgeiz noch mehr angestachelt. Und nach zwei Jahren hatte ich schon den ersten Erfolg. (…) Und dann hieß es: „Mit dieser schlechten Technik läuft die ja auch noch schnell." Und dann hatte ich die Anerkennung in meiner Trainingsgruppe und bin einfach meinen Weg weitergegangen. Ich habe mich da nie beirren lassen. Dieses Stacheln war eigentlich immer nur Motivation für mich, weil ich ja dazugehören wollte. Ich habe dann weitergemacht, und von Jahr zu Jahr – und das war das Schöne bei mir – kamen immer wieder Erfolge. Darin sonnt man sich natürlich gerne, weil man Anerkennung bekommt, weil man einfach weiß, man ist etwas Besonderes. Das alleine tut einem schon gut: dass man den richtigen Weg gewählt hat und einfach Spaß daran hat (Int. 42/23–25, 33–36).

Bewerbungsgespräche, Stressinterviews, Auswahlverfahren und psychologische oder sonstige Tests – der Weg in das passende Handlungsfeld, um sein Talent zu entfalten, ist nicht immer leicht und häufig mit erheblichen Belastungen verbunden. Einige Branchen rühmen sich mittlerweile dafür, ihre Bewerber in scharfen Auswahlprozessen förmlich zu „grillen". Talente werden sogar an dieser Stelle nicht immer erkannt oder gewürdigt, und man findet sich zum ersten Mal in der Konkurrenz zu Gleichguten oder Besseren. Wer hier zum Ziel kommen will, der braucht eine gute Vorbereitung. Diese umfasst nicht nur inhaltliche Aspekte. Wichtig sind vielmehr auch das richtige Maß an Selbstvertrauen (übertriebene Selbstdarstellung ist dabei ebenso wenig angebracht wie plakative Unterwürfigkeit) und der adäquate mentale Umgang mit den gestellten Anforderungen – und natürlich auch mit negativen Auswahlentscheidungen. Das Wissen um die Notwendigkeit und das Üben von Frustrationstoleranz sind mindestens jetzt wichtig. Seine berufliche Entwicklung oder die Entwicklung seiner Talente erfolgreich in die Hand nehmen, kann zudem nur derjenige, der sich über die eigenen Ziele und Vorstellungen im Klaren ist. Kommen dann allerdings erste Erfolge im Feld dazu, wird das Tun wieder leichter, und die Motivation kehrt zurück (siehe Beispiel oben).

▷ **Exemplarische Anti-Stress-Tipps**

- **Stressprophylaxe**: Vorbereitung auf die Bewerbungs- und Auswahlsituation durch Information und gegebenenfalls durch Üben und Training; Wissen um mögliche Stressoren während der Prüfungssituation.
- **Erregungsmanagement**: bei Prüfungsängsten Entspannungstechniken lernen und anwenden.
- **Resilienzfähigkeiten fördern**: Bestandsaufnahme der persönlichen Stärken und Schwächen und Betonung der Stärken.
- **Einstellungsmanagement**: Arbeit an einer förderlichen Einstellung für diese Phase.

Nachwuchskräfte/High Potentials und „Hoffnungsträger"

Plötzlich war ich drin in der Stelle, und ich habe mir gesagt: „Da musst Du jetzt gut sein. Du musst besser sein als die anderen, die das seit Jahren machen." Ich habe mich eingelesen und versucht, mich da einzuarbeiten, und war dann auch schnell geachtet. (…) Das lief die ganze Zeit prima. Ich hatte ein gutes Händchen: Neben meinem Talent mit Leuten umzugehen, habe ich auch immer taktisch daran gearbeitet und die entsprechenden Signale nach oben gegeben, sodass ich den Rücken frei hatte. (…) Und so habe ich mich – nach all den Jahren – das erste Mal in meinem Berufsleben im Bereich Führung voll zu Hause gefühlt. Da wusste ich: „Das kann ich, das mache ich gut." (Int. 6/127–133).

Hat man die Bewerbungshürde genommen, sieht man sich als Nachwuchskraft oder „Hoffnungsträger" im gewünschten Bereich häufig mit erheblichen neuen Anforderungen konfrontiert, die man sich selbst setzt, aber die auch von anderen gefordert werden: Überdurchschnittliches Engagement, hohe Leistungsorientierung im Beruf und die 60-Stunden-Wochen sind keine Seltenheit. Talentierte Personen sind oft mehr als bereit und hoch motiviert, dies zu leisten (siehe Interviewausschnitt). Dabei herrscht in vielen Organisationen allerdings die Auffassung, dass sich die Jungen erst einmal „ihre Sporen verdienen müssen". Nicht selten werden die Neueinsteiger von den „alten Hasen" ins kalte Wasser geworfen – getreu dem Motto: „sink or swim". An einer entsprechenden Heranführung an die Aufgaben mangelt es in vielen Fällen ebenso wie an einer angemessenen Unterstützung. Gerade Nachwuchskräfte, die mit einem gewissen Ehrgeiz an ihre berufliche Karriere herangehen, werden unter solchen Umständen leicht „verheizt". Auch das Umfeld macht es dem Nachwuchs häufig nicht leicht: Wer als Neuer in Organisationen und Gruppen mit Engagement und neuen Ideen wagt, gegen bestehende Verhältnisse zu agieren, der kann – trotz guter Absichten des „Hoffnungsträgers" – schnell in den Ruf geraten, ein Querulant und Besserwisser zu sein. Das Abgeblocktwerden, die Konfrontation mit Konflikt- und Konkurrenzsituationen sowie Intrigen (gerade den Jungen fehlt es an Allianzen, sie sind mit dem informellen Machtgefüge im Unternehmen noch nicht vertraut) können den Start ins Berufsleben zu einem negativen Stresserlebnis machen. Die „üblichen" Belastungen eines Einstiegs kommen hinzu: Viele neue Personen, anspruchsvolle Abläufe und Inhalte, neue Arbeitsrhythmen etc. runden die Beanspruchung ab, die im positiven Fall der adäquaten Bewältigung und mit genügend Raum zum Ausgleich jedoch einen großen Weiterentwicklungsschritt bedeuten kann. Wer sein Talent weiter ausbauen möchte, muss zu der Bewältigung dieser Aufgaben auch noch konsequent an dessen Weiterentwicklung arbeiten und darf sich nicht auf seinem Talent ausruhen (siehe Interviewbeispiel).

▷ **Exemplarische Anti-Stress-Tipps**

- **Soziale Stressbewältigung und -prophylaxe:** Beziehungen aufbauen und kollegiale Beratung/Mentoring suchen; Umgang mit erfahrenen Kollegen wertschätzend pflegen.
- **Einstellungsmanagement:** sich innerlich darauf einstellen, dass man am Anfang eine „Eingewöhnungsphase" benötigt; nicht zu schnell Erfolge suchen; die positiven (Zwischen-)Ergebnisse bewusst wahrnehmen; eigene Einstellungen analysieren und sehen, wo „kritische Punkte" liegen, die bearbeitet werden müssen.
- **Selbstwirksamkeit fördern:** persönliches Weiterbildungs- und Förderprogramm langfristig avisieren; lernbereit in alle Richtungen sein, aber das eigene Talent weiter stärken.
- **Belastungsmanagement:** sich selbst und anderen Zeit lassen zur Reizverarbeitung; gegebenenfalls Grenzen setzen; eigene Irritationen gegebenenfalls klar kommunizieren und klären.
- **Entspannungsphasen:** Freizeit- und Entlastungsfeld sowie Entlastungsverhalten frühzeitig ins Visier nehmen und pflegen; sich körperlich betätigen; Pausen nehmen.

Wechsel – die ersten 100 Tage im neuen Job

Ich muss schauen, inwiefern und in welchem Umfang ich meinen Beitrag leisten kann, um das Unternehmen zu positionieren. Und wenn man meine besonderen Begabungen, Befähigungen dort nicht mehr nutzt, dann würde ich sagen: Das ist nicht mehr mein Unternehmen. Hier kann ich keinen Beitrag in einer wichtigen Sache leisten! (Int. 38/131)

Die Bedeutung von Führungswechseln in Unternehmen (ca. alle fünf Jahre) hat sich in den vergangenen Jahren stark gewandelt: Wurden sie bislang als klassisches Instrument der Personalentwicklung eingesetzt, dienen sie heute größtenteils zur Initiierung und Gestaltung von Veränderungsprozessen. Auch im Spitzensport zeigt sich an den noch häufigeren Trainerwechseln (etwa ein bis drei Jahre) dieser Trend. Vor diesem Hintergrund ist die Zahl der Stressoren nicht nur für die Mitarbeiter und Kollegen groß, die eine neue Führungskraft erhalten. Auch für talentierte Führungskräfte bieten sich neben den schon erworbenen Stärken im fachlichen und mittlerweile auch im sozialen Bereich nachweislich einige Belastungen: die leidige Erkenntnis, dass die jetzige Firma für die eigene Weiterentwicklung nicht mehr passt und man sich wiederum auf die Suche begeben muss. Und dann erschweren spezifische Kulturmerkmale häufig den Einstieg in ein neues Unternehmen oder ein neues Team. Misstrauen und Ablehnung des Umfelds, das sich von den Veränderungen möglicherweise überfahren fühlt, stellen erhebliche Anforderungen an die Stressresistenz des Einsteigers. Andererseits steht dieser unter Erfolgsdruck, denn die ersten Monate im neuen Job und Umfeld stellen nicht selten grundlegende Weichen für die weitere berufliche Zukunft und die des Unternehmens oder Vereins. Dabei stellt sich – sämtlicher guter Vorbereitungen zum Trotz – erst in diesen ersten Wochen heraus, ob sich die Realität mit den Erwartungen an den neuen Job überhaupt deckt und wie der Umgang mit Kollegen und dem eigenen Chef wirklich ist. Auch die tatsächlichen Anforderungen, die sich mit den bisherigen Begabungen möglicherweise nicht decken, sowie die Verteilung der Arbeitsbelastung werden erst in der Praxis deutlich. Ein Wechsel des Wohnorts mit der Familie oder Getrenntsein vom privaten Umfeld kommen häufig dazu. Insgesamt kann diese Konstellation eine Belastung erzeugen, die deutlich über das persönliche „Normalmaß" hinausgeht.

▶ **Exemplarische Anti-Stress-Tipps**

- **Gesundheitsmanagement**: gezielt Entspannungstechniken pflegen; körperlichen Ausgleich suchen.
- **Äußeres Reizmanagement**: wirksames Konflikt- und Veränderungsmanagement aufbauen.
- **Inneres Reizmanagement**: Reflexion der eigenen Werte und Einstellungen.
- **Soziale Stressprophylaxe**: Networking im beruflichen Bereich.
- **Coaching** zu beruflich relevante Themen.

Manager in Spitzenpositionen

Man muss die richtigen Prioritäten setzen: Alles, was mit ganz wichtigen Dingen zu tun hat, mache ich häufig wirklich noch selbst. (…) Aber bei anderen Dingen habe ich mittlerweile Mut zur Lücke. Das Risiko gehe ich ganz bewusst ein. Wenn ich den Mut zur Lücke nicht hätte, würde ich mich energetisch „totarbeiten" (Int. 21/190).

Wenn ich es mir aussuchen könnte, hätte ich schon lieber ein bisschen mehr Freizeit, ein paar mehr Ruhepausen. Dann käme ich auch eher dazu, wieder regelmäßiger Sport zu treiben. Ich glaube, dass das eine gesündere Mischung wäre, die dann auch länger durchzuhalten wäre. Ich erlebe zum Beispiel in unserer Organisation, dass wir einen sehr hohen Wechsel haben. Es macht zwar eigentlich allen Spaß, die Leute kommen sehr gerne zu uns. Nur viele sagen dann nach drei, vier, fünf Jahren: „Also alles wunderbar, aber das Tempo will ich nicht die nächsten 20 Jahre machen." Und ich habe auch den einen oder anderen Hochkarätigen erlebt, der gesagt hat: „Danke, es war schön, aber das war genug." (Int. 36/73–74).

Die Bewältigung des Stressproblems hat für jeden Karriereschritt Relevanz. Das gilt natürlich auch für diejenigen, die die oberste Sprosse der Hierarchieleiter erklommen haben, ihr Talent an einem geeigneten Platz „auf die Straße bringen" und schon hohe Leistungen erbracht haben. Einige ihrer Stressresistenzen sind schon gut ausgeprägt, wie zum Beispiel die arbeitsbezogenen Einstellungen. Die Personen an der Spitze zeichnen sich oft aus durch ein starkes Arbeitsethos, verbunden mit hohem Einsatzwillen und Engagement für ihr Unternehmen, und betrachten schwierige Situationen eher als positive Herausforderungen, wodurch die tatsächliche Belastung subjektiv als weniger beanspruchend erlebt wird.[19] Eine hohe Erwartung an die eigene Selbstwirksamkeit durch Erfahrung schwächt ebenfalls die Angst vor Belastungen und Misserfolgen; Misserfolge lassen sich leichter bewältigen, als das bei Anfängern im Feld der Fall ist. Auch gibt eine Studie Entwarnung für die vielzitierte „Manager-Krankheit" und bescheinigt gerade langjährig Tätigen ein besseres Gesundheitsverhalten als dem Durchschnitt der Bevölkerung.[20] Ein wesentlicher Unterschied zu weniger hoch positionierten Talentierten und damit ein nicht zu unterschätzender zusätzlicher Stressor, ist jedoch: In diesen Höhen ist die „Luft dünn", und die Betroffenen bleiben mit ihren Problemen im Unternehmen häufig allein. Denn obwohl die Verantwortlichen in den Führungsetagen überall im Unternehmen auf Teamarbeit setzen, sind sie selbst eher Einzelkämpfer. In diesen Positionen mangelt es in der Regel an gleichwertigen Gesprächspartnern, mit denen man sich austauschen und beratschlagen könnte. An der Spitze deutscher Unternehmen herrscht nicht selten eine Kultur, in der Unsicherheit, Selbstzweifel, ja selbst bereits die kritische Reflexion der eigenen Person als Schwächen interpretiert werden, die zum Gesichtsverlust führen können und daher tunlichst vermieden werden. Die Folge ist, dass oberste Führungskräfte ihre Stressresistenzen überschätzen und ihre Belastungen und Stressoren unterschätzen und übergehen. Diese lassen sich diverser wissenschaftlicher Untersuchungen an Managern zufolge so kategorisieren:

- arbeitsintrinsische Faktoren, wie beispielsweise rund 60 Stunden wöchentliche Arbeitszeiten, etwa 22 Tage Urlaub, Arbeit am Wochenende und wenige Pausen;
- rollenspezifische Faktoren, die sich oft in Komplexität und Widersprüchen sowie Konflikten äußern, vielfältig und schwierig zu gestaltende Arbeitsbeziehungen, Diskrepanzen zwischen eigener Karriereerwartung und den tatsächlichen Perspektiven, viele berufliche Reisen, Bewegungsmangel, konfliktäre Konstellationen in der Organisationskultur und dem Arbeitsklima, politische Wechsel und letztlich auch der Balanceakt zwischen Beruf und Familie, privaten und beruflichen Bedürfnissen.[21]

Statt diese Stressoren und die gesteigerten Anforderungen bewusst zu reflektieren und angemessen mit Stressmanagement zu reagieren, werden diese – oft auch aus dem privaten Bereich – ausgeklammert. Nur wenige suchen zudem regelmäßige professionelle gesundheitliche oder berufsbezogene Beratung.[22] Wann die eigene Motivation ein Zuviel an Belastung oder eine zu starke Vernachlässigung anderer lebensnotwendiger Bedürfnisse mit sich bringt, ist allerdings nur individuell zu entscheiden. Gerade hoch motivierte Talentierte auf der Höhe ihrer Gestaltungskraft befinden sich hier auf einer Gratwanderung zwischen

---

[19] Vgl. Stoffer (2006); Büssing und Glaser (1998); auch Wollsching-Strobel et al. (2009).
[20] Vgl. Basel (2010); Pfeiffer (2001).
[21] Vgl. Schmitz (2008); Stoffer (2006); Scheele (2003); Büssing und Glaser (1998); auch Wollsching-Strobel et al. (2009).
[22] Vgl. Basel (2010).

Gefahr und Genuss, zwischen Erringen eines weiteren Sieges und Erfolgen und der Stagnation der Leistung oder des Misserfolgs, zwischen höchst motivierendem „Flow-Erleben" und ganzkörperlicher Erschöpfung ihres Systems (siehe oben Langzeitwirkungen von unbewältigtem Stress). Denn letztlich werden Höchstleistungen erst durch das Arbeiten und Trainieren am Limit wie auch das bewusst einkalkulierte Risiko der Grenzüberschreitung hervorgebracht. Vor diesem Hintergrund ist es verständlich, dass gerade Menschen, die ihr Talent auf die „Spitze" gebracht haben und sich auch gegenüber Konkurrenten behaupten, die Themen psycho-physische Leistungsfähigkeit und energetische Ressourcen immer wieder hervorheben und mit zunehmendem Expertiseniveau und Lebensalter auch vorbeugende Maßnahmen zur Entlastung und Regeneration ergreifen. Dazu zwei Aussagen von Managern:

> Für mich ist das eher eine physische Geschichte, zu sagen: „So, es ist 18 Uhr, es ist jetzt einfach Ende." (…) Ich versuche aber, das auch ein Stück psychisch zu unterfüttern: Dass es eben richtig ist, wenn man nun seine Flagge für den Tag einholt. Denn der Preuße in mir sagt: „Nein, sorry, 18 Uhr ist jetzt keine Zeit aufzuhören, das geht leider nicht." Dagegen muss ich mich also irgendwie wappnen und eine mentale Gegenkraft aufbauen. Auch wenn die manchmal noch nicht ausreicht (Int. 4/178).

> In solch einem Job kommt es sehr auf die körperliche und auch mentale Fitness an. Das ist für mich die wichtigste Grundlage überhaupt. Das habe ich aber auch erst gelernt. Also wirklich gesund leben, sonst können Sie die Belastung einer solchen Tätigkeit gar nicht bewerkstelligen. Das heißt: vernünftig schlafen, vernünftig essen und vor allem Sport. Während der Körper sich bewegt, kann ich entspannen, mich erholen und reflektieren. Deswegen achte ich auch auf den entsprechenden Tagesrhythmus. Aber es ist auch wichtig, mit sich selbst im Reinen zu sein. Und das Gefühl zu haben, dass man sein Potenzial nutzt, und vor allen Dingen auch, dass man für sich selbst auch was tut (Int. 21/274, 300).

▸ **Exemplarische Anti-Stress-Tipps**

- **Umfassendes Selbstmanagement:** Ziel-, Sinn- und Lebensplanung und Erwartungen an sich selbst klären, gegebenenfalls mit Beratung.
- **Belastungs- und Energiemanagement:** lebensaltersspezifische Erhalt- und Kompensationsmaßnahmen für das Talent ergreifen.
- **Soziale Bewältigungsstrategien:** externe Beratung/Coaching in Anspruch nehmen im Hinblick auf berufliche Probleme.
- **Gesundheitsmanagement:** regelmäßige Beratung durch professionelle Therapeuten/Ärzte, Gesundheitscheck.
- **Soziales Stressmanagement:** berufliche und auch private soziale Beziehungen pflegen.
- **Belastungsmanagement:** persönliche Belastungen realisieren, analysieren und bearbeiten; bewusst „gesunde" Grenzen ziehen.
- **Individuelles Bewegungs-, Ausgleichs- und Entspannungsprogramm** perfektionieren und genießen.

Sportler auf dem Leistungszenit

> Nach oben hin wird die Luft immer dünner, man muss sich gegen harte Konkurrenz durchset-
> zen, gegen Leute, die nur eins wollen: gewinnen. Dies ist eine „Gefahrenzone": Gerade wenn
> Du mal an der Grenze Deiner Leistungsfähigkeit bist und Dir fehlen noch zwei, die Du über-
> holen willst, kommst Du schnell in die Versuchung, zu Dopingmaßnahmen zu greifen oder
> überzutrainieren (Int. 1/30).

Wenn zu rigoros und ohne Erholungspause trainiert oder gearbeitet wird, kann es letztlich zu gesundheitlichen Problemen oder zum Burnout kommen[23] Gerade im Spitzensegment, und das gilt nicht nur für den Sport, lauern hier Gefahren.

Zudem ist es insbesondere den Athleten aus nichtprofessionellen Sportarten – und das
ist die deutliche Mehrzahl der deutschen Leistungssportler – erschwert, Ausbildung und
berufliche Entwicklung mit einer Karriere als Spitzensportler zu vereinigen. Sie müssen
in der Regel ein hohes Maß an „diszipliniertem Selbstmanagement" aufbringen[24], um das
Doppelprojekt Bildung beziehungsweise Beruf und Spitzensport zu vereinen. Sie sind also
gefordert, permanent eine Balance zwischen der „Innenwelt des Sports" und der „Außenwelt" von Schule, Ausbildung und Beruf herzustellen. Überdies machen die Biografien
exzellenter Sportler immer wieder deutlich, dass das Streben nach Leistungsexzellenz zur
Vervollkommnung seines Talentes und das – mit hohem Anspruch, unter Wettbewerb und
mit Perfektionswunsch – ständige Arbeiten am Limit für die Beteiligten durchaus auch
schädigende Auswirkungen haben können. Dessen sollte sich jeder, der an der Ausbildung
seines Talents, der Verbesserung seiner Leistungsfähigkeit arbeitet und mit Begeisterung
bei der Sache ist, bewusst sein.

▸   **Exemplarische Anti-Stress-Tipps**

- **Belastungs- und Energiemanagement:** Selbstbeobachtung, Selbstwahrnehmung und Wissen um die Endlichkeit der individuellen Kräfte und Energien.
- **Individuell zugeschnittene Ausgleichsmaßnahmen** und die richtige Ener-
  giezufuhr (zum Beispiel: Art und Weise der Ernährung).
- **Äußeres und inneres Reizmanagement:** beruflichen Einstieg als Ausgleich
  verstehen und entwickeln, Work-Leisure-Balance trainieren.
- **Selbstwirksamkeitstraining:** zielbezogen trainieren und regulieren mit bewährten Techniken (siehe Kap. 11).
- **Soziale Bewältigung:** Einbezug von Feedbacks durch Berater, auch zum persönlichen und beruflichen Coaching, durch Therapeuten und Ärzte.

---

[23] Vgl. Oerter (2002, S. 79), auch Wollsching-Strobel et al. (2009).
[24] Braun (2001, S. 19).

Ausstieg und Umstieg

Ich war eigentlich nie nur auf den Sport fixiert. (…) Solange ich hier in Deutschland war, habe ich eigentlich immer etwas nebenher gemacht: am Anfang meine Ausbildung, danach habe ich ein bisschen gearbeitet, jetzt studiere ich. Klar, im Moment kann ich meinen Lebensunterhalt durchaus mit dem Sport bestreiten, aber ich werde nicht mein Leben damit finanzieren. Und ich hab keine Lust, mit 30 dazustehen und zu denken: „Okay, was kommt jetzt?" (Int. 17/109).

Führungskräfte und Manager, die ihr ganzes Leben lang auf hohem Leistungsniveau tätig waren, sind auf das Leben nach dem Job oft nur unzureichend vorbereitet. Das gilt oft auch für Spitzensportler (siehe Kap. 12). Ein abrupter Wechsel auf das „Altenteil" beziehungsweise das Verlassen des langjährigen professionellen Umfeldes kann jedoch ebenfalls zu Belastungen führen: Die Betroffenen fühlen sich zunächst ohne Lust und Ziel, unausgelastet, nutzlos und ausgeschlossen, soziale Kontakte gehen verloren. Der einstmals einflussreiche Abteilungsleiter, an dem kein Mitarbeiter vorbeikam, steht plötzlich nicht mehr im Mittelpunkt, sondern soll sich nun mit einem ganz normalen Rentnerdasein zufriedengeben. Der Ausstieg aus dem Beruf wird damit zu einem Verlustereignis. Obwohl der Ruhestand nach Jahren der beruflichen Belastung vielleicht herbeigesehnt wurde, können die Betroffenen den neu gewonnenen Freiraum unter diesen Umständen kaum genießen, häufig kommt es zu Depressionen. Diese Form der Unterforderung beziehungsweise des notwendigen Wechsels auch in jüngeren Jahren kann im ungünstigsten Fall ebenso negative Reaktionen wie dauernde Überforderung hervorrufen.

▷ **Exemplarische Anti-Stress-Tipps**

- **Reizmanagement**: schrittweise Ausstiegs- und Wiedereinstiegsgestaltung.
- **„Umstiegsmanagement"** und bewusste Planung des Lebens nach der jetzigen Tätigkeit mit den Themen: Würdigung des Vergangenen, neue kurzfristigere und langfristige Ziele.
- **Erneuter „Talentcheck"** für die nächste Lebensphase mit den Themen: Wie kann ich meine ausgearbeiteten Talente in anderem Rahmen nutzen? Welchen nicht weiter genutzten Begabungen oder Wünschen möchte ich in Zukunft nachgehen?
- **Hinzunahme professioneller Berater** und Berücksichtigung aktueller Kontakte.

Unternehmensperspektive

Ich versuche, Erholungsphasen einigermaßen ordentlich zu planen und mich daran zu halten – Urlaub zum Beispiel oder auch Zeit mit der Familie. Aber ich erlebe das in den letzten Jahren als zunehmend schwieriger. Die Unternehmen sind alle sehr schlank, es ist nicht mehr viel doppelter Boden da; und wenn dann irgendetwas Unvorhergesehenes passiert, dann wird zur Not auch keine Rücksicht genommen auf Urlaubsplanungen. Obwohl ich sagen muss, in unserem Unternehmen steht das zum Glück relativ hoch im Kurs; wahrscheinlich auch, weil das von der obersten Führungsebene als wichtiger Punkt gesehen wird. Ich habe einen Chef mit drei Kindern, der Familie und Urlaub sehr hochhält. Aber auch der kommt – trotz dieser Grundeinstellung – inzwischen teilweise ziemlich ins Schwimmen. Er hatte sich zum Beispiel vorgenommen, am Wochenende nicht mehr zu arbeiten, und das jetzt wieder aufgegeben. Man versucht sich also irgendwie Freiräume zu schaffen, aber das ist nicht einfach (Int. 36/50–53).

Nicht adäquat zu bewältigender Stress bei den Beschäftigten wirkt sich stets auf ein Unternehmen aus und stellt einen Kostenfaktor dar: Bei zu hoher Belastung können Begeisterung und Engagement in Lustlosigkeit und Demotivation umschlagen. Nicht zuletzt können bei den Mitarbeitern gesundheitliche Beeinträchtigungen auftreten: Das Burnout-Syndrom stellt im Grunde nichts anderes dar als eine Form der inneren Kündigung. Dabei ist Burnout keineswegs nur als persönliches Problem einzelner Beschäftigter zu verstehen. Es ist auch ein Zeichen möglicher Fehlfunktionen im Unternehmen selbst, von organisatorischen Problemen oder Mängeln bei der Arbeitsplatzgestaltung und der Zusammenarbeit. Gerade mit Blick auf den „War for Talent" ist es für Unternehmen hoch bedeutsam, neben der gesamten Mitarbeiterschaft besonders die Hochtalentierten und Hochmotivierten im Interesse der Weiterentwicklung und Wettbewerbsfähigkeit ihres Unternehmens zu binden. Folglich kann die Organisation als Ganzes konkret zum Thema Stressmanagement aktiv werden, um dem Belastungsphänomen vorzubeugen (siehe Kap. 8).

▶ **Exemplarische Anti-Stress-Tipps**

- **Stress als Kulturfaktor** gezielt analysieren und angehen.
- Stressbewältigung durch **Mitarbeitertraining** initiieren.
- **Organisatorisch-kulturelle Maßnahmen** zur Stressbewältigung implantieren.

Fazit

Auch Talentierte sind einer Vielzahl von Stressfaktoren ausgesetzt, die im positiven Falle der Weiterentwicklung persönlicher Stärken förderlich sind. Viele der Stressoren, gleich welcher Art, sind „zielgruppenspezifisch", „karrierephasenspezifisch", aber auch personen- und situationsspezifisch. Gleichwohl wird das persönliche Stresserleben und Stressverhalten stets durch die ganz individuelle Kombination der verschiedenen Faktoren bestimmt. Folglich kann es auch für Talentierte kein Patentrezept eines erfolgreichen Stressmanagements geben. Greifen kann – je nach persönlichem Stressprofil – am besten ein individuelles Stressprogramm, für das die genannten Selbstreflexionen und Stressbewältigungstipps einen ersten Einstieg bieten können.[25] Auch die im Kap. 10 (*Persönliches Selbstmanagement*) behandelten Themen geben hierfür wertvolle Anregungen.

---

[25] Weiterführende Literatur hierzu: Tausch (2008); Eberspächer (2009); Krentzler und Richter (2010).

Literatur

Bandura, A. (1986): Social Foundations of Thought and Action: A Social Cognitive Theory, Englewood Cliffs (NJ): Prentice Hall.

Basel, N. (2010): Managergesundheit. Stress-Herzinfarkt nur Mythos, *manager-magazin* online 30.07. 2010. http://www.manager-magazin.de/unternehmen/artikel/0,2828,708657,00.html

Braun, S. (2001): „Selbstmanagement" versus „Staatsamateur". Spitzensportlerkarrieren in Deutschland und Frankreich, in: *Hochschulsport*, 3, 14-19.

Büssing, A./Glaser, J. (1998): Managerial Stress and Burnout. A Collaborative International Study (CISMS). Die deutsche Untersuchung. [Managerial Stress and Burnout. The German study]. (Bericht Nr. 44 aus dem Lehrstuhl für Psychologie). München: Technische Universität, Lehrstuhl für Psychologie.

Eberspächer, H. (2009)[3]: Ressource Ich. Stressmanagement in Beruf und Alltag, München: Hanser.

Hron, J. (2000): Motivationale Aspekte von beruflicher Expertise. Welche Ziele und Motive spornen Experten im Rahmen ihrer Arbeit an?, München: Utz Verlag.

Krentzler, C./Richter, J. (2010): Stressmanagement, Haufe-Lexware: Freiburg.

Lazarus, R.S./Folkman, S. (1984): Stress, Appraisal and Coping, New York: Springer.

Lazarus, R. S. (1986): Psychological Stress and the Coping Process, New York: McGraw-Hill.

Maslach, C./Leitner, M. P. (2001): Die Wahrheit über Burnout – Stress am Arbeitsplatz und was Sie dagegen tun können, Wien: Springer-Verlag.

Oerter, R. (2002): Hochleistungen in Musik und Sport, in: Oerter, R./Montada, L. (Hrsg.): *Entwicklungspsychologie*, 787–799, Weinheim: Beltz.

Pfeiffer, W. et al. (2001): Wie gesund sind deutsche Führungskräfte? Eine Querschnittstudie zum kardiovaskulären Risikofaktorenprofil von Managern, in: *Arbeitsmedizin – Sozialmedizin – Umweltmedizin* 36, 126–131.

Pütz, B. W. (1997): Psychische Grundkonflikte im Selbstmanagement-Prozeß von Führungskräften, Frankfurt: Lang.

Reschke, K. (2002): Was sind und was leisten Stressbewältigungsprogramme?, in: Schumacher, J./Reschke, K./Schröder, H. (Hrsg.): *Mensch unter Belastung. Erkenntnisfortschritte und Anwendungsperspektiven der Stressforschung*, 66–99, Frankfurt: VAS.

Scheele, M. (2003): Nur jeder Dritte macht eine Pause, in: *manager magazin online*, 10.02.2003. http://www.manager-magazin.de/unternehmen/karriere/0,2828,233604,00.html

Schmitz, A. (2008): Der Tägliche Balance-Akt, in: *manager magazin online*, 28.05.2008. http://www.manager-magazin.de/unternehmen/it/0,2828,555945-2,00.html

Scholz, E. (2010): Psychologische und gesundheitliche Leistungsförderung für jugendliche Fußballtalente, Pressemitteilung der Universität Bremen, 4.11.2010. http://idw-online.de/pages/de/news395216

Sęk, H./Pasikowski, T. (2002): Stressbewältigung im Rahmen der Salutogenese, in: Schumacher, J./Reschke, K./Schröder, H. (Hrsg.): *Mensch unter Belastung. Erkenntnisfortschritte und Anwendungsperspektiven der Stressforschung*, 20–43, Frankfurt: VAS.

Selye, H. (1981): Geschichte und Grundzüge des Streßkonzepts, in: Nitsch, J. R. (Hrsg.): *Stress. Theorien, Untersuchungen, Maßnahmen*, 161–187, Bern: Huber.

Siebert, A. (2006): The Resiliency Imperative for Executives, Managers, and Employees, in: *Personalführung*, 4, 30–37.

Sonnenmoser, M. (2006): Worin unterscheidet sich Resilienz, Selbstwirksamkeit oder Hardiness?, in: *Personalführung*, 4, 49–55.

Stoffer, E. (2006): Die Psychische Belastung leitender Führungskräfte. Der Zusammenhang zwischen den Stressoren der Arbeits- und Lebenssituation leitender Führungskräfte und ihrer Gesundheit unter Berücksichtigung ihrer Ressourcen und Bewältigungskompetenzen, Hamburg: Verlag Dr. Kovač.

Tausch, R. (2008)[16]: Hilfen bei Stress und Belastung: was wir für unsere Gesundheit tun können, Reinbek: Rowohlt.

Betriebliches Gesundheitsmanagement: So ganzheitlich wie Ihr gesundes Leben

Barbara Breuninger und Ulrich Ochs

Zusammenfassung

Professionelle Talentarbeit kann nur dann gut funktionieren, wenn insgesamt auf „gesunde" Rahmenbedingungen geachtet wird. Dies gilt nicht nur für Individuen, sondern auch – und in noch viel größerem Umfang – für Institutionen und Unternehmen. Barbara Breuninger, langjährige Managementberaterin, und Dr. Ulrich Ochs, (Arbeits-) Mediziner, skizzieren anhand eines Praxisbeispiels, wie ein umfassendes, ganzheitliches und nachhaltiges betriebliches Gesundheitsmanagement (BGM) nach dem PWS-Konzept aussieht und welche Rolle diesem im Talentmanagement zukommt.

Dem Thema Gesundheit wird heute in Deutschland ein hoher Stellenwert eingeräumt. Neben den Verantwortlichen in der Politik betonen auch die Bundesbürger immer wieder, wie wichtig ihnen das Thema ist. Auf die Frage, ob sie mehr für ihre Gesundheit tun wollen, antworten drei von vier Befragten mit einem Ja.[1] Auch in Unternehmen ist man sich der Wichtigkeit des Themas mehr und mehr bewusst: 72 % der Personalverantwortlichen in europäischen Unternehmen gehen davon aus, dass der Bedarf und die Notwendigkeit an betrieblichen Gesundheitsleistungen wachsen werden, und eine deutliche Mehrheit der Unternehmen (62 %) ist davon überzeugt, dass sich Investitionen in betriebliche Gesundheitsleistungen auszahlen werden.[2] Das Problem: Zwischen Anspruch und Wirklichkeit klafft nicht selten eine erhebliche Lücke. Neben dem persönlichen Gesundheitsmanagement muss vor allem Gesundheitsmanagement im betrieblichen Alltag heute deutlich wei-

---

[1] Institut für Management- und Wirtschaftsforschung (IMWF 2011).

[2] Mercer-Studie (2007), zu ähnlichen Einschätzung bezüglich der Relevanz betrieblicher Gesundheitsleistungen kommen auch die Mercer-Studien im Jahr 2009 und 2011.

Barbara Breuninger ✉, Dr. Ulrich Ochs ✉
PWS Wollsching-Strobel Managementberatung GmbH, Fritz-Boehle-Straße 3, 60598 Frankfurt am Main, Deutschland
e-mail: info@wollsching-strobel.de

P. Wollsching-Strobel und B. Prinz (Hrsg.), *Talentmanagement mit System*,
DOI 10.1007/978-3-8349-3780-3_8,
© Springer Fachmedien Wiesbaden 2012

ter gehen, als es viele Ansätze derzeit tun. Ziel sollte es sein, Menschen und Unternehmen ganzheitlich für die Thematik Gesundheit zu sensibilisieren, gesundheitsförderliche Einstellungen und Haltungen zu fördern, Wissen zu vermitteln sowie adäquate Umsetzungsmöglichkeiten zur Verfügung zu stellen. So reduziert sich Gesundheitsmanagement keineswegs auf den Erhalt eines gesunden Körpers, sondern zielt auch auf eine gute psychische Gesundheit. Denn die bereits in der Antike postulierte Erkenntnis, dass gesunder Körper und gesunder Geist eine untrennbare Einheit bilden („mens sana in corpore sano"), ist heute aktueller denn je. Bedeutsam für die psychische Gesundheit ist insbesondere die Frage, was ein Mensch in seinem Leben für sich bewirken will, welchen Herausforderungen er sich stellen möchte und welche physischen wie psychischen Voraussetzungen dafür erfüllt sein müssen. Denn wer persönliche und berufliche Ziele erreichen will, braucht Kompetenzen, aber auch körperliche und mentale Ressourcen. Insoweit ergibt sich hier durchaus eine enge Korrelation zum Thema Talententwicklung. Konkreter ausgedrückt: Aus der Perspektive des PWS-Konzepts – und das ist zugleich die Leitthese dieses Beitrags – ist ein ganzheitliches betriebliches Gesundheitsmanagement eine zentrale Grundvoraussetzung für ein gelungenes Talentmanagement.

Defizite im praktischen Umgang mit dem Thema Gesundheit

Bei genauerer Betrachtung zeigt sich, dass in Sachen Gesundheitsmanagement noch immer erheblicher Verbesserungsbedarf besteht. So ergab die bereits erwähnte Umfrage des IMWF unter 1000 Bundesbürgern auch, dass Gesundheitsvorsorge oft nur ein Lippenbekenntnis ist. De facto achtet bisher nur rund ein Drittel regelmäßig auf gesundheitliche Risikofaktoren, wie beispielsweise Cholesterin- und Blutzuckerwerte. Und nicht einmal jeder Vierte kontrolliert regelmäßig den eigenen Puls – wodurch unter anderem unregelmäßige Herzrhythmen oft zu lange unentdeckt bleiben. Insgesamt konstatiert daher der Vorsitzende des wissenschaftlichen Beirats des IMWF, Wilhelm Alms: „Die Deutschen nehmen sich zu wenig Zeit, um auf die (Warn-)Signale ihres Körpers zu achten."[3] Ein vorausschauender, umfassend verantwortlicher Umgang mit der eigenen Gesundheit ist – aus ganz unterschiedlichen Gründen – bei den meisten Menschen (noch) viel zu wenig ausgeprägt. Meist wachsen das Bewusstsein für die eigene Gesundheit und der Wille, aktiv für das eigene physische und psychische Wohl zu sorgen, erst, wenn es schon zu „spät" ist, wenn ein Bandscheibenvorfall, starkes Übergewicht oder schwere Überlastungserscheinungen vorliegen, wenn es also um Schadensbegrenzung und medizinische Interventionen zur Krankheitsbekämpfung geht.

Doch nicht nur der Umgang Einzelner mit ihrer Gesundheit scheint aus dieser Perspektive mitunter bedenklich. Auch und gerade in deutschen Unternehmen wird das Thema Mitarbeitergesundheit als Stellhebel für Leistungsfähigkeit und Produktivität bisher noch viel zu oft vernachlässigt. So hinken deren Ausgaben trotz insgesamt steigender Investitio-

---

[3] Vgl. Institut für Management- und Wirtschaftsforschung (IMWF, 2011).

nen in diesem Bereich deutlich dem europäischen Durchschnitt hinterher.[4] Dabei geht es heutzutage immer weniger um klassische Schutzmaßnahmen und Vermeidung körperlicher Überbelastungen als vielmehr um die „weichen" Risikofaktoren am Arbeitsplatz wie psychische Belastung, psychische Ermüdung und Beanspruchung oder Stress. Denn schaut man auf die in den letzten Jahren drastisch gestiegenen Ausgaben für psychische Erkrankungen, ergeben sich Hinweise darauf, dass Mitarbeiter offensichtlich immer öfter in einen Negativkreislauf aus Resignation, innerem Rückzug, mangelndem Engagement für ihre Arbeit, selteneren Erfolgserlebnissen, geringerer Anerkennung und häufigeren Fehlzeiten geraten.[5] So zeigt die Gallup-Studie zur Leistungsmotivation von Mitarbeitern in Unternehmen aus dem Jahr 2011 beispielsweise, dass nur etwa 14 % der Belegschaft engagiert sind, 63 % der Beschäftigten hingegen Dienst nach Vorschrift machen und 23 % sogar innerlich gekündigt haben (siehe Abb. 8.1).[6] Neben den negativen Folgen für die Unternehmensleistung besteht – welche Gründe auch immer zu einer resignativen Haltung bei der Arbeit geführt haben mögen – hier auch eine große Gefahr gesundheitsschädlicher Konsequenzen. Denn die gerade in jüngster Zeit häufiger in den Medien erwähnte eklatante Zunahme etwa von Burnout-Symptomen bei Mitarbeitern aller Hierarchieebenen legt nahe, dass viele der Betroffenen diesen Zustand der inneren Kündigung offensichtlich nicht aus Bequemlichkeit „genießen", sondern im Gegenteil hierdurch gesundheitlich negativ beeinflusst werden.[7]

Häufig jedoch reagieren Unternehmen auf solche „ungesunden" Entwicklungen in der Belegschaft erst, wenn sich bereits vermehrt Krankheitssymptome bei Mitarbeitenden zeigen, und setzen dann das Thema Mitarbeitergesundheit auf die Agenda. Ein umfassendes, präventives und nachhaltiges Gesundheitsmanagement, das in Unternehmen fest verankert wäre, ist bisher noch eher die Ausnahme als die Regel, auch wenn immer mehr Unternehmen die Notwendigkeit dazu erkennen. Vor allem in kleinen und mittelgroßen Betrieben ist betriebliches Gesundheitsmanagement noch nicht wirklich etabliert, „da zusätzlicher organisatorischer Aufwand und zusätzliche Kosten befürchtet werden", wie unter anderem im Leitfaden des Verbands deutscher Betriebs- und Werksärzte festgehalten ist.[8]

Und das, obwohl betriebliches Gesundheitsmanagement nicht nur der Gesundheitsprävention, sondern auch der angesichts herrschenden Führungs- und Fachkräftemangels so wichtigen Schöpfung und Sicherung von Talent- und Leistungspotenzialen und damit letztlich zukünftiger Wettbewerbsfähigkeit dient. Denn das Vorhandensein von Potenzialen nützt wenig, wenn diese aufgrund gesundheitlicher Beeinträchtigungen nicht richtig entwickelt oder in den erforderlichen Momenten – beziehungsweise Zeitspannen – nicht entsprechend abgerufen werden können. Aus diesem Grund besteht ein zentrales Erforder-

---

[4] Vgl. Mercer (2011).
[5] Vgl. *Welt online* [o. V.], 30.04.2012.
[6] Näheres unter www.gallup.com.
[7] Vgl. zum Beispiel Kaufmann (2012); Briseño (2011).
[8] Verband deutscher Betriebs- und Werkärzte e. V. (o. J., S. 12).

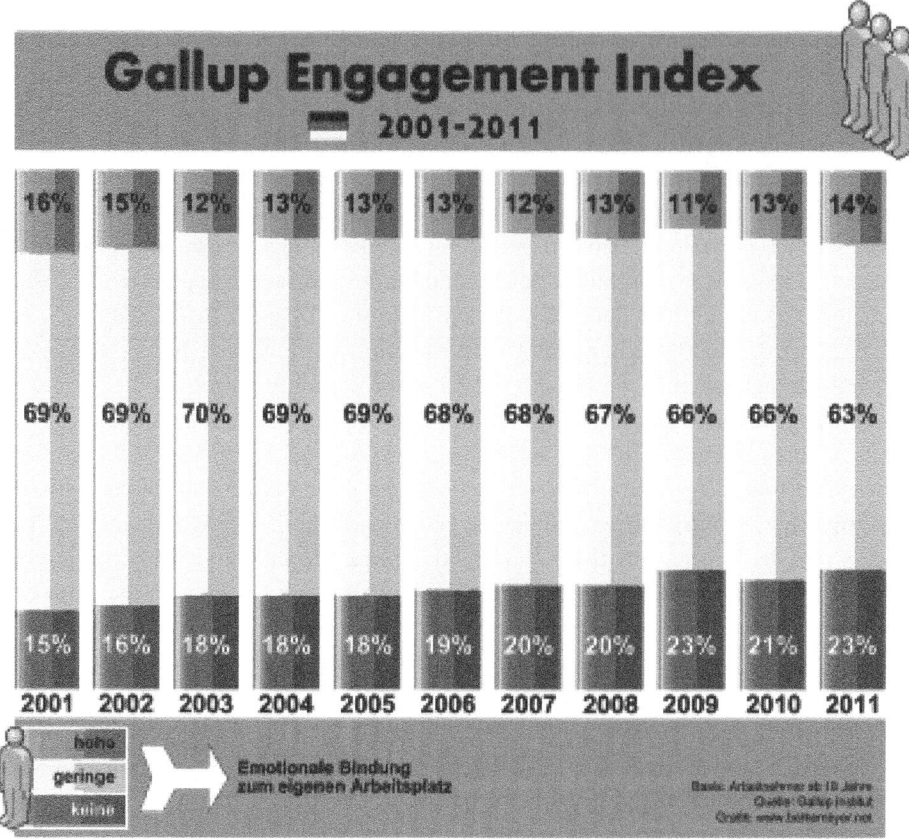

Abb. 8.1 Gallup Engagement Index 2001–2011 (Gallup)

nis eines wirksamen Talentmanagements darin, parallel zu den Entwicklungsmaßnahmen, die auf die Ausbildung der berufsspezifischen Kompetenzen und Fähigkeiten zielen, auf ein ganzheitliches betriebliches Gesundheitsmanagement zu achten.

Die Beschäftigung mit betrieblichem Gesundheitsmanagement setzt eine klare Vorstellung davon, was unter „Gesundheit" und „Gesundheitsmanagement" eigentlich zu verstehen ist, voraus. Aus diesem Grund haben wir der anschließenden Beschreibung der Grundstrukturen eines ganzheitlichen betrieblichen Gesundheitsmanagements einen kurzen Abriss unseres Verständnisses dieser beiden Termini vorangestellt. Anhand eines konkreten Beispiels werden wir dann verdeutlichen, wie ein solches Gesundheitsmanagement in der Praxis aussehen kann. Am Ende des Beitrags werden wir auf der Basis dieser Ausführungen die Berührungspunkte zwischen betrieblichem Gesundheitsmanagement und Talentmanagement noch einmal abschließend zusammenfassen.

Wovon reden wir? – Begrifflichkeiten

Die Gesundheit eines Menschen ist laut Definition der Weltgesundheitsorganisation „ein Zustand des vollständigen körperlichen, geistigen und sozialen Wohlergehens und nicht nur das Fehlen von Krankheit oder Gebrechen".[9] Ergänzend dazu beschreibt Bernhard Badura, emeritierter Professor für Gesundheitswissenschaften an der Universität Bielefeld, Gesundheit auch als die Fähigkeit zur Problemlösung und Gefühlsregulierung, durch die ein positives seelisches und körperliches Befinden – insbesondere ein positives Selbstwertgefühl – und ein unterstützendes Netzwerk sozialer Beziehungen erhalten oder wiederhergestellt werden.[10] In diesem Sinne ist Gesundheit also nicht nur abhängig von bestehenden Gegebenheiten, beispielsweise von vorhandenen Belastungen, sondern auch von der Art des Umgangs mit diesen.

Für die meisten Menschen in Deutschland sind die Art und Gestaltung der Arbeit in vielerlei Hinsicht wichtige Faktoren für ihre Gesundheit: Bei und mit der Arbeit verbringen die Menschen einen Großteil der Zeit eines Tages. Mit der Arbeit wird meist die finanzielle Grundlage für das Leben gelegt. Für viele stellt Arbeit einen wichtigen Sinnfaktor im Leben dar, sie suchen und finden im Idealfall in irgendeiner Weise „Erfüllung" durch die Arbeit und entfalten hier womöglich etliche ihrer Talente und Fähigkeiten. Die Einbindung in ein gut kooperierendes Team und eine angenehme Zusammenarbeit können in erheblichem Maß zum sozialen Wohlbefinden beitragen. Aus der Arbeit ziehen viele Menschen zudem das Gefühl von Anerkennung und Wertschätzung, was sich wiederum positiv auf ihr Selbstwertgefühl auswirkt.

Im positivsten Fall kann die Arbeit – mit ihren inhaltlichen, sozialen, materiellen und anderen Komponenten – also einen erheblichen Beitrag zum Wohlbefinden des Menschen leisten. Umgekehrt gilt allerdings dasselbe: Wer keine Arbeit hat, wird womöglich von finanziellen Sorgen massiv belastet, die alle Aspekte der Lebensgestaltung und Lebenszufriedenheit betreffen. Aber auch, wenn die ausgeübte Arbeit nicht den eigenen Fähigkeiten und Interessen entspricht, kann sie als „unerfüllend" empfunden werden und perspektivisch krankmachend wirken. Umgekehrt bergen permanenter Leistungs- und Zeitdruck, ein schwieriges soziales Miteinander, eine unausgewogene Work-Life-Balance etc. gesundheitliche Risiken, die durch die Wechselwirkung einzelner Komponenten häufig noch verstärkt werden: Wenn sich anstelle einer positiven Erfolgsspirale mehr und mehr Unzufriedenheit und Motivationsverlust bei der Arbeit einstellen, geht das in der Regel mit starken negativen Gefühlen einher. Wird die Arbeitssituation darüber hinaus noch durch weitere Stressoren belastet (beispielsweise Konflikte), wird dieser Effekt verstärkt. Je stärker das Ausmaß an negativen Gefühlen eines Menschen ist, desto höher ist seine Stressbelastung. Über die Stressbelastung werden zahlreiche Körperreaktionen geschaltet, die den Organismus in einen Alarmzustand versetzen, der auf Dauer zahlreiche physische, psychische und psychosomatische Stresskrankheiten fördert beziehungsweise auslösen kann. Schwer-

---

[9] Verfassung der Weltgesundheitsorganisation, deutsche Übersetzung, vgl. www.wikipedia.de.
[10] Vgl. Badura et al. (1999).

wiegende psychische und physische Symptome wie Depressionen, Migräne, Schlaflosigkeit oder Magen-Darm-Beschwerden können unter anderem die Folge sein. Auch das soziale Wohlbefinden kann im negativen Fall massiv beeinträchtigt werden, etwa wenn eine Beziehung oder Ehe wegen des unausgewogenen Verhältnisses von Arbeit und Privatleben in die Brüche geht oder wenn Freundschaften aus Zeitmangel verkümmern. Zudem kann ein Arbeitsumfeld, in dem nicht ausreichend auf die physische Gesundheit geachtet wird, beispielsweise massive Rückenbeschwerden bei falscher Sitzhaltung, Übergewicht und Herz-Kreislauf-Probleme bei zu wenig Bewegung etc. nach sich ziehen.

Schon aus dieser kurzen Aufstellung wird deutlich, wie wichtig ein bewusster und verantwortungsvoller Umgang mit der körperlichen und seelischen Gesundheit der Mitarbeitenden am Arbeitsplatz ist. Die Verantwortung dafür liegt sowohl beim Einzelnen als auch bei den Unternehmen selbst. Diese Sichtweise geht somit deutlich über frühere Umgangsweisen mit dem Thema Gesundheit im Betrieb hinaus: Maßnahmen zur persönlichen Gesunderhaltung wurden lange Zeit überwiegend als Privatangelegenheit des Mitarbeitenden verstanden, die in der jeweiligen Eigenverantwortung der Einzelnen lagen. Ausnahmen bildeten meist nur betriebliche Aktivitäten und Vorkehrungen im Bereich Arbeitssicherheit, Unfallverhütung oder im klassischen Gesundheitsschutz, die sich oft direkt aus den gesetzlichen Vorschriften ergaben.

Eine Möglichkeit für Unternehmen, die gesundheitliche Verantwortung für ihre Mitarbeitenden entsprechend der obigen Gesundheitsdefinitionen deutlich umfassender wahrzunehmen, liegt in der Etablierung eines ganzheitlichen und professionellen betrieblichen Gesundheitsmanagements.

Dabei ist das Verständnis von betrieblichem Gesundheitsmanagement bis heute sehr uneinheitlich. Grundsätzlich geht es bei betrieblichem Gesundheitsmanagement um die systematische Planung und Durchführung von Maßnahmen, die der Erhaltung und dem Ausbau von Gesundheit der Mitarbeitenden in Unternehmen dienen. In der Unternehmenspraxis wird unter betrieblichem Gesundheitsmanagement jedoch ganz Verschiedenes verstanden, beziehungsweise unter dem Oberbegriff „Betriebliches Gesundheitsmanagement" werden ganz verschiedene Maßnahmen umgesetzt: Sehr häufig werden darunter eher betriebliche Einzelmaßnahmen im Sinne einer „Betrieblichen Gesundheitsförderung" (BGF) gefasst, also beispielsweise das Angebot zu Gesundheitschecks bei einem Betriebsarzt oder eine Kooperation zwischen einem Unternehmen und einem Fitness-Studio; diese Einzelmaßnahmen sind jedoch nicht in ein größeres Konzept eingebunden, bei dem das Thema Gesundheit in verschiedensten Bereichen des Arbeitsalltags sichtbar gemacht wird.

Demgegenüber ist betriebliches Gesundheitsmanagement unserem Verständnis nach als ein ganzheitliches und auf Nachhaltigkeit zielendes Gesundheitsstruktursystem zu verstehen, das in seinem Grundverständnis und seiner Zielsetzung weit über zeitlich und in ihrer Wirkung begrenzte Einzelmaßnahmen in Betrieben und Unternehmen hinausgeht. Es ist vielmehr ein integraler Bestandteil der Unternehmensstrategie und -kultur und sowohl auf die organisatorischen Rahmenbedingungen als auch auf die Arbeitsgestaltung und das Mitarbeiterverhalten bezogen.

Ganzheitliches betriebliches Gesundheitsmanagement

Um unsere Vorstellungen eines ganzheitlichen betrieblichen Gesundheitsmanagements zu konkretisieren, seien an dieser Stelle zunächst einige theoretische Anmerkungen zu dessen Zielen und Nutzen, konstitutionellen Rahmenbedingungen und zu dessen Umsetzungsmöglichkeiten angeführt.

Ziele und Nutzen

Zentrales Ziel eines ganzheitlich verstandenen Ansatzes ist die Sicherstellung der Gesundheit aller Mitarbeitenden durch geeignete Maßnahmen. Es entspringt zunächst dem Leitgedanken der Verantwortung und der Wertschätzung gegenüber den Mitarbeitenden.

Mit der Fürsorge für die Gesundheit der Belegschaft erhalten Unternehmen zusätzlich die Leistungsfähigkeit und Leistungsbereitschaft ihrer Mitarbeiter. Gerade in Zeiten des demografischen Wandels und eines zunehmend globalisierten Wettbewerbs, in denen mit deutlich verlängerten Lebensarbeitszeiten bei steigenden Arbeitsanforderungen gerechnet wird, ist das eine Grundvoraussetzung für den Unternehmenserfolg.

Indem mit betrieblichem Gesundheitsmanagement den Mitarbeitenden auch Wertschätzung im Unternehmen signalisiert wird, steigt potenziell auch deren Bereitschaft, sich mit dem Unternehmen zu identifizieren. Insofern kann betriebliches Gesundheitsmanagement ein signifikantes Element eines erfolgreichen Unternehmensbrandings sein und einen wichtigen Baustein bei der Gewinnung und Bindung qualifizierter Mitarbeiter – gerade auch sogenannter „High Potentials" – darstellen. Die Mitarbeitenden werden im Rahmen der Arbeit in ihrer Persönlichkeits- und Talententfaltung unterstützt, das Selbstwertgefühl wird aktiviert, das allgemeine Wohlbefinden stabilisiert. Die so erwirkte persönliche Zufriedenheit strahlt auch nach außen. Somit lässt sich hier nicht nur ein Beitrag für ein gutes Betriebsklima leisten, sondern es bewirkt mittelbar einen positiven Effekt etwa auf die Kundenzufriedenheit und damit auf die Kundenbindung.

Rahmen

Um die erwünschte Ganzheitlichkeit, Nachhaltigkeit und „Tiefenwirkung" zu gewährleisten, werden im Rahmen eines ganzheitlichen Gesundheitsmanagements vier verschiedene Ansätze kombiniert, die als struktureller Orientierungsrahmen fungieren:

- **Verhaltensprävention:** Die Verhaltensprävention zielt darauf, gesundheitsschädliches Verhalten einer Person zu verhindern beziehungsweise zu ändern (zum Beispiel Warnung vor schädlichen Folgen des Rauchens beziehungsweise Rauchentwöhnung, gesunde Ernährung beziehungsweise Ernährungsumstellung bei Übergewicht etc.).

- **Verhältnisprävention**: Die Verhältnisprävention zielt auf eine gesundheitsförderliche Einrichtung der sozialen, technischen und organisationalen Umgebung eines Individuums ab. Dies umfasst sowohl die „harten Faktoren" (zum Beispiel ergonomischer Sitzplatz, gute Lichtverhältnisse am Schreibtisch etc.) als auch die „weichen Faktoren" (Handlungsspielräume, Partizipation, Umgang miteinander etc.).
- **Pathogenetischer Ansatz**: Pathogenese ist die Wissenschaft von der Entstehung von Krankheit, Salutogenese hingegen die Wissenschaft von der Entstehung von Gesundheit. Bei einem pathogenetisch orientierten Ansatz wird der Fokus auf die Krankheiten, ihre Ursachen und die Gefahren gerichtet, die es zu vermeiden oder zu bekämpfen gilt. Geeignete Maßnahmen bestehen sowohl im Bereich der Verhaltensprävention (zum Beispiel fettarme Ernährung bei Übergewicht) als auch im Bereich der Verhältnisprävention (zum Beispiel Hebe-Trage-Hilfen zur Reduktion von physischen Belastungen oder soziale Unterstützung zur Reduktion von psychischen Belastungen).
- **Salutogenetischer Ansatz**: Bei einer salutogenetischen Orientierung hingegen wird auf positive Gesundheitsziele geblickt, die erreicht werden sollten und für deren Erreichung Mittel und Wege gesucht werden. Typische Beispiele für den Aufbau von Ressourcen und Potenzialen im Bereich der Verhaltensprävention mit salutogenetischem Ansatz sind Zeitmanagement oder Mentaltraining zur Steigerung der persönlichen Bewältigungs- und Leistungsfähigkeit; im Bereich der Verhältnisprävention kann die Gewährung von Handlungs- und Gestaltungsspielräumen bei der Organisation der eigenen Arbeitsabläufe unterstützend sein.

Beim ganzheitlichen Gesundheitsmanagement in Unternehmen geht es entsprechend der genannten Zielsetzungen und gemäß des hier skizzierten Rahmens einerseits darum, das Bewusstsein der Mitarbeitenden für ihre eigene Gesundheit zu schärfen und sie in die Lage zu versetzen, sich selbst verantwortungsvoll um ihre Gesundheit kümmern zu können. Andererseits soll der soziale, organisatorische und technische Rahmen im Unternehmen so aufgestellt werden, dass auch unternehmensseitig die Gesundheit der Mitarbeitenden gewährleistet ist.

Umsetzung

Die konkrete Gestaltung des betrieblichen Gesundheitsmanagements wird sich jeweils an den Möglichkeiten und Erfordernissen des einzelnen Unternehmens ausrichten müssen: Ein kleines Unternehmen, das auf die Übersetzung fremdsprachiger Texte spezialisiert ist und über gerade einmal 13 Mitarbeitende verfügt, wird ganz andere Bedarfe und Möglichkeiten haben als etwa ein international agierender Autoproduzent mit mehreren Tausend Angestellten in verschiedensten Funktionen, von der Fließbandarbeit bis zum General Manager. Daher muss auch für jedes Unternehmen ein eigenes Konzept für betriebliches Gesundheitsmanagement erstellt werden, das in regelmäßigen Abständen an die aktuellen Entwicklungen im Unternehmen sowie der sonstigen Lebensumwelt angepasst wird.

Gestaltungsebenen

In jedem Fall sollte ein ganzheitliches Konzept des betrieblichen Gesundheitsmanagements sowohl am Menschen als auch seiner Umwelt ansetzen und die Rahmenbedingungen aus Verhaltens- und Verhältnisprävention ebenso berücksichtigen wie salutogenetische und pathogenetische Ansätze. Dabei bezieht sich betriebliches Gesundheitsmanagement in der praktischen Anwendung üblicherweise auf drei verschiedene Umsetzungsebenen:

(1) Organisation, also beispielsweise
- guter Führungsstil (unter anderem durch Führungstrainings);
- positive Unternehmenskultur (unter anderem durch Veranstaltungen, Fortbildungen, Kommunikationstrainings);
- „gesundes" Betriebsklima (unter anderem durch Teambildungsmaßnahmen in kleineren Arbeitseinheiten, Freizeitangebote für Mitarbeitende und ihre Familien);
- gesundes Nahrungsangebot (unter anderem in der Betriebskantine);
- Nichtraucherschutz (unter anderem durch Einrichtung von getrennten Raucherbereichen);
- Arbeitsplätze für Menschen mit Behinderungen und barrierefreie Architektur;
- Integration des privaten Umfelds in betriebliche Aktivitäten (zum Beispiel Betriebsausflüge oder Betriebsfeiern mit Familienangehörigen);
- betriebliche Wieder-/Eingliederungsmaßnahmen für Beschäftigte mit chronischen, längeren oder schweren Erkrankungen, mit Behinderungen oder Ähnlichem;
- angemessenes Entlohnungssystem.

(2) Arbeit, also beispielsweise
- gesundheitsförderliche Arbeitsplatzgestaltung (unter anderem durch ergonomische und technische Arbeitsschutzmaßnahmen wie ergonomische Computertastaturen, rückenstabilisierende Bürostühle);
- ausgewogene Work-Life-Balance (die unter anderem auch durch die Führungskultur verkörpert wird);
- Arbeitsgestaltung (unter anderem zu den Interessen und Fähigkeiten passende Aufgaben, Entwicklungsmöglichkeiten, Fortbildungen);
- Entscheidungsspielräume (unter anderem Vertrauensarbeitszeit und eigenständiges Arbeiten)
- Verantwortungsübertragung;
- flexible Arbeitszeitmodelle (unter anderem Elternzeit, Möglichkeit zu Sabbaticals, Reduktion der Arbeitszeit im Alter).

(3) Mitarbeiter, also beispielsweise:
- Informationen zum Thema Gesundheit (unter anderem Informationsveranstaltungen, Gesundheitstage, Suchtberatung);
- individuelle Gesundheitsprophylaxe (unter anderem Gesundheitschecks beim Betriebsarzt, Fitness-Checks);

Abb. 8.2 Gesundheitsbelastende vs. gesundheitsförderliche Merkmale (Badura et al. 1999)

- betriebliche Fitness-Angebote (unter anderem Kooperationen mit regionalen Anbietern im Bereich Gesundheit, betriebliche Sportgruppen, Unterstützung von Eigeninitiativen, Einführung gezielter Ausgleichsübungen bei ermittelter einseitiger Beanspruchung, Work Hardening[11]);
- themenspezifische Trainings (unter anderem zu persönlicher Gesundheitsinitiative, Selbstmanagement, Stressmanagement);
- Fortbildungsangebote für Einzelne und Teams.

Mit einem solchen umfassenden betrieblichen Gesundheitsmanagement können „ungesunde" Struktur- und Prozesselemente in Unternehmen sowie Verhaltensweisen und Einstellungen von Mitarbeitenden reduziert schrittweise in „gesunde" umgewandelt werden. Obenstehende Grafik stellt beispielhaft solche „ungesunden" und „gesunden" Muster im Arbeitskontext gegenüber (Abb. 8.2).

Wie die Konzipierung und Umsetzung eines solchen betrieblichen Gesundheitsmanagements in der Praxis konkret aussehen kann, wird etwas weiter unten anhand eines Beispiels detailliert erläutert.

---

[11] Work Hardening ist ein zielorientiertes Behandlungsprogramm, welches eine Erweiterung des klassischen Rehabilitationsablaufs darstellt. Dabei wird dem Patienten durch physische Konditionierung und Arbeitssimulation ermöglicht, seine Fähigkeiten hinsichtlich kritischer Arbeitsanforderungen unter therapeutischer Aufsicht zu steigern. Näheres unter: www.apz-erfurt.de/0580.php?&ID=58&language=de.

Ganzheitliches betriebliches Gesundheitsmanagement in der Praxis

Wie können Unternehmen erfolgreich ein ganzheitliches betriebliches Gesundheitsmanagement in ihrer Organisation etablieren? Welche Schritte sind hierzu erforderlich? Welche Instrumente bieten sich an? Und worauf sollte bei der Umsetzung geachtet werden? Am Beispiel eines mittelständischen Finanzdienstleisters soll im Folgenden erläutert werden, wie das Projekt betriebliches Gesundheitsmanagement wirksam im Unternehmen verankert werden kann.

Ausgangslage

Das Unternehmen mit rund 1300 Mitarbeitenden hatte während der Finanzkrise 2009/10 (wie alle, die zu dieser Zeit im Finanzsektor tätig waren) alle Hände voll zu tun, das Vertrauen seiner Kunden zu halten und durch Topleistung in Beratung und Vertrieb sein Ansehen zu sichern. Das Haus tat dies mit ausgesprochenem Erfolg, insbesondere durch hohes Engagement und Einsatz seiner Mitarbeitenden. Nachdem die härteste Zeit vorbei war, wurde deutlich, dass diese Anstrengungen auch ihre Spuren hinterlassen und die Mitarbeitenden zum Teil sehr stark gefordert hatten.

Unabhängig davon beeinflussten gesamtgesellschaftlich Strömungen, die den Wunsch nach mehr Ausgeglichenheit zwischen privatem und beruflichem Leben fordern – beispielsweise auch die bessere Vereinbarkeit von Familie und Beruf –, den Diskurs hierüber innerhalb des beschriebenen Finanzinstituts.

Einen dritten Aspekt bildete die Auseinandersetzung der verantwortlichen Führungskräfte mit der Frage, wie gute Mitarbeitende gewonnen und langfristig gehalten werden können. Auch hier spielte das Thema Gesundheiterhalt früh eine wesentliche Rolle.

Da zum besagten Zeitpunkt zudem in sportlicher Hinsicht Highlights bevorstanden (2010 Männer-Fußball-WM in Südafrika, 2011 Frauen-Fußball-WM in Deutschland), sollte genau dieser Schwung genutzt werden, um im Sinne des Mottos „Ein Tor für Deine Gesundheit" ein solches Projekt erfolgreich aufzusetzen.

All diese Aspekte führten dazu, dass gemeinsam mit den verantwortlichen Gremien über die Idee eines ganzheitlichen Gesundheitsmanagements diskutiert wurde, das umfassend, ganzheitlich, individuell und regional orientiert angelegt sein und das jeder Mitarbeiter nahe des eigenen Arbeitsplatzes nutzen können sollte. Nicht alle zu Beginn entwickelten Ideen konnten dann im Laufe der zwei Jahre im Rahmen der Projektentwicklung konsequent integriert werden; das Programm als solches erfüllte allerdings alle Bedingungen dafür, am Ende zu Recht ein umfassendes, ganzheitliches Gesundheitsmanagement genannt zu werden.

Vor dem Hintergrund der konkreten Erfahrungen bei diesem Unternehmen lassen sich einzelne Umsetzungsschritte benennen, die sich in der Praxis bewährt haben und die beispielhaft als ideelles Grundgerüst für ähnliche Projekte in anderen Unternehmen herangezogen werden können.

Umsetzungsschritte

Schritt 1 Um eine breite Basis für die Akzeptanz des betrieblichen Gesundheitsmanagements zu gewinnen, ist es wichtig, zunächst Führungskräfte, Mitarbeitende, Vertreter des Bereichs Personal, des Betriebsrats, Betriebsärzte sowie ein Vorstandsmitglied, der als Projektpate fungiert, in einer Projektgruppe zu versammeln. Diese Projektgruppe wird vom Vorstand beauftragt und stellt sicher, dass die Ziele und Inhalte konsequent verfolgt und umgesetzt werden. Durch die „Aufhängung" des betrieblichen Gesundheitsmanagements beim Vorstand wird die Bedeutung des Projekts unterstrichen und seine Wirkung verstärkt. Dies betrifft die Entwicklung von Inhalten ebenso wie die Sicherstellung einer optimalen Kommunikation, die den Mitarbeitenden Hintergründe, Ergebnisse und Angebote des Programms so vermittelt, dass sie diese nachvollziehen und für sich nutzen können.

Schritt 2 In einer Startveranstaltung werden vorerst alle Führungskräfte, anschließend alle Mitarbeitenden über das Projekt grundlegend und umfassend informiert. Die Führungskräfte werden dabei mit ihrer Rolle vertraut gemacht, die sie im Rahmen des Gesundheitsmanagements innehaben: Sie sollen durch den Umgang mit ihrer eigenen Gesundheit einerseits als Vorbilder fungieren und andererseits das Bewusstsein dafür schärfen, wo sie als Führungskräfte den Umgang ihrer Mitarbeiter mit dem Thema Gesundheit weiter fördern können. Für Führungskräfte wie für Mitarbeiter ist über die gesamte Projektierungsphase ein sogenanntes Kommunikationsboard aktiv, das sicherstellt, dass über Ergebnisse und Entwicklung des Projekts informiert, aber auch diskutiert wird. Die Mitarbeitenden sollen über interaktive Kommunikationswege (Foren, Chats, Round Tables) die Möglichkeit haben, sich an der Entwicklung der Angebote im Rahmen des Gesundheitsmanagements zu beteiligen und diese mitzugestalten.

Schritt 3 Ein Kreis sogenannter „Gesundheitspaten" wird etabliert. Sie dienen als interne Ansprechpartner sowie als Multiplikatoren des Programms. Ihre Aufgabe ist es, das Konzept in den einzelnen Unternehmensbereichen zu kommunizieren, Hintergründe zu erläutern, zu motivieren und Angebote, Anmeldevorgänge etc. zu erklären. Die Paten werden in kurzen Workshops vorbereitet und erhalten unterstützende Materialien.

Schritt 4 Verschiedene externe Fachleute werden gewonnen, um das Projekt entsprechend zu unterstützen:

- Ein interdisziplinäres Team von Experten wird etabliert, das fachliche Unterstützung und Beratung in medizinischen, psychologischen, präventiven, ernährungstechnischen und gesundheitsorientierten Bereichen bietet.
- Anbieter aus der Region des Unternehmens werden für gesundheitsbezogene Beratung, Kurs- und Seminarangebote sowie Wissensvermittlung eingesetzt.

- Kooperationspartner wie Krankenkassen, Gesundheitszentren etc. ergänzen das Angebot durch Know-how und entsprechende Leistungen.

Schritt 5   Das Projektmanagement wird etabliert, das heißt, es werden verschiedene Angebote und Leistungen für die Mitarbeitenden entwickelt und verzahnt, sodass jeder Einzelne eine langfristig ausgerichtete, auf Selbstverantwortung basierende, realisierbare individuelle Gesundheitsfürsorge aufbauen kann. Der folgende Überblick beschreibt die damit verbundenen Maßnahmen im Einzelnen:

- Um den Mitarbeitenden ein möglichst großes Angebot an gesundheitsorientierten Maßnahmen machen zu können, wird eine Vielzahl potenzieller Anbieter angesprochen. Deren Angebote werden in Form eines Qualitätschecks anhand unternehmensintern festgelegter Kriterien geprüft und ausgewählt. Ziel ist es, den Mitarbeitenden ein qualitativ hochwertiges Angebotsportfolio zur Verfügung zu stellen. Die Ergebnisse des Qualitätschecks werden im Anschluss einem hierfür eingerichteten Expertenausschuss (bestehend aus Mitgliedern der Projektgruppe sowie der externen Experten) vorgestellt, der eine Zertifizierung vergibt. Mit den beauftragten Anbietern wird im Anschluss über Exklusivkurse (gegebenenfalls auch in den Betriebsräumen) und/oder Sonderkonditionen verhandelt. Anschließend werden Gutscheine für Probetrainings oder weitere Vergünstigungen, die als Anreiz dienen, ausgegeben etc. Alle Angebote sollten zudem die Voraussetzung für die Förderung der Krankenkassen erfüllen.
- Die bestehenden Präventionsaktionen, beispielsweise der Betriebsärzte (Sehtest, Herzwoche, betriebliche Vorsorgeuntersuchungen, Impfungen etc.), werden erweitert und integriert.
- Um die Teilnahme für Mitarbeitende mit Familien zu vereinfachen, sollen die Angebote ebenfalls für Familienangehörige geöffnet und Betreuungsmöglichkeiten für Kinder beziehungsweise Pflegebedürftige organisiert werden.
- Es besteht die Möglichkeit, ein Kompaktseminar „Meine individuelle Gesundheitsinitiative" durchzuführen, in dem persönliche Beratung stattfindet und individuelle Gesundheitspläne erstellt werden. Das Seminar wird von Fachexperten durchgeführt und kann von Krankenkassen gefördert werden.
- Ein Angebot „Treffen nach Maß" ermöglicht den Mitarbeitenden die Initiierung eigener Kurse, die sie gerne nutzen möchten. Hierfür werden ab einer entsprechenden Teilnehmerzahl geeignete Kursleiter vermittelt, Räume organisiert etc.
- Unter dem Slogan „Aktiv im Unternehmen" werden selbstinitiierte und -gesteuerte Kurse und Aktionen von Mitarbeitenden zusammengefasst, die Eigeninitiative, Spaß und Gemeinschaft fördern. Hierfür erhalten diese ebenfalls Unterstützung, beispielsweise durch die Nutzungsmöglichkeit von Räumlichkeiten im Unternehmen, Werbung etc.
- „Sorgsame Führung" stellt ein Angebot exklusiv für Führungskräfte dar, bei dem es um das sorgsame Führen der eigenen Person und anderer geht. Dabei wird die hohe Verantwortung der Führungskräfte für andere verdeutlicht, aber auch, wie wichtig die

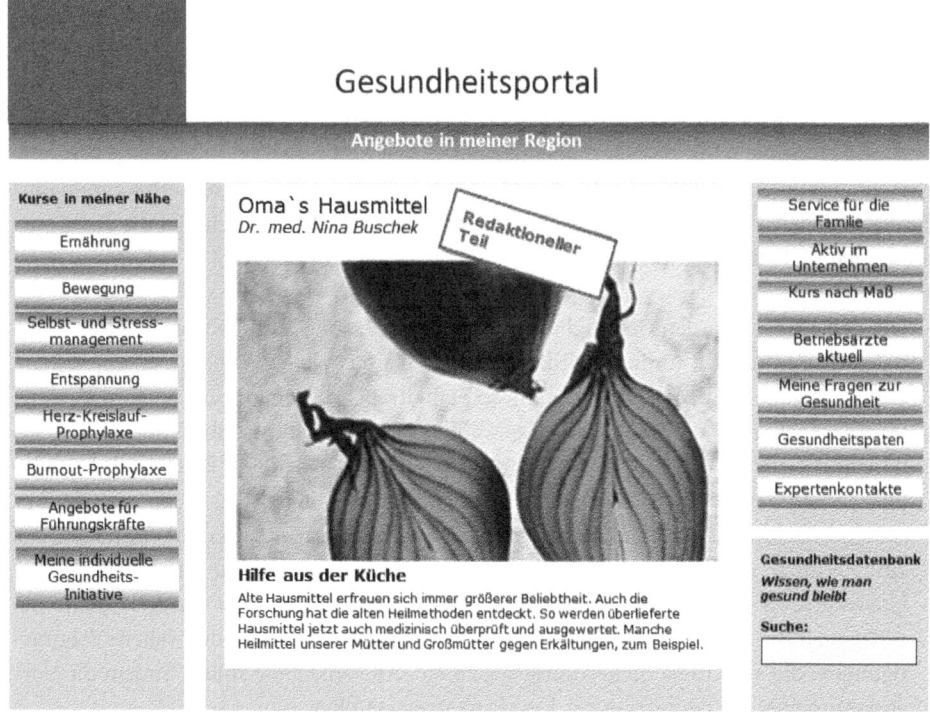

Abb. 8.3 BGM Gesundheitsportal (Urheberrecht beim Autor)

eigene Gesundheit ist, um als Führungskraft diese Verantwortung tragen zu können. Des Weiteren werden Informationen zu gesundheitlichen, psychologischen und Suchtproblemen gegeben, über deren Früherkennung und den sensiblen und kompetenten Umgang mit ihnen. Gleichzeitig geht es darum, die eigenen Grenzen zu kennen und zu erkennen, wann Führungskräfte den Mitarbeiter an kompetentere Stellen weiterleiten müssen. Neben all dem haben diese Workshops zum Ziel, durch die Einbindung der gesamten Führungsmannschaft ein starkes Commitment zum Gesundheitsmanagement zu erzielen, sodass die Führungskräfte ihrer Vorbildrolle im BGM gerecht werden können.

- Dabei hat es sich als sinnvoll erwiesen, perspektivisch die Aspekte sorgsamer Führung im Sinne des Gesundheitsmanagements als Kriterium in das Beurteilungssystem aufzunehmen. Zudem ist ein jährlicher Gesundheitscheck für Führungskräfte ein sinnvolles Zusatzangebot.

Schritt 6 All diese Angebote und Informationen werden auf einer Intranetplattform („Gesundheitsportal") ansprechend und übersichtlich dargestellt und beworben (siehe Abb. 8.3).

Ergänzend hierzu werden folgende Informationsangebote im Gesundheitsportal dargestellt:

- Aktuelle Informationen zum Thema Gesundheit („Präventionsdatenbank"): Auf der Präventionsdatenbank ist Wissenswertes von A bis Z zum Thema Gesundheit gesammelt. Hier können entsprechende Datenbanken von seriösen Gesundheitsanbietern in Kooperation genutzt werden, es werden durch die Experten qualitätsgeprüfte aktuelle Artikel etc. eingestellt, ebenso Veröffentlichungen neuester Forschungsergebnisse sowie Literaturtipps zu relevanten Präventions- und Gesundheitsthemen.
- Es gibt regelmäßig wechselnde Artikel zu Hintergrundinformationen; Maßnahmen einzelner Anbieter werden „unter der Lupe" im Detail vorgestellt, ebenso jahreszeitlich relevante Themen (Erkältung, Fitness im Winter, Sonnenbrand ...).
- „Sonstiges" enthält eine weitere bunte Vielfalt von Nützlichem und Interessantem rund ums Thema, etwa Fitnessübungen zum Mitmachen in verschiedenen Bereichen, interaktive Tests zum Beispiel zur Berechnung des individuellen Herz-Kreislauf-Risikos, Beratung und Information bei der Einrichtung neuer Büros und Filialen oder hinsichtlich einer ergonomischen Arbeitsplatzgestaltung.
- Foren zum Austausch, Chats zu bestimmten aktuellen Themen etc. ermöglichen die Beteiligung und den Austausch zwischen und mit den Mitarbeitenden.
- Anonyme Beratungs-/Coachingangebote für Mitarbeitende: Hier ist es möglich, Fragen und Anliegen durch eine differenzierte, anonyme Situationsanalyse und das Finden professioneller und individueller Lösungswege anzugehen. Thematisch können hierbei allgemeine Gesundheitsfragen oder Abfragen von Expertenmeinungen zu Diagnosen, Therapievorschlägen und psychologischen Problematiken etc. eingebracht werden. Das Angebot wird von einem interdisziplinären Expertenteam betreut und kann telefonisch und per Mail genutzt werden. Der Fokus dabei liegt auf der „Hilfe zur Selbsthilfe", nach Möglichkeit wird auf weitere Unterstützungsangebote (falls notwendig) in der Region verwiesen. In Krisensituationen besteht zudem die Möglichkeit eines Face-to-Face-Kontakts mit einem Experten.
- Ebensolchen Support erhalten auch Führungskräfte, die Informationen zum Umgang mit kranken oder burnoutgefährdeten Mitarbeitenden etc. benötigen.

Schritt 7 Die Projektangebote werden neben der unternehmenseigenen Intranetplattform mit Unterstützung der Marketingabteilung auf mehreren Kanälen beworben (zentrales Intranet des Unternehmensverbunds, Flyer zu Programmstruktur und Inhalt, Plakate, Artikel in der Mitarbeiterzeitschrift etc.). Als „Highlight" wird die Mitarbeiterschaft am Ende der Projektierungsphase außerdem im Rahmen einer mehrtägigen Gesundheitsmesse nochmals breit über das Projekt informiert. Die Veranstaltung mit diversen Foren und Informationsständen bietet einen geeigneten Rahmen, um die Angebote des Programms im direkten Kontakt vor- und darzustellen, Hintergründe zu erläutern und die Mitarbeitenden zum Mitmachen zu motivieren. Sie erleben sich als Gemeinschaft, können sich austauschen, gemeinsame Aktivitäten entwickeln und planen, „Verbündete" suchen, die ein Einüben und

Durchhalten veränderten Verhaltens, regelmäßiger Bewegung etc. unterstützen. Auch den Familienangehörigen steht diese Messe offen.

Schritt 8 Nach der Projektierungsphase steht es an, ein fest installiertes Gesundheitsprogramm im Unternehmen zu implementieren. Das heißt, es gelangt vom Projektstatus in die Linienverantwortung, wo Zuständigkeiten und Sicherstellung der Umsetzung verankert sein müssen. Teil dessen sollte im Sinne der Verhältnisprävention dabei sein, dem Vorstand in einem regelmäßigen Präventionsdialog Optimierungsmöglichkeiten der Strukturen und Prozesse etc. innerhalb des Unternehmens zurückzuspiegeln, um diese gesundheitsfördernd(er) zu gestalten (zum Beispiel Anpassung des Beurteilungssystems der Führungskräfte im Sinne einer sorgsamen Führung).

Schritt 9 Kontinuierlich wird eine qualitativ hochwertige Umsetzung durch ein etabliertes *Monitoring* sichergestellt. Valide und wirkungsvolle Methoden, wie beispielsweise Gesundheitsscouts (repräsentative Stimmeneinholung zur aktuellen Nutzung des Programms) oder Effektivitätskontrollen, garantieren langfristig eine bedarfsgerechte und wirtschaftliche Mitarbeiterversorgung auf hohem Niveau.

Umsetzungsbedingungen

Als Schlüsselelemente für die erfolgreiche Etablierung eines betrieblichen Gesundheitsmanagements haben sich in der Praxis schließlich zehn Items herauskristallisiert:

(1) Da betriebliches Gesundheitsmanagement stets auf Leistungserhalt und Leistungssteigerung abzielt, sollte es als wesentlicher Bestandteil der Unternehmensstrategie betrachtet werden. Das heißt, das betriebliche Gesundheitsmanagement sollte eng an die strategischen Zielrichtungen des Unternehmens angebunden sein und mit diesen regelmäßig an die Gegebenheiten aktueller Bedürfnisse angepasst werden.

(2) Betriebliches Gesundheitsmanagement muss als ganzheitlicher und nachhaltiger Ansatz genutzt werden, das heißt, Verhaltens- und Verhältnisprävention werden ebenso bedacht wie ein notwendiger pathogenetischer beziehungsweise ein sinnvoller salutogenetischer Ansatz. Dafür muss das betriebliche Gesundheitsmanagement systematisch und in projektierten Schritten in ein Unternehmen maßgeschneidert implementiert werden. Neben „harten" Maßnahmen (zum Beispiel Gesundheitschecks) sind besonders auch „weiche" Faktoren (zum Beispiel Stimmung in Arbeitsgruppen und Abteilungen; Führungsverhalten gegenüber Mitarbeitenden etc.) zu berücksichtigen, um dem ganzheitlichen Gesundheitsverständnis gerecht zu werden.

(3) Physische, psychische und soziale Aspekte von Gesundheit müssen gleichwertig in ein ganzheitliches Konzept des betrieblichen Gesundheitsmanagements einbezogen werden.

(4) Betriebliches Gesundheitsmanagement muss Protektion und Attention von oberster Stelle erfahren. Nur dann kann die Wichtigkeit und Notwendigkeit des Programms konsequent und überzeugend vermittelt werden. Vorstände und Führungskräfte agieren als Initiatoren, Vorbilder und Motivatoren für das Gesundheitsmanagement.

(5) Zusätzlich sollte durch eine unmittelbare Beteiligung der Mitarbeitenden bei der Konzeption und Umsetzung des betrieblichen Gesundheitsmanagements ein hoher partizipativer Anteil gewährleistet sein, um sicherzustellen, dass die Angebote und Ansätze an den konkreten Bedürfnissen der Mitarbeitenden orientiert sind. Durch die Partizipation – etwa durch Mitarbeiterbefragungen oder die Beteiligung von Mitarbeitern in themenbezogen Projektgruppen – wird außerdem eine hohe Motivation für das Programm beziehungsweise für dessen Akzeptanz bewirkt.

(6) Bei der Einführung und Durchführung des betrieblichen Gesundheitsmanagements ist auf höchste Professionalität und Qualität zu achten. So sollten Ergänzungsangebote externer Anbieter gründlich auf Seriosität und Qualität geprüft werden, bevor sie im Unternehmen übernommen werden; die enge Zusammenarbeit mit Betriebsärzten, die ihre jeweilige Fachexpertise in das Gesamtkonzept einbringen, kann einen zusätzlichen Erfolgsfaktor darstellen.

(7) Dreh- und Angelpunkt ist die Implementierung beziehungsweise Ausrichtung einer klaren, transparenten, fordernden und gleichzeitig sorgsamen Führungs- und Leistungskultur auf der Grundlage eines ganzheitlichen betrieblichen Gesundheitsmanagements. Das Thema Gesundheitsmanagement muss in das alltägliche Führungshandeln aufgenommen und dort gelebt werden. Dies geschieht unter anderem durch kontinuierliche Präsenz des Themas Gesundheit in Mitarbeiter- und Teambesprechungen sowie durch die Sensibilisierung für das Thema durch Vorträge und Einzelmaßnahmen.

(8) Es muss sichergestellt sein, dass, wo geboten, die Privatsphäre eines jeden Mitarbeitenden in den Angeboten gewahrt und geschützt wird. So müssen Möglichkeiten zur anonymen Beratung – etwa bei Suchtproblemen oder anderen Krankheitsdiagnosen – vorgehalten werden.

(9) Schließlich muss das betriebliche Gesundheitsmanagement lebensphasenorientiert gestaltet werden, das heißt, es muss an den verschiedenen körperlichen und geistigen Voraussetzungen und Zielsetzungen der Zielgruppen ausgerichtet sein. Dies gilt umso mehr, als ältere Arbeitnehmende künftig eine immer größere Rolle im Arbeitsleben einnehmen werden.

(10) Durch regelmäßige Evaluierungen werden die Akzeptanz und Wirkung der gesamten Maßnahmen überprüft; das Programm kann, wo nötig, an neue Anforderungen angepasst werden. In jedem Fall sollte jedoch ausreichend Geduld bei der Integration eines ganzheitlichen betrieblichen Gesundheitsmanagements im Unternehmen aufgebracht werden, da in der Regel etwas Zeit vonnöten ist, bis die Maßnahmen Wirkung zeigen.

Besonderheit: Betriebliches Gesundheitsmanagement im PWS-Konzept

Das im Rahmen des oben stehenden Beispiels beschriebene betriebliche Gesundheitsmanagement greift die zentralen Säulen des PWS-Konzepts – professionell, wohlwollend, selbstgesteuert – auf (siehe Kap. 2):

- **Professionell** verweist in diesen Zusammenhang auf den umspannenden Rahmen von betrieblichem Gesundheitsmanagement hin. Durch die systematische und in sich logisch verzahnte Herangehensweise, die im systemischen Sinne jedes einzelne Element in Verbindung zum anderen stellt, wird es möglich, in einem Gesamtzusammenhang wirksam zu werden und erfolgreich vorzugehen. Umfassendes und qualifiziertes Expertenwissen auf allen relevanten Ebenen bietet dabei die Basis für die praktische Umsetzung der Maßnahmen.
- **Wohlwollend** bedeutet, einen wohlwollenden Blick auf das Individuum, genauso wie auf das Gesamtunternehmen und deren Entwicklung zu haben. Es geht darum, die Rahmenbedingungen, die für alle Seiten zunehmend herausfordernder werden, unter umfassenden gesundheitlichen Aspekten in den Blick zu nehmen und mit Verständnis und Verstand in die entsprechenden Interventionen zu transferieren. Betriebliches Gesundheitsmanagement im PWS-Konzept versteht sich somit als ein humanistischer, wertegeleiteter Ansatz, dessen Anspruch weit über die in vielen Unternehmen praktizierten gesundheitsorientierten Einzelmaßnahmen hinausreicht.
- **Selbstgesteuert** bedeutet schließlich, dass Mitarbeitende selbst aktiv und eigenverantwortlich Einfluss nehmen können auf die Gestaltung und Unterstützung ihrer Gesundheit. Dass sie selbst aus Bausteinangeboten das für sie individuell Richtige wählen können, um damit Unterstützung und wichtige Hinweise für die Gestaltung ihrer persönlichen Gesundheit zu erhalten.

Betriebliches Gesundheitsmanagement als ein Bestandteil eines erfolgreichen Talentmanagements

Ein betriebliches Gesundheitsmanagement, wie wir es bisher skizziert haben, soll allen Mitarbeitenden, egal in welcher Funktion und Hierarchieebene, zugutekommen. Gleichzeitig ist jedoch auch auf spezielle Bedürfnisse einzelner Personen beziehungsweise Personengruppen zu achten. Gerade Potenzial-, aber auch bereits positionierte Leistungsträger stellen dabei eine Zielgruppe dar, auf die auch im betrieblichen Gesundheitsmanagement besonderes Augenmerk gelenkt werden sollte.

Exemplarische Fragen, die hierbei relevant sein können, lauten:

- Wie wird Talent- und Leistungsentfaltung im Unternehmen gefördert?
- Wird die Talenteinbringung nachhaltig unterstützt und langfristig erhalten?
- Werden die gesundheitsfördernden Voraussetzungen dafür betrachtet und gefördert?

- Werden vorhandene Talente im Unternehmenssinne optimal genutzt? Sind die Potenzial- und Leistungsträger am richtigen Ort eingesetzt (im Sinne von „der richtige Mitarbeiter am richtigen Platz")?
- Ist die Unternehmensstrategie darauf ausgerichtet? Sind Vorstände, Führungskräfte und zuständige Abteilungen einbezogen und agieren als Vorbilder und Motivatoren in diesem Sinne?

Grundsätzlich gilt: Gerade mit Blick auf ein wirksames Talentmanagement empfiehlt es sich, beim Entwurf entsprechender Maßnahmen des betrieblichen Gesundheitsmanagements einige spezielle Faktoren zu bedenken:

- Potenzialträger, die sich durch eine weit überdurchschnittliche Leistungsbereitschaft und Motivation auszeichnen, sollten gerade am Anfang ihrer Karriere die Möglichkeit erhalten, sich durch anspruchsvolle und verantwortungsvolle Aufgaben zu „beweisen", aber auch persönliche Erfolgserlebnisse zu generieren. Eine Möglichkeit hierfür bieten Maßnahmen von Job Enlargement und Job Enrichment, die ein gewisses Maß an Eigenverantwortung und Selbstständigkeit zulassen und im optimalen Fall durch das Mentoring erfahrener Führungskräfte unterstützt werden. Wenn solche zusätzlichen Aufgaben erfolgreich übernommen oder besonders kniffelige Projekte gut abgeschlossen werden, sollte auch auf entsprechende Anerkennung durch Lob und materielle Zuwendung geachtet werden (zum Umgang mit beziehungsweise der Förderung von hochbegabten Mitarbeitern in Unternehmen siehe Kap. 4). Auch umfassende Förderprogramme, die auf das Heben unterschiedlicher Leistungsfaktoren ausgerichtet sind, um die Talente im Unternehmen in ihrer persönlichen und fachlichen Weiterentwicklung möglichst umfassend und praxisbezogen zu unterstützen – einschließlich des selbststeuernden Umgangs mit den eigenen körperlichen Ressourcen –, sind hilfreich (siehe Kap. 6).
- Gerade, wenn talentierte Mitarbeitende in ihrem Beruf „aufgehen", Flows intensiv erleben, ist es für sie wichtig, über ein hoch entwickeltes Selbst- und Stressmanagement zu verfügen, um die innere und äußere Balance nicht zu verlieren. Themen wie die Work-Life-Balance und Burnout-Prävention nehmen hier eine zentrale Stelle ein. Beispielsweise können in Workshops und Trainings konkrete Techniken sowie Hintergrundwissen dazu vermittelt werden (siehe Kap. 7 und 10).
- Insbesondere bei engagierten jungen Mitarbeitern, aber auch bei bereits positionierten Leistungsträgern muss der Fokus darauf gerichtet sein, dass die Arbeitsmotivation nicht „überhitzt" und zu wenig auf individuelle, insbesondere gesundheitliche Bedürfnisse geachtet wird. Die eigenen Belastungsgrenzen werden dann oft gar nicht oder nur unzureichend wahrgenommen. Ein solches tendenziell selbstschädigendes Verhalten kann durch unterschiedliche Konstellationen begünstigt werden, die sowohl in der Person als auch im Arbeitssystem begründet liegen. So können bei hoch ambitionierten Mitarbeitern innere Treiber fordern „Mache alles perfekt!" – eine Eigenschaft, die viele Vorteile mit sich bringt und wahrscheinlich für den bisherigen beruflichen Erfolg mitverantwort-

lich war. Wächst die Aufgabenvielzahl aber über ein bewältigbares Maß an, wird oftmals der Zeit- und Energieaufwand immer weiter gesteigert, im ungünstigen Fall sogar bis zur Erschöpfung erhöht, da die inneren Ansprüche keinen Spielraum lassen, die Erledigung bestimmter Aufgaben aufzuschieben oder sich mit einer angemessenen, aber nicht perfekten Lösung zufriedenzugeben. In dieser Situation besteht die Gefahr der Erschöpfung, denn ein stetiges Arbeiten am oder über dem Limit kann zur Dekompensation der Betroffenen führen. Coaching als flankierende Maßnahme für Potenzial- und Leistungsträger, insbesondere wenn sie ihre Karriere intensiv und effektiv vorantreiben wollen oder bereits in Spitzenpositionen tätig sind, kann den Blick auf solche Entwicklungen lenken und sie frühzeitig eindämmen. Daher sollte auch Coaching als wichtiger Bestandteil eines ganzheitlichen betrieblichen Gesundheitsmanagements betrachtet werden (siehe Kap. 9).

Wenn diese Punkte berücksichtigt werden, wird ein ganzheitliches betriebliches Gesundheitsmanagement an verschiedenen Stellen einen ausschlaggebenden Beitrag für ein erfolgreiches betriebliches Talentmanagement leisten. Denn ein Unternehmen, das seinen Mitarbeitenden die nötigen Rahmenbedingungen für eine möglichst positive und „gesunde" Entwicklung ihrer Talente bietet, generiert damit auch positive Effekte für deren psychische und physische Gesundheit: Wenn Mitarbeitende ihre Talente gelungen einbringen können, verstärkt der daraus resultierende Erfolg die bereits vorhandene Motivation und das Engagement. Erfolg wiederum fördert in der Person Selbstbewusstsein und Optimismus und schafft Selbstwirksamkeits- und Kontrollüberzeugungen als wesentliche Merkmale für psychische Gesundheit. Es ist wissenschaftlich erwiesen, dass die hiermit einhergehende Lebens- und Arbeitszufriedenheit und die positiven Emotionen über psychoneuroimmunologische und endokrinologische Phänomene im Körper biopositiv wirksam werden und die Anfälligkeit gegenüber zahlreichen stressbedingten Krankheiten, wie zum Beispiel Bluthochdruck, Herzinfarkt, Migräne, Tinnitus und vielen anderen mehr, reduzieren. Daneben erfahren erfolgs- und leistungsorientierte Mitarbeiter im Idealfall positive Rückmeldungen aus dem sozialen Umfeld in Form von Wertschätzung und Anerkennung, wodurch die positiven Auswirkungen auf die körperliche und seelische Gesundheit verstärkt werden. Kurzum: Es kann ein positiver Kreislauf zwischen Talenten und deren Ausübung im beruflichen Kontext, positivem Energiefluss, Motivation und Engagement, Erfolg, positiven Emotionen, Selbstwirksamkeitsüberzeugung, Zufriedenheit und wiederum positivem Energiefluss entstehen.

▶ **Checkliste zu Ihrer aktuellen Gesundheit**
Gesundheit und Wohlbefinden sind keine statischen Zustände, sondern immer in Veränderung. Sie finden hier eine Sammlung von Aspekten, die Sie anregen soll, über die verschiedenen Bereiche Ihrer Gesundheit und Ihres Gesundheitsverhaltens nachzudenken.

  • **Körperliche Aktivität**: Wie aktiv sind Sie in körperlicher Hinsicht? Welchen Bewegungsaktivitäten gehen Sie regelmäßig nach?

- **Körperliche Fürsorge:** Wie gehen Sie mit Ihrem Körper um? Wie sieht es mit dem Genuss von Alkohol, Koffein oder Zigaretten aus? Welche Medikamente nehmen Sie regelmäßig ein? Achten Sie allgemein auf Ihr körperliches und seelisches Empfinden?
- **Entspannung, Schlaf:** Bekommen Sie genügend Schlaf? Leiden Sie unter Schlafstörungen? Sind Sie oft müde? Grübeln Sie oft? Sorgen Sie für Ihre persönliche Entspannung? Tun Sie sich ab und zu etwas „Gutes"?
- **Wahrnehmen und Ausdrücken von Gefühlen:** Können Sie ausdrücken, wenn Sie mit etwas nicht einverstanden sind – auch Menschen gegenüber, die sehr sicher auftreten? Sind Sie sich Ihrer Gefühle und Empfindungen bewusst? Können Sie anderen verständlich machen, was Sie empfinden? Drücken Sie Ihre Gefühle – auch Zorn oder Wut – in adäquater Weise aus? Nehmen Sie wahr, wenn andere bedrückt sind? Freuen Sie sich über Zuwendung, Anerkennung und Lob von anderen?
- **Kreativität und Ausdrucksfähigkeit:** Haben Sie Freude daran, sich durch Kunst, Tanz, Musik, Theaterspielen etc. auszudrücken? Leisten Sie es sich, täglich einige Zeit ohne Planung oder Strukturierung zu verbringen? Macht es Ihnen Spaß, sich manchmal mit ungewöhnlichen Ideen zu beschäftigen und sie mit anderen auszutauschen?
- **Ernährung:** Achten Sie auf die Qualität Ihrer Lebensmittel? Nehmen Sie täglich genügend Mineralien, Vitamine, Rohstoffe (durch Früchte, Gemüse etc.) auf? Nehmen Sie sich Zeit für Ihre Mahlzeiten? Wie hoch ist Ihr Körpergewicht (BMI)?
- **Produktivität, Arbeit:** Macht Ihnen Ihre Tätigkeit Spaß? Arbeiten Sie gerne mit Ihren Kollegen zusammen? Wie empfinden Sie Ihre Arbeitsumgebung? Fühlen Sie sich finanziell abgesichert? Empfinden Sie Ihre Arbeit als anregend und sinnvoll? Fühlen Sie sich anerkannt und gerecht bewertet? Inwieweit können Sie sich Ihre Aufgaben selbst einteilen? Wie gehen Sie mit Spannungen gegenüber Kollegen oder Vorgesetzten um?
- **Wohnen:** Sind Sie mit Ihrer Wohnsituation zufrieden? Wie sieht der Kontakt zu Mitbewohnern, Nachbarn aus?
- **Umweltbewusstsein:** Verhalten Sie sich energiebewusst? Benutzen Sie öffentliche Verkehrsmittel? Sorgen Sie für die Weiterverwertung von Flaschen, Papier, Kleidung, organischem Abfall? Achten Sie auf umwelt- und gesundheitsschonende Mittel im Haushalt und Ähnliches?
- **Soziales Interesse:** Wie ist Ihr Interesse an gesellschaftlichen Ereignissen und Problemen? Informieren Sie sich regelmäßig, unterstützen Sie Ziele, Personen, Gruppen Ihrer Wahl? Sind sie Mitglied in einer oder mehreren Gruppen (Club, soziale/politische Organisation, Verein etc.)? Versuchen Sie, gemeinsam mit anderen Ihre Interessen am Arbeitsplatz zu vertreten?
- **Einstellung zum Leben, Lebenszufriedenheit:** Erscheint Ihnen Ihr persönliches Dasein sinnvoll? Empfinden Sie Ihr Leben als freudvoll und befriedigend? Wie beurteilen Sie die Menschen, die Welt und Ihre Existenz im Ganzen? Haben Sie Vertrauen in die Zukunft? Was macht Ihnen Angst? Macht es Ihnen

auch in schweren Situationen Freude zu leben? Wenn Sie heute stürben, hätten Sie dann das Gefühl, dass Ihr Leben einen Wert gehabt hat?

Schauen Sie sich abschließend Ihre Antworten an und reflektieren Sie
Welche Gesundheitsbereiche vernachlässigen Sie? Wo wünschen Sie sich andere Entwicklungen beziehungsweise Veränderungen:
Mit welchen Bereichen sind Sie zufrieden?

Literatur

Badura, B./Ritter W./Scherf, M.(1999): Betriebliches Gesundheitsmanagement. Ein Leitfaden für die Praxis, Berlin: Edition Sigma.

Briseño, C. (2011): Neue Volkskrankheit. Menschen in reichen Ländern leiden häufiger an Depressionen, in: *Spiegel online*, 26.07. 2011. http://www.spiegel.de/wissenschaft/mensch/0,1518,776751,00.html

Institut für Management- und Wirtschaftsforschung (IMWF) (2011): Gesundheit ist für Deutsche Nebensache, Ergebnisse einer repräsentative Umfrage des IMWF, in: *RP online*, 01.04. 2011. http://www.presseportal.de/pm/65649/2017970/aktuelle-studie-deutsche-vernachlaessigen-ihre-gesundheit

Kaufmann, M. (2012): Ausgebrannt in den Ruhestand, in: *Spiegel online*, 29.02. 2012. http://www.spiegel.de/karriere/berufsleben/0,1518,818097,00.html

Mercer Deutschland (2007): Betriebliche Gesundheitsleistungen nehmen zu, Ergebnisse einer Mercer-Studie, in *Mercer Newsletter* 18 [Red: Paus, B.:], 15.05.2007. http://www.frankfurt-achool.de/content/de/news/sonnemann/themen_juni09/fs_aktuell_juni/g_u_l/gesundheitsmanagement.html

Mercer Deutschland (2009): Studie: Unternehmen investieren trotz Krise in betriebliches Gesundheitsmanagement, Ergebnisse einer Mercer-Studie, in *Mercer Newsletter* 31 [Red: Wego, N.], 31.08.2009. http://www.mercer.de/referencecontent.htm?idContent=1355525

Mercer Deutschland (2011): Ausgaben für betriebliche Gesundheitsleistungen sind 2010 europaweit gestiegen, Ergebnisse einer Mercer-Studie, in *Mercer Newsletter* 41 [Red: Wego, N.], 17.05.2011. http://www.mercer.de/articles/Ausgaben-fuer-betriebliche-Gesundheitsleistungen

O. V. (2012): Fehlzeiten wegen Burnout drastisch gestiegen, in: *Welt online*, 30.04.2012. http://www.welt.de/wirtschaft/article106238534/Fehlzeiten-wegen-Burnout-drastisch-gestiegen.html

Verband deutscher Betriebs- und Werkärzte e. V. (o. J.): Betriebliches Gesundheitsmanagement. Gesunde Mitarbeiter in gesunden Unternehmen. Betriebliche Gesundheitsförderung als betriebsärztliche Aufgabe. Ein Leitfaden für Betriebsärzte und Führungskräfte, o. O. http://www.vdbw.de/fileadmin/01-Redaktion/02-Verband/02-PDF/Leitfaden/Leitfaden_Betriebliche_Gesundheitsf%C3%B6rderung_RZ3.pdf

Leistungsträger in Sport und Management wirksam unterstützen: Das PWS-Coaching

9

Frank Hänsel und Peter Wollsching-Strobel

Zusammenfassung

Während im Management die Zuhilfenahme eines Coachs mittlerweile ein verbreitetes Instrument ist, um persönliche Entwicklungsprozesse durch einen externen Berater begleiten zu lassen, besteht für das psychologische Coaching im deutschen Spitzensport noch Anwendungsbedarf. Prof. Dr. Frank Hänsel und Peter Wollsching-Strobel beschreiben in dem Beitrag, welche Basisbedingungen für ein qualitativ hochwertiges Coaching im Management und Sport erfüllt sein müssen und wie im Coaching das leistungssteigernde Selbstmanagement wirkungsvoll aktiviert und eingeübt werden kann.

Wer heute den Anspruch hat, gute oder sehr gute Leistungen zu erbringen, sieht sich immer höheren Anforderungen gegenüber. Alles wird schneller, komplexer und komplizierter. Erfolg muss hart erarbeitet werden, die Messlatte für überdurchschnittliche Leistung steigt. Gleichzeitig nimmt der Erwartungsdruck an diejenigen, die gute Leistung zeigen, mehr und mehr zu – von außen, oft aber auch durch die eigenen Erwartungen. Das gilt für den Leistungssport, wo Rekorde immer kürzeren Bestand haben und nur derjenige weiterkommt, der sich dem Prinzip des ständigen „Höher – Weiter – Schneller" unterwirft, aber natürlich ebenso für den wirtschaftlichen Kontext. Manager, aber auch Mitarbeiter bekommen heute den permanenten Druck des schnelllebigen globalen Wettbewerbs zu spüren, der in den letzten Jahren überdies durch kaum vorhersehbare krisenhafte Entwicklungen verschärft wird. Insbesondere Führungskräfte müssen mittlerweile in einem Job bestehen,

Prof. Dr. Frank Hänsel ⊠
Institut für Sportwissenschaft, Technische Universität Darmstadt, Magdalenenstraße 27, 64289 Darmstadt, Deutschland
e-mail: haensel@ifs-tud.de
Peter Wollsching-Strobel ⊠
PWS Wollsching-Strobel Managementberatung GmbH und PWS-Institut für Performance-Psychologie, Fritz-Boehle-Straße 3, 60598 Frankfurt am Main, Deutschland
e-mail: info@wollsching-strobel.de

P. Wollsching-Strobel und B. Prinz (Hrsg.), *Talentmanagement mit System*,
DOI 10.1007/978-3-8349-3780-3_9,
© Springer Fachmedien Wiesbaden 2012

der zunehmend unplanbar wird. Als effizient gilt deshalb vor allem derjenige, der rund um die Uhr erreichbar und einsatzbereit ist. Gefordert wird bei alledem nicht nur fachliche Kompetenz, Entscheidungsschnelligkeit, Zielorientierung, Flexibilität, sondern insbesondere auch soziale Kompetenz.

Vor diesem Hintergrund ist es für Manager, Sportler, im Prinzip aber für jeden einzelnen Leistungswilligen wichtig, sich reflexiv mit der persönlichen Anforderungssituation auseinanderzusetzen, um den Blick und das Gespür für die eigene Leistungsfähigkeit zu schärfen und ganz persönliche Steuerungsmöglichkeiten für sich zu entdecken. Das beinhaltet letztlich auch, insgesamt eine wohlwollende Grundhaltung gegenüber sich selbst zu entwickeln, sich also beispielsweise einzugestehen, wie hoch die Anforderungskontexte sind, in denen man sich bewegt, und welche persönlichen Lösungsressourcen diesen tatsächlich entgegenstehen. Denn gerade bei den Ehrgeizigen, die nach Perfektion streben, besteht die Gefahr, dass die notwendige Balance zwischen Be- und Entlastung missachtet wird. Folglich heißt sorgsamer Umgang mit dem eigenen Talent beziehungsweise dessen gezielte Entwicklung auch, sich von Fall zu Fall von dem Anspruch zu verabschieden, alles lösen und erreichen zu wollen.

An diesen Punkten setzt PWS-Coaching an: Ziel ist es, die Selbstreflexion, Selbstbeobachtung und Selbstwirksamkeitsüberzeugung des Coachees hinsichtlich vorhandener persönlicher Leistungs- und Lösungspotenziale mit Hilfe externer Beratung zu stärken und zu stützen, um darüber weitere Ressourcen und Reserven zu aktivieren, Leistungsnachhaltigkeit zu sichern sowie emotionale Steuerung zu ermöglichen. PWS-Coaching stellt damit das Selbstmanagement des Coachees als zentralen Stellhebel relevanter Leistungsfaktoren in den Mittelpunkt des Beratungsprozesses und hilft Leistungsträgern so, in Einklang mit sich selbst zu sein beziehungsweise zu kommen (siehe auch Kap. 10).

Bevor der Ansatz des PWS-Coachings im Folgenden vertieft und dessen Besonderheiten herausgearbeitet werden, geht es zunächst um die Sache an sich: Was heißt Coaching eigentlich genau? Wie ist aktuell der Stand des professionellen Coachings im Sport und Managementbereich, und wie ist der PWS-Coaching-Ansatz hier einzuordnen? Ferner erläutern die Autoren die Besonderheiten, die diese Form der Beratung im Spitzensegment mit sich bringt, und verdeutlichen ihr Vorgehen anhand von kurzen Beispielen aus der jeweiligen Domäne. Damit erlauben sie auch Einblicke in einen oftmals sehr diskret behandelten Bereich: Durch ihre Schilderung wird deutlich, wie auch erfolgsgewohnte Menschen an der Leistungsspitze zweifeln, mit sich ringen und sich zum Teil nur mit Mühen weiterentwickeln, aber auch wie Leistungspotenziale durch Coaching gezielt gehoben werden können. Auf diese Weise eröffnet der Beitrag Lernperspektiven für die ganz persönliche Exzellenzentwicklung.

Coaching ist nicht gleich Coaching

Ein erster Blick auf die aktuelle Coaching-Szene in Deutschland offenbart eine verwirrende Begriffsvielfalt. Denn: Coaching ist „in", Coaching signalisiert eine Form professioneller Unterstützung. Folglich coacht heute praktisch jeder: Führungskräfte führen nicht mehr, sie coachen ihre Mitarbeiter. Gecoacht wird aber auch bei Single-, Ehe- oder Elternproblemen, im Team, in Seminaren oder online. Auch exotische Angebote wie „Zen-Coaching" oder „astrologisches Coaching" sind zu finden.[1] Offensichtlich wollen Anbieter unterschiedlichster Beratungs- und Trainingsdienstleistungen vom Image des Coachings profitieren, sodass fast jede beliebige Tätigkeit zum Coaching wird, solange sie eine Form des Gesprächs oder der Beratung umfasst. Da der Begriff und seine Verwendung – dem begrifflichen Ursprung nach aus dem Sport stammend – nicht geschützt sind, kann sich heute praktisch jeder Coach nennen.[2]

Diese inflationäre Begriffsverwendung verstellt jedoch den Blick dafür, was professionelles Coaching im Management und im Sport wirklich leisten sollte. Denn diese Form der psychologischen Unterstützung setzt hohe Beratungskompetenz und gesicherte Erfahrung sowie ein breites Rollenspektrum im Beratungsprozess selbst voraus. Angesicht der Intransparenz des deutschen Coaching-Markts ist es allerdings nicht immer einfach, einen guten, preisangemessenen Coach zu finden, der über eine solide Ausbildung, umfassende Erfahrung und einen wissenschaftlich abgesicherten Hintergrund für seine Beratungsarbeit verfügt und diese auf der Basis klar definierter Qualitätsstandards ausführt.

Professionelles Coaching im Management

In Deutschland wurde der Begriff Coaching als Bezeichnung für eine personenzentrierte Beratungsmaßnahme des Managements durch einen externen, zumeist psychologisch ausgebildeten Berater bereits Mitte der 80er-Jahre des letzten Jahrhunderts eingeführt. Im Gegensatz zu anderen Formen der Personalentwicklung handelt es sich dabei um eine intentionale, tragfähige Beratungsbeziehung, die sich diskret und individuell an Personen in Führungs- und Steuerungsfunktionen im Unternehmen richtet[3] und dabei die professionelle Begleitung und Unterstützung von Einzelpersonen auf der Basis sogenannter weicher Erfolgsfaktoren (wie zum Beispiel Führungshandeln, Kommunikation, Teamarbeit, Umgang mit Macht oder Konflikten) in den Mittelpunkt stellt. Im Gegensatz zur Fachberatung (zum Beispiel IT, Finanzen) nimmt der Coach dabei keine Aufgaben ab, sondern berät seinen Coachee auf Prozessebene.

Beispiel

PWS-Coaching in der Praxis – Management Fall 1: Der Vertriebsvorstand eines Finanzdienstleisters hat erhebliche Probleme mit dem Vorstandvorsitzenden des Unternehmens. Beide sind mittlerweile so in Konflikte verstrickt, dass es innerhalb der Organisation zu einem Entscheidungsnotstand kommt, weil man sich in wichtigen Fragen

---

[1] Vgl. Lindner (2011); Böning und Fritschle (2008).
[2] Vgl. Böning und Fritschle (2008).
[3] Vgl. Rauen (2004, zit. n. Stephan et al. 2009, S. 19).

nicht einigen kann. Dem Anspruch des PWS-Konzepts folgend, zielt der Beratungsprozess darauf ab, den Coachee über die Optimierung seines Selbstmanagements in die Lage zu versetzen, in dieser schwierigen Situation handlungsfähig zu bleiben. Das heißt, gemeinsam mit dem Coach entwickelt der Vertriebsmanager zunächst Möglichkeiten, um über bewusste Regulation des eigenen Verhaltens – beispielsweise Verzicht auf das Insistieren an der falschen Stelle oder Vermeiden von Provokationen – zu einer besseren Umfeldsteuerung und damit zugleich zu einer angemessenen Vertretung seiner Interessen zu gelangen.

Von Kritikern zunächst als Mode abgetan, hat sich Coaching heute als gängiges Instrument der Führungskräfte- und der Personalentwicklung etabliert: Konnte bei einer entsprechenden Befragung 1989 noch jeder zweite Personaler mit dem Begriff nichts anfangen, so stellten 2004 84 % der gleichen Zielgruppe fest, dass Coaching in ihrem Unternehmen erheblich zugenommen habe.[4] Und dieser Trend setzt sich bis heute fort. Inzwischen wird das Volumen des deutschen Coaching-Markts auf mehr als 280 Millionen Euro geschätzt[5], der Coaching-Markt boomt weiter, und die große Mehrheit der Unternehmen (75 %) steht diesem Instrument laut Marburger Coaching-Studie positiv gegenüber.[6]

Wie häufig Manager bei der Lösung ihrer Alltagsprobleme mittlerweile auf die Hilfe eines externen Coachs setzen, zeigt eine Untersuchung der Unternehmensberatung Kienbaum in Zusammenarbeit mit dem *Harvard Business Manager* unter 201 deutschen Personalentwicklern und Managern:[7] In 66 % der befragten Unternehmen greifen Führungskräfte in schwierigen Führungs- und Managementsituationen auf externes Coaching zurück. Gerade im Spitzensegment gehört die Inanspruchnahme eines professionellen Coachs heute also zum Standard, um Leistungsträger im konkreten Bedarfsfall zu unterstützen oder sie in ihrer persönlichen Entwicklung zu beraten. Allerdings ist Coaching kein exklusives Tool mehr, das ausschließlich Top-Managern vorbehalten bleibt. Gecoacht wird heute auf allen Ebenen. Untersuchungen zufolge finden die meisten Coaching-Aktivitäten in Unternehmen tatsächlich im mittleren Management statt, denn Leistungsverdichtung und Zeitdruck setzten gerade den Managern dieser Ebene wie auch dem Führungsnachwuchs zu. Überdies ist die Aufstiegsorientierung hier am höchsten.[8]

Dabei hat sich das Image des Coachings deutlich gewandelt: Galt das Hinzuziehen eines externen Beraters früher (und bei manchem Manager der älteren Generation auch heute noch) als Makel, weil als mögliches Zeichen der Unsicherheit und Infragestellung der eigenen Problemlösekompetenz[9], so hat sich dieses mittlerweile eher zu einem Statussymbol entwickelt. Denn die Diagnose Coaching signalisiert zum einen die Bedeutung der Position des Coaching-Kandidaten, zum anderen aber auch dessen Entwicklungspo-

---

[4] Vgl. Böning und Fritschle (2008, S. 103 ff.).
[5] Vgl. Giersch (2011).
[6] Vgl. Bußmann (2011).
[7] Vgl. Kienbaum (2008).
[8] Vgl. Böning und Fritschle (2008, S. 62 ff.).
[9] Vgl. Schmalholz (2003, S. 192 ff.).

tenzial, in das das Unternehmen bereit ist zu investieren. Allerdings wird gerade in den oberen Hierarchieebenen, wo tendenziell eher Machtdenken als Partnerschaft, eher Höflichkeit als Offenheit, eher Distanz als Nähe und eher Stärke als Verständnis dominieren, auch heute noch alles vermieden, was angreifbar macht. Von daher wird deutlich, dass Coaching-Prozesse gerade im Spitzenmanagement ein hohes Maß an Sensibilität, Behutsamkeit und Vertrauen voraussetzen. Langjährige Coaching-Beziehungen sind hier also keine Seltenheit.

Beispiel

PWS-Coaching in der Praxis – Management Fall 2: Der mit enormer Durchsetzungskraft und großem Charisma ausgestattete Chef einer Non-Profit-Organisation mit mehr als 500.000 Mitgliedern reflektiert seit 15 Jahren regelmäßig sein Führungsverhalten gegenüber den ihm direkt unterstellten Mitarbeitern mit Hilfe eines Coachs. Damit will er sicherstellen, dass ihm seine Mitarbeiter trotz seiner starken Persönlichkeit „auf Augenhöhe" begegnen und er zugleich – wenn notwendig – angemessen hart in die Kritik geht beziehungsweise sanktioniert.

Ausgangspunkt der Beratung ist immer der berufliche Alltag des Coachees. In der Regel sind es im Managementbereich konkrete organisationsbezogene Anlässe, aus denen heraus Coaching indiziert ist, etwa wenn ...

- die Restrukturierung eines Unternehmens ansteht und es gilt, die Frage zu analysieren, wie sich diese Maßnahme auf die Unternehmenskultur, die Motivation einzelner Zielgruppen sowie auf Veränderungsgewinner und -verlierer auswirkt;
- Konflikte im Vorstandsteam auftreten;
- der Vertriebsgewinn nicht befriedigend ausfällt und der Vertriebsvorstand genötigt ist, die Vertriebsleistung zum Überleben der Organisation kurzfristig zu verbessern.

Diese Liste der Beispiele ließe sich – entsprechend der Problemvielfalt im Unternehmen – beliebig verlängern.

Ziel des Coachings ist es, den Leistungsträger im Sinn von „Hilfe zur Selbsthilfe" zu befähigen, auftretende Schwierigkeiten aus eigener Kraft zu lösen und dabei effizienter und effektiver im Arbeitsvollzug zu werden. Inhaltlich bezieht sich das Coaching also auf aktuelle und persönliche Fragen und Probleme aus dem betrieblichen beziehungsweise unternehmerischen Kontext und kann sowohl fachlich-sachliche wie psychologische oder soziodynamische Aspekte betreffen. Die Beratung ist zwar auf berufliche Themen fokussiert, kann aber auch private oder persönliche Anliegen einbeziehen, wenn diese in einem unmittelbaren Zusammenhang mit den beruflichen Themen stehen.[10] Der Coach hat in diesem Prozess die Funktion des Reflexionshelfers, des Feedback- und Impulsgebers oder des Vermittlers. Er fungiert nicht nur als sozialer Spiegel, der dem Coachee durch den

---

[10] Vgl. Stephan et al. (2009, S. 19).

Einsatz verschiedener Fragetechniken oder das Aufzeigen unterschiedlicher Perspektiven neue persönliche Entwicklungsmöglichkeiten eröffnet, sondern auch als Experte beispielsweise für Strategie- und Change-Management-Fragen. Durch neuere Untersuchungen ist bestätigt, dass Unternehmen heute von Coachs weit mehr erwarten als psychologische Unterstützung. Insbesondere Top-Manager sehen diese zunehmend als Prozessbegleiter und neutrale Diskussionspartner, um aktuelle Managementprobleme zu durchdenken.[11]

Zum Kompetenzspektrum eines Managementcoachs gehören vor diesem Hintergrund beispielsweise:

- individuelle Maßnahmen zur Steigerung der persönlichen Performance;
- intensives Einzeltraining;
- individuelle Beratung in Bezug auf Unternehmensprozesse und -fragen;
- Einzelberatung in schwierigen und belastenden beruflichen Situationen, zum Beispiel Befähigung zu effektivem Selbstmanagement;
- Sicherung dauerhafter Leistungsfähigkeit

Obwohl Coaching im Management oft symptomatisch angelegt ist, also im konkreten Bedarfs- oder Problemfall angefordert wird und damit anlassbezogen ist, wird diese Form der Beratung hier durchaus auch prophylaktisch eingesetzt, etwa zur Vorbereitung auf neue Aufgaben.

Beispiel

PWS-Coaching in der Praxis – Management Fall 3: Die Chefin des Vorstandsstabs eines großen Konzerns nutzt die Unterstützung eines Coachs, um neu anstehende Aufgaben immer wieder zu priorisieren. Da die Managerin sehr erfolgreich und ein echter „Allrounder" ist, wird sie mit schwierigen Aufgaben, die im Unternehmen anfallen, geradezu „zugeschüttet". Dabei fällt ihr es schwer, Nein zu sagen oder die eine oder andere Aufgaben nicht ganz so perfekt zu bearbeiten, wie es eigentlich ihr Anspruch ist. Die quartalsmäßige Bereinigung ihres Terminkalenders im Rahmen des Coachings hilft ihr, noch mehr Aufgaben zu delegieren sowie Beruf und Privatleben (drei Kinder, Ehemann ein international erfolgreicher Unternehmer) besser zu koordinieren. Die Inanspruchnahme des Coachings ist im Unternehmen bekannt und wird dort eher als Auszeichnung verstanden. Der Managerin selbst ist gerade die langjährige Beziehung zu ihrem Coach wichtig, da dieser ihren speziellen Beratungsbedarf kennt und man in den Sitzungen daher schnell auf den Punkt kommen kann.

Überdies findet man im betrieblichen Kontext heute unterschiedlichste Beratungskonstellationen: Neben der klassischen Einzelberatung gibt es auch das Coaching von Führungsgruppen und Doppelspitzen, von Teams, Projektgruppen oder Organisations-

---

[11] Vgl. Leitl (2008, S. 38 ff.).

einheiten, aber auch interne Varianten, beispielsweise das Vorgesetzten-Coaching oder das Mentoring.[12]

Professionelles Coaching im Sport

Spätestens seit Sönke Wortmanns Dokumentarfilm *Deutschland. Ein Sommermärchen* zur Fußball WM der Männer 2006, der die Arbeit von Jürgen Klinsmann und des sportpsychologischen Betreuers Hans-Dieter Hermann zeigt, aber auch seit den geplatzten Träumen um die Neuauflage dieses Märchens bei der Fußballfrauen WM 2011 nach dem frühen Ausscheiden des Teams um Silvia Neid widmen die Medien dem professionellen Zugang zu Fragen der Mannschaftsführung, des Teamgeists, der emotionalen Belastung oder insgesamt außergewöhnlicher Leistungen immer mehr Aufmerksamkeit. Der Einfluss psychologischer Leistungsfaktoren im Sport ist deutlich in den Mittelpunkt des Interesses gerückt, und die Berichterstattung über die Arbeit von Sportpsychologen hat deutlich zugenommen. Doch ist dieses professionelle Coaching in der Praxis des Leistungssports tatsächlich Usus oder spiegelt sich hier lediglich die zunehmende mediale Präsenz wider?

Im Gegensatz etwa zu den USA, wo Methoden des psychologischen Coachings und Anleitung zur Selbststeuerung im Sport vergleichsweise weitverbreitet sind, hat dieser Bereich im deutschen Leistungssport erst spät Einzug gehalten, und die Zahl der bisher vorliegenden Untersuchungen dazu ist begrenzt. Eine erste umfassende schriftliche Befragung von 659 Athleten und 242 (zumeist) Bundestrainern zum Stand des sportpsychologischen Trainings in der Praxis Anfang der 90er-Jahre ergab, dass weniger als die Hälfte (44 %) der befragten Athleten psychologische Trainingsmaßnahmen tatsächlich anwendete, und diese nur in wenigen Fällen in systematischer und längerfristiger Weise durchgeführt wurden. Knapp 80 % der befragten Trainer hatten zudem nur eine vage Vorstellung von psychologischem Training.[13] Als eine der wichtigsten Ursachen für dessen Nichtanwendung wird sowohl seitens der Sportler wie auch der Trainer mangelnde Kompetenz für die Durchführung genannt. Da gleichzeitig mehr als drei Viertel aller Befragten das psychologische Training vor allem zur Bewältigung psychischer Belastungen im Wettkampf jedoch als nützlich bewerteten, kann davon ausgegangen werden, dass hier weniger individuelle Barrieren, wie zum Beispiel Vorurteile oder negative Einstellungen gegenüber psychologischen Trainingsmaßnahmen, als vielmehr strukturelle Barrieren eine Rolle spielten.[14] Obwohl Eberspächer, Immenroth und Mayer 2002 in einer erneuten Bundestrainer-Befragung bezüglich Einstellungen und Umgang mit der Sportpsychologie im Leistungssport zu dem Ergebnis kommen, dass mittlerweile ein zufriedenstellendes Wissen hinsichtlich sportpsychologischer Inhalte und Arbeitsschwerpunkte sowie eine sehr positive Einstellung ihnen

---

[12] Vgl. Böning und Fritschle (2008, S. 66 ff.).
[13] Vgl. Gabler et al. (1990, S. 9).
[14] Vgl. Gabler et al. (1990, S. 45).

gegenüber vorhanden ist, erleben die Trainer weiterhin Schwierigkeiten in der konkreten Anwendung. Diese drücken sich vor allem darin aus, dass es nicht gelingt, sportpsychologisches Wissen und Handeln regelmäßig und planmäßig in den Trainingsalltag zu integrieren.[15] Hinsichtlich eines systematischen Einsatzes sportpsychologischen Trainings in der leistungssportlichen Praxis scheint also weiterhin Skepsis angebracht zu sein (siehe auch Kap. 5).

Dabei ist hervorzuheben: Das professionelle Coaching von Sportlern geht deutlich über die naiv-psychologische Beratung oder supervisorischen Aufgaben hinaus, die ein Trainer üblicherweise übernehmen kann – auch wenn in der Alltagssprache in der Regel nicht explizit zwischen Coach und Trainer unterschieden wird. Diese begriffliche Unschärfe ist letztlich darauf zurückzuführen, dass in den USA die Bezeichnung Coach in zwei Bedeutungen genutzt wird, nämlich sowohl für den Trainer als auch für den sportpsychologischen Berater, der – ergänzend zu den traditionellen Trainingsinhalten wie Bewegungsverhalten, Trainingsablauf etc. – zum Einsatz kommt.

Anlass hierfür sind in der Regel auftretende Auffälligkeiten in der Wettkampfleistung und/oder im Wettkampfverhalten der Athleten, Diskrepanzen zwischen bestehender Leistungserwartung auf der Basis von Leistungsdiagnosen beziehungsweise bereits gezeigten Leistungen und tatsächlicher Performanz (beispielhaft: „Trainingsweltmeister“, die exzellente Trainingsleistungen in der Wettkampfsituation nicht wiederholen können) oder Leistungseinbrüche.

Beispiel

PWS-Coaching in der Praxis – Sport Fall 1: Ein erfolgsgewöhnter Athlet, der sich insbesondere zu Beginn seiner Karriere immer weiter steigern konnte, startet mit mehreren Misserfolgen in die Wettkampfsaison. Er scheidet trotz guter Trainingsleistungen überraschend schon in den Vorkämpfen aus. Ein Gegensteuern des Athleten und des Trainers durch intensiveres Training ist bisher gescheitert. Der Athlet ist frustriert und ratlos. Die Beratung durch den Coach bietet dem Athleten einen unterstützenden Rahmen, um außerhalb des Trainings- und Wettkampfalltags einerseits die aktuelle Situation zu reflektieren – beispielsweise Wettkampfblockaden aufgrund überhöhter Erwartungshaltungen zu erkennen – und andererseits eigene kurzfristige und/oder langfristige Lösungsansätze zu entwickeln, beispielsweise die Situation als neue Herausforderung anzunehmen.

Ziel des sportpsychologischen Coachings ist es, unterschiedliche Modalitätsebenen psychophysischer Probleme zu diagnostizieren und diesen mittels verschiedener sportpsychologischer Interventionsverfahren zu begegnen. Dazu gehören zum Beispiel Entspannungstechniken (unter anderem Progressive Muskelrelaxation, Autogenes Training), Aktivierungstechniken zur Intensivierung von Wahrnehmungsprozessen oder psychomotorischen Prozessen, mentales Training, Visualisierungstechniken, die verbale Re-

---

[15] Vgl. Eberspächer et al. (2002, S. 8).

präsentation von Inhalten und Signalen zur Verhaltenssteuerung (Selbstgespräche oder Selbstappelle) oder der motivierende Einsatz kurz-, mittel- und langfristiger Ziele (Zielsetzungstraining).

Natürlich stehen diese Coaching-Methoden niemals isoliert für sich. In der Regel werden sie einerseits in Kombination eingesetzt, andererseits gilt es, sowohl den Kontext als auch die Persönlichkeit des Athleten zu berücksichtigen. Deshalb wird beispielsweise das soziale Umfeld näher beleuchtet und unter Umständen einbezogen (zum Beispiel Transaktionsanalyse, systemische Perspektive, die auch systemstabilisierende Faktoren und Erwartungen des Umfelds einbezieht).

Beispiel

PWS-Coaching in der Praxis – Sport Fall 2: Eine hoffnungsvolle Nachwuchsathletin steht vor der Entscheidung, für die weitere sportliche Karriere von zu Hause auszuziehen und damit Wohnort und Schule zu wechseln. Dabei tut sie sich einerseits schwer, sich von der Familie und den Freunden zu trennen, andererseits ist sie sich nicht sicher, ob sie „das Zeug dazu hat", bis in die Spitze vorzudringen. Die Ratschläge von ihr wichtigen Personen unterscheiden sich stark, und die Athletin ist verunsichert. In der Beratung werden die sportlichen Ziele im Kontext der persönlichen Lebensziele betrachtet, mögliche Entscheidungsszenarien erarbeitet und bewertet sowie reflektiert, wie eine mögliche Entscheidung abgesichert werden kann.

Besonders wichtig ist jedoch, zum Empowerment des Athleten beizutragen und ihn mittel- bis langfristig unabhängig vom Coaching zu machen. Dazu dient vor allem das Coaching von Selbstmanagementtechniken, die es dem Coachee beispielsweise ermöglichen, zu erkennen und zu lernen, wann er welche psychologische Trainingsmethode in der Praxis einsetzen sollte, welcher Trainer für ihn gut ist oder wann ein Coach erneut zurate gezogen werden sollte.

In der Praxis sieht sich der sportpsychologische Coach zumeist einem komplexen Zusammenspiel potenzieller „Störfaktoren" gegenüber, bei dem Verhalten, Kognitionen, Vorstellungen, Gefühle, Empfindungen sowie interpersonale und biologische Prozesse eine Rolle spielen können und sich wechselseitig beeinflussen. Die diagnostische Anforderung an den Coach besteht nicht nur darin, entlang dieser Modalitäten „Schwachstellen" zu ermitteln, sondern die Symptomatik in einen funktionalen Ablauf zu bringen.[16] Üblicherweise versucht der sportpsychologische Coach die Sequenz der Probleme (der Modalitäten) dabei von der Ursache her zu verstehen und abzuarbeiten. Einfaches Beispiel: Der Athlet beherrscht ein bestimmtes Technikelement nicht, seine Leistung stagniert, daraufhin setzen kontraproduktive psychische Verarbeitungsprozesse ein. Allerdings können psycho-

---

[16] Eine Methode zur systematischen Diagnostik psychophysischer Probleme ist das BASIC-ID-Konzept (vgl. Davies und West 1991), dessen Bezeichnung ein Akronym der Anfangsbuchstaben der einzelnen Modalitätsebenen „behavior affect, sensations, images, cognitions, interpersonal functioning, biological functioning (diet, drugs)" darstellt, die je nach Problemkonstellation in unterschiedlicher Reihenfolge und variierend bearbeitet werden.

physische Störungen auch deutlich komplexer gelagert sein. Deshalb ist das Gesamtproblem in der Regel als ein systemisches zu betrachten, das nicht im Sinne einer linearen Kausalkette abläuft, sondern parallele Interventionen, die sich auf mehrere Modalitäten erstrecken, erforderlich macht.

Insgesamt wird deutlich, dass sich sportpsychologisches Coaching in der Regel stark an Symptomen orientiert und auf kurzfristige Intervention angelegt ist, das heißt, auf tiefer gehende Analysen möglicher Hintergründe für das Leistungsverhalten wird üblicherweise verzichtet. Ein „präventives" Coaching, das auftretenden Schwierigkeiten vorbeugt oder als Ressource zur Bewältigung von Problemen dient, ist – im Unterschied zum Unternehmenskontext – eher die Ausnahme. Dabei wäre dieses präventive Vorgehen prinzipiell die sinnvollere Variante, um die Wettkampfvorbereitung so optimal wie möglich zu gestalten oder individuell unangepasstes Training oder Übertraining von vornherein zu verhindern. Sportler sind deshalb oft auf zum Teil mühsames Ausprobieren angewiesen, um den individuell „richtigen" Modus zu finden. Der rechtzeitige und regelmäßige Austausch mit einem qualifizierten Coach könnte diesen Prozess des Trial-and-Error erheblich verkürzen, die Fehlerquote senken und damit insgesamt dazu beitragen, dass sich der Weg zur Leistungsexzellenz schneller und effizienter gestaltet.

Beispiel

PWS-Coaching in der Praxis – Sport Fall 3: Einige Verletzungen und die dadurch erzwungenen Trainingspausen, das mehrfache frühe Ausscheiden aus Wettkämpfen und die damit einhergehende Enttäuschung lassen den Athleten an seiner Leistungsfähigkeit und dem eingeschlagenen Lebensweg in den Spitzensport zweifeln. Es zeigen sich erste Anzeichen von Trainingsmüdigkeit und Unlust. In der Beratung wird deutlich, dass zwar eine kurzfristige Verbesserung durch ein Visualisierungstraining und andere Selbstregulationstechniken zu erzielen ist, aber langfristig dem langjährigen Trainer und seinem Umgang mit den Leistungseinbußen des Athleten eine wichtige Rolle zukommt, um weitere Willenskräfte zu mobilisieren und einer schleichenden Demotivation entgegenzuwirken. Deshalb wird die Beratung auf eine langfristige Zusammenarbeit ausgedehnt, und es werden die sportlichen Ziele, das Vertrauen zu der eigenen Leistungsfähigkeit und zum Trainer entwickelt. Dabei wird der Trainer mehrfach in die Beratungssituation eingebunden.

Der Weg zur persönlichen Bestleistung: PWS-Coaching

Fasst man die bisherigen Ausführungen zum Thema Coaching an dieser Stelle in einem kurzen Zwischenfazit zusammen, dann ist festzuhalten: Leistungs- und Potenzialträger in Sport und Management haben angesichts steigender Anforderungen einen wachsenden Bedarf an individueller Unterstützung in Form von Coaching. In beiden Domänen sind allerdings auch Probleme hinsichtlich der praktischen Anwendung festzustellen: Während im Leistungssport professionelles Coaching nach wie vor nicht systematisch genug zum

Einsatz kommt und Athleten mit der psychologischen Seite der Leistung oft allein gelassen werden, hat man im Unternehmenskontext zwar die Vorzüge des Instruments erkannt, jedoch stehen Manager und Personalentwickler häufig vor dem Problem, aus der Fülle der – teils dubiosen – Angebote einen Berater zu finden, der nicht nur „passt", sondern auch die erforderlichen Qualitätsstandards sicherstellt. Was bietet PWS-Coaching vor diesem Hintergrund? Welches sind dessen besondere Merkmale? Und wie grenzt sich PWS-Coaching von anderen Angeboten in Sport und Management ab?

Wissenschaftliche Grundlage

Im Gegensatz zu vielen Coaching-Angeboten, die auf dem Markt zu finden sind, ist der PWS-Coaching-Ansatz umfassend wissenschaftlich fundiert: Er baut auf den Erkenntnissen der bereits mehrfach erwähnten Studie zum Thema generalisierbarer Faktoren von Spitzenleistung auf (siehe auch Kap. 2) und setzt diese in spezifische Beratungsinhalte um. PWS-Coaching arbeitet mit dem Coachee also ganz gezielt entlang der *Leistungsformel* und den darin definierten sieben Leistungsfaktoren. Der Beratungsprozess rankt sich stets um einen konkreten umfeld- und situationsbezogenen Anlass. Zur Klärung dieses Anlasses lenkt der Coach den Blick auf die Frage, wie der Coachee sein eigenes Verhaltensrepertoire in Bezug auf diese Leistungsfaktoren so schärfen kann, dass er in der Lage ist, sich selbst und über sein Handeln auch sein Umfeld in der jeweiligen Situation lösungsgerecht zu steuern. Im Fokus steht insbesondere die Verstärkung von Selbstentwicklungsprozessen, das heißt, das Coaching-Konzept richtet sich systematisch an den verschiedenen Komponenten des Schlüsselfaktors Selbstmanagement aus, über die auf alle anderen Leistungsfaktoren Einfluss genommen werden kann.

Exemplarische Themen, um das persönliche Selbstmanagement im Coaching-Prozess zu reflektieren und gleichzeitig mögliche Interventionen zu erarbeiten, dieses effektiver und effizienter zu gestalten, sind in Abb. 9.1 dargestellt.

Multiple Kompetenzen: Die Rollen des PWS-Coachs

Insgesamt sind die Aufgaben, die der Coach bei diesem Beratungsansatz übernimmt, sehr vielschichtig. Entsprechend bedient sich der PWS-Coach eines hoch differenzierten Rollenrepertoires, das er je nach Bedarf einsetzt, um eine intensive, situations- und problembezogene wie auch individuelle Begleitung seines Coachees zu ermöglichen:[17]

- Er ist Trainer, der aktionsorientierte Fähigkeiten und Fertigkeiten praxisnah vermittelt und nach dem Prinzip des Deliberate Practice einübt. Im Managementbereich zielen diese auf das Führen von Unternehmen beziehungsweise Unternehmenseinheiten. Im Sport

---

[17] Vgl. Wollsching-Strobel (1999, S. 131).

Coaching entlang der *Leistungsformel*: exemplarische Themen

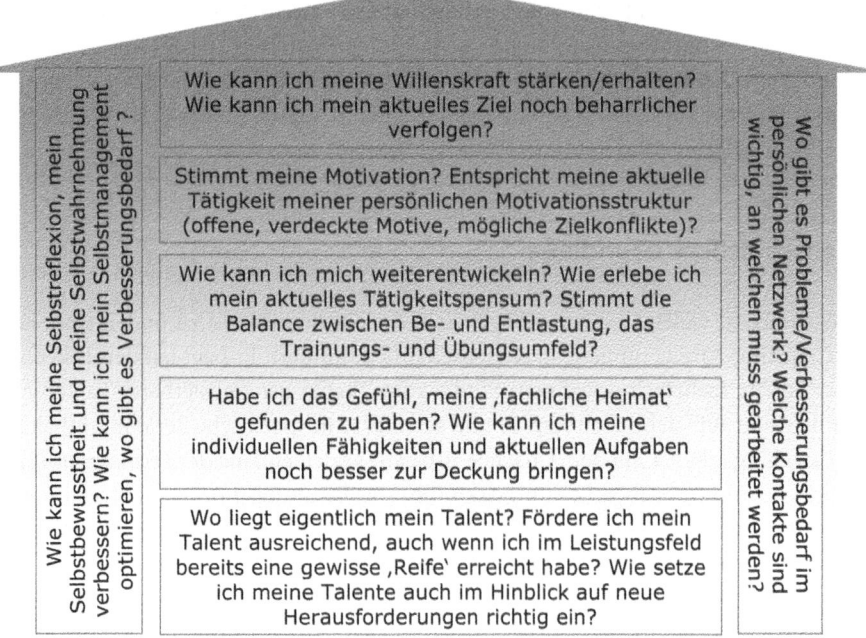

Wie kann ich meine Selbstreflexion, mein Selbstbewusstheit und meine Selbstwahrnehmung verbessern? Wie kann ich mein Selbstmanagement optimieren, wo gibt es Verbesserungsbedarf?

Wie kann ich meine Willenskraft stärken/erhalten? Wie kann ich mein aktuelles Ziel noch beharrlicher verfolgen?

Stimmt meine Motivation? Entspricht meine aktuelle Tätigkeit meiner persönlichen Motivationsstruktur (offene, verdeckte Motive, mögliche Zielkonflikte)?

Wie kann ich mich weiterentwickeln? Wie erlebe ich mein aktuelles Tätigkeitspensum? Stimmt die Balance zwischen Be- und Entlastung, das Trainings- und Übungsumfeld?

Habe ich das Gefühl, meine ‚fachliche Heimat‘ gefunden zu haben? Wie kann ich meine individuellen Fähigkeiten und aktuellen Aufgaben noch besser zur Deckung bringen?

Wo liegt eigentlich mein Talent? Fördere ich mein Talent ausreichend, auch wenn ich im Leistungsfeld bereits eine gewisse ‚Reife‘ erreicht habe? Wie setze ich meine Talente auch im Hinblick auf neue Herausforderungen richtig ein?

Wo gibt es Probleme/Verbesserungsbedarf im persönlichen Netzwerk? Welche Kontakte sind wichtig, an welchen muss gearbeitet werden?

Abb. 9.1 PWS-Coaching entlang der *Leistungsformel*: exemplarische Themen (Urheberrecht beim Autor)

zielen die Fähigkeiten und Fertigkeiten vor allem auf eine hohe Wettkampfstabilität und auf einen positiven Umgang mit Trainings-, Wettkampf- und Karrierebelastungen. Der Fokus liegt auf der Frage, wie die individuelle Selbststeuerung im Kontext sämtlicher Faktoren der *Leistungsformel* verbessert und damit weitere Ressourcen gehoben beziehungsweise wie Leistungsnachhaltigkeit sichergestellt und neue Handlungsspielräume eröffnet werden können. Als belesener Dozent ist der PWS-Coach dabei in der Lage, aktuelle Inhalte, Theorien und Modelle aus den einschlägigen Themenbereichen des jeweiligen Beratungskontexts zu transportieren und in Bezug zum Beratungsgegenstand zu setzen.

- Er ist Sparringspartner bei der Selbstbeobachtung und Selbstreflexion des Coachees. Zu seinen Aufgaben gehört es, kritische Fragen zu stellen, seinerseits zu beobachten und Feedback zu geben. Ziel ist es, das Antizipationsvermögen hinsichtlich der Bewältigung aktueller sowie zukünftiger persönlicher und beruflicher Anforderungen zu fördern, um darüber auch das Selbstbewusstsein und Selbstvertrauen des Coachees zu stärken. Beide bilden das Fundament für aktive Selbstveränderung und das erfolgreiche Umsetzen von Veränderungsimpulsen im eigenen Handlungskontext.

- Psychologische Berufsausbildung
- Erfahrung im jeweiligen
  psychologischen Beratungskontext
  (Sportpsychologie/ Arbeits- und
  Organisations-
  psychologie)
- Therapeutische
  Zusatzausbildung

- Persönliches Standing
- Feedback-Kultur
- Förderung von Selbst-
  und Fremdbild-Abgleich
  sowie Selbstreflexion
- Regelmäßig eigene
  Supervision

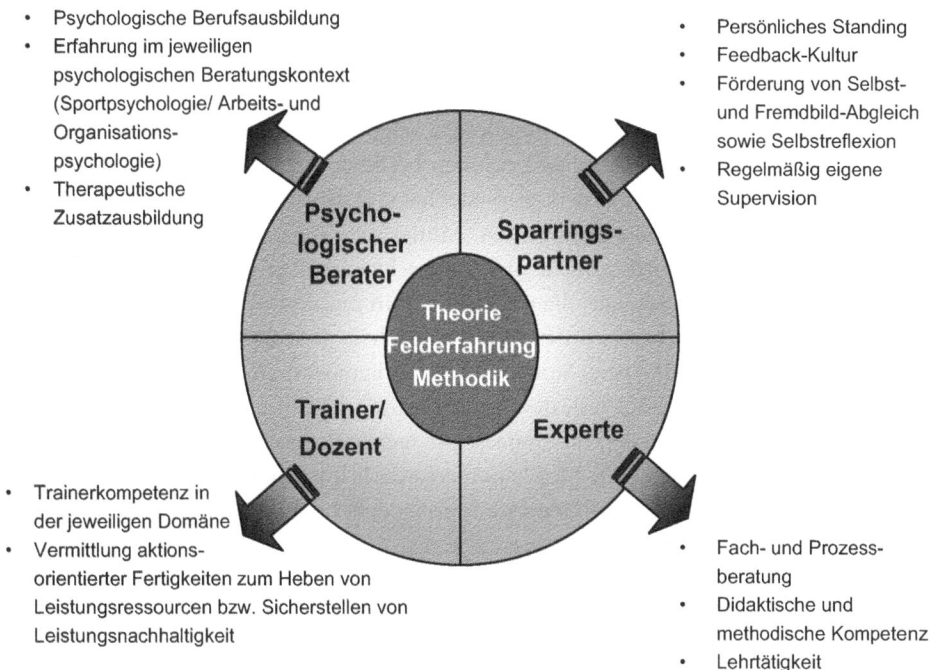

- Trainerkompetenz in
  der jeweiligen Domäne
- Vermittlung aktions-
  orientierter Fertigkeiten zum Heben von
  Leistungsressourcen bzw. Sicherstellen von
  Leistungsnachhaltigkeit

- Fach- und Prozess-
  beratung
- Didaktische und
  methodische Kompetenz
- Lehrtätigkeit

Abb. 9.2   Rollen des PWS-Coach (Urheberrecht beim Autor)

- Er ist Psychologe, der bei emotional stark besetzten Themen interveniert und die Beseitigung von tiefer gehenden, zum Teil unbewussten Blockaden unterstützt. Dabei muss der Coach bei seinen Interventionen immer auch die Gesamtsituation des Coachees und dessen Handling der einzelnen Leistungsfaktoren im Blick haben. Professionelles Coaching im Sinne des PWS-Konzepts setzt deshalb sowohl eine fundierte psychologische Ausbildung und entsprechende Zusatzqualifikationen voraus als auch langjährige, verlässliche Erfahrungen mit der jeweiligen Zielgruppe.
- Er ist Unternehmens- und Branchenexperte beziehungsweise Kenner des leistungssportlichen Umfelds und der jeweiligen Disziplin, der sich als Außenstehender trotzdem in spezielle Praxissituationen hineindenkt, Interdependenzen versteht, Prozesse und Ursachenketten analysiert und Handlungsalternativen aufzeigt.

Je nach Problemlage können dabei einzelne Rollen Priorität haben, und es kann die spezifische Kombination unterschiedlicher Kompetenzen relevant werden.

Abbildung 9.2 fasst das Rollenrepertoire des PWS-Coachs noch einmal zusammen.

Beispiel

PWS-Coaching in der Praxis – Management Fall 4: Professionelles Coaching zur Sicherung des langfristigen Leistungserhalts beinhaltet auch, rechtzeitig zu erkennen, wann ein Coachee psychotherapeutische beziehungsweise fachärztliche Hilfe benötigt. Das setzt voraus, dass der Coach einerseits selbst über qualifizierte therapeutische Kenntnisse verfügt, andererseits hier aber auch klare Grenzen zu seiner Beratungstätigkeit zieht. Wie wichtig dies ist, zeigt das Beispiel eines 55-jährigen Geschäftsführers, der während seiner gesamten beruflichen Laufbahn in verschiedenen Positionen stets hoch ambitioniert gearbeitet hat und dabei systematisch immer wieder an seine Leistungsgrenzen gegangen ist. Mittlerweile muss er einsehen, dass dieses Leistungsniveau altersmäßig nicht mehr aufrechtzuerhalten ist: Sein Körper sendet ihm immer neue Warnsignale, die man gemeinhin mit den typischen Symptomen eines Burnouts gleichsetzen würde: Abgeschlagenheit, Erschöpfung, Gleichgültigkeit, Schlafstörungen, innere Leere, Sinnverlust. Sein therapeutisch geschulter Coach stellt nach kurzer Zeit allerdings fest, dass es sich in diesem Fall um eine behandlungsbedürftige Depression handelt, die umfassende fachärztliche, zeitweise auch stationäre Betreuung und entsprechende Medikation erforderlich macht.

Sport Fall 4: Eine junge Athletin und Profisportlerin möchte nach ersten internationalen Erfolgen die Weltspitze „angreifen". Dazu gehören auch Überlegungen, nicht nur das Training weiter zu optimieren und zu intensivieren, sondern auch den Betreuerstab zu verändern beziehungsweise zu ergänzen. Der *Leistungsformel* folgend richtet sich das Vorgehen im Beratungsprozess schwerpunktmäßig an den folgenden sieben Themenkomplexen aus:

- **Persönliche „Homebase":** Wo liegen die persönlichen Stärken der Athletin? Reichen diese angesichts der vielfältigen Herausforderungen, die die neue Zielsetzung mit sich bringt, aus? Was kann sie gut, wo muss sie aufpassen? Wo braucht sie Unterstützung?
- **„Fachliche Heimat":** Was sind die sportlichen (konditionellen, technischen, taktischen, psychischen) Stärken? Welche Aspekte der anstehenden Veränderungen in Training und Betreuung entsprechen ihren Talenten und ihrer Motivation am ehesten?
- **Tätigkeitsfeld:** Was ist zu tun? Wo liegen die Prioritäten? Stimmt die Ressourcenausstattung?
- **Motivation:** Was tut die Athletin im Rahmen ihrer sportlichen Tätigkeit inklusive der Entwicklung der eigenen Karriere gern, was tut sie weniger gern? Was motiviert, was demotiviert sie?
- **Willensstärke:** Hat sie genug „Power", um gravierende Schwierigkeiten, Barrieren und Hindernisse zu überwinden? Wie gelingt es ihr, ihre Willenskraft nicht zu übersteuern?
- **Selbstmanagement:** Wie reguliert sie ihre Stärken? Wie managt sie sich selbst – insbesondere im Hinblick auf ihre eigene Ergebniserwartung?
- **Soziales Netzwerk:** Wer sind die wichtigen Personen im sportlichen Umfeld, und wie kann sie sie optimal mitnehmen? Wie bringt sie sich selbst in das soziale Netzwerk ein?

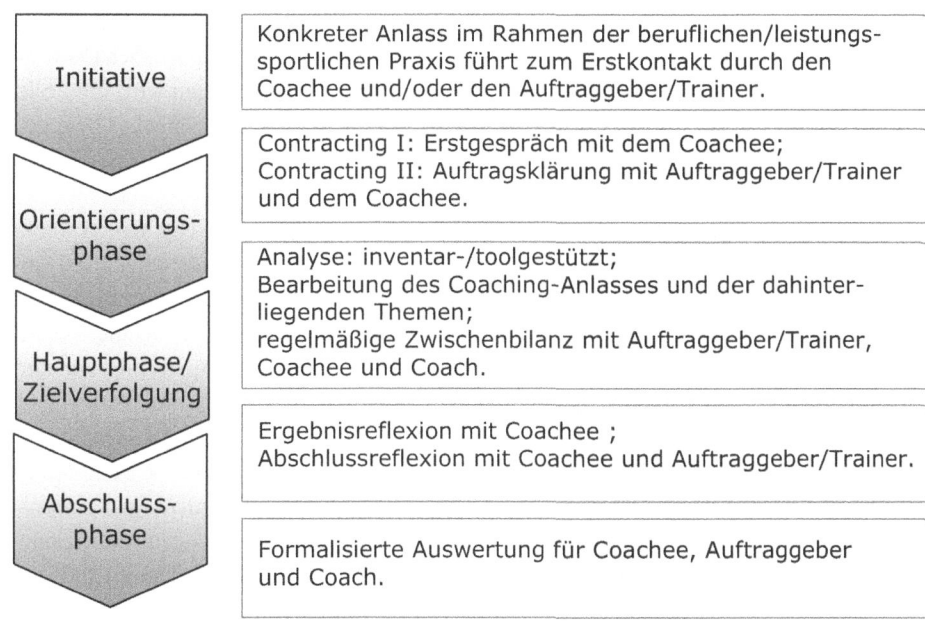

Abb. 9.3 Phasen des PWS-Coachings (Urheberrecht beim Autor)

Valide Methoden

Die methodische Vorgehensweise im PWS-Coaching-Prozess folgt stets einer festgelegten Gesamtsystematik, man könnte auch sagen „Choreografie" (Abb. 9.3).

- **Orientierungsphase:** Nachdem von den Beteiligten (Auftraggeber/Trainer oder Coachee) ein konkreter Anlass für Coaching festgestellt und ein erster Kontakt zum Coach hergestellt wurde, folgt zunächst ein Vier-Augen-Gespräch mit dem Coachee. Hier geht es um gegenseitiges Kennenlernen und die Frage, ob Coach und Coachee grundsätzlich zusammen arbeiten können oder etwas Wesentliches dagegen spricht (Contracting I). Ferner dient das Erstgespräch dazu,
  - die berufliche beziehungsweise leistungssportliche Ausgangslage des Coachees zu betrachten;
  - den Anlass des Coachings zu erörtern;
  - erste Ziele und Kernthemen der Coaching-Maßnahme aus Sicht des Coachees zu skizzieren,
  - Aufbau, Struktur und Setting (Rahmendaten) des Coaching-Prozesses zu besprechen. Nach dem Erstgespräch mit dem Coachee kommt der Auftraggeber oder Trainer zum Gespräch dazu (Contracting II). Ziel dieses Sechs-Augen-Gesprächs ist es, einen Abgleich zwischen den Zielformulierungen des Coachees und den Coaching-Zielen aus unternehmens-, organisations- beziehungsweise verbandsinterner Sicht herzustellen.

Am Ende stehen die konkrete Beschreibung der zu erreichenden Coaching-Ziele und eine erste Skizzierung der Startphase des Coaching-Prozesses. Wichtig ist auch die Klärung der Rollen und der Vertraulichkeit im Gesamtprozess: Wie genau wird die Rolle des Coachs im Prozess definiert, wie sieht dieser seine Selbstverantwortung? Wie gestaltet sich die Begleitung durch den direkten Vorgesetzten/Trainer? Welche Feedback- und Controlling-Prozesse sind vorgesehen?

- **Hauptphase/Zielverfolgung:** In dieser Phase werden zunächst die Kernthemen sowie die Coaching-Ziele differenziert und vertieft, wobei verschiedene unterstützende Tests beziehungsweise Tools zum Einsatz kommen. Dazu gehören unter anderem laufbahnbezogene Interviews sowie System- und Kontextanalyse und verschiedene anerkannte Selbstbeschreibungs- und Persönlichkeitstests, zum Beispiel Bochumer Inventar zur berufsbezogenen Persönlichkeitsbeschreibung (BIP), Golden Profiler of Personality (GPOP), NEO-Persönlichkeitsinventar (NEO-PI-R) im Managementbereich sowie Fragebogen zum Athletenverhalten (FAV) oder Achievement Motives Scale-Sport (AMS-Sport) im Sport. Darauf aufbauend folgt die eigentliche Themen- und Anlassbearbeitung. Sie dient der Erweiterung von Handlungskompetenzen, dem Entwickeln von Alternativen und Lösungsansätzen sowie dem persönlichen Wachstum und der beruflichen Weiterentwicklung. Die Themenbearbeitung orientiert sich an der Zielsetzung des Coachings und den definierten Kernthemen. Sie erfolgt situationsbezogen (Fall-/Situationsanalyse) und beinhaltet die Arbeit auf der Meta- sowie Beziehungsebene. Während dieser Phase finden regelmäßige Feedback-Gespräche zwischen Coachee und Auftraggeber beziehungsweise Trainer statt. Dieser wird somit fortlaufend über den Stand der bearbeiteten Kernthemen sowie der Zielerreichung, die im Rahmen der Auftragsklärung vereinbart wurde, informiert und gibt dazu seine Rückmeldung. Der Effekt dieser regelmäßigen Zwischenbilanzen besteht insbesondere darin, den Auftraggeber beziehungsweise Trainer bestmöglich in den Verlauf und den Fortschritt des Coaching-Prozesses einzubinden sowie Anregungen seinerseits aufzunehmen, wie weiter verfahren werden soll.

  In seiner Vorgehensweise orientiert sich das PWS-Coaching an den sieben Faktoren der Spitzenleistung. Das heißt, es überprüft immer wieder das Selbstmanagement beziehungsweise die Selbstmanagementmöglichkeiten des Coachees im Hinblick auf den Umgang mit seinem Talent, das passgenaue Übereinbringen seiner individuellen Fähigkeiten mit seinen aktuellen Aufgaben, seine persönliche Weiterentwicklung, seine Motivation, seine Willensstärke und sein Netzwerk. Gleichzeitig steht die fortlaufende Optimierung seines Selbstmanagements als eigenständiger Leistungsfaktor im Fokus des Beratungsprozesses.

- **Abschlussphase:** Hier geht es zunächst um die Ergebnisreflexion mit dem Coachee: Wurden die Ziele des Coachings erreicht? Wie wird die Zielerreichung quantitativ (prozentual) und qualitativ beurteilt? Welche Faktoren, Einstellungen und Verhaltensweisen hindern beziehungsweise fördern die Zielerreichung? Wo sind Grenzen sichtbar geworden? Zugleich wird die Zusammenarbeit mit dem Coach, dessen Interventionen sowie dessen Anteil an der Zielerreichung reflektiert. Schließlich erörtern Coach und Coachee auch die Transfermöglichkeiten der Coaching-Ergebnisse in den beruflichen beziehungsweise Trainingsalltag. An dieses Vier-Augen-Gespräch schließt sich wiederum ein Sechs-Augen-Gespräch mit dem Auftraggeber beziehungsweise Trainer an. Dieser wird abschließend über das Ergebnis des Coaching-Prozesses sowie den letzten Stand der vereinbarten Zielerreichung informiert und gibt dazu wiederum aus seiner Sicht Rückmeldung. Er erhält dabei auch Gelegenheit, aus seiner Sicht darzulegen, wie es mit dem Coachee weitergehen kann, wie er dessen Potenziale nach dem Beratungsprozess einschätzt und wo er die Entwicklungschancen sowie künftige Position des Coachees sieht.

Idealerweise führt der Coachee dieses Gespräch eigenständig und wird dabei durch den Coach unterstützt. Im Anschluss werden mit dem Vorgesetzten oder Trainer konkrete Vereinbarungen darüber getroffen, welche Maßnahmen im Detail nötig sind, um das Gelernte in die aktuelle Arbeits- beziehungsweise Trainings- und Wettkampfpraxis zu integrieren, und welche Unterstützung der Coachee gegebenenfalls weiterhin benötigt.

Qualitätsstandards

Ein grundlegendes Merkmal des PWS-Coachings ist die umfassende, standardisierte Qualitätssicherung des Beratungsprozesses, die mehrere Dimensionen umfasst:

- **Ergebnistransparenz und -evaluation für Auftraggeber und Coachee (Nachfrageorganisation)**: Wie bereits erwähnt, werden den Beteiligten der Verlauf und Stand des Coaching-Prozesses im Rahmen regelmäßiger Zwischenanalysen zurückgemeldet sowie dessen Ergebnis in unterschiedlichen Gesprächskonstellationen abschließend gemeinsam reflektiert. Drei Monate nach Beendigung des Beratungsprozesses erfolgt nochmals eine formalisierte Auswertung, das heißt, über eine Auswertungsroutine mittels Kurz-Interview und Fragebogen wird erneut ein differenziertes Ergebnisgutachten erstellt, das wiederum in die Qualitätssicherung eingeht. Dabei werden konkret definierte – und damit messbare – psychologische Bewertungskriterien abgefragt und für deren Beurteilung unterschiedliche Perspektiven (Selbsteinschätzung des Coachees, Fremdeinschätzung Vorgesetzter/Trainer, Fremdeinschätzung des Coachs) zusammengeführt.
- **Bewertung des Coaching-Prozesses**: Neben der Ergebnisreflexion mit dem Kunden wird die Coaching-Maßnahme durch eine regelmäßige Intervision im Beratungsunternehmen selbst begleitet. Das heißt, der jeweilige Coaching-Prozess wird dort im Rahmen von Fallbesprechungen mit Kollegen, die sich aus einem interdisziplinären Team zusammensetzen, reflektiert und beurteilt. Auf diese Weise erhält der Coach im Expertenaustausch mögliche Anregungen und Steuerungsimpulse.
- **Qualifikation des Coachs**: Zum Einsatz kommen ausschließlich qualifizierte Coachs, die über ein abgeschlossenes humanistisches Studium (zum Beispiel Psychologie, Me-

dizin, Pädagogik, Sportwissenschaft) sowie psychotherapeutische Zusatzausbildungen beziehungsweise Zulassungen verfügen. Hinzu kommt die praktische Erfahrung: PWS-Coachs arbeiten seit mindestens drei Jahren im Bereich der Management- oder der sportpsychologischen Beratung und haben mindestens zwei Jahre lang eine bestimmte Anzahl von Coachees (mindestens zehn) in einem längeren Prozess unter Begleitung eines Lehrsupervisors (erfahrener Coach) beraten. Überdies nehmen auch erfahrene Coachs regelmäßig die Beratung durch einen Supervisor in Anspruch.

Exkurs: Besonderheiten des Coachings im Spitzensegment von Sport und Management

Der hohe Leistungsdruck, mit dem sich Top-Performer in der Regel konfrontiert sehen, sowie deren hohe persönliche Leistungs- und Zielansprüche führen dazu, dass sich auch Coachs im Spitzensegment speziellen Anforderungen gegenübersehen. Häufig geht es darum, bei akuten Anlässen und sehr unterschiedlich gelagerten Problemen schnelle und professionelle Lösungen anzubieten. Das heißt, der Coach befindet sich seinerseits in einer hoch komplexen, druckvollen und sehr anspruchsvollen Beratungssituation, die ein hohes Maß an Flexibilität sowie die Fähigkeit voraussetzt, mit offenen und sehr „volatilen" Prozessen umgehen zu können. Dabei lassen sich durchaus Parallelen zwischen Spitzensport und Spitzenmanagement ziehen:

- **Erwartungsdruck**: Von Spitzenleistern wird erwartet, dass sie in der Lage sind, ein bestimmtes Leistungsniveau umzusetzen. Gezeigte Leistung und erreichte Positionen erzeugen wiederum steigende Leistungsansprüche. Die Messlatte hierfür liefern zumeist vorab festgelegte externe Ziel- und Zeitvorgaben; die aktuelle individuelle Situation des Spitzenleisters findet in der Regel nur wenig Berücksichtigung. Der Coach steht vor der Aufgabe, den Leistungsträger in die Lage zu versetzen, diese extrem hohen Leistungsanforderungen möglichst problemlos abrufen zu können.
- **Nichtwiederholbarkeit und Verantwortungsdruck**: Gerade im Spitzensport geht es darum, Leistung auf den Punkt zu erbringen. Wichtige internationale Wettkämpfe erfordern oft Jahre der Vorbereitung; und der Sportler erhält nur diese eine Chance, seine Leistung zu präsentieren. Entsprechend hoch ist die nervliche Anspannung. Aber auch Spitzenmanager, die einen Coach in Anspruch nehmen, stehen nicht selten vor brisanten Entscheidungen und Problemlösungen, die eine entsprechende Tragweite und merkliche, zum Teil existenzielle Auswirkungen für viele Betroffene haben. Hinzu kommt häufig enormer Zeitdruck.
- **Konsequenzen bei Misslingen**: Das Scheitern eines Spitzenleisters führt nicht nur zu Imageverlust, sondern kann auch erhebliche persönliche – einschließlich finanzielle – Nachteile zur Folge haben (zum Beispiel Verlust von Boni, Job-Verlust beziehungsweise Ausscheiden aus dem Kader, Verlust von Fördermitteln). Der Coach berät also häufig in karriereentscheidenden Situationen.

- **Öffentlichkeit**: Top-Performer und ihre Leistung treffen in der Regel auf ein hohes gesellschaftliches Interesse; als Person müssen sie oft mit medialer Präsenz leben. Im Fall eines Scheiterns oder geringerer Leistung als erwartet geraten sie deshalb schnell ins Visier der öffentlichen Kritik. Diese Messbarkeit und Beobachtbarkeit von Spitzenleistung gelten notwendigerweise auch für das Team, das hinter dem Leistungsträger steht, und damit auch für dessen Coach.

- **Konfrontationsdynamik:** Spitzenleister sind oft starke Persönlichkeiten und in ihrer Position nicht immer gewohnt, kritische Rückmeldungen zu ihrer Meinung oder ihren Entscheidungen zu bekommen. Sie sind daher – gerade wenn sie selbst unter Druck stehen – potenzielle Konfrontationstypen, das heißt, der Coach muss damit rechnen, dass es während des Coachings häufiger zu Konfrontationen und Kontroversen kommt, und das entsprechende Standing mitbringen. Zudem geht es im Coaching-Prozess inhaltlich oft um Themen und Ziele, die hohe Bedeutung haben und daher gleichfalls ein hohes Konfliktpotenzial wie auch hohe emotionale Involviertheit beinhalten.

- **Empathie:** Coaching von Spitzenleistern setzt nicht nur Einfühlungsvermögen auf emotionaler oder gedanklicher Ebene gegenüber dem Gesprächspartner voraus, sondern notwendigerweise auch hohe Empathiefähigkeit hinsichtlich des jeweiligen Handlungskontextes und der spezifischen Beratungssituation. So ist es beispielsweise unerlässlich, dass der Coach eines Spitzenmanagers die spezielle Dynamik der Organisation und die Reaktion der von der Beratungsmaßnahme potenziell Betroffenen abschätzen kann. Diese Art von Einfühlungsvermögen erleichtert es dem Spitzenmanager oder Spitzensportler, mögliche Entwicklungen und Prozesse zu antizipieren („Brückenfunktion" des Coachs).

- **Intuition:** Coaching im Spitzensegment erfordert oft sehr schnelle Lösungen. Das heißt, der Coach ist gezwungen, die Situation aufgrund seiner Erfahrung zunächst intuitiv und dann bewusst zu erfassen. Dabei muss er sich seine eigene und spezielle Bewertung des Beratungsfelds erlauben. Das setzt voraus, dass er schnell zum Wesenskern des Problems vordringt, Hintergründe sowie übergeordnete Zusammenhänge erkennt und diese Erkenntnisse in die situativ richtigen Worte kleidet.

- **Professionelle Lösungserarbeitung:** Die hohe Komplexität der Beratungssituation erfordert nicht nur Schnelligkeit, sondern auch das Know-how, die Kapazität und gegebenenfalls auch die entsprechenden vertraulichen Back-Office-Tätigkeiten für eine präzise Diagnose in unterschiedlichen, das Handlungsfeld des Coachees betreffenden Feldern sowie exakte, prägnante und sofort umsetzbare Ergebnisse.

- **Fachliche Exzellenz:** Coaching im Spitzensegment verlangt vor diesem Hintergrund neben hohem intellektuellem Niveau und einer entwickelten wie entwicklungsbereiten Persönlichkeit auch unbedingt Zielgruppenerfahrung mit Spitzenleistern in der jeweiligen Beratungsdomäne. Im Managementbereich umfasst dies beispielsweise Erfahrungen im komplexen Feld der Unternehmenskultur und umfassende Hintergrundkenntnisse der Management- beziehungsweise Unternehmenssteuerung. Im Sport dagegen sind Kenntnisse des leistungssportlichen Kontexts sowie Trainings- und sportmedizinisches Know-how unerlässlich.

Beispiel

PWS-Coaching in der Praxis – Management Fall 5: Ein junger Vorstandsvorsitzender, der nach einer „Turbo-Karriere" sehr früh in diese Position gelangt ist, möchte die vor ihm liegende komplexe Generalmanagement-Aufgabe mit Unterstützung eines professionellen Coachs strukturieren. Er ist von außen in das Unternehmen gekommen und muss die Organisation durch eine umfassende Restrukturierungsmaßnahme führen. Der junge Manager nutzt das Coaching zu einer Art „inneren Inventur", die ihm nicht nur Perspektiven eröffnet, wie er die neue Leitungsfunktion optimal ausfüllen, sondern wie er sich auch trotz der bereits erreichten hohen Karrierestufe in seinem Job zielgerichtet weiterentwickeln kann. Der *Leistungsformel* folgend und in Analogie zum vorigen Beispiel richtet sich das Vorgehen im Beratungsprozess schwerpunktmäßig an den folgenden sieben Themenkomplexen aus:

- **Persönliche „Homebase":** Wo liegen die Stärken des Coachees? Reichen diese angesichts der vielfältigen Herausforderungen, die seine Position mit sich bringt, aus? Was kann er gut, wo muss er aufpassen? Wo braucht er Unterstützung?
- **„Fachliche Heimat":** Was sind aktuell die unternehmensrelevanten Projekte, die seinen Talenten und seiner persönlichen Motivation am ehesten entsprechen?
- **Tätigkeitsfeld:** Was ist in der Organisation zu tun? Wo liegen die Prioritäten? Stimmt die Ressourcenausstattung?
- **Motivation:** Was tut der Coachee im Rahmen seines umfassenden Tätigkeitsspektrums gern, was tut er weniger gern? Was motiviert, was demotiviert ihn?
- **Willensstärke:** Hat er für jeden Mitarbeiter das richtige Führungskonzept? Wie gelingt es ihm, seine Willenskraft nicht zu übersteuern?
- **Selbstmanagement:** Wie reguliert er seine Stärken? Wie managt er sich selbst – insbesondere im Hinblick auf seine eigene Ergebniserwartung und seine Ungeduld (bisher war er es gewohnt, seine Ziele sehr schnell zu erreichen, die Organisation, die er jetzt leitet, funktioniert deutlich langsamer).
- **Soziales Netzwerk:** Wer sind die wichtigen „Stakeholder", und wie kann er sie optimal mitnehmen? Wie bringt er sich selbst in das soziale Netzwerk ein?

▸ **Der Weg zum richtigen Coach** Auf folgende Schritte sollten Sie bei der Auswahl eines Coachs achten:

- Klären Sie in einem kostenlosen Vorgespräch Ziele, Dauer und Kosten des Coachings.
- Holen Sie mehrere Angebote ein und vergleichen Sie diese.
- Prüfen Sie, ob der Coach für Ihr spezifisches Anliegen der richtige ist. Dazu ist es nötig, sich im Vorfeld des Kontakts klare Vorstellungen vom Anlass des Coachings und Ihren persönlichen Zielen zu machen.
- Coach ist – wie im Fall des Unternehmensberaters – kein geschützter Beruf. Jeder darf sich Coach, Sportpsychologe oder Mentalcoach nennen. Lassen Sie sich deshalb von den Coachs, die Sie in Betracht ziehen, einen ausführlichen Lebenslauf geben. Fragen Sie nach Ausbildung, Zusatzqualifikationen

und Zertifizierungen (zum Beispiel die Fortbildung „Sportpsychologie im Leistungssport" der Arbeitsgemeinschaft für Sportpsychologie oder diverse Therapieausbildungen namhafter Institute) sowie nach Management- oder Leistungssporterfahrung, strukturellen Kenntnissen Ihres aktuellen Tätigkeitsfelds und vor allem nach Erfahrungen im Coaching von Vertretern dieses Tätigkeitsfelds.

- Fragen Sie den Coach nach Referenzen. Nennt er Ihnen dann Referenzen ohne ausdrückliche Erlaubnis seiner Kunden, ist Vorsicht geboten, womöglich hält er sich nicht an die zugesagte Diskretion.
- Nutzen Sie seriöse Verzeichnisse von Coaching-Anbietern. Für den Sport gibt es beispielsweise die Expertendatenbank des Bundesinstituts für Sport (BISp), auf der ca. 77 Experten gelistet sind, Manager finden viele hilfreiche Informationen unter anderem auf der Webpage des Deutschen Bundesverbands Coaching e. V., oder wenden Sie sich an das PWS-Institut für Performance-Psychologie.
- Ein guter Coach hilft Ihnen, sich zu entscheiden. Außerdem begleitet er Sie beim Umsetzen der Entscheidung. Deshalb sind gute Coachs spezialisiert – zum Beispiel auf die Beratung bei persönlichen, leistungssportlichen, beruflichen oder unternehmerischen Fragen (selbst wenn sich diese im Rahmen des Coachings nicht immer sauber trennen lassen) oder eben auf die Beratung von Top-Managern oder Spitzensportlern.
- Gute Coachs achten auf eine Arbeitsbeziehung „auf Augenhöhe". Misstrauen Sie Anbietern, die sich vor allem mit dem eigenen Ego beschäftigen, Coaching als „Meister-Jünger-Beziehung" verstehen oder Sie von ihren „allgemeingültigen" Wahrheiten überzeugen wollen.
- Verlangen Sie ein Vorgespräch, bei dem Ihnen der Coach sein Vorgehen erklärt. Seriöse Coachs arbeiten transparent und können Ihnen ihre Arbeitsweise genau erläutern.
- Fragen Sie den Coach, wo für ihn die Unterschiede zwischen Therapie und Coaching liegen. Ein professioneller Coach hat hierzu einen klaren Standpunkt.
- Ganz wichtig: Der Coach sollte Ihnen menschlich sympathisch sein. Allerdings sollte eine professionelle Distanz gewahrt bleiben. Vertrauen Sie hier auf Ihr Gefühl: Spricht der Coach meine Sprache? Fühle ich mich angesprochen? Versteht er, wovon ich rede? Wenn Sie beim Vorgespräch zu dem Schluss kommen: „Die Chemie stimmt nicht" oder „Der Coach kann mir nicht helfen", sollten Sie sich einen anderen suchen.
- Schließen Sie mit Ihrem Coach eine schriftliche Vereinbarung, wie oft, wie lange und in welchem zeitlichen Abstand Sie sich treffen. Klären Sie mit ihm zudem, inwieweit er Ihnen auch zwischen den Sitzungen als Ansprechpartner zur Verfügung steht.
- Vereinbaren Sie mit ihm auch, bis wann Ihr „Problem" gelöst sein sollte, denn ein Coaching ist stets zeitlich begrenzt. Definieren Sie einen klaren Zielkorridor für die Klärung des Problems.

Literatur

Böning, U./Fritschle, B. (2008)[2]: Coaching fürs Business, Bonn: Managerseminare Verlag.

Bußmann, N. (2011): Marburger Coaching-Studie: Was kann Coaching, in: *managerSeminare.de*, 31.10. 2011. http://www.managerseminare.de/blog/marburger-coaching-studie-was-kann-coaching/2011/10

Gabler, H./Janssen, J. P./Nitsch, J. R. (1990): Gutachten „Psychologisches Training" in der Praxis des Leistungssports. Probleme und Perspektiven, Köln: Sport und Buch Strauß.

Giersch, T. (2011): Wie Manager ihren idealen Trainer finden, in: *Handelsblatt.com*, 04.04. 2011. http://www.handelsblatt.com/unternehmen/management/strategie/coaching-branche-wie-manager-ihren-idealen-trainer-finden/4018242.html

Eberspächer, H./Immenroth, M./Mayer, J. (2002): Sportpsychologie – ein zentraler Baustein im modernen Leistungssport, in: *Leistungssport* 32 (5), 5–10.

Kienbaum (2008): Coaching wird professioneller – nicht nur der Chef wird gecoacht, Pressemitteilung, 25.02. 2008. www.kienbaum.de/cms/printvie

Lindner, E. (2011): Coachingwahn, Econ: München.

Leitl, M. (2008): Zwang zur Professionalisierung, in: *Harvard Businessmanager*, 3, 38–45.

Marquart, M. (2011): Massenleiden Burnout: Wie Firmen Spitzenkräfte verbrennen, in: *Spiegel online*, 28.05.2011. http://www.spiegel.de/karriere/berufsleben/0,1518,765353,00.html

Schmalholz, C. (2003): Der Rat der Leisen, in: *manager magazin*, 10, 192–198.

Stephan, M./Gross, P.-P./Hildebrandt, N. (2009): Management von Coaching, Stuttgart: Kohlhammer.

Wollsching-Strobel, P. (1999): Managementnachwuchs erfolgreich machen, Wiesbaden: Gabler.

Teil IV

Das dritte Prinzip des PWS-Konzepts: Selbstgesteuert

Persönliches Selbstmanagement: Von den Besten lernen

Ulrike Wollsching-Strobel

Zusammenfassung

Selbstmanagement ist der zentrale Stellhebel, wenn es um die Entwicklung von Talenten geht: Mit Selbstmanagement lassen sich sowohl personeninternale (zum Beispiel Motivationssteuerung, Emotionsregulierung, Zielerreichungswille) als auch externale (zum Beispiel Aufbau eines professionellen Netzwerks) Leistungsfaktoren beeinflussen. Was aber ist Selbstmanagement genau? Ausgehend von dieser Frage stellt Ulrike Wollsching-Strobel exemplarisch Etappen des Selbstmanagementprozesses sowie Instrumente und Methoden zum Selbstmanagement vor und regt zur eigenen Anwendung an.

Ein wichtiger Faktor für die Talententwicklung und den Talenterhalt ist ein funktionierendes Selbstmanagement. Selbstmanagement dient quasi als Instrument der „Supervision des eigenen Verhaltens". Der Einsatz von Selbstführungsinstrumenten ist dabei als Kontrapunkt zu unreflektierter Fremdsteuerung und Anpassung zu verstehen, mit dem auch Verhaltensautomatismen und ein weitgehend intuitive Selbststeuerung durchbrochen werden können. Er erweitert die persönlichen Handlungsmöglichkeiten so, dass sich eine Person aktiv und proaktiv, eben selbstgesteuert verhält. Durch Prozesse der gezielten Selbstbeobachtung und -analyse können daher die Grundlagen für ein selbstreguliertes und selbstbestimmtes Handeln gelegt werden, was für eine zielorientierte Talententwicklung unerlässlich ist.

In diesem Beitrag wird zum einen gezeigt, was Selbstmanagement ist und wie es funktioniert. Zum anderen wird darauf eingegangen, welche Bereiche das Selbstmanagement im Hinblick auf die eigene Talententwicklung umfasst. Die Grundlage für die Beschreibung liefern unter anderem Aussagen zur Selbstführung solcher Personen, die sich dafür entschieden haben, ihr Talent gezielt bis zu einer gesellschaftlich anerkannten Spitze zu

Ulrike Wollsching-Strobel ✉
PWS Wollsching-Strobel Managementberatung GmbH, Fritz-Boehle-Straße 3, 60598 Frankfurt am Main, Deutschland
e-mail: info@wollsching-strobel.de

P. Wollsching-Strobel und B. Prinz (Hrsg.), *Talentmanagement mit System*,
DOI 10.1007/978-3-8349-3780-3_10,
© Springer Fachmedien Wiesbaden 2012

entwickeln, und dies auch nachgewiesenermaßen realisieren konnten (die Aussagen entstammen der Studie *Die Leistungsformel*, siehe Kap. 2).

Selbstmanagement aus wissenschaftlicher Perspektive

Aus psychologischer Perspektive besteht die Grundannahme des Selbstmanagements darin, dass Verhaltensweisen am besten und nachhaltigsten durch die Person selbst geändert werden können und weniger effektiv durch Fremdeinwirkung und -kontrolle. Mithilfe von durch Selbstmanagement verändertem Verhalten steht die Person sozusagen selbst motiviert und begründet hinter ihrem Verhalten. Die Person baut zudem während des Selbstmanagementprozesses allgemeine Kompetenzen auf, die sie auch längerfristig in die Lage versetzen, neue, problematische oder schwierige Situationen besser zu bewerkstelligen oder von vornherein zu vermeiden.[1] Während man Selbstmanagement betreibt, lernt man also auch, sich selbst zu führen.

Ausgangspunkt bildet dabei die Selbstbeobachtung, der „Blick von außen auf sich selbst", der in verschiedenen Phasen und Bereichen der Selbstintervention und Selbststeuerung mithilfe eigener Selbstmanagementfertigkeiten oder -instrumente führt sowie diese gleichzeitig verbessert und übt. Selbstmanagement umfasst also das bewusste und aktive Management aller durch sich selbst zu beeinflussende Prozesse und deren ständige Optimierung (Management des Selbstmanagements). Sie dienen

- ebenso der eigenen inneren (internalen) Befindens- und Handlungssteuerung und dem damit verbundenen Motivations-, Emotions-, Willens-, Einstellungs- und Zielmanagement etc.
- wie der Steuerung des eigenen nach außen gerichteten (externalen) Führungs-, Überzeugungs-, Kommunikationsverhaltens etc. zur Beeinflussung des Umfelds, das zur Erreichung selbst gesteckter Ziele notwendig ist.

Zusammenfassend definiert, ist Selbstmanagement also all das, was ein Mensch bewusst, reflektiert und aus eigenem Antrieb tut, um sich selbst zu regulieren und zu steuern. Das Selbstmanagement kann einerseits dazu eingesetzt werden, um Ziele (zum Beispiel formulierte Ziele oder ein Zielbild, eine Vision), die sich eine Person selbst gesetzt hat, auch gegen Widrigkeiten, Probleme und Barrieren ad hoc (situativ), aber auch längerfristig zu verfolgen und in unterschiedlichen Kontexten mit verschiedensten Mitteln umzusetzen. Andererseits kann immer wieder überprüft werden, inwiefern das eigene Verhalten der persönlichen Bedürfnislage entspricht, und es kann im Zweifelsfall nachjustiert werden.

Im Selbstmanagement bearbeitet man verschiedene Ebenen: Das sind sowohl abstrakte Ebenen, zum Beispiel in Form von Denkaktivitäten, als auch konkrete Ebenen, ausgedrückt in Handlungen und Verhalten. Durch das „Management des Selbstmanagements"

---

[1] Vgl. Kehr (2004, S. 168).

werden zunächst auf einer sogenannten „kognitiven Meta-Ebene" die Strategien erwogen, analysiert, gewählt, bestätigt oder gewechselt, die als notwendig erachtet werden, um sich persönlichen wie auch den Situations- und Umfeldveränderungen flexibel anzupassen. Anschließend wird für die konkrete Umsetzung in Handlungen gesorgt, und diese werden dann wiederum auf ihre Wirksamkeit hin überprüft.

Selbstmanagement durchführen

Funktionierendes Selbstmanagement beinhaltet also für die Person mehrere Arbeitsphasen, die zu einem Ergebnis, gegebenenfalls einer Veränderung hinführen und dann wieder darauf aufbauen. Ein befragter Experte macht deutlich, dass Selbstmanagement als bewusster Akt der Selbststeuerung nicht selbstverständlich ist, sondern immer wieder aufgrund von Anlässen durch eine Person aktiviert wird:

> Die Räume, in denen ich kreativ sein kann, die nicht sofort mit Anforderung, mit Erledigung, mit Genauigkeit, mit Funktionieren zu tun haben, diese Räume sind bei mir definitiv zu knapp. Und auch die Produkte, die sich aus diesen Räumen ergeben, sind zu knapp. (…) Ich wünsche mir zwischendurch mal ein, zwei Tage, wo ich nichts mache. Das habe ich in meinem Selbstmanagement irgendwie noch nicht gut verankert. (…) Aber man ändert ja Dinge meistens erst aus schmerzhaften Erfahrungen heraus. Und ich brauche anscheinend genau diese schmerzhaften Erfahrungen – hohe Belastung, zu wenig Urlaub, gesundheitliche Probleme –, um mein Selbstmanagement zu aktivieren (Int. 10/79, 11, 15).

Was kann Anstoß geben, aus dem nicht bewussten Tun, der intuitiven Steuerung oder Verhaltensautomatismen in die bewusste, und zugegebenermaßen anstrengendere, Selbststeuerung zu gehen? Die Interviews mit High Performern fördern vielfältige Anlässe zutage, selbst initiierte Selbstmanagementaktivitäten in Gang zu setzen, zum Beispiel:

- eine negative Rückmeldung über das eigene Verhalten;
- die eigenen Wünsche nach stetig wachsender Perfektion;
- Unzufriedenheit mit sich selbst;
- Gewissens- und Wertekonflikte bezüglich des eigenes Tuns;
- subjektiv nicht erreichte Ziele oder nicht umgesetzte Bedürfnisse;
- schwindende Motivation für eine vorgenommene Tätigkeit;
- gesundheitliche oder körperliche Energieprobleme etc.

Dazu werden durch eine Person selbst zunächst verschiedene kognitive Steuerungsprozesse (Antizipationsphase vor einem Ergebnis) aktiviert, wie zum Beispiel Wahrnehmungs-, Analyse-, Selbstbewertungs-, Entscheidungs-, Zieldefinitions- und Planungsprozesse. Welche mentalen Strategien und praktischen Techniken die Person im Einzelnen nutzen kann, wird weiter unten an Beispielen erläutert. Der Selbstmanagementprozess führt dann zu einer Ergebnisphase, sei es beispielsweise zu einer Einstellungsänderung hinsichtlich der Beurteilung der Lage oder einer bestimmten Handlung, einem veränderten Verhalten etc. Dieses Ergebnis zeigt nach außen Wirkung und wirkt auch auf die Person selbst zurück: Die Person bekommt durch eine gelungene oder misslungene Situationsbewältigung Feedback und hinterfragt und kontrolliert gegebenenfalls ihr Verhalten oder ihre Einstellung in einem neuen Selbstmanagementprozess (Selbstkorrektur- und Feedbackphase gegebenenfalls als neuer Anlass). In allen Phasen der Eigensteuerung kommen personeninterne kognitive Steuerungsprozesse zum Einsatz, mit denen die Person ihren Selbstmanagementprozess weiterführt, ihn durch den Einsatz verschiedenster Instrumente lenkt, ihn verändert oder beendet. Solche Maßnahmen finden zum Beispiel dann statt, wenn sich die Person selbst ein Versprechen/Commitment gibt, einen konkreten Vorsatz nimmt, sich eine Belohnung in Aussicht stellt, aber auch sich eine Denkpause gönnt etc.

Beispiel

Sie merken, dass Ihre Konzentration während einer Besprechung nachlässt und Sie nicht mehr wirkungsrelevant auftreten können. Der Anlass für Selbstmanagement besteht also in dem Konflikt zwischen eigener Leistung und selbst gesetztem Anspruch beziehungsweise selbst gesetzten Zielen. In Gang gesetzt wird dieser Prozess zunächst durch eine Selbstbeobachtung: Sie bemerken (Antizipation) eine schwindende Konzentration. Sie analysieren, was die Ursache sein könnte, und gehen über in eine Soll-Ist-Analyse, zum Beispiel: Wie viel Konzentration habe ich noch, brauche ich noch, und wie kann ich mir diese erhalten? Was will ich erreichen? Sie überprüfen und wägen ab, welche möglichen Maßnahmen Ihnen zur Stärkung der Konzentration zur Verfügung stehen. Hier gilt es zu unterscheiden zwischen Maßnahmen, mittels deren Sie an sich selbst arbeiten, ohne andere beeinflussen zu müssen (internale Maßnahmen, wie zum Beispiel Unterdrückung von Ablenkungen, eigene Motivation erhöhen durch Belohnungsaussicht, Durchhaltewillen stärken durch Konsequenzvorhersicht etc.), und nach außen gerichteten (externalen) Maßnahmen, die Ihnen helfen, Ihre Selbststeuerungsinterventionen in dieser Situation und in diesem Kontext gezielt umzusetzen oder zu verbessern (zum Beispiel auf Gesprächspartner im Sinn einer Pause einwirken, Steuerung der Zeitplanung der gemeinsamen Sitzung, Auswahl der Räumlichkeiten oder Geräuschpegel senken durch Fenster schließen). Haben Sie entschieden, welche Intervention Sie einsetzen, tun Sie dies (Ergebnis) und prüfen dann wiederum selbstreflexiv (Korrektur), ob die Maßnahme erfolgreich ist (sind Sie jetzt wirklich wieder konzentrierter und können Ihr Ziel in der Besprechung verfolgen?) oder ob Sie anders und erneut in die Antizipationsphase gehen müssen (erneut abwägen, eine andere Konzentrationssteigungsmaßnahme suchen). Oft verläuft Selbstmanagement nicht in dieser Stringenz, das heißt, eine Steuerungstätigkeit wird begonnen, durch andere Tätigkeiten unterbrochen und später daran angeknüpft.

Die Einzigartigkeit von Selbstmanagement besteht darin, dass dieses auch mit Blick auf die konkrete Anwendung – wie oben angedeutet – stets auf zwei Ebenen zu betrachten ist:

- Einerseits können Selbstmanagementstrategien und Interventionen dazu eingesetzt werden, alle anderen relevanten Aspekte der Person zu steuern und zu verbessern. Das heißt, mit Selbstmanagement kann man sein eigenes Talent beziehungsweise seine Stärken stärken, man kann gezielt an seinen verschiedenen Kompetenzen und Performanzen arbeiten und bewusst trainieren. Es ist zum Beispiel möglich, selbst die Gestaltung seines beruflichen und privaten Netzes in die Hand zu nehmen sowie sein eigenes Wohlbefinden und Stressmanagement auch im Sinne des Erhalts der körperlichen und seelischen Energien zu steuern (siehe Kap. 7). Zudem kann man sich auch intrapsychischen Aspekten des Selbst zuwenden, also der eigenen Motivation und dem eigenen Willen, Dinge durchzuhalten. Gleichzeitig kann man seine Überzeugungen, die bisher das Verhalten gestützt haben, hinterfragen und revidieren usw. Selbstmanagement kann sich also auf alle Bereiche beziehen, die für die Person in ihrer Entwicklung relevant sind.
- Andererseits geht es beim Selbstmanagement immer auch darum, dass man sich seines Repertoires an Selbstmanagementstrategien bewusst wird, Defizite aufdeckt und die persönliche Selbstmanagementkompetenz gezielt weiterentwickelt und verbessert. Gelungenes Selbstmanagement schließt also das „Management des Selbstmanagements" ein, es beinhaltet so etwas wie das „Total Quality Management" der eigenen Selbstmanagementprozesse. Das bedeutet auch: Wer Selbstmanagement durchführt, lernt Selbstmanagement und hat auch hier die Möglichkeit, sich zu entwickeln.

Selbstmanagementmechanismen

Damit sind schon einige Mechanismen von Selbstmanagement genannt worden: Selbstbeobachtung und Selbstreflexion als Grundfähigkeiten; die Möglichkeit, sich selbst zu belohnen und zu bestärken (und natürlich auch das Gegenteil); Ziele stringent zu verfolgen und andere zurückzustellen; verschiedene Bedürfnisse zu berücksichtigen und Bedürfniskonflikte auszubalancieren und dabei zu analysieren, zu bewerten, zu planen, zu priorisieren etc.

Einzelne Mechanismen zum Selbstmanagement werden im Folgenden näher erläutert: Dabei werden nicht nur Strategien und Instrumente vorgestellt, die Spitzenmanager und Spitzensportler selbst anwenden. Sondern Sie als Leser werden durch interaktive Module eingeladen, diese Aspekte an sich selbst zu erleben und einzuschätzen.

Selbstreflexion: Selbstwahrnehmung und Selbstbeobachtung

Selbstmanagement ist der Blick auf sich selbst und die Sorgfalt mit sich selbst – zunächst einmal ganz unabhängig davon, welche weiteren Ziele damit verfolgt werden. Das hat auch dieser Spitzenleister aus der Finanzbranche erkannt:

Ich bekomme aus Stresssituationen heraus oft kleinere Symptome. Dann fängt so eine Sorge an, und dann schaue ich auch bewusst auf mich, aber erst dann (Int. 10/5).

Die Grundlage für die Selbstwahrnehmung und Selbstbeobachtung ist eine bewusst auch auf seelische Vorgänge und Zustände gerichtete Aufmerksamkeit, die sogenannte „Introspektion"[2]. Sie bereitet den Weg für das individuelle Erleben der Wahrnehmung, des Denkens, Fühlens und der Bedürfnisse etc.[3] Selbstbeobachtung und Selbstwahrnehmung als Basis der Selbstreflexion und -erkenntnis geschehen in einem Wechselspiel zwischen Entspannung und konzentrativer aufmerksamer Bewusstheit, auch „Awareness" genannt. Im Konzept der „Awareness" als „wache Bewusstheit" (zum Beispiel Gestalttherapie nach Fritz S. Perls und andere) sind alle inneren Ereignisse der Person und spezielle mentale Prozesse in die Betrachtung einbezogen. Der eigene Körper sowie Objekte und Ereignisse aus der direkten Umwelt der Person werden zunächst als Ausgangspunkt für die Selbstbeobachtung genommen, später aber weniger bedeutsam.

▶ **Hinweise: Selbstbeobachtung anwenden**
Beim Thema Selbstbeobachtung und Selbstwahrnehmung sind insbesondere drei Aspekte hervorzuheben:

- Zuerst offen und wertfrei: Der Zugang zur Selbstbetrachtung sollte zunächst wertfrei mit einer inneren Haltung der Offenheit für alle inneren Impulse, Gedanken und Gefühle sein. Diese „wertfreie" Betrachtung ist insbesondere deswegen bedeutsam, weil durch eine wertende Betrachtung die Wahrnehmung stark gelenkt und vorselektiert würde.
- Dann Soll-Ist-Abwägen: Dabei gilt es, zwischen den Schritten Beobachtung und Bewertung der Beobachtung zu differenzieren. Man beobachtet seine Gedanken, Gefühle und Handlungsimpulse und bewertet sie erst in einem zweiten Schritt im Hinblick darauf, wie man diese haben oder verändern möchte. Damit eröffnet sich der Selbstbeobachter die Sicht auf alle Aspekte, die wahrzunehmen sind, und er wählt nicht vorschnell aus, was er am liebsten wahrnehmen beziehungsweise „übersehen" würde oder was ihm schon bekannt ist.
- Technik anwenden: Selbstbetrachtung muss geübt und kann – wie alle Wahrnehmungsfähigkeiten – trainiert werden. Dazu bieten sich gezielt eingesetzte Entspannungs- und Selbstwahrnehmungsmethoden bis hin zu meditativen Praktiken an, wobei Letztere erwiesenermaßen einen positiven Einfluss auf die graue Substanz im Gehirn[4] und damit auf kognitive Funktionen wie Aufmerksamkeit, Konzentration und Emotionsregulation haben.

---

[2] Vgl. Kleining et al. (2000).
[3] Vgl. Häcker und Stapf (2004, S. 846).
[4] Vgl. Hölzel (2008, S. 35).

Selbstreflexion: Selbstfindung und Selbsterkenntnis

An einem Beispiel macht dieser Studienteilnehmer die Notwendigkeit der Selbstreflexion als Blick auf sich selbst deutlich:

> Ab und zu muss man auch mal so etwas wie ‚interne Revision' machen. Das heißt für mich: Ich muss mich wirklich fragen, ob alle Nebenämter, die angeboten oder angetragen werden, unbedingt sinnvoll sind, ob das geht, ob nicht auch mal Reduktion notwendig ist. In solch einer Phase befinde ich mich auch heute wieder. Die berühmte Aussage: „Das sind nur zwei, drei Termine im Jahr", die trifft ja nicht zu, wenn man das richtig machen will. Deshalb ist dieses permanente Feinsteuern so wichtig: sich bewusst machen, den Spiegel vorhalten, sich selbst infrage stellen im Beruflichen und im Privaten. Dazu braucht man natürlich Selbstwertgefühl und muss auch mal festhalten, wenn man mal nicht so perfekt ist oder etwas aus dem Ruder läuft. Das ist eine Daueraufgabe, nichts, was man aufschreiben kann, in die Ecke packt, und dem man anschließend zehn Jahre sklavisch hinterherläuft. Es geht vielmehr – im Sinn einer neuen Strategiediskussion – darum, sich permanent neu anzupassen (Int. 37/21-22).

Die Selbstreflexion als grundlegende menschliche Fähigkeit dient nicht nur dem Selbstverstehen, sondern ist auch die Basis für das Verstehen anderer Menschen und damit für jede Art von Zwischenmenschlichkeit (Intersubjektivität). Der Mensch macht sich selbst in seiner Betrachtung zum Objekt, geht also gewissermaßen auf „Distanz" zu sich selbst.[5] Er ist in der Lage, sich selbst – zunächst wertfrei – zu betrachten und zu beobachten. Hat er dies erreicht, kann er sich als Mensch anhand individuell gesetzter oder bewusst von außen hinzugezogener Maßstäbe kritisch reflektieren.

Selbstreflexion durchführen

- Was nehmen Sie von sich wahr? Was wissen Sie über sich? Nehmen Sie eine bewusste Selbstbeschreibung vor (auch zum Beispiel von den eigenen Fähigkeiten und Fertigkeiten, dem eigenen Körper, dem Beruf, den eigenen Werten, Wünschen etc.)!
- Machen Sie sich Ihre Selbstbewertung klar! Welche Maßstäbe setzen Sie bezüglich Ihrer ermittelten Selbstbeschreibung? Mittels Reflexion können Sie sich jener (selbst) gewählten Maßstäbe bewusst werden, unter denen Sie die Ergebnisse Ihrer Selbstbetrachtung bewerten und einordnen.

Beide Elemente zusammengenommen machen unser Selbstbild aus.[6]

Selbsttäuschung vorbeugen

Sich bei der Selbstbetrachtung und -bewertung nur auf den eigenen Blickwinkel zu verlassen, kann allerdings zur Selbsttäuschung führen; das heißt, subjektiv als negativ erlebte

---

[5] Vgl. Jaspers (1973, S. 289).
[6] Vgl. Filipp (1979).

Aspekte werden verleugnet oder verzerrt, positive Aspekte dagegen möglicherweise nicht gesehen. Das problematisiert auch dieser Experte in Sachen Spitzenleisterselbstmanagement:

> Ich bin zunächst mal einer, der die Dinge mit sich selber ausmacht. Es gehört schon dazu, dass ich erst selber mal zu einer Lösung komme oder wenigstens meine, in die Richtung kann es gehen. Und erst dann fange ich an, darüber mit anderen zu reden. (…) Und schließlich wird das Ganze natürlich auf den Prüfstand gestellt und hinterfragt, ob das so richtig ist oder nicht (Int. 18/171).

Deshalb sollten die Beobachtungen anderer in Form von Feedback oder Befragungen in die Selbstbetrachtung mit einbezogen werden. Diese rückgemeldeten Beobachtungen liefern das sogenannte „Fremdbild". Es bietet die Möglichkeit zu weiterer Selbsterkenntnis, liefert wichtigen Input für den reflexiven Dialog mit sich selbst und damit auch für stetige persönliche Veränderung und Weiterentwicklung. Wichtig ist dabei, Selbst- und Fremdbild miteinander abzugleichen, denn eine große Diskrepanz zwischen Selbstbild und Fremdbild kann zu inneren Konflikten und äußeren Problemen führen. Andererseits ist eine gewisse Annäherung von Selbst- und Fremdbild für eine kontinuierliche Leistungsbereitschaft, die psychische Gesundheit und den angemessenen Umgang mit Dritten förderlich.

Feedback holen

- Notieren Sie die Ergebnisse Ihrer Selbstreflexion!
- Welche Personen sind für mein Thema kompetent?
- Welche Personen fördern mich und stehen mir in positiver Grundhaltung gegenüber?
- Mit welcher dieser Personen möchte ich mich über meine Ergebnisse austauschen?
- Welches wäre der geeignete Rahmen für einen Austausch?
- Initiieren Sie ein Feedbackgespräch!

Tipp: Besprechen Sie sich, bei wichtigen Anliegen regelmäßig und mit genügend Zeit, mit einer Person, die Sie fördert und die für Sie kompetent ist, und prüfen Sie deren Aussagen wiederum für sich selbst! Fragen Sie bei Zweifeln eine weitere Person!

Selbstverstärkung

Ein angemessenes Selbstbewusstsein beziehungsweise Selbstwertgefühl bildet – in Kombination mit den anderen Komponenten des Selbstmanagements – die Grundlage für jene individuellen Lernprozesse und Schritte der Selbstveränderung, die auch für die Talententwicklung eine zentrale Rolle spielen. Dass auch die Entwicklung eines positiven angemessenen Selbstbewusstseins selbst initiiert sein kann, betont diese Spitzenmanagerin im

Interview. Sie ist neben ihrem Beruf engagierte Ehefrau, Mutter zweier Kinder und Tochter einer im Pflegeheim nebenan lebenden Mutter:

> Selbstbewusstsein kann man lernen. Dazu ist aber ein Stück Selbstreflexion nötig: Man muss sich klar darüber werden, was man geschafft und erarbeitet hat oder wo man nicht weitergekommen ist, was man also nicht so gut gemacht hat. Das beinhaltet auch, das Feedback anderer zu bewerten: Wer waren diese anderen? Können die eine qualifizierte Meinung abgeben oder nicht? Und daraus muss man sich ein Bild stricken, auf das man sich immer mal zurückziehen sollte. (…) Eigentlich funktioniert dieser Blickwinkel ja immer nur im Vergleich zu anderen oder zu anderen Positionen. Aber manchmal muss man es auch absolut betrachten. Und absolut heißt: Ich schaue jetzt mal nur auf mich als Person. Und dann sagt man sich – oder man schreibt es am besten auf: „Das hab ich doch gut hingekriegt." (Int. 3/266).

Der Begriff des Selbstbewusstseins ist zuerst in der Philosophie – etwa von Kant und Hegel – definiert worden und wird heute begrifflich in den verschiedensten Fachrichtungen verwendet: Zum einen meint Selbstbewusstsein das bereits thematisierte Erkennen der eigenen Person durch Selbstreflexion, zum anderen ist es definiert als das Bewusstsein für sich selbst. Umgangssprachlich schließt es auch eine gewisse (hohe) Wertigkeit ein, die man von sich selbst hat. Dieser gedankliche Wert einer Person wird bestimmt durch deren tatsächliche und selbst wahrgenommene Eigenschaften und Fähigkeiten.[7]

▶ **Strategien erfahrener Talentierter zum Thema Selbstbewusstsein:**
  Für die Entwicklung und den Erhalt unseres Selbstbewusstseins sind drei Komponenten elementar:

- Die eigene Wirksamkeit erfahren: Zentral für das Erleben der eigenen Wirksamkeit des Tuns sind positive Handlungsergebnisse, das heißt spürbare Erfolge des konkreten Handlungsvollzugs. Das kann man selbst steuern, indem man sich realistische Ziele setzt, die eher zum Erfolg führen, und solche, die von vornherein erfolgsunsicher sind, eher meidet.[8]
- Selbstkongruenz beziehungsweise Echtheit erreichen: Hier geht es darum, eine Passung zwischen den eigenen inneren Einstellungen, Werten, Normen und dem eigenen Handeln zu finden. Wer bei seinem Handeln im Einklang mit sich selbst ist, ist gesünder, aber auch in der Wirkung auf andere verbindlich, integer und authentisch und erlebt sich selbst auch so.
- Selbstakzeptanz entwickeln: Damit ist eine grundlegend emotional positive förderliche innere Haltung zu sich selbst gemeint.[9] Aus dieser Haltung heraus ist es möglich, auch schwierige oder negative Aspekte und Fehler anzunehmen und gegebenenfalls korrigieren oder kompensieren zu können.

---

[7] Vgl. Kralemann (2006).
[8] Vgl. Bandura (1986).
[9] Vgl. Schütz (2003).

Selbstwertgefühl fördern

- Setzen Sie sich jeden Tag ein – zunächst auf jeden Fall erreichbares – Ziel bezüglich Ihres Talents!
- Setzen Sie jeden Tag einen Teil Ihrer Ziele in Handlung/Verhalten um!
- Notieren Sie sich Ihre erreichten Ziele, und verändern Sie gegebenenfalls den Zielanspruch; das Ziel sollte für Sie angemessen, also weder zu einfach noch zu schwierig zu erreichen sein!
- Registrieren Sie Ihre erreichten Ziele, und gestatten Sie sich ein positives Selbstgefühl! Verzeihen Sie sich auch nicht erreichte Ziele! Welche Sätze stehen dafür in Ihrem Selbstdialog?
- Reflektieren Sie, welches Handeln zu Ihnen am besten passt, und planen Sie einen für Sie adäquaten Einsatz Ihrer Talente!

Selbstregulation und Selbstkontrolle: Zwei grundlegende Varianten des Umgangs mit sich selbst

Zwei Varianten der Selbststeuerung, nämlich Selbstkontrolle und Selbstregulation, gelten als wesentliche Elemente eines leistungsfördernden und -erhaltenden Selbstmanagements. Diese scheinen sich auszuschließen beziehungsweise entgegengesetzten Zielen zugetan, bilden aber die Herausforderung für das eigene Selbstmanagement: Jeder ist jeweils aufgerufen zu entscheiden, welche Art der Selbststeuerung „jetzt in dieser Situation" für ihn angesagt ist! Der selbstkontrollierende Stil oder auch die sogenannte „Zielverfolgung" beinhaltet, dass Handlungen, Absichten und Visionen durch das eher selbstdisziplinierende autoritäre Zurückstellen anderer Impulse, Ablenkungen oder Bedürfniskonflikte, die die Zielerreichung stören könnten, umgesetzt werden. Dieser Zugang wird im Rahmen all jener Selbstmanagementstrategien, die die Willensstärke betreffen, beschrieben (siehe unten). Der selbstregulatorische Umgang mit sich beinhaltet dagegen das quasi demokratische Zulassen, Suchen und Erspüren verschiedenster Bedürfnisse und Motive sowie die Anpassung persönlicher Ziele, möglichst unter Integration dieser Bedürfnisse. Dies ist ein Akt der Selbstbehauptung. Dabei können durchaus auch Willensstrategien zur Anwendung kommen; diese werden in diesem Fall jedoch im Sinne der Selbstbehauptung eingesetzt. Der selbstregulatorische Umgang mit sich selbst stärkt besonders die intrinsische Motivation, da man sich selbst in seiner Gesamtheit berücksichtigt. Auch dazu werden unten Selbstmanagementstrategien beschrieben.

Ein wesentlicher Aspekt gelungenen Selbstmanagements besteht darin, sozusagen aus der „Vogel-Perspektive" zu ergründen,

- in welcher Zugangsart zu sich selbst die persönlichen Stärken liegen, und welche Variante eher trainiert werden muss, um situativ beide Formen zur Verfügung zu haben;

- welcher Stil des Selbstmanagements in welcher Lebens- oder Leistungssituation notwendig ist, um seine persönlichen Ziele zu erreichen, aber auch Motivation und Gesundheit zu erhalten.

Gleichzeitig ist zu berücksichtigen, dass die Selbstkontrolle mit mehr Anstrengung für die Person verbunden ist, weil sie in den meisten Teilen bewusster verläuft, mehr psychische Energie (Aufmerksamkeit) benötigt als die Selbstregulation und damit auch gesamtkörperlich beanspruchender ist.

Es liegt nahe, dass viele Motivationsforscher zu dem Schluss kommen, dass die selbstregulatorische und selbstbehauptende Art des Umgangs mit sich selbst als die langfristig erfolgreichere (zudem energieschonendere) zu betrachten ist. Für die nutzbringende Anwendung beider Varianten ist es in jedem Fall notwendig, sich situationsabhängig für den einen oder anderen Selbstumgang zu entscheiden sowie „Kopf-Entscheidungen" und „Bauch-Gefühle" angemessen zu kombinieren.

Ein möglicher Schluss, der sich aus der Befragung von mehrfach hier zitierten Leistungsträgern der Spitzenklasse ziehen lässt, lautet, dass der selbst- und handlungskontrollierende Umgang mit sich selbst in der langen Phase der Talententwicklung (bis zur ersten Spitzenleistung) dominiert. Nach dem Erreichen der „Spitze" beziehungsweise der gewünschten Entwicklung scheinen verstärkt selbstregulatorische Verhaltensweisen wichtig zu werden. Besonderes Gewicht hat das „demokratische" Selbststeuern in Phasen des Wechsels, der Neuorientierung, der Unsicherheit, bei krisenhaften Ereignissen wie Krankheit, Unfall, sozialen Brüchen sowie bei der Entwicklung von Maßnahmen der Energieregulation und des Leistungserhalts.

Der Umgang mit sich selbst

Überprüfen Sie und markieren Sie an, welche Aussagen eher zu Ihnen passen!

- Wenn ich mir etwas vorgenommen habe, halte ich unbedingt daran fest, es auch auszuführen. (A)
- Ich achte darauf, dass ich mir die Arbeit so einrichten kann, dass ich sie lustvoll tun kann. (B)
- Meistens besteht zwischen dem, was ich tue, und meinen Gedanken und Gefühlen eine „innere Passung". (B)
- Preußische Strenge mit mir selbst und Pflichtgefühl sind meine Wegbegleiter. (A)
- Die meisten meiner Tätigkeiten habe ich bewusst und „frei" gewählt. (B)
- An meine Planungen halte ich mich eigentlich immer. (A)
- Mein Credo heißt: „Durchhalten um jeden Preis!" (A)
- Wenn mir bei meiner Arbeit andere Bedürfnisse dazwischenkommen, versuche ich, einen Kompromiss auszuhandeln und viel „unter einen Hut" zu bringen. (B)
- Wenn ich ein Ziel im Visier habe, lasse ich mich meist durch nichts davon abhalten, es zu erreichen. (A)

- Wenn ich etwas tun will, sind mir meine anderen Wünsche und Bedürfnisse oft sehr störend im Weg. (A)
- Oft schaffe ich es, dass mir meine Arbeit recht leicht fällt. (B)
- Mein Credo heißt: „Schauen, was alles geht." (B)

[Auswertung: Die Statements mit der Kennzeichnung (A) stehen für einen eher selbstkontrollierenden Umgang mit sich selbst. Die Statements mit der Kennzeichnung (B) stehen eher für den selbstregulatorischen Umgang mit sich selbst.]

Mit Motivationsmanagement nah bei seinen Bedürfnissen bleiben

Talentierte beherrschen nicht nur eine bestimmte Tätigkeit besonders gut oder sind einfach nur begabter als andere, sie haben oft auch „Lust und Spaß" an der Sache, sie fühlen sich in besonderem Maß immer wieder stark zu bestimmten Tätigkeiten hingezogen, sie sind interessiert an allem, was mit der Sache zu tun hat. Das untenstehende Zitat drückt aus, was alle in der Studie befragten Könner auf ihrem Gebiet immer wieder zum Ausdruck bringen:

> Wenn ich etwas mache, an dem ich keinen Spaß habe, dann wird mir das nicht gelingen (Int. 26/323).

Motivation sichern

Die Gedanken von Talentierten drehen sich häufig fast ausschließlich um ihre Tätigkeit. Sie werden nicht nur im Tun angenehm angeregt, manchmal sind sie sogar regelrecht „erglüht": Die Beschäftigung mit ihrem fachlichen Feld – gedanklich oder körperlich – beschert ihnen freudvolle, positive und hoffnungsvolle Gedanken und Gefühle. Die damit verbundenen Aufgaben – auch Routinen und Trainings – gehen relativ „leicht von der Hand" und werden über lange Phasen ohne übermäßiges Anstrengungsbewusstsein erlebt, das die grundsätzliche Motivation infrage stellen würde. Solche intrinsische Motivation während der Tätigkeit spürt man vor allem im sogenannten „Flow", dem Zustand der perfekten Passung zwischen eigenen Wünschen, Wollen, Können und den Anforderungen der Situation und Tätigkeit.[10] Klar wird auch: Eigenmotiviertes Tun kann länger durchgeführt werden, braucht weniger Anstrengung und Übung, erfolgt wie von selbst. Zudem zeitigt es langfristig mehr Aussicht auf Erfolg. Die ureigenen, langfristig wirkenden Motivationskräfte lassen sich zwar nicht immer bewusst herbeiführen, gleichwohl kann man sein Handlungsumfeld motivationsfördernd gestalten und generell auf die Dinge achten, die der intrinsischen Motivation zuträglich sind. Die persönliche Motivation erkennen, stärken, halten und wiedererwecken bedeutet, immer wieder mit sich selbst und den innersten Wünschen und Begehren Kontakt aufzunehmen und damit eine Form des selbstregulieren-

---

[10] Vgl. Csikszentmihalyi (2003); Rheinberg (2010); Kogler (2006).

den Selbstmanagements zu betreiben, das möglichst vielen eigenen Bedürfnissen gerecht wird.

▶   **Zu den persönlichen Motivationsstrategien erfolgreicher Talente gehören:**

- das systematische Schaffen von Bedingungen, die ein Flow-Erleben in der Tätigkeit ermöglichen; dies setzt die Kenntnis und Identifikation derartiger Bedingungen für sich selbst voraus (also wieder die Selbstbeobachtung vorab);
- die Antizipation der mit der angestrebten Tätigkeit oder dem avisierten Ziel verbundenen Flow-Erfahrung (zum Beispiel mithilfe von Visualisierung);
- das regelmäßige „ganzkörperliche" (unter Zuhilfenahme aller Sinne) Erinnern an Tätigkeiten, die mit intrinsischer Motivation verbunden sind;
- die Suche nach immer wieder neuen Anreizen, die das „Motivationsfeuer" brennen lassen, zum Beispiel mithilfe von Personen oder gezielt ausgewählten Situationen und Umgebungen;
- das gezielte Initiieren von Erfolgen oder Teilerfolgen in der Tätigkeit durch adäquate Aufgaben und das Vermeiden von vorhersehbaren Misserfolgen;
- der kurzfristige Tätigkeitswechsel, also die bewusste Erweiterung des Horizonts durch andere oder völlig neue Erfahrungen;
- die gezielte Anregung körperlicher oder geistiger Betätigung sowie der Einsatz von Entspannungstechniken;
- die regelmäßige Überprüfung und Veränderung von Zielen und Zielkonflikten;
- das Aufrufen eines positiven inneren Zielbildes, einer Vision und deren Ausgestaltung.

Motivationssicherung

Schreiben Sie auf, was Sie gut können und was Ihnen leicht fällt! Vergessen Sie keinen Bereich, nur weil er Ihnen gerade nicht wichtig erscheint!

- Notieren Sie, was Ihnen besonders viel Freude bringt! Wie viel Zeit wird dabei alleine oder mit anderen verbracht?
- Um welche Tätigkeiten, Sachen, Menschen kreisen Ihre Gedanken angenehm?
- Notieren Sie, welche Tätigkeiten bisher erfolgreich waren!
- Eruieren Sie auch, was andere an Ihnen schätzen, und notieren Sie dies!
- Wo liegen Ihre schon definierten Talente und Stärken?
- Was haben Sie in der letzten Zeit bei sich selbst vernachlässigt?

Wägen Sie nun ab, ob und wie die präferierten Tätigkeiten auszubauen sind und welche vernachlässigten Gebiete Sie einbeziehen möchten. Prüfen Sie:

- Kann ich angenehme Tätigkeiten in meine jetzige Aufgabe integrieren?
- Wer unterstützt mich, und wie kann ich mir Unterstützung sichern?
- Halte ich es für lohnenswert, bestimmte Wünsche zu realisieren und umzusetzen?
- Welche Belohnungen warten auf mich? Kann ich mir selbst welche setzen?
- Machen Sie einen ersten Plan, und setzen Sie sich (variierende) Zeithorizonte für Ihre ersten (kleinen!) Veränderungsschritte!

Die Antworten auf solche und ähnliche Fragen kann man sich durch folgende Maßnahmen erleichtern:

- systematische Selbstbeobachtung und Selbstreflexion unter Zuhilfenahme von Notizen;
- die Antizipation von Handlungen und Vorstellung der dabei auftretenden Gefühle und Gedanken;
- das Ausmalen innerer Bilder von Wünschen oder Ideen und die Reflexion: Welche Visionen und inneren Zukunftsbilder habe ich? Was will ich erreichen? Was sind meine Lebensziele?
- das Befragen anderer Menschen, die die eigene Person gut kennen;
- die Reflexion vergangener Entscheidungen auf dem bisherigen Lebensweg.

Denkbar ist darüber hinaus auch die Zuhilfenahme professioneller Gesprächspartner.

Wiederfinden gestörter Motivation

Eigene Motive als Teil der ureigenen Motivation wirken zumeist in den uns nicht bewussten Teilen der Psyche. Sie unterliegen damit tendenziell der Gefahr, mit anderen von außen beeinflussten Zielen, Situations- und Umfeldeinflüssen wie auch mit divergierenden Außenansprüchen vermischt und möglicherweise in den Hintergrund gedrängt zu werden. Hinzu kommt, dass sich auch die eigene Motivstruktur immer wieder ändert und die persönlichen Ziele möglicherweise daran angepasst werden müssen. Problematisch wird es immer dann, wenn bewusste Ziele und weniger bewusste Motive nicht übereinstimmen, es also zu Störungen in unserer Motivstruktur kommt. Im Zuge solcher Störungen kann es zum Abfall der Motivation kommen. Das kann sich in Unlust, Ablenkung, Unzufriedenheit mit dem eigenen Tun, Zweifel sowie negativen Gedanken und Gefühlen bezüglich der aktuellen Tätigkeit und den damit verbundenen Zielen äußern, aber auch in wachsendem Anstrengungsempfinden (aufgrund des verstärkten Einsatzes kompensatorischer Willenskräfte) und daraus resultierender Erschöpfung. Aber auch Misserfolge oder ein negatives Feedback von anderen können Anlass sein, die eigene Motivation als Ansatzpunkt zum Selbstmanagement zu nehmen. Dieses Motivationsmanagement kann zum einen auf eine situative, sofort wirksame Selbststeuerung zielen, sollte aber auch immer wieder längerfristig ausgerichtet sein; die Maßnahmen ergeben sich aus der unterschiedlichen Zielrichtung: Soll der Antrieb zur Tätigkeit ad hoc gestärkt werden, damit sie beendet werden kann, oder treten Motivationsdefizite immer wieder auf und soll die Lust zum Tun grundsätzlich überprüft werden? In der Wissenschaft finden sich verschiedene Ansätze und Möglichkeiten, wie wir unsere innere Motivationsstruktur ergründen und damit die Ziele des Handelns sowie das Handeln selbst möglichst nah an der eigenen Antriebs- und Motivstruktur ansetzen können. Jeder Einzelne verfügt aber auch ohne wissenschaftliche Motivdiagnostik über relativ sichere Indikatoren, ob bei der gewählten oder angezielten Tätigkeit tatsächlich vorgenommene Ziele und die eigene Bedürfnislage übereinstimmen. Denn Stimmungen, Befürchtungen und subjektives Anstrengungserleben bei der Ausführung von Handlungen können wir an uns selbst beobachten und bewusst registrieren. Aus der systematischen Sammlung emotionaler Befindlichkeiten in verschiedenen Situationen und bei der Verrichtung unterschiedlicher Tätigkeiten lässt sich ein Eindruck gewinnen, ob das, was wir tun, mit unserer Motivstruktur übereinstimmt. Dieses Vorgehen kann auch als ein erster Schritt des Talentmanagements sehr wichtig sein, wenn das Talent und die Begabung noch nicht klar vor Augen liegen und ein Können in verschiedensten Bereichen vorliegt. Einer der Interviewten erklärt seinen Umgang mit gestörter Motivation wie folgt:

> Bei nachlassender Motivation gehe ich bewusst raus aus dem „Pflichtprogramm", dem Tagesgeschäft, und fange etwas Neues an. Dann setze ich beispielsweise eine Idee um, die ich bereits im Hinterkopf hatte, an der ich konzeptionell arbeiten und bei der ich auch wirklich überlegen muss. (...) Und wenn das ein bisschen gereift ist, gebe ich das an meine Mitarbeiter weiter, und dann überlegen wir, wie wir das hinkriegen. Und dann bin ich wieder voll da, und das macht auch wieder Spaß. Dann weiß ich auch wieder, wofür ich das tue (Int. 21/58).

Dass dabei unser Handeln und unser Fühlen auch von unbewussten Funktionen gesteuert und entsprechend gestört werden können, ist schon lange in der Psychologie bekannt. Unter dem Unbewussten versteht man in der Psychologie die Gesamtheit der seelischen Vorgänge, die außerhalb der bewussten Aufmerksamkeit liegen.[11] Unbewusste Themen, die natürlich auch die Entwicklung unserer Motive und unsere Motivation beeinflussen, gehen oft auf prägende Erlebnisse oder ungeklärte Konflikte zurück. Dazu gehören beispielsweise traumatische beziehungsweise stark negativ besetzte biografische Erlebnisse, zum Beispiel Zurückweisung, fehlender Vater, frühe Misserfolgserfahrungen (etwa Sitzenbleiben, nicht bestandene Prüfung), oder auch stark positiv besetzte Ereignisse wie besondere Zuwendung oder Förderung durch eine bestimmte Person oder eine Peergroup, Entdecken oder Erleben außergewöhnlicher individueller Fähigkeiten und Fertigkeiten – auch durch entsprechende Resonanz des Umfelds. Überdies prägen auch „archaische" Themen (zum Beispiel Kinderwunsch versus Karriere, Eifersucht, Rivalität, Sexualität, Midlife- und Bilanzierungsthemen etc.) die Motivation. Auch Themen, die im weitesten Sinn den Bereich Work-Life-Balance betreffen (zum Beispiel das Spannungsfeld zwischen Familie und Beruf bei Spitzenleistern oder materielle Sicherheit versus Ausleben anderer Lebensbedürfnisse etc.), können zum Ansatzpunkt von Selbstmanagement werden.

---

[11] Vgl. Häcker und Stapf (2004, S. 984).

Mit Willenskraft sich selbst überwinden

Der Bereich Wille und Willensstrategien ist der zweite zentrale Ansatzpunkt des Selbstmanagements für Menschen, die sich und ihre Talente weiterentwickeln wollen:

> Als Trainer vermittle ich meinen Sportlern, dass man nicht umfallen darf. (…) Es geht immer etwas (Int. 9/420).

Wie unser Handeln aussähe, würden wir kein Selbstmanagement einsetzen, machen die nächsten Ausführungen deutlich: Der Mensch wird ständig durch eine Vielzahl von Wünschen, Bedürfnissen, Neigungen und Handlungsimpulsen regelrecht „belagert", die unterschiedliche Intensität entwickeln und für die aktuelle Handlung eine echte Konkurrenz werden können. Atkinson und Birch[12] zeigten mit einem Experiment, dass wir, würden wir unsere Handlungen ausschließlich nach der Stärke unserer einzelnen Bedürfnisse richten, ständig in unserem Verhalten wechselten, um jeweils das eine, dann wieder das nächste Motiv zu befriedigen oder dem nächsten Verhaltensimpuls zu folgen. Das Ergebnis wäre ein „Verhaltensflimmern", was einen geregelten Handlungsablauf, das Verfolgen von längerfristigen Absichten und das Erreichen von Zielen unmöglich machen würde. Erst die willentliche Handlungskontrolle befähigt uns, zum einen die von uns gewünschte Handlung bewusst auszuwählen (das ist die Selektion) und diese zum anderen dann auch über längere Zeit aufrechtzuerhalten (mit der sogenannten „Persistenz").

Mithilfe von Willensstrategien gelingt es, auch eine Zeit lang gegen eigene innere Bedürfnisse zu handeln. Avisierte Handlungen können somit trotz möglicher Widrigkeiten zu Ende geführt werden, ohne dass es zu einem vorzeitigen Abbruch kommt. Die Leistung solcher Willensprozesse besteht also darin, aktuelle Handlungsabsichten gegenüber anderen konkurrierenden Motivationstendenzen abzuschirmen, das heißt, die ursprüngliche Antriebskraft für die anfänglich geplante Handlung wird stabil gehalten.

Wann genau müssen der Wille und willentliche Strategien der Zielverfolgung zum Einsatz kommen? Subjektiv empfunden immer dann, wenn die Lust zur Pflicht wird, wenn beispielsweise das Verantwortungsgefühl als Teil der persönlichen Einstellung dafür sorgt, weiterzumachen, obwohl der Spaß schon vorbei ist; wenn die Sehnsucht nach Pause, Ausgleich und Wechsel wächst, aber das vorgenommene Teilziel noch nicht erreicht ist. Aber willentlich gesteuert werden muss auch dann, wenn äußere Umstände abzulenken drohen, locken oder sogar Notwendigkeiten intendieren – beispielsweise ständige E-Mails oder Anrufe, die Begehrlichkeiten hervorrufen, ein plötzlich auftretender kalter Wind beim körperlichen Training etc. „Zielstörungen" können folglich einerseits personeninterne Ursachen haben, also schwerpunktmäßig aus der Person selbst entstehen, und werden als Konflikte, Unlust und negative Gefühle erlebt, die zugleich mit negativen und widersprüchlichen Gedanken verbunden sind. Andererseits können sie auch in externen Ursachen begründet liegen, die gleichfalls zum Entstehen innerer Konflikte oder negativer Gefühlslagen bei der handelnden Person führen. Die Auseinandersetzung mit Handlungsstörungen ist also

---

[12] Vgl. Atkinson und Birch (1970).

immer als eine ganzheitliche zu verstehen. Sie umfasst die Steuerung der eigenen mentalen und psycho-physischen Befindlichkeit, um die Handlung weiterzuführen, wie auch den Einsatz von Strategien, mit deren Hilfe die eigene Person, die jeweilige Situation und das Umfeld so „behandelt" werden, dass das damit verbundene Ziel erreicht werden kann.

Der bewusste Einsatz der Willensstärke bezieht sich vor allem auf die handlungskontrollierende Seite des Selbstmanagements, also auf Prozesse wie Entscheiden, Planen, Initiieren, Konzentrieren, Überprüfen, Durchhalten bis hin zum Kämpfen für das einmal gewählte Ziel.

▶   **Persönliche Willensstrategien erfolgreicher Talente:**

- Störende Impulse und äußere Schwierigkeiten unterdrücken: Das kann durch Umweltkontrolle geschehen (zum Beispiel Abgrenzung, Türe schließen), durch Gedankenkontrolle (zum Beispiel Gedankenstopp/Gedankentausch) oder durch Emotionskontrolle.
- Aufmerksamkeit fokussieren; störende Außeneinwirkungen ausschließen (selektive Wahrnehmung). Dies wird zum Beispiel durch Techniken aus der Meditation und konzentrativen Kurzentspannung unterstützt.
- Ursprüngliche Absichten durchsetzen und durchführen; gegen neue sich aufdrängende Handlungsideen verteidigen.
- Argumente für das Ausführen der vorgenommenen Absicht sammeln; im inneren Dialog die Oberhand gewinnen.
- Entscheidungsvorgänge zügig fällen zugunsten der Handlungsabsichten und -ziele.
- An eigene Commitments und an Pläne halten; dazu auch Hilfsmittel wie Zeitrahmen, Aufzeichnungen oder persönliche Erinnerer einsetzen.
- Durch Handlungsergebnisse wie Misserfolge nicht entmutigen lassen; Misserfolge relativieren.
- Unpassende Aktivierung oder Erregung situativ auf- beziehungsweise abbauen durch Techniken der Selbstberuhigung oder Selbstaktivierung.
- Zielfördernde Motive durch „Anker" in Form zielfördernder innerer Bilder oder Imaginationen früherer Erfolge stützen.

Willenskräfte zum Motivationserhalt aufrufen

Manchmal ist es erforderlich, in einer konkreten Situation beziehungsweise über einen längeren Zeitraum hinweg die Motivation aufrechtzuerhalten, also nicht abzuwägen, sondern den aktuellen Handlungsantrieb zu stärken und die eigene Motivation willentlich so zu lenken, dass die „gute Laune" und die Handlungsintention erhalten werden. Techniken, um die Tätigkeit auch dann fortzuführen, wenn es schwierig wird, sind zum Beispiel: [13]

- „Reframing": Eine ungünstige Motivlage wird bewusst umbewertet und durch eine günstigere Motivlage ersetzt. Beispielsweise konzentriert man sich statt auf das Bedürf-

---

[13] Vgl. zum Folgenden Kehr (2004, S. 190, 202).

nis nach Anerkennung auf die erwartete Belohnung und stellt diese in den Fokus der eigenen Betrachtung.

- Vorstellungssteuerung (Imaginationssteuerung): Möglichst lebhafte innere Bilder antizipieren mögliche Wege der Zielerreichung und lassen die eigenen Handlungen noch vor der tatsächlichen Umsetzung quasi auf einer Leinwand ablaufen, auch in schwierigen Situationen. Diese Herangehensweise ermöglicht es auch, zielrelevante Einflussfaktoren wie persönlichen Tonfall, Körperhaltung etc. vorab zu berücksichtigen. Zum Beispiel kann man sich den Ablauf einer Präsentation zunächst gedanklich vorstellen (Wann sage ich was? Wann zeige ich etwas auf Charts? Wann stelle ich Fragen an das Publikum? Etc.), dabei evtl. auch verschiedene Varianten gegeneinander abwägen, bevor dann der Vortrag tatsächlich gehalten wird.
- Innere Ratgeber: Jeder Mensch hat eine bestimmte Erklärung für sein Handeln und dessen Resultate. Dieser Erklärungsstil, der sich zumeist in Form eines inneren Dialogs manifestiert, beeinflusst auch unsere Befindlichkeit, unser Selbstbewusstsein und darüber natürlich auch unsere Motivation. Gerade in motivatorisch ungünstigen Handlungssituationen lassen sich gezielt positive „innere Ratgeber" einsetzen. Welche inneren Ratgebersätze jeweils „wirken", können wir nur selbst erforschen. Allgemeinplätze, die quasi von außen „aufgepropft" werden (zum Beispiel: „Ich bin gut, ich kann das!"), wirken meist leider nicht. Denn innere Ratgeber erfüllen nur dann ihre Funktion, wenn sie mit unserem ureigenen Erleben und individuellen Erfahrungen verknüpft sind. Und nur so können sie auch gewonnen werden.

Innere Ratgeber

- Um seinen inneren Ratgebern auf die Spur zu kommen, ist es sinnvoll, eigene Selbstgespräche bewusst zu analysieren, sie wie ein Forscher exakt zu beobachten und zu protokollieren sowie gegebenenfalls abzuändern.
- Erinnern Sie sich an eine Situation Ihres persönlichen Erfolgs und Ihrer Stärke. Lassen Sie auch diese Situation wie einen Kinofilm ablaufen, und formulieren Sie dann Botschaften, die in diesem konkreten Fall Ihr Selbstvertrauen gestärkt und Ihre besondere Leistung hervorgehoben haben, zum Beispiel: „Ich habe alles gegeben und hatte sogar noch Reserven"; „Ich bin über mich selbst hinausgewachsen"; „Ich war erfolgreich und hatte doch innere Ruhe." Daraus lassen sich Sätze entwickeln, die man in künftigen Situationen nutzen kann: „Ich werde alles geben und kann sogar noch Reserven mobilisieren"; „Ich schaffe es auch diesmal, über mich selbst hinauszuwachsen"; „Ich kann erfolgreich und gleichzeitig ruhig sein".

Solche und ähnliche willentliche Motivationsstrategien sollten allerdings nicht dazu führen, dass die Fähigkeit, auch negative Erlebnisse in das Selbstbild zu integrieren, beeinträchtigt wird.

Selbstmanagementkompetenz und damit auch die Fähigkeit zu gezielter Weiterentwicklung von Stärken und Talenten bis hin zu außergewöhnlichen Leistungen hängen also auch entscheidend davon ab, inwieweit es gelingt, solche und ähnliche motivationserhaltende Willenskräfte zu aktivieren. Das bestätigen auch die Interviewpartner aus Sport und Management der Spitzenleisterstudie:

> Mir hat mal ein Vorgesetzter gesagt, ich könne, wenn ich ein Ziel verfolge, richtig lästig werden: Wenn er mich durch die Tür hinauswirft, dann komme ich durch das Fenster wieder hinein. Ich verliere das Ziel nicht aus den Augen, ich bleibe dran. Das ist eine Eigenschaft, die für mich im privaten wie im geschäftlichen Leben gilt: Wenn ich mir ein Ziel gesetzt habe, dann will ich das erreichen (Int. 12/83).

Natürlich lassen sich auch Aufmerksamkeitsfokussierung und Abschirmung gezielt und systematisch trainieren, indem man – gegebenenfalls unter Anleitung – lernt, die eigene Sinneswahrnehmung bewusst auf Einzelheiten auszurichten und störende Außenanreize auszuklammern (Stichwort: Tunnelblick). Ein solches „Genauigkeitsverhalten"[14] lässt sich im Prinzip über alle Wahrnehmungskanäle üben: Man schult – quasi als Vorstufe – zunächst immer wieder das eigene konzentrierte und detaillierte Beobachten, das Hinhören oder das Ertasten etc., wobei die Reize der anderen Sinneskanäle jeweils bewusst ausgeblendet werden. Irgendwann ist dieses konzentrative Fokussieren im Bedarfsfall ohne große Vorbereitung abrufbar.

Mit dem Kopf durch die Wand: Überkontrolle erkennen und managen

> Wenn die Anstrengung höher ist als der Spaß, dann sollte man überlegen, ob es Sinn macht (Int. 20/404).

Die willentliche Form der Selbststeuerung erfordert neben dem eigentlichen Handlungsvollzug stets zusätzliche Anstrengung und Energie. Das heißt, das subjektive Anstrengungsempfinden wird umso höher steigen, je mehr Willensanstrengung im Spiel ist. Werden überwiegend und andauernd selbststeuernde Komponenten im Sinn der „autoritären" Selbstkontrolle eingesetzt, kann es zum Phänomen der „Überkontrolle" kommen[15]: Der Wille und die Aufmerksamkeit werden so sehr auf ein Ziel fixiert, dass der Kontakt zu den eigenen innerpsychischen Vorgängen und auch zum eigenen Körper verlorenzugehen droht. Weder zielführende oder andere Bedürfnisse und Motive noch Emotionen und Stimmungen gelangen ins Bewusstsein, denn sie werden aktiv und erfolgreich „unterdrückt". Geschieht das über lange Zeit, wird Stärke zur Starre. Die Folgen sind zum Beispiel:

- mangelnde Situations- und Umweltflexibilität;
- Fehleinschätzungen und Fehlreaktionen;
- mangelnder Zugang zu den persönlichen Bedürfnissen, Motiven und zu intrinsischer Motivation (siehe motivationales Selbstmanagement);
- mangelnde Kreativität: es fällt einem nichts mehr ein;

---

[14] Kogler (2006, S. 163 f.).
[15] Kehr (2004, S. 101).

- weniger gelungene Zielerreichung;
- zunehmendes Missbefinden („kein Spaß") bis hin zu funktionellen Störungen, später Erkrankungen und Sinnverlust.

Gerade sehr engagierte Personen haben aufgrund ihres starken Leistungswillens und entsprechender „innerer Einstellungen" nicht selten mit Problemen der Überkontrolle und den daraus resultierenden möglichen Konsequenzen zu tun

Was tun gegen übersteigerte Willensanstrengungen?

Um die Gefahr der Überkontrolle zu umgehen, sollten Sie Folgendes beachten:

- Willensprozesse reflektieren und insbesondere Feedback einholen, ob die Gefahr von Überkontrolle besteht;
- Gegenmaßnahmen ergreifen, zum Beispiel Pausen einlegen, um eine Basis für Abwechslung, Reflexion und Selbstwahrnehmung zu schaffen;
- „Andocken" an sich selbst, beispielsweise durch die bewusste Beachtung unterdrückter Wünsche und Bedürfnisse sowie durch das Suchen intrinsischer Motivationsanreize;
- sich selbst mehr Freiräume geben, Flexibilität „üben";
- „Antreiber" der Überkontrolle ausmachen und beruhigen, entspannen, erholen;
- Selbstbeobachtung und Selbstwahrnehmung stärken, auch im Hinblick auf körperliche und emotionale Signale, Sinneserlebnisse steigern, ganzkörperliches Erleben fördern.

Selbstmanagement des Lebensganzen

Ich plane mein persönliches Selbstmanagement. Das hat sehr viel mit Selbstdisziplin zu tun. Und das ist auch etwas, was ich als Trainer mit meinen Mitarbeitern und Führungskräften wiederhole: Zeitmanagement, Selbstmanagement, Prioritäten setzen und schöpferische Pausen einplanen. Das gilt auch für die Familie, was für mich unter anderem heißt, dass ich an vielem konsequent festhalte. Zwar kann es auch mal sein, dass ich das in der Zeit nicht schaffe, dass ich neu planen muss. Aber ich verliere dieses Ziel nicht aus den Augen. Oder ich nehme mich auch mal ein Stück weit zurück, nehme mir eine Auszeit, mache mal ein verlängertes Wochenende. Nach dem Motto: „Es hat eine Menge Kraft gekostet, einige Dinge nach vorne zu treiben oder sie gut hinter sich zu bringen, jetzt musst Du Dich auch mal wieder selbst belohnen." (Int. 12/93–94).

Selbstmanagementkompetenz bezieht sich nicht nur auf situative handlungsbezogene Steuerungs- und Regulationsprozesse. Es gibt, wie bereits erwähnt, auch so etwas wie eine „Metaebene" des Selbstmanagements. Dazu gehört nicht nur, das eigene Selbstmanagement kritisch unter die Lupe zu nehmen: Hat man überhaupt eines, wie sieht das aus, und an welcher Stelle kann es optimiert werden? Vielmehr geht es dabei auch um Themen der

Lebensplanung und der Lebensgestaltung. Diese sind wiederum aus zwei Perspektiven zu betrachten:

- **Horizontal:** Hier geht es insbesondere um den Ausgleich der verschiedenen Lebensbereiche in der aktuellen Lebenssituation und damit zusammenhängend um die Bewusstmachung von Lebenswünschen und -zielen, persönlichen Prioritäten.
- **Vertikal:** Hier geht es vor allem um die Planung und Gestaltung der einzelnen Lebensphasen. Diese Form des Selbstmanagements ist an einschneidenden Lebens- oder Wendepunkten von besonderer Relevanz, beispielsweise:
  - am Anfang einer Karriere;
  - beim bewussten Wechsel der Tätigkeit oder des gesamten Handlungsfelds;
  - bei Brüchen und Krisen oder Motivationsproblemen genereller Art;
  - gegen Ende einer beruflichen Karriere, die aus verschiedensten Gründen (Alter, Pension, psycho-physische Konstitution) aufgegeben werden muss oder soll.

Gerade speziell Talentierte stellen fest, dass andere Lebensbereiche und Bedürfnisse aufgrund ihres Entwicklungs- oder Leistungsstrebens, ihres überdurchschnittlichen Motivationsgrads, ihres Wunsches nach Perfektion und Exzellenz oder ihrer Neugierde und dem damit verbundenen Aufwand an Forschen, Training, Arbeit sowie Lern-, Übungs- und Erfahrungsprozessen oft zurückgestellt werden müssen. Selbstmanagement auf der Metaebene beinhaltet in diesem Zusammenhang beispielsweise, dass die Entscheidung für einen bestimmten Beruf beziehungsweise die Tätigkeit in einem bestimmten Leistungsfeld reflektiert, analysiert und bewusst getroffen wird. Dabei ist auch wichtig, sich die konkreten Vor- und Nachteile eines solchen Schritts vor Augen zu führen und diese für sich abzuwägen. Denn mögliche Defizite, die sich in Lebensbereichen anbahnen, die aufgrund der Spezialisierung zu wenig oder gar keine Berücksichtigung finden, können antizipiert oder – bei reflektierter Wahrnehmung – auch kompensiert werden. Nur auf diese Weise kann man verhindern, dass man auf dem Weg der Talententwicklung von anderen Bedürfnissen oder Notwendigkeiten „hinterrücks überfallen" wird, die man zuvor zu wenig beachtet oder bedacht hat, oder dass man wichtige selbstfördernde Bereiche ignoriert.

Gehen Sie in Sachen Selbstmanagement bewusst auf die Metaebene!

Selbstmanagement im Lebensganzen ist eng gekoppelt an die eigenen Vorstellungen von Glück und Selbstverwirklichung. Fragen Sie sich deshalb auch:

- In welchen Bereichen möchte ich welche Ziele erreichen?
- Warum sind mir diese Ziele wichtig?
- Was wünsche ich mir?
- Welches waren die glücklichsten Momente in meinem bisherigen Leben?
- Was macht mich zurzeit glücklich?
- Was will ich erreichen?

Aber auch:

- Inwieweit stimmen Selbst-, Fremd- und Wunschbild hinsichtlich der jeweiligen Lebensbereiche überein?
- Welche Menschen sind für mich wichtig?
- Welche meiner emotionalen beziehungsweise sozialen Bedürfnisse sind in letzter Zeit zu kurz gekommen?
- Welche Ziele und Träume habe ich möglicherweise dem beruflichen Erfolg geopfert? Wie bewerte ich dies im Nachhinein?
- Was kann ich aktiv tun, um diesen Zielen und Träumen näher zu kommen?

Fazit

Talententwicklung bedeutet, nicht nur die eigene Begabung, sondern eine Vielzahl von Faktoren zu berücksichtigen. Sowohl im „geradlinigen Karriereverlauf" als auch bei realen Umbrüchen muss auch ein Talentierter immer wieder mit Störungen seiner Motivation durch Rückschläge, persönliche Leistungseinbußen, echte Krisen oder krisenähnliche Phänomene rechnen. Selbstmanagement als Instrument zur persönlichen und spezifischen Weiterentwicklung ist dabei ein übergreifender Steuerungsfaktor und sichert gezielte Veränderung.

Literatur

Atkinson, J. W./Birch, B. (1970): The Dynamics of Action, New York: Wiley.

Bandura, A. (1986): Social Foundations of Thought and Action: A Social Cognitive Theory, Englewood Cliffs (N. J.): Prentice Hall.

Csikszentmihalyi, M. (2003): Flow. Das Geheimnis des Glücks, Stuttgart: Klett-Cotta.

Filipp, H. S. (1979): Selbstkonzept-Forschung: Probleme, Befunde, Perspektiven, Stuttgart: Klett.

Häcker, H./Stapf, K. (Hrsg.) (2004): Dorsch Psychologisches Wörterbuch, Bern u. a.: Huber.

Hölzel, B. (2008): Eine betörende Flucht aus der Gedankenflut, in: *Frankfurter Allgemeine Zeitung*, (78) 03.04. 2008, 35.

Jaspers, K. (1973): Allgemeine Psychopathologie, Berlin: Springer.

Kanfer, F./Reinecker, H./Schmelzer, D. (2006): Selbstmanagement-Therapie. Ein Lehrbuch für die klinische Praxis, Heidelberg: Springer.

Kastner, M. (2004): Work Life Balance als Zukunftsthema, in: Kastner, M. (Hrsg.): *Die Zukunft der Work-Life Balance. Wie lassen sich Beruf und Familie, Arbeit und Freizeit miteinander vereinbaren*, 1–65, Kröning: Asanger.

Kehr, H. M. (1998): Strategien der Selbstüberlistung: Motivation und Willen trainieren. Ein wissenschaftlich fundiertes Selbstmanagement-Training eröffnet neue Perspektiven zur Förderung von Motivation, Willenskraft und Selbstführung, in: *Personalführung*, 31 (12), 52–58.

Kehr, H. M. (2001): Volition und Motivation. Zwischen impliziten Motiven und expliziten Zielen. Das „Schnittmengenmodell von Motivation und Wille" eröffnet neue Perspektiven für die Führungspraxis, in: *Personalführung*, 34 (4), 20–28.

Kehr, H. M. (2002): Souveränes Selbstmanagement. Ein wirksames Konzept zur Förderung von Motivation und Willensstärke, Weinheim: Beltz.

Kehr, H. (2004): Motivation und Volition. Funktionsanalysen, Feldstudien mit Führungskräften und Entwicklung eines Selbstmanagement-Trainings (SMT), Göttingen: Hogrefe.

Kleining, G./Mayer, P./Witt, H. (Hrsg.) (2000): Dialogische Introspektion, Hamburg: Psychologisches Institut I.

König, C. J./Kleinmann, M. (2006)[2]: Selbstmanagement, in: Schuler, H. (Hrsg.): *Lehrbuch der Personalpsychologie*, 331–348, Göttingen: Hogrefe.

Kogler, A. (2006): Die Kunst der Höchstleistung. Sportpsychologie, Coaching, Selbstmanagement, Wien u. a.: Springer.

Kralemann, B. (2006): Umwelt, Kultur, Semantik – Realität. Band I der Reihe: Das Bewusstsein verstehen, Leipzig: Leipziger Universitätsverlag.

Kubowitsch, K. (2001): Coaching als Selbstmanagement-Optimierung, in: Giernalczyk, T. (Hrsg.): *Supervision und Organisationsberatung. Institutionen bewahren durch Veränderung*, 177–193, Göttingen: Vandenhoeck & Ruprecht.

Martens, J.-U./Kuhl, J. (2004): Die Kunst der Selbstmotivierung. Neue Erkenntnisse der Motivationsforschung praktisch nutzen, Stuttgart: Kohlhammer.

Müller, G. F. (2001): Selbstmanagement, Selbstführung, Selbsterziehung, in: Müller, G. F. (Hrsg.): *Lebenslanges Lernen: Eine Festschrift für Franz Fippinger*, 293–310, Landau: Knecht.

Müller, G. F. (Hrsg.) (2003): Selbstverwirklichung im Arbeitsleben, Lengerich: Pabst.

Pütz, B. (1997): Psychische Grundkonflikte im Selbstmanagement-Prozeß von Führungskräften (Diss.), Frankfurt/M.: Lang.

Rheinberg, F. (2002): Motivation, Stuttgart: Kohlhammer.

Rheinberg, F. (2010)[4]: Intrinsische Motivation und Flow-Erleben, in Heckhausen, J./Heckhausen, H. (Hrsg.): *Motivation und Handeln*, 365–388, Berlin: Springer.

Schütz, A. (2003)[2]: Psychologie des Selbstwertgefühls. Von Selbstakzeptanz bis Arroganz, Stuttgart: Kohlhammer.

Wollsching-Strobel, P./Wollsching-Strobel, U./Sternecker, P./Hänsel, F. (2009): Die Leistungsformel. Spitzenleistung gestalten und erhalten, Wiesbaden: Gabler.

Deliberate Practice: Ansatzpunkte für ein selbstbestimmtes Training

11

Frank Hänsel

Zusammenfassung

Keine Talententwicklung ohne Übung! Wirksames Talentmanagement setzt jedoch nicht auf stupides Wiederholen, sondern auf „richtiges" Trainieren. Der Sportwissenschaftler Prof. Dr. Frank Hänsel erklärt in seinem Beitrag die Grundprinzipien von *Deliberate Practice* als professionellem Übungsansatz, der vom Sport auch auf andere Bereiche übertragen werden kann.

Fragt man Spitzentrainer und Spitzenathleten nach dem Geheimnis von Erfolg und anhaltender Leistungsentwicklung, so ist die Antwort oft genug: „Üben! Üben! Üben!" Dieser dreifache Imperativ gilt aber nicht nur für den Sport, auch in zahlreichen anderen Leistungsbereichen zeigt sich, dass mindestens zehn Jahre oder 10.000 Trainingsstunden notwendig sind, um Höchstleistungen zu erzielen. So schätzen Simon und Chase, dass Schachgroßmeister 10.000 bis 50.000 Stunden mit der Analyse von Schachspielen verbracht haben.[1] Diese Zehn-Jahres-Regel scheint für alle zu gelten, auch für die Begabtesten. Auch sie brauchen ungefähr zehn Jahre intensiven Trainings, um Höchstleistung zu erbringen und hochklassige, internationale Turniere und Wettbewerbe gewinnen zu können.

Allerdings ist mit „Üben! Üben! Üben!" keineswegs nur ein großer Trainingsumfang und dauerhaftes Training gemeint. Dieser dreifache Imperativ beinhaltet auch, dass auf eine bestimmte Art trainiert werden muss, um erfolgreich zu sein. In diesem Beitrag wird es um diese spezifische Art des Trainings – *Deliberate Practice* – gehen, die als Voraussetzung für eine erfolgreiche Talententwicklung und das Erreichen von Höchstleistungen angesehen wird.

---

[1] Vgl. Simon und Case (1973).

Prof. Dr. Frank Hänsel ⊠
Institut für Sportwissenschaft, Technische Universität Darmstadt, Magdalenenstraße 27, 64289 Darmstadt, Deutschland
e-mail: haensel@ifs-tud.de

P. Wollsching-Strobel und B. Prinz (Hrsg.), *Talentmanagement mit System*,
DOI 10.1007/978-3-8349-3780-3_11,
© Springer Fachmedien Wiesbaden 2012

Höchstleistung für jedermann?

Ein wissenschaftlicher Forschungsbereich, der sich intensiv mit der Frage nach der Entwicklung und Förderung von individuellen Höchstleistungen beschäftigt, ist die sogenannte Expertiseforschung. Ein Experte zeichnet sich nämlich dadurch aus, dass er auf einem bestimmten Gebiet dauerhaft – und nicht zufällig oder kurzfristig – herausragende Leistungen erbringt.[2] Häufig untersuchte Leistungsbereiche sind neben dem Sport die Artistik, das Schachspielen, die Mathematik, die Musik, die Kunst, die Physik und die Medizin.[3]

Im Alltagsverständnis wird die Ursache für Höchstleistungen oder Expertentum häufig in der besonderen Begabung, dem Talent oder bestimmten seltenen Fähigkeiten beziehungsweise Eigenschaften einer Person gesehen. Dabei gelten die Begabung oder das Talent als angeboren und wenig veränderbar. Solche Eigenschaften sind beispielsweise die Intelligenz, die Persönlichkeit, die Gesundheit oder bestimmte körperliche Voraussetzungen. Im Sport werden vor allem körperliche Aspekte wie der Körperbau oder die Körpergröße und motorische Fähigkeiten wie die Schnelligkeit, die Beweglichkeit, die Ausdauer oder die Kraft als Grundlagen für Höchstleistung angenommen.

Ob und in welchem Umfang kaum veränderbare genetische Voraussetzungen oder Einflüsse der Umwelt zur Entwicklung von Höchstleistungen beitragen, wird in der Wissenschaft hingegen schon seit langem kontrovers diskutiert und in absehbarer Zukunft wohl nicht zu klären sein. Vernünftigerweise wird man aber annehmen können, dass beide Faktoren eine Rolle spielen. So beschreiben Janelle, Coombes, Singer und Duley die Entwicklung von sportlichen Höchstleistungen als ein Zusammenspiel von genetisch disponierten Faktoren und Einflüssen der Umwelt.[4] Zu den genetisch disponierten Faktoren gehören körperliche, kognitive und Persönlichkeitsmerkmale, aber auch die sogenannte Trainierbarkeit, also die Fähigkeit zur Anpassung an Trainingseinflüsse. Zu den Einflussfaktoren der Umwelt zählen beispielsweise systematisches Training oder das soziale Umfeld. Prinzipiell wird davon ausgegangen, dass die genetisch disponierten Faktoren die Voraussetzung für Höchstleistungen sind, sie aber nur durch günstige Umwelteinflüsse und gezieltes Training auch wirklich erreicht werden können (siehe dazu die Leistungsfaktoren der *Leistungsformel*, Kap. 2).

Insgesamt sind zu dem Zusammenhang von Veranlagung, Training und Höchstleistung aus wissenschaftlicher Perspektive zwei sich ergänzende Aussagen zu berücksichtigen):[5]

(1) Je günstiger die genetischen Voraussetzungen sind, desto wahrscheinlicher wird gezieltes Training zu Höchstleistung führen.

(2) Veranlagung alleine wird nicht zu Höchstleistungen führen, gezieltes Training ist unerlässlich.

---

[2] Vgl. Posner (1988).
[3] Vgl. Ericsson et al. (2006); Starkes und Ericsson (2003).
[4] Vgl. Janelle et al. (2007).
[5] Vgl. Janelle et al. (2007).

Darüber hinaus ist die Vorstellung, dass eine Eigenschaft entweder durch Gene festgelegt wird oder nicht, in vielen Fällen bei der Erklärung von Höchstleistungen oder Leistungen überhaupt wenig hilfreich. Beispielsweise kann man feststellen, dass das körperliche Merkmal Augenfarbe genetisch festgelegt ist, wohingegen das körperliche Merkmal Blutdruck von den aktuellen Gegebenheiten beziehungsweise von der körperlichen Belastung abhängt. Die Komplexität der Zusammenhänge – vor allem zwischen genetisch festgelegten Merkmalen und der Leistungserbringung – wird besonders deutlich an dem Beispiel der Kraftausdauer.[6] So ist die Zusammensetzung der Muskelfasern zwar genetisch bedingt, der Energiestoffwechsel im Muskel wird aber stärker durch Training beeinflusst: Die eigentliche Kraftausdauerleistung wird nur in eingeschränktem Maße genetisch bestimmt. Die Gene weisen also einen großen Einfluss auf die Struktur der Muskulatur auf, aber einen geringen Einfluss auf die Funktion der Muskulatur.[7]

Eine extreme, aber bedenkenswerte Position vertritt K. Anders Ericsson.[8] Er liefert sozusagen einen Gegenentwurf zu dem typischen Alltagsverständnis, dass angeborene Eigenschaften die ausschlaggebende Rolle für die Erbringung von Höchstleistungen darstellen. Die zentrale und kontraintuitive Aussage der Forschungen von K. Anders Ericsson ist nämlich, dass prinzipiell jeder Mensch Experte in einem beliebigen Leistungsbereich werden kann. Er geht davon aus, dass (mit wenigen Ausnahmen) nicht unveränderliche Merkmale ausschlaggebend für Höchstleistungen sind, sondern kontinuierliche und intensive Adaptationsprozesse. Ericsson und Hagemann schreiben: „Schließt man anthropometrische Merkmale [Anm. des Verf.: zum Beispiel die Körpergröße] aus, zeigen aktuelle Veröffentlichungen (…), dass gesunde Erwachsene über keine angeborenen Merkmale verfügen müssen, um herausragende Leistungen zu erbringen."[9]

Ein interessantes Beispiel dafür sind außergewöhnliche Gedächtnisleistungen. Dabei sind Personen in der Lage, sich eine erstaunliche Anzahl von Gegenständen, Bildern, Wörtern, sinnlosen Silben oder Zahlen zu merken und fehlerfrei wiederzugeben. Diese phänomenalen Gedächtnisleistungen werden üblicherweise darauf zurückgeführt, dass diese Personen mit einem außergewöhnlichen Gedächtnis geboren wurden. Dagegen zeigen aber verschiedene Studien, dass sich die Gedächtnisleistung trainieren lässt.[10] So sind Personen mit einer zuerst ganz durchschnittlichen Gedächtnisleistung (zum Beispiel sich auf Anhieb etwa sieben Zahlen merken) nach entsprechendem Training dazu in der Lage, höchste Gedächtnisleistungen zu erbringen (zum Beispiel sich auf Anhieb 80 Zahlen zu merken).

▸ **Info-Box** Höchstleistungen werden nicht so sehr durch angeborene Fähigkeiten bestimmt, sondern durch ein umfangreiches Training und die damit einhergehenden körperlichen und mentalen Veränderungen. Dafür sprechen die folgenden Beobachtungen der Expertiseforschung:[11]

---

[6] Vgl. Janelle et al. (2007).
[7] Vgl. Ericsson und Hagemann (2007).
[8] Vgl. Ericsson und Hagemann (2007).
[9] Ericsson und Hagemann (2007, S. 23).
[10] Vgl. Ericsson und Hagemann (2007).

- Höchstleistungen sind nicht möglich, ohne dass ein umfangreiches und auf-gabenadäquates Training absolviert wird.
- Die Höhe der Leistungsverbesserung steht mit dem Umfang des Trainings in Beziehung. Langfristig gilt: Je mehr trainiert wird, desto höher die Leistungs-verbesserung („power law of practice").
- Es konnte bisher nicht gezeigt werden, dass bestimmte angeborene und unveränderliche Fähigkeiten notwendig sind, um Höchstleistungen zu er-bringen. Dagegen konnten die für Höchstleistungen notwendigen Fähig-keiten durch umfangreiches Training verändert werden. Das Training muss allerdings anspruchsvoll sein und über dem aktuellen Leistungsvermögen liegen.

Deliberate Practice

Für Höchstleistungen sind also häufig bestimmte genetische Faktoren nicht notwendig. Aus einer moderaten Perspektive gesehen sind sie allerdings hilfreich, um die Wirkung von Umwelteinflüssen wie einem intensiven Training zu einem optimalen Effekt zu bringen. So führt ein identisches Training bei verschiedenen Personen nicht zur gleichen Erfolgswahr-scheinlichkeit.[12] Aber: Intensives Training ist unbedingt notwendig, damit die genetisch disponierten Faktoren zum Tragen kommen und individuelle Höchstleistungen realisiert werden können.

Diese Sichtweise wird von der Expertiseforschung gestützt: Es werden generelle Fakto-ren wie Talent oder Intelligenz, Motivation, Konzentration oder Ausdauer und auch ganz spezifische Faktoren wie bereichsrelevantes Wissen oder bestimmte Wahrnehmungs- oder Antizipationsleistungen im Sport oder für Gedächtnisleistungen beim Schach als relevant erachtet. Eine bestimmte Art des Trainings wird aber für ganz unterschiedliche Expertise-leistungen und Erfolg als ausschlaggebend angesehen: Deliberate Practice.

Über die Erfolge von Deliberate Practice berichtet unter anderem Susan Polgar, eine der spielstärksten Schachspielerinnen der Geschichte und Schachgroßmeisterin bei den Männern. Sie erläutert, wie es zu ihren phänomenalen Leistungen kommen konnte:

> Deliberate practice is not mechanically repeating tasks that come easily, but rather targeting and attacking specific areas that need improvement. I had an inner drive. I think that is the difference between the very good and the best.

Deliberate Practice ist eine Aktivität, die man als reflektiertes Üben oder zielorientiertes Training umschreiben kann. Dabei stehen drei Merkmale im Fokus: Das Training ist

---

[11] Vgl. Ericsson und Hagemann (2007).
[12] Vgl. Bouchard et al. (1997), zit. nach Janelle et al. (2007).

- gezielt,
- konzentriert,
- intensiv.

Es wird also nicht einfach nur *irgendwie* trainiert. Deliberate Practice zeichnet sich dadurch aus,

- dass gezielt auf eine Leistungssteigerung hin trainiert wird,
- dass auf ein ganz spezifisches Ziel hin trainiert wird,
- dass mit einem bestimmten Einsatz trainiert wird,
- dass so trainiert wird, dass es auch als nicht angenehm empfunden werden kann (aber nicht muss).

Im Wesentlichen werden die ersten drei Merkmale von Deliberate Practice durch wissenschaftliche Studien gut gestützt. Noch nicht endgültig geklärt und eventuell von der Art der Expertiseleistung abhängig ist die Frage, ob Deliberate Practice als nicht angenehm eingeschätzt wird oder nicht.[13] (Dabei ist zu betonen, dass nicht von „unangenehm" die Rede ist, sondern von „nicht angenehm".)

Die Aktivitäten sind beim Deliberate Practice also auf eine (maximale) Leistungssteigerung ausgerichtet. Dabei beinhaltet Deliberate Practice je nach Expertiseleistung ganz unterschiedliche Trainingsinhalte und -formen. Beispielsweise zeigt sich für Musiker, dass die Experten mehr Zeit alleine trainieren als Nichtexperten. Bei diesem Einzeltraining konzentrieren die Experten sich vollständig darauf, spezielle Aspekte der Musikleistung zu verbessern. Das tun sie ungefähr vier Stunden pro Tag, und zwar auch an den Wochenenden.[14]

▶ **Info-Box** Bei Deliberate Practice wird gezielt auf eine Leistungssteigerung, auf ein ganz spezifisches Ziel hin trainiert, es wird mit einem bestimmten Einsatz trainiert, und es wird so trainiert, dass es auch als nicht angenehm empfunden werden kann (aber nicht muss).
Deliberate Practice beschreibt also gezieltes, konzentriertes und intensives Trainieren.

Go the extra mile!

Im Prinzip werden mit Deliberate Practice Aktivitäten umschrieben, die die Leistung in einem spezifischen Leistungsfeld verbessern. Welche Aktivitäten, Trainingsbedingungen und Voraussetzungen sind aber hilfreich, um die Effektivität von Training zu maximieren?

---

[13] Vgl. Hagemann et al. (2007).
[14] Vgl. Ericsson et al. (1993).

Die Aktivitäten sollen beim Deliberate Practice klar strukturiert und systematisch sein, sie sollen oft ausgeführt werden, und sie sollen sich auf Ziele beziehen, die das aktuelle Leistungsniveau übersteigen. Die Aktivitäten sollen darüber hinaus mit hoher Anstrengung ausgeführt werden (siehe Info-Box).

> **Info-Box** Zur Messung der wahrgenommenen Anstrengung beziehungsweise des Grades der Erschöpfung hat sich die CR 10-Skala von Borg bewährt.[15] Ursprünglich wurde sie für das Ausdauertraining entwickelt. Im Ausdauertraining steht die Skala in deutlicher Beziehung zur Herzfrequenz als einem wichtigen Beanspruchungsindikator für die Ausdauer. Mittlerweile wird sie auch in anderen Bereichen eingesetzt, etwa zur Erfassung der Intensität von Krafttraining oder von Emotionen.
> Anleitung: Wie anstrengend war das Training?
> Betrachten Sie die unten angegebene Skala und die erläuternden Begriffe. Dabei ist die individuelle Einschätzung Ihres eigenen Anstrengungsempfindens ausschlaggebend und nicht der Vergleich mit anderen. Geben Sie – ohne lange zu überlegen, also möglichst spontan – an: Wie anstrengend war das Training?

Absolutes Maximum (höchstmöglich)
11
10 - extrem anstrengend
9
8
7 - sehr anstrengend
6
5 - anstrengend/schwer
4
3 - moderat/mittel
2,5
2 - etwas anstrengend
1,5
1 - sehr leicht
0,5 - extrem leicht
0,3
0 - überhaupt nicht anstrengend

Für das Deliberate Practice sind bestimmte Trainingsinhalte und -formen besser geeignet als andere. Welche das sind, hängt allerdings von der angestrebten Leistung ab. Wie oben schon erwähnt, bevorzugen Musikexperten vor allem das alleinige Trainieren; sie halten das Einzeltraining für die für den späteren Erfolg bedeutsamste und anstrengendste Aktivität. Exzellente Ringer nennen das Training auf der Matte und mit dem Coach, herausragende Eiskunstläufer das Training auf dem Eis und mit dem Coach und erfolgreiche Mittelstreckenläufer Zeitläufe und die Arbeit an der Geschwindigkeit.[16] Erstaunlicherweise existieren aber nur wenige wissenschaftliche Befunde, welche Trainingsformen für welchen Bereich auf Expertenniveau zu bevorzugen sind.[17]

Bei Deliberate Practice lassen sich dennoch zwei wichtige Merkmale von Trainingsinhalten identifizieren: Erstens sollen vorrangig Aufgaben trainiert werden, die eine starke Nähe zu der späteren Leistungssituation aufweisen, also beispielsweise Aufgaben, die wettkampfnah sind. Zweitens ist ein informatives Feedback innerhalb der Trainingssituation wichtig. Das informative Feedback kann durch einen Coach gegeben werden. Wann und in welchem Umfang das Feedback erfolgt, soll aber eher durch den Trainierenden bestimmt werden (selbstkontrolliertes Feedback). Letztendlich ist ausschlaggebend, dass auch für den Trainierenden selbst die Möglichkeit besteht, Fehler zu entdecken und zu verbessern.

Ein wichtiger Faktor für den Erfolg von Deliberate Practice ist, dass die Aktivitäten so ausgerichtet werden, dass die Tendenz zur Automatisierung im Training zunächst unterlaufen wird. Denn bei häufig ausgeführten Trainingsformen besteht die Gefahr, dass eine Anpassung an ein bestimmtes Leistungsniveau oder bestimmte Lösungswege dazu führen, dass der Trainierende nicht seine Leistungsfähigkeit verbessert, sondern lediglich einfachere Wege findet, die gleiche Leistung über einen längeren Zeitraum zu erbringen.[18] Das Unterlaufen der Automatisierung kann beispielsweise durch eine gewisse Variabilität der Trainingsbedingungen und -ziele erreicht werden. Allerdings beinhaltet Deliberate Practice auch, bestimmte Handlungen und Lösungswege so zu automatisieren, dass sie unter Druck- oder Wettkampfbedingungen erfolgreich abgerufen werden können.[19] Diese beiden Ziele sind also durchaus gegenläufig und insofern als gleichzeitige Anforderungen paradox – damit aber eben eine zentrale Herausforderung bei der Gestaltung von Deliberate Practice.

Zu Deliberate Practice gehört schließlich die bewusste und intensive Auseinandersetzung mit den angestrebten Zielen und Teilzielen sowie den dazu gewählten Aufgaben, was bei zu wenig reflektiertem Training oft sträflich vernachlässigt wird. So wählen viele Trainierende ihre Ziele zu klein oder zu groß oder legen sie für das aktuelle Training nicht vorher fest. Ein plakatives, aber instruktives Gegenbeispiel zu Deliberate Practice ist die Geschichte vom mexikanischen Schützen. Diese kleine Geschichte bezieht sich im wahrs-

---

[15] Vgl. Borg (1998).
[16] Vgl. Cumming und Hall (2002).
[17] Vgl. Munzert und Maurer (2007).
[18] Vgl. Ericsson und Hagemann (2007).
[19] Vgl. Munzert und Maurer (2007); Roth (1996).

ten Sinne des Wortes auf ein zielloses Trainieren und macht den in diesem Zusammenhang wichtigen Unterschied zwischen Wunsch und Wille deutlich.

Beispiel

Der mexikanische Schütze

Der mexikanische Schütze – wir stellen uns einen wilden Kerl mit Schnurrbart und Sombrero vor – will einmal mehr seine Schussstärke unter Beweis stellen. Er selbst denkt, er sei der beste Schütze von Mexiko. Um das zu beweisen, stellt er sich vor ein breites Scheunentor und schießt darauf. Danach geht er zu dem Scheunentor und malt um das Einschussloch eine Zielscheibe herum. „Seht her! Ich habe genau in die Mitte getroffen! Ich bin der beste Schütze von Mexiko!"

Das ist natürlich ein überzeichnetes Beispiel und insofern schnell entlarvend: Wird vor einer Handlung kein konkretes Ziel festgelegt, kann man die eigene Leistung nicht wirklich beurteilen. Es ist nicht zu entscheiden, ob es wirklich ein Treffer beziehungsweise eine gute Leistung oder kein Treffer beziehungsweise eine schlechte Leistung war. Egal wohin man trifft, alles ist „in Ordnung". Es ist eine Haltung, die im Kontext von Training umschrieben werden kann mit Äußerungen wie „Schaun wir mal, was heute so geht" oder „Hauptsache viel gemacht". Verhalten wir uns aber nicht auch manches Mal so?

Und was ist die Konsequenz? Vermutlich wird zumindest der mexikanische Schütze nicht auf sein Ziel hin trainieren, tatsächlich der beste Schütze Mexikos zu sein. Er „beweist" es sich und anderen ja auch ohne Training. Warum also trainieren oder sich gar wirklichen Leistungsüberprüfungen aussetzen?

Der fiktive mexikanische Schütze ist aber auch ein gutes Beispiel für den Unterschied zwischen Wunsch und Wille. Denn vermutlich ist der mexikanische Schütze in Wirklichkeit ziemlich faul und will sich einem anstrengenden Training gar nicht erst aussetzen. Und so ist die Behauptung, der beste Schütze Mexikos zu sein, mehr ein Wunsch als Ausdruck eines entsprechenden Willens. Wünsche sind wie Luftschlösser, sie haben mit unseren Bedürfnissen zu tun; ob sie tatsächlich umzusetzen sind, interessiert dabei erst einmal nicht so sehr.

Denn es besteht die Gefahr, dass ein Wunsch so realitätsfern (wie die gute Fee) oder so wenig von uns beeinflussbar (wie ein Lottogewinn) ist, dass wir uns gar nicht bemühen oder nicht wissen, was zu tun ist, um den Traum Wirklichkeit werden zu lassen. Der Wunsch bleibt eben ein ewiger Traum, ein Luftschloss, und gibt keinen Anlass, wirklich daran zu glauben und danach zu streben.

Dagegen ist der Wille das tatsächliche Bestreben, ein Ziel zu erreichen. Dann strengen wir uns an, auch weil wir überzeugt sind, dass wir das Ziel erreichen, dass wir es schaffen, wenn wir uns jetzt anstrengen. Ein zentrales Mittel, Willensprozesse zu fördern, ist das Setzen von konkreten Zielen!

Dagegen trainieren und üben wir häufig ohne ein vorher konkret festgelegtes Ziel. Wir probieren einfach einmal aus, um dann zu sehen, was wir dabei erreichen können; oder wir füllen die Trainingszeit mit Aktivitäten, die uns keine Auskunft geben über unser tatsächliches Leistungsvermögen.

Idealerweise sollten Trainingssituationen aufgesucht und konstruiert werden, in denen die Trainingsziele das aktuelle Leistungsniveau übersteigen. Dabei sind geeignete Ziele sogenannte optimistisch-realistische Ziele und Aufgaben, die als Herausforderung empfunden werden. Ziele sind dann als optimistisch-realistisch zu bezeichnen, wenn einerseits eine mehr als zufällige Chance besteht, die Aufgabe zu lösen, und andererseits gleichzeitig die Möglichkeit vorhanden ist, die Aufgabe nicht zu lösen, also zu scheitern. Eine Faustregel ist, dass die Chance zur Bewältigung der Aufgabe zwischen 50 und 70 % liegen sollte.

Das aufwendige Trainieren erzeugt natürlich hohe motivationale Kosten. Deshalb sind nicht nur bestimmte psychische Fertigkeiten wie Leistungsmotivation, Willensstärke oder Selbstvertrauen als Unterstützung von Deliberate Practice unerlässlich. Diese Fertigkeiten äußern sich beispielsweise im Spitzensport in Selbstbeschreibungen wie „Go the extra mile!"[20]

Besonders bedeutsam sind auch Strategien des Lern- und Selbstmanagements (siehe ausführlicher Kap. 10). So betonen Bouchard, Malina und Pérusse[21], dass ein zentrales Kennzeichen von Spitzenathleten die selbstverantwortliche Steuerung von Training darstellt. Das heißt nicht, dass die Unterstützung durch andere Personen, wie etwa einen Coach, verneint wird. Vielmehr geht es um die Individualisierung von Training. Es gilt, individuell erfolgreiche Maßnahmen zu suchen und auszuwählen, und das sind in der Regel die Arbeit mit einem Coach oder auch die gezielte Anwendung von mentalem Training oder die Berücksichtigung von möglichen Überbeanspruchungen. Lern- und Selbstmanagement zielen im Kontext individueller Höchstleistungen auf Mechanismen, die zur Kontrolle und Überwachung der Leistungsfähigkeit und der Leistungsentwicklung dienen. Der Aufbau von Expertise als ein *long-distance race* bedarf eben der individuellen und fortlaufenden Anpassung an spezifische Aufgaben- und Leistungsanforderungen durch den selbständigen Einsatz von Strategien des Lern- und Selbstmanagements. Welche psychischen Fertigkeiten wichtig sind und welche Strategien des Lern- und Selbstmanagements eine Rolle spielen, wird unter anderem im Kap. 10 genauer beschrieben.

▶ **Info-Box** Die Aktivitäten sollen beim Deliberate Practice klar strukturiert und systematisch sein, oft ausgeführt werden, das aktuelle Leistungsniveau übersteigen und hoch anstrengend sein.
Entsprechende Trainingssituationen sind aktiv aufzusuchen oder zu konstruieren. Sie sollen eine starke Nähe zu der späteren Leistungssituation aufweisen und informatives Feedback beinhalten.
Dazu bedarf es nicht nur der Eigenverantwortung, sondern auch bestimmter psychischer Fertigkeiten, vor allem aber der Aneignung von Strategien des Lern- und Selbstmanagements. Es ist wichtig, sich Fertigkeiten anzueignen, die das weitere Lernen und Training unterstützen.

---

[20] Vgl. Gucciardi und Gordon (2009).
[21] Vgl. Bouchard et al. (1997), zit. nach Janelle et al. (2007).

Darüber hinaus ist die bewusste und intensive Auseinandersetzung mit den angestrebten Zielen und Teilzeilen sowie den dazu gewählten Aufgaben für die jeweilige Trainingssituation bedeutsam.

Literatur

Borg, G. (1998): Borg's Perceived Exertion and Pain Scales, Champaign (IL): Human Kinetics.

Bouchard, C./Malina, R. M./Pérusse, L. (1997): Genetics of Fitness and Physical Performance, Champaign (IL): Human Kinetics.

Cumming, J./Hall, C. (2002): Deliberate Imagery Practice: the Development of Imagery Skills in Competitive Athletes, in: *Journal of Sports Science*, 20, 137–145.

Ericsson, K. A./Charness, N./Feltovich, P. J./Hoffmann, R. R. (Eds.) (2006): The Cambridge Handbook of Expertise and Expert Performance, Cambridge (MA): Cambridge University Press.

Ericsson, K. A./Hagemann, N. (2007): Der „Expert-Performance-Approach" zur Erklärung von sportlichen Höchstleistungen: Auf der Suche nach deliberate practice zur Steigerung der sportlichen Leistung, in: Hagemann, N./Tietjens, M./Strauß, B. (Hrsg.): *Psychologie sportlicher Höchstleistung,* 17–39, Göttingen: Hogrefe.

Ericsson, K. A./Krampe, R. T./Tesch-Römer, C. (1993): The Role of Deliberate Practice in the Acquisition of Expert Performance, in: *Psychological Review*, 100 (3), 363–406.

Gucciardi, D. F./Gordon, S. (2009): Development and Preliminary Validation of the Cricket Mental Toughness Inventory (CMTI), in: *Journal of Sports Science*, 27, 1293–1310.

Hagemann, N./Tietjens, M./Strauß, B. (2007): Expertiseforschung im Sport., in: Hagemann, N./Tietjens, M./Strauß, B. (Hrsg.): *Psychologie sportlicher Höchstleistung*, 7–16, Göttingen: Hogrefe.

Janelle, C. M./Coombes, S. A./Singer, R. N./Duley, A. R. (2007): Veranlagung und Umwelt: Zum Verständnis von Expertenleistungen im Sport, in: Hagemann, N./Tietjens, M./Strauß, B. (Hrsg.): *Psychologie sportlicher Höchstleistung,* 40–70, Göttingen: Hogrefe.

Munzert, J./Maurer, H. (2007): Instruktion, Übung, Feedback – Schlüsselvariablen auf dem Weg zur motorischen Expertise, in: Hagemann, N./Tietjens, M./Strauß, B. (Hrsg.): *Psychologie sportlicher Höchstleistung*, 192–217, Göttingen: Hogrefe.

Posner, M. I. (1988): Introduction: What is it to be an Expert?, in: Chi, M. T. H./Glaser, R./Farr, M. J. (Eds.), *The Nature of Expertise*, xxix–xxxvi, Hillsdale (NJ): Erlbaum.

Roth, K. (Hrsg.) (1996): Techniktraining im Spitzensport: Alltagstheorien erfolgreicher Trainer, Köln: Strauß.

Simon, H. A./Chase, W. G. (1973): Skill in Chess, in: *American Scientist*, 61, 394–403.

Starkes, J. L./Ericsson, K. A. (Eds.) (2003): Expert Performance in Sports. Advances in Research on Sport Expertise, Champaign (IL): Human Kinetics.

Möglichkeiten zur Selbststeuerung im Spannungsfeld von Karriere und persönlicher Entwicklung: Eigenes Talent während aller Phasen der Entwicklung optimal nutzen

Birgit Prinz

Zusammenfassung

Die ehemalige Profifußballerin Birgit Prinz kann inzwischen auf eine lange und höchst erfolgreiche Karriere als Sportlerin zurückblicken: Sie war unter anderem Weltfußballerin der Jahre 2003, 2004 und 2005; Europameisterin 1995, 1997, 2001, 2005 und 2009; mit der Nationalmannschaft gewann sie die Weltmeisterschaften 2003 und 2007. Mit ihren 128 Länderspieltoren erzielte sie mehr Treffer als die DFB-Ehrenspielführer Fritz Walter, Uwe Seeler und Franz Beckenbauer zusammen und ist damit die erfolgreichste Torschützin des DFB. Am Beispiel ihrer eigenen Erfahrungen als Top-Athletin erläutert Birgit Prinz, welche Möglichkeiten zur aktiven Selbststeuerung es beim individuellen Talentmanagement gibt und was in den verschiedenen Phasen einer Karriere besonders berücksichtigt werden muss.

Rückblickend ist es oft einfacher, persönliche Entwicklungswege zu betrachten, zu reflektieren und im Zusammenhang gestellt zu bewerten. Oft tun dies Menschen, zumindest öffentlich, dann, wenn sie ein gewisses Lebensalter erreicht haben, die Berufstätigkeit beendet ist und sie ihr Leben und ihr berufliches Wirken Revue passieren lassen. Bei Sportlern und Sportlerinnen ist das nicht ganz so. Der Verlauf erscheint ähnlich, doch liegen die Entwicklungen und das Ende der Karriere zu anderen Zeiten. Gleich bleibt jedoch, dass Talentmanagement mehr ist als der gute Einstieg in die Karriere, es ist ein wichtiger Teil der gesamten beruflichen und sportlichen Entwicklung und ein wichtiges Element bei der bewussten Gestaltung einer professionellen Laufbahn – von der Talentsichtung bis zum Karriereausstieg.

In diesem Beitrag wird sowohl generell als auch am konkreten Beispiel meines Karrirereweges über die Möglichkeiten zur Selbststeuerung im Spannungsfeld von Karriere und

Birgit Prinz ✉
PWS Wollsching-Strobel Managementberatung GmbH und PWS-Institut für
Performance-Psychologie, Fritz-Boehle-Straße 3, 60598 Frankfurt am Main, Deutschland
e-mail: info@wollsching-strobel.de

P. Wollsching-Strobel und B. Prinz (Hrsg.), *Talentmanagement mit System*,
DOI 10.1007/978-3-8349-3780-3_12,
© Springer Fachmedien Wiesbaden 2012

persönlicher Entwicklung nachgedacht. Das heißt, es werden Möglichkeiten zur bewussten eigenständigen Steuerung der professionellen Laufbahn aufgezeigt, die idealerweise mit einer selbstgesteuerten persönlichen Fortentwicklung einhergehen. Dabei werden in diesem Beitrag etliche der in diesem Buch bereits beschriebenen Elemente wiederkehren, nun aber eingebettet in einen persönlichen Karrierezyklus.

Vorab sei gesagt: Sicherlich gibt es nicht den für jeden allgemeingültigen Karriereverlauf. Doch gehe ich davon aus, dass sich viele „High Performer" (und auch andere „Leister") bei unterschiedlichen Aspekten dieses Kapitels wiederfinden und es dazu nutzen können, diese mit ihren eigenen Erfahrungen und Erlebnissen zu vergleichen beziehungsweise über die eigene Entwicklung und deren Herausforderungen nachzudenken. Darüber hinaus kann dieser Beitrag Lesern, die sich in ganz unterschiedlichen Stadien ihrer Karriere befinden, Anregungen und Reflexionsmöglichkeiten für weitere Entwicklungsschritte und Zukunftsplanungen liefern.

Grundlage der folgenden Ausführungen bildet die Überzeugung, dass Selbststeuerung und Selbstmanagement sich genauso wie andere Fertigkeiten und Fähigkeiten entwickeln lassen. Damit dies geschehen und eine Person mit ihren Aufgaben wachsen kann, ist jedoch (ebenfalls wie bei allen Fertigkeiten) regelmäßiges Üben, Trainieren und Reflektieren erforderlich. Ein weiterer Gedanke, der diesem Beitrag zugrunde liegt, ist, dass sich eine erfolgreiche Karriere ohne persönliche Entwicklung längerfristig nicht einstellen kann und langfristige Leistung nur im Einklang mit den eigenen Motiven und Zielen möglich ist. Deshalb geht es für mich darum, neben „klassischer" Karriereplanung immer auch eine positive, persönliche Entwicklung im Auge zu behalten. Unter Karriere verstehe ich im Folgenden also immer das erfolgreiche Erreichen der eigenen Ziele.

Das Kapitel ist chronologisch aufgebaut. Diese Systematik trägt der Beobachtung Rechnung, dass bestimmte Selbststeuerungselemente typischerweise in bestimmten Abschnitten der Karriere vorkommen. Das Kapitel zeigt daher anhand der drei Phasen „Am Anfang der Karriere", „Erste Ziele sind erreicht" und „Im Herbst der Karriere" unterschiedliche Motivationen, mögliche Probleme und „Fallen" sowie hilfreiche Selbstmanagementansätze auf, die durch entsprechende Praxisbeispiele ergänzt werden.

Am Anfang der Karriere

Am Anfang einer Karriere stehen zum einen große Unsicherheit, viele unbekannte Erfahrungen und das Gefühl von hohem Risiko. Zum anderen, im Idealfall, aber auch große Begeisterung, hohes Engagement und die Lust auf Leistung.

Der erste und einer der wichtigsten Schritte für die Planung der eigenen Karriere ist „sein eigenes Feld" zu finden, das heißt die Dinge zu finden, die einem selbst Spaß machen, mit denen man sich gerne beschäftigt, die einen motivieren und antreiben.

Bei Kindern sind dies beispielsweise die musikalischen oder sportlichen Interessen, bei Jugendlichen geht es dann um den Start in Ausbildung und Studium. Da wird es dann schon „ernster". Vielen Jugendlichen und auch deren Eltern bereitet dies am Ende der Schulzeit eher Sorgen als Vergnügen: „Bald ist die Schule um … und dann? Vielleicht studieren oder lieber doch erst eine Ausbildung oder gar eine Übergangstätigkeit, ein Praktikum, ein freiwilliges soziales Jahr oder eine längere Reise ins Ausland?" Jugendliche sind dabei nicht nur durch die eigene Unsicherheit und Unklarheit hinsichtlich ihrer eigenen, auch langfristig tragfähigen Interessen, Kompetenzen und Zukunftswünsche in Entscheidungsschwierigkeiten. Sie werden mitunter auch stark durch die Wünsche der Eltern beeinflusst, ohne diese hinreichend von eigenen abgrenzen zu können, genauso wie von den jeweils aktuellen Möglichkeiten oder auch Begrenzungen, die der gesellschaftspolitische Rahmen bildet. Oft fühlen sich Jugendliche daher in dieser Situation überfordert, alleine gelassen und der Situation ausgeliefert (vgl. zu dieser Situation auch Kap. 3).

Im Sport kann eine solche Entscheidung zu Beginn einfacher sein: Die meisten „Sportler" können als Kind relativ einfach eine Entscheidung für ihre Sportart treffen. Ein Kind kann unterschiedlichste Sportarten oder auch andere Dinge einfach probieren, sie teilweise sogar nebeneinander betreiben und dann schauen, wo es Spaß hat, was es begeistert und wo es auch erste Erfolge feiern kann. Die Entscheidung für eine Sportart, die dann gegebenenfalls intensiver betrieben wird, ist für das Kind zunächst weniger verbindlich als für einen Jugendlichen etwa die Wahl einer Ausbildung oder eines Studiums. Sie kann (und muss) viel spielerischer verlaufen und stellt so seltener ein Problem dar.

Aus eigener Erfahrung kann ich sagen, dass mir die Entscheidung für meinen Sport relativ leicht gefallen ist. Ich hatte als Kind vielfältige Möglichkeiten, mich auszuprobieren: Ich durfte ein Instrument spielen, war im Leichtathletikverein, durfte Trampolin springen und eben auch Fußball spielen. Alle Dinge habe ich gerne getan; doch wenn ich mich aufgrund von Zeitproblemen entscheiden musste, so hatte Fußball immer Priorität. Es war einfach „mein Sport", hier konnte ich meiner Leidenschaft folgen und das tun, was ich am allerliebsten gemacht habe. Damit war die endgültige Entscheidung, meine gesamte Energie und Zeit in diesen Sport zu stecken (außer Schule, Ausbildung und Studium, die parallel dazu liefen), ganz klar an der Sache orientiert, ohne irgendwelche Zukunftsplanungen. Das heißt, das war zu diesem Zeitpunkt (noch) keine bewusste und weitreichende Entscheidung für meinen weiteren Lebensweg. Der Vorteil dabei war, dass ich mir in diesem Stadium (als Kind) keine Gedanken machen musste, ob die eingeschlagene Richtung eine Zukunftsperspektive hatte oder ich damit mein Geld verdienen konnte. Hier konnte ich einfach meiner Leidenschaft folgen, habe viel Zeit investiert und wurde dafür mit Erfolg, Anerkennung und, später als Erwachsene, dann doch auch finanziell belohnt.

Mein Umstieg ins „wahre" Berufsleben fühlte sich hingegen bedeutsamer, tragender und risikoreicher an. Für Psychologie hatte ich mich schon früh interessiert, für Physiologie (auch bedingt durch den Sport) ebenfalls. Aber es dauerte trotzdem einige Zeit, bis ich wirklich eine positive Idee bekam, was ich machen wollte. Und letztlich gab die pragmatische Überlegung, welcher Weg der sinnvollste und für die Zukunft der beste sein könnte, den wesentlichen Ausschlag. Trotzdem versuchte ich auch hier herauszufinden, was mich an welchen Optionen wirklich begeistern könnte und wozu ich mich hingezogen fühlte, und nicht nur zu schauen, welche Option „Sicherheit und Wohlstand" zu versprechen schien. Das war, mit all den widerstreitenden Gefühlen einer jungen Erwachsenen, die solche Entscheidungen eigentlich noch gar nicht treffen wollte, nicht unbedingt einfach. Hilfreich war dann die Kompromissentscheidung, „erst mal" eine physiotherapeutische Ausbildung zu beginnen und dann weiterzuschauen. Dies schränkte mich zeitlich und inhaltlich nicht zu sehr ein, aber es gab vorerst eine hilfreiche Orientierung, auf die ich dann bei Bedarf aufbauen konnte. Damit stand retrospektiv meine berufliche Richtung fest, es waren „nur noch" die genaue Tätigkeit und das Umfeld zu finden. Ein wesentlicher Grundstein meines beruflichen Weges war damit gelegt. Aus heutiger Sicht, auch und gerade aufgrund meiner sportlichen Erfahrungen, bin ich davon überzeugt, dass eine dauerhafte Zufriedenheit mit der eigenen Tätigkeit und damit Spitzenleistung nur möglich sind, wenn der eigene Beruf Sinn vermittelt, sich in einem geeigneten Umfeld mit entsprechenden Menschen bewegt und folglich auch gerne ausgeübt wird.

In dieser Orientierungs- und Entscheidungsphase war es für mich wichtig, mir auch Anregungen von außen zu suchen. Ich hatte damals das Glück, neben einem guten Freundeskreis auch Erwachsene um mich gehabt zu haben, denen ich vertrauen konnte und auch entsprechend unterstützende Eltern. Aus heutiger Sicht würde ich jedem empfehlen, unterschiedlichste Angebote zu nutzen, die zu einer Klärung und Orientierung bei derartigen Entscheidungen beitragen können. Beratende Gespräche mit nahestehenden Personen können hier hilfreich sein. Es kann aber auch sinnvoll sein, Angebote des Arbeitsamts zu nutzen, Eignungstests oder auch angebotene Orientierungs-Center zu besuchen, um detailliert Feedback zu den eigenen Stärken, Schwächen und Motivationen zu erhalten. Denn gerade durch die Rücksprache mit unterschiedlichen Personen und Institutionen ist es möglich, sich ein gutes Bild von den eigenen Wünschen, Bedürfnissen und Stärken zu machen und herauszufinden, was einen wirklich antreibt und bewegt. Dies bedeutet nicht, dass einem andere Menschen die Entscheidung, was gut und richtig ist, abnehmen können oder sollen; aber die Meinungen anderer können eine sehr gute Basis zur Selbstreflexion bieten und den eigenen Blick erweitern. Wichtig erscheint es mir, die eigenen Wünsche, Ziele und Ängste zu erkennen, zu verstehen und dabei zu sehen, warum bestimmte Tätigkeiten anderen vorgezogen werden: Ist es nur die Erfüllung der elterlichen Wünsche; geht es um die Hoffnung auf „das große Geld"; ist es der Traum, den es schon lange gibt; ist es das neu entdeckte Talent oder ist es vielleicht nur der einfachste Weg? Meist ist es eine Mischung aus verschiedensten Antriebsquellen, und das Ziel sollte es sein, die für sich selbst wesentlichen herauszufinden. Dabei möchte ich einzelne Motivationen nicht abwerten, jedoch sollte man sich darüber im Klaren sein, woher diese kommen und wie das „Mischungsverhältnis" ist. Denn potenzieller „Ruhm" oder monetäre Anreize sind meiner Ansicht nach ohne die Begeisterung und die Liebe für eine Tätigkeit meist nur von begrenztem Erfolg oder kurzer Dauer. Geld kann zwar ein starker Antreiber sein, jedoch reicht dies nur in den seltensten Fällen aus, um langfristig genügend Energie für eine (neue) Tätigkeit aufzubringen. So wie die ausschließliche Begeisterung von etwas noch nicht unbedingt den Lebensunterhalt sichert. Die eigenen Wertvorstellungen sollten dabei die jeweiligen Prioritäten festlegen.

Ist die Entscheidung für eine berufliche Richtung erst mal gefallen, warten weitere Unsicherheiten auf den/die Neueinsteiger/-in. Einige rühren daher, dass neue Herausforderungen mit ungewissem Ausgang warten, dass man viele neue Abläufe und Menschen kennenlernen muss, die eigenen Leistungsmöglichkeiten noch nicht so recht einschätzbar sind und auch die Anforderungen der neuen Situation größtenteils noch unklar sind. Dies stellt eine große Herausforderung an die eigene Person dar, die entweder als belastend und anstrengend oder aber auch als eine spannende, zu gewinnende Herausforderung (sportlich gesprochen Wettkampf) empfunden werden kann.

Ich hatte in dieser Einstiegsphase im Sport eine Menge Glück. Als ich im ersten Jahr in die Fußballbundesliga aufrückte, befand sich die Mannschaft zum einen gerade im Umbruch (alle mussten sich neu orientieren). Zum anderen hatte ich einen Trainer, der mich forderte, mir bei Misserfolgen aber gleichzeitig auch den Rücken stärkte. So bekam ich schnell die Gelegenheit, mich im ernsten Wettkampf zu messen und konnte dadurch meine eigene Leistungsfähigkeit zeigen und einschätzen. Zusätzlich versuchte ich mich auch im Training mit den Besten zu messen und bekam so weiteres Feedback über meine Stärken und Schwächen. Durch die gleichzeitige Unterstützung durch meinen Trainer entstand schnell ein gewisses Selbstvertrauen in die eigene Leistung und der Mut, auch schwierigere Dinge auszuprobieren, da ich wusste, dass meine Leistung grundsätzlich akzeptiert wurde.

Diese Möglichkeit, aus dem grundsätzlichen Gefühl der Akzeptanz der Leistung ein Ausprobieren zu ermöglichen, halte ich für zentral, um das volle Leistungspotenzial entfalten und auch mögliche Lernfelder effektiv bearbeiten zu können. Denn auch hier gilt: Ohne den Erweiterungsspielraum der eigenen Möglichkeiten zu kennen und er-testen zu können, kann dieser auch nicht ausgeschöpft werden. Risiko bringt dies folglich immer mit sich, aber durch Fehlerfreundlichkeit auch die Chance, es noch einmal probieren zu können.

Selbstverständlich birgt das Ausprobieren auch das Risiko, dass hin und wieder an verschiedenen Stellen etwas nicht gleich so funktioniert, wie man sich das erhofft hätte. Auch ich habe (wie wohl die meisten „Talententwickler" und „Talententwicklerinnen") schon früh das Risiko des Scheiterns kennengelernt und musste Enttäuschungen verkraften, was mir nicht leicht gefallen ist. Dies gehört zu diesen Lernphasen dazu – und das ist auch gut so. Denn dies kann oftmals den eigenen Ehrgeiz, es doch hinzubekommen oder auch noch besser zu werden, anstacheln und damit einen entsprechend großen Motivationsfaktor darstellen.

Im Berufsleben ist es meist nicht so spielerisch möglich, Erfahrungen in der beschriebenen Form zu machen. Doch auch hier sollte man versuchen, früh über eigene Stärken, mögliche Problem- oder Entwicklungsbereiche Bescheid zu wissen und deren Fortschritte zu beobachten. Nur so ist es einem möglich, damit und daran zu arbeiten und die eigenen Ziele und Wünsche daran zu orientieren. Denn nur wenn der eigene „Ist"-Zustand bekannt ist, können sich daraus konkrete Maßnahmen hin zu einer Wunschentwicklung ableiten. Auch sollte man versuchen, sich ein lern- und fehlerfreundliches Umfeld zu suchen beziehungsweise, soweit als möglich, zu schaffen. Denn, wie gesagt, nur wer die Chance hat, Fehler zu machen, wird in der Lage sein, die eigenen Möglichkeiten optimal auszuschöp-

fen. Im Sinne des Selbstmanagements sollte man hier darauf achten, das Umfeld selbst aktiv
zu gestalten und in diesem Prozess offen für unterschiedliche Arten von Rückmeldung zu
sein beziehungsweise zu bleiben. Offen zu bleiben bedeutet dabei für mich die Kunst, Kritik
wirklich anzunehmen und dann zu überlegen, was an der Kritik gerechtfertigt ist, ob und
wie sie für die eigene Entwicklung wichtig sein könnte, und entsprechende Konsequenzen daraus zu ziehen. Gleichzeitig aber ist es wichtig, spezifische Kritik nicht als Kritik
an der gesamten Person zu verallgemeinern, sondern zu differenzieren. Und sich natürlich auch die Freiheit zu nehmen, Kritik nicht zu berücksichtigen, wenn sie nicht passend
erscheint. Ziel sollte es sein, über Fremd- und Selbsteinschätzungen eine möglichst differenzierte Selbstwahrnehmung zu entwickeln, die die Grundlage für die eigene Förderung
im Sinne des Selbstmanagements bildet.

Insgesamt kann in einem solchen Prozess ein Mentor eine wichtige Rolle übernehmen.
Er fungiert hier in einer ähnlichen Rolle wie ein guter Trainer im Sport: Er unterstützt und
gibt Support, genauso wie er möglichst optimal fordert und fördert. Möglicherweise kann
diese Rolle vom (direkten) Vorgesetzten ausgefüllt werden. Erscheint dies aber nicht möglich, so kann dies auch von guten und erfahrenen Mitarbeitenden übernommen werden.
Voraussetzung dafür ist, dass sie das Unternehmen kennen, gut vernetzt sind und mit eigener Erfahrung den Neuling an vielen Stellen unterstützen und ermutigen können und
wollen. Dies kann eine wichtige Partnerschaft in der eigenen Entwicklung sein.

Weiterhin wird die Anfangsphase der Karriere im Idealfall von einem „Erglühen in der
Arbeit/im Sport" geprägt, von einer großen Begeisterung in und an der Tätigkeit. Sehr viel
Zeit wird investiert, ohne es als Belastung zu erleben oder ohne das Gefühl zu haben, durch
die Fokussierung andere Bereiche zu vernachlässigen.

Diese Begeisterung beginnt im Sport oft schon sehr früh und unabhängig davon, ob er
als Hobby oder mit Leistungsanspruch betrieben wird. Früh jedoch trennen sich die Wege
der Sporttreibenden; bei den einen steigen das Trainingspensum, die Trainingsintensität,
die Begeisterung und der Leistungsanspruch stetig weiter an, und sie werden schnell besser und dadurch noch begeisterter. Bei den meisten anderen jedoch stehen andere Dinge
im Mittelpunkt des Lebens, und der Sport bleibt einfach eine schöne Nebenbeschäftigung,
ohne darin umfassend zu „erglühen". Ähnliches geschieht im Berufsleben, auch hier trennen sich die Engagierten und Leistungswilligen, die erglüht von ihrer Arbeit sind, relativ
schnell von denen, die ihre Arbeit eher als einen Job und ein Interesse unter verschiedenen ansehen oder auch nur „Dienst nach Vorschrift" machen. Erstere verbringen viel Zeit
mit ihrer Arbeit, sind stark motiviert und werden schnell besser in ihrem Leistungsfeld. In
meinen Augen stellt diese große Begeisterung, sowohl im Sport als auch im Berufsleben,
eine Grundvoraussetzung dar, um in die hohe Arbeits-/Trainingsbelastung zu investieren,
die nötig ist, um sehr gute Leistungen in seinem Metier erbringen zu können. Andernfalls
wird der Wunsch, das eigene Leben anders gestalten zu wollen (und seine Zeit nicht nur
auf dem Sportplatz oder im Büro zu verbringen), auf Dauer übermächtig und man selbst
unzufrieden mit sich und dem eigenen Leben.

Bei mir persönlich war es so, dass ich immer und überall Fußball spielen wollte und
immer trainiert habe, wenn es eine Chance dazu gab. Ich hatte das in der Anfangsphase äu-

ßerst selten als Belastung erlebt, sondern es bereitete mir eine große innere Zufriedenheit. Ich denke, dass dies einen wesentlichen Beitrag zu meiner erfolgreichen Fußballkarriere lieferte. Dazu kam, dass ich durch das häufige Trainieren unter unterschiedlichsten Bedingungen und mit den verschiedensten Leuten meistens körperlich fit und selten verletzt war und mir schon sehr früh ein großes Repertoire an „Fußballinstinkt" erarbeitet hatte. Selbstverständlich ist für eine Karriere als Spitzenleister/-in im entsprechenden Bereich auch ein gewisses Talent vonnöten, welches einem u. a. hilft, die nötigen Erfolgserlebnisse zu bekommen, die dann schlussendlich wichtig sind, um die Motivation und Begeisterung zu erhalten.

Unbenommen gibt es zwischen „Spitzen- und Freizeitsport" (sportlich oder beruflich) eine große Bandbreite an Leistungen, die Menschen erbringen, das heißt, ich will diesbezüglich keinerlei Wertung vornehmen. Diese Varianten sind genauso entscheid- und gestaltbar. Das Wichtige ist, für sich hierbei klare Prioritäten und Entscheidungen zu fällen im Sinne von „das zu tun, was einen glücklich macht".

Somit … was sollten also wichtige Entwicklungsschritte in dieser Phase sein, und auf welche Dinge sollte aus meiner Erfahrung im Selbstmanagement geachtet werden?

▸ **Tipps zum Karrierestart**

- Eigene Wünsche und Ziele erkennen und reflektieren.
- Realistische Selbsteinschätzung der eigenen Leistung, der eigenen Stärken und Schwächen durch das aktive Aufsuchen von Feedbackmöglichkeiten.
- Kompetenzen erweitern … auch mal was riskieren, Visionen haben, Verantwortung für das eigene Handeln übernehmen, dabei jedoch auf gute Unterstützer achten.
- Hohes Engagement und dabei der eigenen Begeisterung und den eigenen Wünschen folgen.

Erste Ziele sind erreicht

Die Anfangs- und Eingewöhnungsphase ist vorüber, und man befindet sich gemeinhin in den besten Berufs- und Sportjahren. Man ist da angekommen, wo Entscheidungen getroffen werden, man eigene Machtbefugnisse hat, eine hohe Eigenverantwortlichkeit und die eigenen Erfolge allgemein anerkannt sind. Die eigene Karriere entwickelt sich gut, und dadurch besteht die Möglichkeit, bei wichtigen Entscheidungen mitzubestimmen und die eigenen Ziele zu positionieren.

Trotz all dieser Erfolge und positiven Errungenschaften kommen gerade in dieser Phase häufig die ersten motivationalen Probleme auf. Begeisterung kann teilweise in den Arbeits- und Trainingsroutinen untergehen, und die antreibenden Ziele sind teilweise schon erreicht. Auch verschieben sich im Lauf der Karriere häufig die Kernbereiche der Arbeit, andere Teile, wie beispielsweise repräsentative und koordinative Funktionen, kommen hinzu, was nicht immer den eigenen Neigungen und Antrieben entsprechen muss. Nachdem vieles erreicht wurde, was man sich zum Ziel gesetzt hat, entstehen unweigerlich Fragen wie: „Was kommt jetzt? Was könnten weitere Ziele sein, die mich antreiben?"

Für mich als Sportlerin begann diese Phase schon relativ früh. Mit dem Gewinn der Weltmeisterschaft 2003 und darauffolgenden Einzelehrungen (WM-Torschützenkönigin, Beste Spielerin der WM, Weltfußballerin des Jahres) wurde ich plötzlich für die Öffentlichkeit interessant. Außersportliche Karrieremöglichkeiten im Medienbereich und erste größere Sponsorenanfragen kamen auf mich zu. Grundsätzlich eine tolle Sache und auch eine weitere Aufstiegsmöglichkeit auf der Karriereleiter, jedoch leider ganz und gar nicht meinen Interessen entsprechend. Und dies war etwas, was es eigentlich nicht geben durfte, denn die angebotenen Tätigkeiten sind gesellschaftlich hoch angesehen und bieten die Chance auf Bekanntheit, Prominenz und eine finanziell sichere Zukunft. Es war folglich nicht einfach, mich von diesen gesellschaftlichen Normen frei zu machen und einen Weg zu finden, der zu mir passt, ohne das Gefühl zu haben, Chancen und Geld leichtfertig liegen zu lassen.

Ich denke, dass viele Menschen in ihrem Berufsleben an diesen oder einen ähnlichen Punkt kommen, dass der eigene Aufstieg nicht an jeder Stelle den eigenen Bedürfnissen und Vorlieben entspricht. Daher bin davon überzeugt, dass es sich lohnt, während jeder Karriere immer wieder zu überprüfen, warum man die Dinge tut, die man tut, und ob es wirklich das ist, was man machen und erreichen will. „Ist beispielsweise Führung wirklich das, was ich gerne tue, was mich an meiner Arbeit begeistert, oder ist es nur die lästige Pflicht um Karriere zu machen?" Zum Beispiel gibt es durchaus auch Wege neben der klassischen Karriere, die zwar auch unliebsame Elemente enthalten können, aber sich im Kern daran orientieren, was die jeweilige Person begeistert und antreibt.

Ich habe meinen Weg gefunden, mit den Medien und Sponsoren umzugehen, und habe damit (innere) Freiheit wieder gewonnen. Dieser Weg bestand durchaus auch aus Kompromissen und einer Professionalisierung meinerseits in von mir begrenzten, medialen Auftritten. Trotzdem wurden schlussendlich meine Authentizität und meine Geradlinigkeit, mein Anspruch, mich nicht blind „verkaufen" zu wollen, öffentlich anerkannt und geschätzt, und ich konnte weiterhin erfolgreich meinem Sport nachgehen, mein Geld verdienen (auch wenn ich nicht jede Chance genutzt habe, dies zu tun) und vor allem zufrieden bleiben. Deshalb mein Appell an jeden, sich selbst zu vertrauen und zu spüren, was gut für einen ist, und nicht blind auf das zu vertrauen, was von außen als der richtige und normale Erfolgsweg verkauft wird. Dabei kann es auch richtig sein, solchen Wegen zu folgen und darin gegebenenfalls unliebsame Tätigkeiten in Kauf zu nehmen, um Ziele zu erreichen. Doch sollte man dieses bewusst tun und nicht einfach dem angeblich „Normalen" folgen.

Ein weiterer wichtiger Punkt, mit dem man sich spätestens in dieser Phase beschäftigen sollte, ist das eigene Gesundheitsmanagement. Dabei sollte man nicht warten, bis einen ein erster Bandscheibenvorfall oder ein Burnout ausbremst, sondern frühzeitig lernen auf den eigenen Körper zu hören, ihn entsprechend gezielt „pflegen" (Stichwort: Schwachstellen) und eine gesundheitsfördernde Balance im eigenen Verhalten sowie im Umfeld schaffen.

Dies war ein Schritt, den ich in meiner Karriere (wenn auch eher unbewusst) auf der körperlichen Ebene sehr erfolgreich angegangen bin. Ich wusste recht früh, welche

Schwachpunkte mein Körper hatte und auch was ich tun musste, um keine Probleme zu haben. Ich entwickelte hierfür ein Zusatzprogramm, das ich in meinen Trainingsalltag integrierte und behielt dies meine gesamte Karriere hindurch bei. Dies sind dann an dieser Stelle auch (aus meiner Sicht) die zwei wesentlichen Erfolgsfaktoren:

- Erkennen was dem eigenen Körper gut tut, ihn unterstützt, was die eigenen Schwachstellen sind und hierfür bewusste Stärkungs- beziehungsweise Gegenmaßnahmen planen.
- Diese Maßnahmen dann zur Routine werden lassen. Sie sollten ein normaler Teil des Alltags werden (ähnlich wie Zähneputzen) und nicht beim Verschwinden der „Zipperleins" mitverschwinden, damit gezielt körperliche Gesundheitsprävention betrieben werden kann.

Neben der rein körperlichen Ebene ist es im persönlichen Gesundheitsmanagement allerdings auch von zentraler Bedeutung, Auszeiten und Regenerationsphasen einzuplanen und umzusetzen.

Diesen Teil hätte ich in meiner sportlichen Laufbahn optimaler gestalten können. In meinem Termin- und Alltagsplan gab es hier allerdings faktisch wenige Pausenzeiten, in denen dies möglich gewesen wäre. Nach einem großen internationalen Turnier mit der deutschen Nationalmannschaft im Sommer folgte häufig nach einem sehr kurzen Zeitraum direkt wieder der Trainingsstart in der Vereinsmannschaft, dem 1. FFC Frankfurt. In jedem Feld war ich erfreulicherweise sehr gefragt, mir wurde aber auch von jeder Stelle die maximale Leistung abverlangt, und die Vorbereitungszeiten auf nächste Leistungsspitzen mussten erfolgreich bewältigt werden. So blieben die eigene Regenerationszeit und teilweise folglich auch immer mal wieder ein Stück Motivation auf der Strecke. Es ging einfach immer weiter und weiter, ständig musste ich funktionieren. Im Rückblick denke ich, dass es wichtig gewesen wäre, mir bewusster Auszeiten einzuplanen, das MUSS zu relativieren („so wichtig sind die Dinge jetzt auch nicht, mein Leben hängt nicht davon ab") und die Regenerationspausen auch einzufordern, um anschließend wieder besser in der Lage zu sein, Leistung zu bringen und damit weniger anfällig für Verletzungen zu sein. Das nämlich kann häufig eine Folge daraus sein. Zusätzlich hätte ich mir auch mehr „kleine Fluchten" während der regulären Saison nehmen sollen, um bewusst Auszeiten als Kontrapunkt zum ständigen Leisten und Arbeiten zu setzen und den Modus „ich muss" für kurze Zeiten auszuschalten, um ihn wieder in ein „ich will" wandeln zu können.

Aus meiner Sicht ist dies für alle, die Hochleistung bringen, unabdingbar, wenn diese Leistung über einen längeren Zeitraum erreicht werden soll. Ständige Leistung, Erreichbarkeit, Verfügbarkeit (auch in der Freizeit und im Urlaub) lassen den Weg zur eigenen Unzufriedenheit und im Extremfall zum Burnout sonst relativ kurz werden.

An diesen Punkt anknüpfend denke ich, dass es im letzten Drittel dieser Phase auch wichtig ist, den eigenen Fokus wieder zu weiten, die völlige Konzentration auf den Sport oder die Arbeit zunächst etwas, dann vermehrt zu lösen. Andere Interessen, Familie und Freundschaften sollten wieder mehr an Wichtigkeit gewinnen, um so ein Leben neben der Arbeit zu kultivieren und auch eigene Freiräume zu schaffen.

Somit … was sollten wichtige Entwicklungsschritte dieser Phase sein, und auf welche Dinge sollte aus meiner Erfahrung im Selbstmanagement geachtet werden?

▸   **Tipps nach dem Erreichen der ersten Ziele**

   - Motivation: Der Weg kann ebenso wichtig wie das Ziel sein
   - Relativieren von übertriebenen hohen eigenen und fremden Ansprüchen an die eigene Leistung.
   - Umgang mit Leistungsdruck, Verantwortung und Stress durch Gesundheits- und Zeitmanagement (Schaffen und Nutzen von Freiräumen).
   - Definition der eigenen Rolle, Überprüfen der eigenen Ziele.
   - Andere Interessen, Freunde, Ausbildungen sollten wieder Raum im eigenen Leben bekommen.

„Im Herbst" der Karriere

Im „Herbst der Karriere" stehen die letzten Jahre, Monate oder Tage im bisherigen Tätig-keitsfeld an. Eine lange Zeit liegt hinter einem, aber irgendwie ging es im Rückblick dann doch ziemlich schnell. Eben hatte man noch große Berufsziele, fühlte sich als aufstrebende Kraft, und plötzlich steht der eigene Abschied (beinah) vor der Tür. Dabei wird es täglich klarer, dass sich die eigene Zeit am Arbeits- oder auf dem Trainingsplatz zwar langsam, aber stetig dem Ende zuneigt.

In dieser Phase spielen verschiedene Aspekte eine Rolle. Einen durchaus längeren Zeit-raum wird man, trotz beginnenden Herbstes, weiterhin eine sehr gute Leistung bringen, auch wenn klar ist, dass die eigenen Kraftreserven andere sind als zu Beginn des Erfolgs. Die Auseinandersetzung mit dem Thema Leistung wird allerdings eine andere.

Die eigene Leistung wird beispielsweise oft beinahe automatisch mit dem eigenen Alter in Verbindung gebracht. Das bringt uns die Außenwelt entgegen, und oft genug können wir uns innerlich nicht davon abgrenzen. Konfrontiert wird man mit der Frage des Zenits und dessen Be- und Überschreitung und der hieraus automatisch folgenden Annahme, dass dies einen linearen Zusammenhang zu einer eingeschränkten Leistungsfähigkeit mit-bringt. Dies ist im Sport sicherlich ein noch häufigerer Vorgang, doch die Tendenz zur Abwertung von älteren Arbeitskräften findet sich auch in der deutschen Wirtschaft. Er-freulicherweise gibt es hierzu inzwischen einige Gegeninitiativen, die diese Konstruktion öffentlich entlarven und alternative Denk- und Handlungsmuster diskutieren.

Bezogen auf meine sportliche Karriere wurde ich mit der Altersfrage schon früh von außen konfrontiert, die in der öffentlichen Diskussion im Rahmen der Fußballweltmeis-terschaft 2011 in Deutschland gipfelte. Meine Leistungen wurden z. T. extrem über mein Alter beurteilt und nicht mehr über normale Schwankungen eines Sportlerlebens: War ich schlecht, so war ich zu alt und zu langsam; war ich erfolgreich, war ich einfach eine gute Spielerin. Diese Situation war für mich nicht einfach, und reflektiere ich über die Ereignisse heute, so denke ich, dass ich den Kompetenzen, die mich ausmachen, nicht genügend vertraut und sie nicht hinreichend eingesetzt habe. Beispielsweise meine Erfahrungskompetenz, den Blick fürs Ganze, das Wissen um einen erfolgreichen, geordneten Spielaufbau und die Fähigkeit, Ruhe und Sicherheit auf meine Umgebung auszustrahlen. Das ist sicherlich eine wesentliche Erkenntnis, die ich hieraus mitnehme und in einer Leistungsbeurteilung sicherlich nicht mehr unterschätzen werde: Die eigenen Lebenserfahrung und das strategische Wissen spielen in kritischen Situationen eine große Rolle und können hier zwischen Erfolg und Misserfolg entscheiden. Sicherlich ist es nicht immer einfach, diese Kompetenzen neben „jugendlichen Attributen" wie Schnelligkeit oder Ähnlichem zu positionieren, aber sie haben letztlich vor allem den Wert, den wir ihnen vorerst einmal selbst zuschreiben. Auch hier bleibt für mich die Erkenntnis, wie wichtig es ist, die eigenen Stärken und Schwächen gut zu reflektieren und den Wert von Erfahrung, Übersicht, erlerntem strategischem Wissen etc. als wertvolle neue Elemente ins eigene Selbstbild zu integrieren.

Ziel von Spitzenleistung sollte es bis zum Schluss sein, die eigenen Ziele entsprechend der Entwicklungen der eigenen Kompetenzen anzupassen. Hinzugewonnene Fähigkeiten sollten eingesetzt werden, vielleicht drängen sie andere, bisher eingesetzte Kompetenzen auch in den Hintergrund. Vielleicht muss es nicht mehr die tragende und allein entscheidende Rolle des Machers sein, der spiel- und erfolgsbestimmend agiert und auch den finalen Torschuss ansetzt. Vielleicht ist es die veränderte Rolle die des Spielmachers im Hintergrund, der durch Erfahrung die anderen strukturiert und als Team unterstützt. So eine Rolle fällt weniger auf, wirkt mehr hinter den Kulissen und ist trotzdem entscheidend für den Erfolg des Ganzen. Jüngere können in ihrer Entwicklung durch die Weitergabe von Erfahrungswissen unterstützt, geprägt und begleitet werden. Im Idealfall wird so das eigene Wissen an die „nächste Generation" weitervermittelt und bleibt (im Unternehmen) erhalten. Ich habe gerade gegen Ende meiner Karriere nochmal mehr die Erfahrung gemacht, dass eine solche Rolle sehr zufriedenstellend sein kann. Wichtig dabei ist es insgesamt, die eigene Rolle für sich selbst geklärt zu haben und sich auch (falls nötig und gewünscht) die Unterstützung aus dem Umfeld für das neue Rollenverständnis zu sichern.

Geht es dann wirklich auf das Arbeitsende zu, so ist das einerseits vielleicht eine große Erleichterung, andererseits aber meist auch eine sehr schwierige Situation. Viele Freiheiten, die man dadurch durchaus gewinnt, gehen einher mit der beängstigenden Seite: „Wer bin ich denn nun und was tue ich jetzt?" Das Thema „Zeit" macht dies sehr deutlich: Ich denke, fast alle Menschen wünschen sich während ihrer Karriere mehr freie Zeit für andere schöne Dinge des Lebens, mehr Zeit für sich, für andere Menschen, andere Interessen oder auch für bestimmte Hobbys. Fallen jedoch auf einmal die gesamte Tagesstruktur und der gesamte Inhalt weg, wie es am Ende einer Berufs- oder Sportkarriere der Fall ist, so steht plötzlich eine „Unmenge" an Zeit zur Verfügung, die erst einmal sinnvoll gefüllt werden möchte. Denn welcher erfolgreiche und ehrgeizige Leistungsträger kann sich sein weiteres Leben im „Müßiggang" vorstellen? Ein weiteres Beispiel stellt das Wegfallen des Leistungsdrucks nach dem Ausscheiden dar. Endlich muss nicht mehr geleistet werden, der Erfolg des Unternehmens, der Mannschaft liegt nicht mehr auf den eigenen Schultern, und es besteht endlich die Möglichkeit, „mal wieder richtig loszulassen". Einerseits eine große Erleichterung, aber andererseits fällt dadurch eben auch die Anerkennung der eigenen Leistung weg, was nicht zu unterschätzen ist: Die eigene Meinung, das eigene Wissen und der eigene Sachverstand sind nicht mehr gefragt, und die arbeitsbezogene Wertschätzung bleibt plötzlich aus. Zusätzlich verliert man auch noch eine gewisse Sinnhaftigkeit im Leben (zumindest wenn die eigene Arbeit als sinnvoll und nützlich empfunden wurde), was zunächst einmal ein Loch hinterlassen kann. Hierfür gilt es dann, Neues zu finden.

Ähnlich habe ich es auch zum Ende meiner Fußballkarriere wahrgenommen. Auf der einen Seite freute ich mich sehr darauf, endlich meine Jahres-, Wochen- und Tagesplanung oder auch meine Wochenendgestaltung (sonst lagen hier meist Bundesliga- oder DFB-Pokal Spiele) zu größeren Teilen selbst in der Hand zu haben, nicht mehr jeden Tag (einmal oder zweimal) zu trainieren und darüber endlich ein Stück meiner ganz eigenen Freiheit wieder zu erlangen und Zeit für andere Dinge zu haben. Andererseits hatte ich aber auch großen Respekt davor, Fragen wie „Wie gestalte ich mir meinen Tag?" oder „Laufe ich Gefahr, dass mir langweilig wird" liefen parallel zu der Vorfreude auf mehr freie Zeit. Planungen, was ich denn gerne in der neu gewonnenen freien Zeit machen möchte, brachten mir zwar meine Gelassenheit ein Stück zurück, jedoch blieb eine gewisse Unsicherheit. Daher denke ich, dass man diese Phase der Ambivalenz nutzen sollte, um sich genau mit diesen widerstreitenden Gefühlen auseinanderzusetzen und daraus Schritt für Schritt das zukünftige Ziel zu gestalten. Sie bieten sich als Möglichkeit zum aktiven Abschiednehmen an, um das Vergangene nochmals zu reflektieren, aber auch abschließen zu können. Das heißt, es ist darüber nochmals spürbar, was die alte Tätigkeit so alles ausgezeichnet hat, was man daran geliebt hat und evtl. auch gerne in den neuen Lebensabschnitt mitnehmen möchte, aber auch, was man jetzt verlassen und zurücklassen will. Denn es bietet sich auch die Chance zu erkennen, welche Teile des vorigen (Berufs-)Lebens man gerne zurücklässt, wofür diese stehen und warum man sich bewusst von ihnen verabschiedet.

Mir persönlich hat es den Blick geschärft, und ich konnte dadurch Vorstellungen für meine zukünftige Tätigkeit deutlich klarer formulieren. Vieles fiel mir durchaus schwer, in meinem Fußballleben zurückzulassen, aber es war klar, dass ich mich davon verabschieden musste und definitiv auch wollte. Gleichzeitig habe ich mir an der ein oder anderen Stelle neue Elemente geschaffen, die mir einen gewissen Ersatz und eine Fortführung manch geliebter Tätigkeit ermöglichen. Somit ist dies in meinen Augen ein spannender Prozess, der (gut genutzt) wieder einmal neue und gute Lern- und Entwicklungsmöglichkeiten eröffnet und so helfen kann, das eigene Talentmanagement weiter zu optimieren.

Noch ein letzter Gedanke zu diesem Abschnitt: Ein perfekter Abschied ist – zumindest aus meiner Sicht – nicht das Allerwichtigste. Denn eine Fokussierung darauf kann das eigenen Handeln sehr hemmen und zusätzlichen Druck ausüben. Der eigene Ruf und die eigenen Verdienste werden nicht im letzten Jahr gebildet. Und auch wenn der eigene Abschied nicht so verläuft, wie man sich dies erhofft (was auch nicht selten der Fall ist), ist es entscheidend, mit sich und dem eigenen Handeln im Reinen zu sein.

Somit auch hier … was sollten wichtige Entwicklungsschritte in dieser Phase sein, und auf welche Dinge sollte aus meiner Erfahrung im Selbstmanagement geachtet werden?

▶   **Tipps für den „Herbst" der Karriere**

- Den „Absprung" schaffen: aktives Auseinandersetzen mit dem Thema Abschied und der Zeit danach, unter Berücksichtigung der eigenen Ängste, Wünsche und Erwartungen.
- Was kommt danach? Pläne machen und die eigenen Werte und Ziele überprüfen, um sich neu orientieren zu können.
- Leistung bis zum Ende (trotz und wegen des Alters; Erfahrung und erworbenes Wissen sollten als wertvoll geschätzt sein).
- Förderung anderer und sinnvolle Verantwortungsübergabe.
- Prioritätensetzung und Belastungssteuerung, kleine Fluchten (das bleibt natürlich aktuell).

Zum Abschluss

Beim Lesen dieses Kapitels fällt auf, dass sich einige zentrale Botschaften mehrmals wiederfinden. Das ist so gewollt und auch richtig. Denn bestimmte Lebensthemen finden sich auch in unserem Leben in veränderter Form, in einem anderen Gewand und/oder auf einem anderen Level wieder. Einige werden immer da bleiben, andere verändern sich über unseren Lern- und Entwicklungsweg. Dies ist in Manager- wie auch Sportkarrieren dasselbe Muster und darüber hinaus in allen Bereichen, in denen Menschen wachsen und sich entwickeln. Ein Gedanke, der dabei in meinem gesamten Kapitel deutlich werden sollte, ist folgender: Eine erfolgreiche Karriere geht zum einen nicht (dauerhaft) ohne eine eigene, persönliche Weiterentwicklung. Zum anderen kann eine zielstrebige Karriereplanung aber auch sehr unterstützend für die persönliche Entwicklung sein. Durch unterschiedliche Erfahrungen während der Karriere, durch Erfolge und Misserfolge lernt man sich, seine Talente und Fähigkeiten, aber auch Grenzen besser kennen und einschätzen. Ich persönlich habe dabei auch die Chance genutzt, mir insbesondere eigene Werte und Ziele bewusst zu machen und immer wieder neu zu überprüfen, ob ich darin mir selbst treu und authentisch bleibe. Hierfür habe ich immer auch die externe Unterstützung und das Feedback gesucht, um eigene Einschätzungen zu überprüfen, zu verifizieren und den eigenen Horizont darüber zu erweitern. Authentizität und Feedback waren für mich die Erfolgsgaranten dafür, über einen so langen Zeitraum motiviert erfolgreich sein zu können.

Schließlich freue ich mich, wenn ich Ihnen durch dieses Kapitel die eine oder andere Anregung und Inspiration geben kann, damit Sie ihr eigenes Talent mutig erforschen, sich ausprobieren und in jedem Lebensabschnitt dahin gehen können, „wohin das Herz und der Verstand Sie tragen".

Mitarbeiter erfolgreich führen

↗

Fallen und Fehler vermeiden, Leistung fördern

Das Geschäft wird immer schneller, die Hektik und der Druck im Arbeitsleben immer größer. Wichtigtuerei und Besserwisserei sind an der Tagesordnung. Auf den äußersten Krafteinsatz folgt oft Erschöpfung. Muss das so sein? Bernd Hofmann schlägt einen anderen Weg vor, der auf seinen umfassenden Erfahrungen basiert: entspanntes Führen aus der Hängematte.

Bernd Hofmann
Führen aus der Hängematte
Mit Leichtigkeit und Eleganz
zu Leistung und Erfolg
2011. 220 S.
Br. € (D) 34,95
ISBN 978-3-8349-2486-5

Bewährte Techniken und Instrumente für die Führungspraxis

Rainer Niermeyer und Nadia Postall zeigen, welche Führungsinstrumente und -techniken wirklich relevant sind und wie sie erfolgreich in der Praxis eingesetzt werden. Ob Führungsnachwuchskraft oder gestandener Manager – in diesem Buch erfahren Sie, wie Sie Mitarbeiter zielgerichtet unterstützen, lenken, fordern und fördern. Die erfahrenen Managementtrainer beschreiben die in der Praxis am besten bewährten Techniken und Instrumente für professionelle Meetings, Mitarbeitergespräche, Zielvereinbarungen sowie Mitarbeiterbeurteilungen. Alle Unterstützungsinstrumente für Ihre Praxis finden Sie unter www.gabler.de beim Buchtitel.

Rainer Niermeyer / Nadia Postall
Effektive Mitarbeiterführung
Praxiserprobte Tipps
für Führungskräfte
2010. 256 S.
Br. € (D) 29,95
ISBN 978-3-8349-2112-3

Da ansetzen, wo nachhaltige Leistung entsteht

Der amerikanische Psychologe Steven Reiss hat ein Modell von 16 Lebensmotiven, den „Motoren des Lebens" entwickelt. Die Arbeits- und Organisationspsychologin Uta Rohrschneider nutzt dieses Instrumentarium, um klare Handlungskompetenz für den Führungsalltag zu vermitteln.

Uta Rohrschneider
Macht, Neugier, Team ...
Mitarbeiter individuell führen und
motivieren mit dem Reiss
Motivationsprofil
2011. 224 S. Br. € (D) 34,95
ISBN 978-3-8349-2459-9

Stand: März 2012. Änderungen vorbehalten.
Erhältlich im Buchhandel oder beim Verlag.

 Springer Gabler

Abraham-Lincoln-Straße 46 . D-65189 Wiesbaden
Tel. +49 (0)6221 / 3 45 - 4301 . springer-gabler.de

Professionelles Personalmanagement
↗

Das erste Buch zum Thema, das betriebswirtschaftliche, psychologische und abeitsrechtliche Faktoren gleichermaßen beleuchtet

Zielvereinbarungssysteme sind das wichtigste Führungsinstrument überhaupt. Systematisch praktiziert, ist die Steuerung des Mitarbeiterverhaltens über Ziele in jeder Organisation - unabhängig von Größe und Branche - ein zentraler Erfolgsfaktor. Dies ist das erste Buch, das eine kritische und verständliche Gesamtdarstellung mit konkreten Handlungsempfehlungen für die Praxis bietet.

Klaus Watzka

Zielvereinbarungen in Unternehmen

Grundlagen, Umsetzung, Rechtsfragen
2011. 308 S. Br.
€ (D) 39,95
ISBN 978-3-8349-2624-1

Wissensvorsprung für die erfolgreiche Personalarbeit

Von der Analyse der konkreten Konstellation, der Ableitung des PE-Bedarfs, der Auswahl der für das Unternehmen geeigneten Methoden und Strategien bis zur erfolgreichen Implementierung und dem Controlling der Maßnahmen schildern langjährige Experten das notwendige Wissen.

Uta Rohrschneider /
Michael Lorenz

Der Personalentwickler

Instrumente, Methoden, Strategien
2011. 256 S. Geb.
€ (D) 49,95
ISBN 978-3-8349-2289-2

Hochbegabte erfolgreich führen

Hochbegabte sind als Mitarbeiter einerseits besonders attraktiv, gelten aber andererseits als eher „schwierig" zu führen. In diesem Buch finden sich konkrete Ratschläge für den effektiven Umgang mit Hochbegabten im Unternehmen sowie mit Künstlern, Forschern und anderen Spezies.

Maximilian Lackner

Talent-Management spezial

Hochbegabte, Forscher, Künstler ... erfolgreich führen
2011. 460 S. Br.
€ (D) 46,95
ISBN 978-3-8349-2353-0

Stand: Januar 2012. Änderungen vorbehalten.
Erhältlich im Buchhandel oder beim Verlag.

Springer Gabler

Abraham-Lincoln-Straße 46 . D-65189 Wiesbaden
Tel. +49 (0)6221 / 3 45 - 4301 . springer-gabler.de

Strategien für die Unternehmensführung
↗

„Wandel durch Vernetzung" – ein Change-Management-Verfahren mit nachhaltigem Erfolg

Dieses Buch bietet einen praktikablen Wegweiser, der jede Organisation gekonnt durch die besonderen Herausforderungen des Wandels führt. Das ausgeklügelte Change-Management-Verfahren setzt letztlich die faszinierende Produktivkraft von Partizipation frei und verhilft damit nachhaltigen Veränderungen zum Durchbruch.

Dominik Petersen
Den Wandel verändern
Change-Management anders gesehen
2011. 348 S. Geb.
€ (D) 39,95
ISBN 978-3-8349-2672-2

Mit den zwölf wichtigsten Instrumenten zum Erfolg

Matthias Collin stellt seine praxiserprobte Methodik aus sechs erfolgreichen Turnarounds vor. Er berichtet dabei nicht aus der Sicht eines Beraters oder angestellten Managers, sondern aus der des risikotragenden und eigenverantwortlich handelnden Unternehmers. Das optimale Zusammenspiel von Organisation und Personal ist neben der kaufmännisch analytischen Arbeit ein wichtiger Eckpfeiler seiner Strategie. In 12 Kapiteln werden praxisnah und anwendungsorientiert einfache Tools zur nachhaltigen Ergebnisverbesserung vorgestellt.

Matthias Collin
In zwölf Schritten einfach besser werden
Praxisleitfaden zur Unternehmensoptimierung
2010. 160 S. Geb.
€ (D) 34,95
ISBN 978-3-8349-2119-2

Mit der ohm-Methode die Genialität im Unternehmen entfachen: offen, human, mutig

Der Philosoph und Ökonom Wolfgang Berger die ohm-Methode der Resonanzschmiede entwickelt; ohm steht für offen, human und mutig. Das Ergebnis: Die Einführung von Änderungen, die danach wirklich funktionieren. Die Lösung von Konflikten und die Gestaltung einer reibungslosen Kooperation.Zielorientierte Kommunikation und professionelle Teamarbeit.

Wolfgang Berger
Erfolg durch Resonanz
Die unternehmerische Genialität entfachen: offen, human, mutig
€ (D) 39,95
ISBN 978-3-8349-3366-9

Stand: Februar 2012. Änderungen vorbehalten.
Erhältlich im Buchhandel oder beim Verlag.

🐎 **Springer** Gabler

Abraham-Lincoln-Straße 46 . D-65189 Wiesbaden
Tel. +49 (0)6221 / 3 45 - 4301 . springer-gabler.de

The manufacturer's authorised representative in the EU is Springer
Nature Customer Service Centre GmbH, Europaplatz 3, 69115 Heidelberg,
Germany. If you have any concerns regarding our products, please
contact ProductSafety@springernature.com

Printed and bound by CPI Group (UK) Ltd, Croydon, CR0 4YY
28/04/2026
02098485-0008